集人文社科之思 刊专业学术之声

中国歷史研究院集刊

PROCEEDINGS OF CHINESE ACADEMY OF HISTORY 2022 No.1 (Vol. 5)

高 翔 主编

2022年 **1** 总第5辑

社会科学文献出版社
SOCIAL SCIENCES ACADEMIC PRESS (CHINA)

中国历史研究院集刊

2020 年 1 月创刊　　　　半年刊　　　第 5 辑　　　　1 /2022

目　录

Proceedings of Chinese Academy of History

Founded in January 2020   Semiyearly   Vol. 5   **1**/2022

Contents

周秦聚落结构及行政
统属关系的演变*

谢能宗

摘　要：西周时期，依照行政统属关系和规模大小，关中地区聚落可划分出四级结构，而外服封国聚落按行政统属关系至少存在两级结构。西周灭亡后，外服封国迅速壮大，其聚落行政统属关系演变至三级。春秋末期，晋国聚落结构已发展到四级，但其他诸侯国情况尚难以断定。如果将"京师"计算在内，则当时聚落统属关系还要再加一级。进入战国，晋国被瓜分，周王室式微，各诸侯国聚落收缩为三级关系，这种变化与当时分封制衰落及中央集权制兴起联系密切。秦统一后，聚落迅速发展，出现三级、四级、五级、六级四种情况并存的局面。聚落结构及行政统属关系的演变，是内在动力与国家权力交互作用的结果。

关键词：周秦　聚落结构　行政统属关系

从西周立国到秦并天下，前后历时 800 余年，其间，国家形态与社会结构发生翻天覆地的变化，聚落结构及行政统属关系也概莫能外。本文所谓"聚落结构"，是指若干不同聚落构成的上下关系及其空间分布状态，是一定区域范围的跨聚落空间关系。需要说明的是，此种关系与状态也被称为"聚落形态"，因此需对"聚落结构"与"聚落形态"略作界定。

"聚落结构"与"聚落形态"主要用于聚落考古研究方法，是 20 世纪 50 年代美国考古学家戈登·威利在对秘鲁维鲁河谷进行考古调查与研究时提出的。

---

*　本文系国家社科基金青年项目"'国野制'新研"（21CZS012）阶段性成果。

1984 年张光直将其介绍到国内，对中国考古学研究范式转变产生巨大影响。威利在讨论中使用的"settlement pattern"概念，多被译为"聚落形态"。① 实际上，该指称具有多重内涵：微观层面指某一家户房屋类型；中观层面指某单一聚落内各空间要素布局；宏观层面指一定范围内，在规模或行政统属关系上存在级差的若干不同聚落构成的上下关系及其空间分布状态。这一概念的多重内涵，导致使用上存在混淆与错乱。如一些学者在讨论单一聚落内部空间要素分布状态时，使用"聚落形态"和"聚落结构"不同称谓；② 一些学者讨论聚落群若干不同聚落分布状态及其关系，而不涉及单个聚落内空间要素分布情况时使用"聚落形态"；③ 还有部分学者采取与威利相同的做法，将跨聚落空间分布状态与单一聚落内空间要素分布状态囊括在同一概念下。④

  单一聚落内各空间要素分布状态及其关系，与一定区域若干聚落构成的上下关系及其空间分布状态，显然不同。⑤ 后者涉及级差问题，与统治及行政问题产生联系，⑥

---

① 戈登·威利：《聚落与历史重建——秘鲁维鲁河谷的史前聚落形态》，谢银玲等译，上海：上海古籍出版社，2018 年。

② 使用"聚落形态"一词的如宫崎市定：《中国聚落形态的变迁》，张学锋等译，上海：上海古籍出版社，2018 年；许宏：《"大都无城"的余绪——对若干春秋都邑的聚落形态分析》，中国社会科学院考古研究所夏商周考古研究室编：《三代考古》（六），北京：科学出版社，2015 年，第 63—75 页。使用"聚落结构"一词的如雷兴山：《论周原遗址西周时期手工业者的居与葬——兼谈特殊器物在聚落结构研究中的作用》，《华夏考古》2009年第 4 期；栾丰实：《海岱地区史前聚落结构的演变》，山东大学文化遗产研究院编：《东方考古》第 13 集，北京：科学出版社，2016 年，第 16—27 页。

③ 如陈星灿等：《中国文明腹地的社会复杂化进程——伊洛河地区的聚落形态研究》，《考古学报》2003 年第 2 期；宋爱平：《郑州地区史前至商周时期聚落形态分析》，山东大学东方考古研究中心编：《东方考古》第 8 集，北京：科学出版社，2011 年，第 156—194页；渡边信一郎：《中国第一次古代帝国的形成——以龙山文化时期到汉代的聚落形态研究为视角》，《中国史研究》2013 年第 4 期。

④ 如王巍：《聚落形态研究与中华文明探源》，《文物》2006 年第 5 期。

⑤ 威利用同一概念指称不同内涵的做法，似乎过于宽泛，还可进一步区分，尤其是在有两种中文表达的情况下，更显必要。用何种词汇将上述不同层面的内涵区别开来，确是一个棘手的问题，希望学界就这一问题展开进一步研讨。

⑥ 如戈登·威利在《聚落与历史重建——秘鲁维鲁河谷的史前聚落形态》第五篇辟有专节"社会政治结构"，讨论聚落空间布局反映的一定区域内中心聚落与附属聚落之间的统治与被统治关系（第 454—459 页）。

为文明起源及社会复杂化进程研究提供重要参照。同时应注意到，依靠规模及相关遗存内涵划分的聚落结构，不能完全与聚落间行政统属关系相对应。例如《战国策·秦策二》载："宜阳，大县也，上党、南阳积之久矣，名为县，其实郡也。"① 即战国时期，宜阳在规模与战略地位上与郡治相当，但其政治地位仍然是县治。有鉴于此，笔者以为，对周秦聚落的研究，既要考虑其规模及文化内涵，也要考虑文字材料等反映的行政统属关系。周秦之际是早期国家向中央集权制国家演变的重要阶段，讨论聚落结构及文献可考的聚落间行政统属关系，是进行长时段探讨并研究这一历史过程的重要切入视角。

本文试图对周秦 800 余年间，王朝统治范围内聚落结构及行政统属关系的演变进行全面讨论。不当之处，祈请指正。

一、西周聚落行政统属关系的考察

西周时期实行内外服制度，现分别讨论周王直接统治的王畿地区与诸侯、邦君统领的外服封国（邦）地区。

（一）王畿地区

我们尚未准确掌握西周时期王畿规模，② 但可以确定关中地区及成周洛邑附近区域在王畿范围内。目前成周洛邑地区考古工作尚不充分，而关中地区经过多年发掘，积累较多材料，便于开展研究。因此，对王畿地区的考察以关中地区相关材料为主。

学者已对西周时期关中地区发现的聚落进行综合研究。张天恩根据近年聚落考古发掘资料，讨论西周社会结构。他认为目前关中地区发现的"采邑"聚落约 20 处，规模较大、功能较为齐全的有孔头沟、周公庙、劝读、水沟遗址等，其相

① 刘向集录，范祥雍笺证，范邦瑾协校：《战国策笺证》，上海：上海古籍出版社，2006年，第 252 页。

② 参见吕文郁：《周代王畿考述》，《人文杂志》1992 年第 2 期；王健：《西周"王畿"考辨》，《历史地理》第 19 辑，上海：上海人民出版社，2003 年，第 59—73 页；武刚：《"内服"还是"外服"：西周甸服问题研究——兼论西周王畿的形成过程》，《史学月刊》2018 年第 3 期，第 44 页。

互间直线距离大多在 10 千米左右。[1] 其中，孔头沟遗址在西周时期面积不断扩大，西周晚期时面积约 4.1 平方千米，[2] 周公庙遗址最大面积约 4 平方千米，[3] 水沟遗址只有 1 平方千米。[4] 张文虽未明言，但将这几处聚落划归为同一等级的意图是明显的。在周公庙遗址附近，可确认的西周遗址还有杜沟、北寨、吴家庄、坳王村等约 10 处，有几处早年出土青铜器，有些铜器还带铭文。如北寨遗址出土史父己鼎等铜器，王伯姜鼎等则出自吴家庄遗址，可见此区域在当时为有相当地位者居住。同样，在孔头沟遗址周围，发现故郡、官路、前庄等面积较小的西周遗址。张文指出，位于规模较大聚落周围的小聚落，当与最为邻近大聚落之间存在比较直接的隶属关系。张文还引用西汉水上游地区考古调查结果，这一地区 37 处周秦文化遗址被调查者分为 0.3 平方千米以上、0.1—0.3 平方千米及 0.1 平方千米以下三个等级。[5] 根据出土材料，37 处遗址更多反映春秋战国时期秦国聚落情况，并不完全适用于西周。此外，马赛对关中地区西周聚落的统计更为全面，她列举超过 200 处聚落遗址并讨论聚落变化趋势。[6] 上述研究，为本文分析提供参照。

周原遗址与丰镐遗址两座王都是关中地区聚落结构的顶端。根据目前考古调查可知，周原遗址面积为 37.6 平方千米，[7] 丰镐遗址总面积为 17.82 平方千米。[8]

---

[1] 张天恩：《西周社会结构的考古学观察》，《考古与文物》2013 年第 5 期。

[2] 种建荣等：《岐山孔头沟遗址商周时期聚落性质初探》，《文博》2007 年第 5 期。

[3] 周公庙遗址面积有多种表述，如 1.3 平方千米、4.5 平方千米、10 平方千米等，其中 10 平方千米是"周公庙遗址及其邻近区域"面积。本文采用 3.8—4 平方千米的数据，感谢北京大学出土文献与古代文明研究所张天宇副研究员提供。

[4] 张天恩：《西周社会结构的考古学观察》，《考古与文物》2013 年第 5 期，第 54 页。

[5] 甘肃省文物考古研究所等编：《西汉水上游考古调查报告》，北京：文物出版社，2008 年，第 288 页。

[6] 马赛：《西周时期关中地区的聚落分布与变迁》，《南方文物》2017 年第 3 期。

[7] 周原考古队：《陕西周原七星河流域 2002 年考古调查报告》，《考古学报》2005 年第 4 期，第 477 页。不过根据雷兴山、种建荣绘制的周原聚落功能区分布图，在周原遗址中部，祁家沟与贺家沟之间，直到西周晚期基本是空白地带，因此周原的实际使用面积恐怕要比这一数据少大约 1/3。参见《周原遗址商周时期聚落新识》，湖北省博物馆编：《大宗维翰：周原青铜器特展》，北京：文物出版社，2014 年，第 18—26 页。

[8] 丰京面积为 8.62 平方千米，镐京面积为 9.2 平方千米，二者合计 17.82 平方千米。参见中国社会科学院考古研究所等编著：《丰镐考古八十年》，北京：科学出版社，2016 年，第 22、40 页。

王都之下，是孔头沟、周公庙、劝读、水沟遗址等聚落，面积1—5平方千米。

在孔头沟、周公庙等遗址之下的情况又是怎样呢？除前述学者论证外，七星河流域区域调查也可提供信息。七星河是沣河支流，其东侧紧邻沣河另一支流美阳河，西侧为一片较广黄土塬地。从七星河与沣河交汇处向北至岐山脚下是整个流域范围，南北长约21千米，东西宽4—12千米，调查即在这一范围内展开。在调查范围内，除王都周原遗址外，还发现11处西周时期聚落遗址。其中面积仅次于周原遗址者，是吊庄—老堡子遗址，南北长2.3千米，东西宽约0.6千米，面积约1.38平方千米，略大于水沟遗址，显然应属第二级聚落。面积为0.725平方千米的杨家堡遗址，以及面积为0.6平方千米的后峪吕家—纸庄遗址等级颇难遽定。不过，杨家堡村东1949年以前曾出土一批青铜器，1974年春，在村南发现2件西周铜器，1979年在砖瓦窑附近发掘4座墓葬和1座马坑（其中1座墓年代为西周早中期），可归入第二级。第三级聚落主要是面积在0.1—0.24平方千米者，与孔头沟、周公庙等遗址存在10倍以上差距，包括满堂沟、丁童、赵家村、谭庄西北4处。满堂沟附近于1982年发现1座残墓，出土铜鼎1件、铜戈4件，为西周早期器；1993年，又清理西周早期墓葬5座，出土弦纹铜鼎、弦纹铜簋各1件。丁童遗址1952年出土外叔鼎；1978年出土重环纹盨和蹄足鼎等；1984年出土矢叔鼎，铭文为"矢叔作旅簋"，时代为西周中期，此外另有1件西周初期涡纹鼎。上述第三等级聚落，从遗址内涵看，与附属于孔头沟、周公庙诸遗址颇为吻合。剩下4处聚落中，谢王窑遗址面积为0.072平方千米，暂未见出土青铜器报道，等级归属较难确定。其余3处遗址分别是周老庄西南、西王村西北和翟家北，面积均在0.038平方千米以下，出土器物以陶器为主，尤其是西王村西北遗址面积仅为0.01平方千米，与第三等级聚落存在10到20倍差距，归入第四等级是合适的。①

因此，从考古资料看，西周时期关中地区聚落结构可分为四级，第一级聚落是王都周原遗址、丰镐遗址，面积在17.82—37.6平方千米；第二等级的聚落以周公庙、孔头沟、蒋家庙等遗址为代表，面积多在1—5平方千米；第三等级的聚落面积则在0.1—0.3平方千米；第四等级的聚落面积在0.1平方千米以下，

① 周原考古队：《陕西周原七星河流域2002年考古调查报告》，《考古学报》2005年第4期。

甚至有小到0.01平方千米者。

值得注意的是，关中地区四级聚落结构与西周贵族等级结构相称，贵族间等级结构很大程度上即是行政统属关系。西周贵族体系的顶端显然是周王，与之相匹的是王都。王之下则是高、中等级贵族，他们作为王臣，依附于王，协助王治理国家。周公庙遗址很可能是周公采邑，因此将该遗址划归第二级，与贵族体系相符。高等级贵族又有家臣，这些家臣在贵族体系中属于第三等级，当无疑问。铜器铭文中较多反映高等级贵族册命家臣之事，如䖑鼎（《铭图》02405）、献簋（《铭图》05221）、师毁簋（《铭图》05363）、卯簋盖（《铭图》05389）、逆钟（《铭图》15190—15193）、闻尊（《铭图》11810）等。① 上述铜器皆为受高等级贵族册命家臣自作器，说明王畿内第三等级贵族可以制作青铜器，这与第三等级聚落发现青铜器也相符。在第三等级贵族之下，就是依附于贵族的庶民阶层。② 䖑鼎铭文记载：

> 唯三月初吉，䖑来
>
> 遘于妊氏，妊氏命䖑事
>
> 保厥家，因付厥祖
>
> 仆二家，䖑拜稽首，
>
> 曰：休朕皇君弗忘厥宝

① 吴镇烽编著：《商周青铜器铭文暨图像集成》，上海：上海古籍出版社，2012年。简称《铭图》。关于西周贵族家臣的研究，参见朱凤瀚：《商周家族形态研究》，天津：天津古籍出版社，2004年，第314—321页；姚晓娟：《周代家臣制度研究》，博士学位论文，吉林大学古籍研究所，2011年，第29—49页。

② 关于西周时期是否存在独立的"士"阶层，笔者认为，"士"彻底成为独立的社会阶层应是战国以后，不应用此来审视西周。《尚书》中有《多士》篇，记载周成王对"殷遗多士"的诰命。但是，亲耳聆听成王发言的人，恐怕不是地位低于公卿的独立"士"阶层。《诗经·文王》记载"济济多士，文王以宁"，是说文王依靠"多士"实现国家治理的安宁，文王依靠的这些"多士"，显然是高等级贵族，而非战国以后的"士"阶层。《诗经·敬之》中说"陟降厥士，日监在兹"，郑玄笺曰："群臣见王谋即政之事。"郑玄以"群臣"解"士"，说明西周时期的"士"可以指代高等级王臣。《论语·微子》中，孔子认为周有"八士"，但八人全都是文王的股肱之臣，是高等级贵族。孔子说，"士不可以不弘毅，任重而道远"，显然是以"士"自况，但他也说"以吾从大夫之后"，因其曾官至司寇，说明直到春秋晚期，"士"也不是指代单独的、居于"大夫"之下的社会阶层。

臣，对扬，用作宝尊。

铭文记载妊氏任命蠤为其家臣，并将原归蠤祖父所有的两家"仆"交付给蠤，蠤为答扬主君休美而作此器。关于"仆"的身份，学界已有讨论。① 笔者认为，"仆"主要是依附于贵族、从事农业耕作的庶人，肃卣（《铭图续》30882）② 铭文记载："伯氏赐肃仆六家，曰：'自择于庶人。'今厥仆我兴，邑强谏……"董珊认为，此处"择"与《史记·留侯世家》高祖让张良"自择齐三万户"之"择"相类，其说允当，可从。③ 由肃卣铭文可知，"仆"与"庶人"可相互换称，当是依附贵族从事农业生产的人口。故而，作为家臣的蠤是第三等级贵族，其名下有两家"仆"及仆劳作的农田。此种规模的家庭财产，自是不必再设家臣管理，只有"仆"家头人罢了。因此，第三级贵族之下是从事农业的庶人，与第三级聚落之下是处于底层的第四级聚落，也相匹配。

以上关于西周时期关中地区聚落结构与社会政治统属关系的论述看起来清楚明晰，且可互相对应，但实际情况并非如此简单。如一些名义上属于第二等级的贵族，虽然政治等级仅在王之下，但职务较低，甚或并无职务，无力置办庞大产业，家庭财富状况并不好，难以与高等级王臣相媲美。因此，其家族内不能也不必另行任命具有独立产业的家臣，而主要是家族成员或属民"仆"、"庶人"等群体头人打理家族事务。④ 这在季姬方尊（《铭图》11811）铭文有很好体现：

唯八月初吉庚辰，君命宰萧

---

① 裘锡圭：《说"仆庸"》，《裘锡圭学术文集5·古代历史、思想、民俗卷》，上海：复旦大学出版社，2012年，第107—120页；徐鸿修：《"𪋮（莱）仆"与"人鬲"》，《文史哲》1992年第6期；沈长云：《珂生簋铭"仆墉土田"新释》，安徽大学古文字研究室编：《古文字研究》第22辑，北京：中华书局，2000年，第73—78页。

② 吴镇烽编著：《商周青铜器铭文暨图像集成续编》，上海：上海古籍出版社，2016年。简称《铭图续》。

③ 董珊：《山西绛县横水M2出土肃卣铭文初探》，《文物》2014年第1期，第50页。

④ 当然，这些为家族长办理事务的家族成员、庶人依附民的头人也是广义上的家臣。然而，与高等级贵族的家臣还拥有属于自己的独立产业不同，这些中低级王臣的家臣与其家族长（即王臣）往往共财，甚或共居，并无属于自己的独立产业。

赐宋季姬畋臣于空木，

厥师夫曰丁，以厥友廿又五家，

□（新）赐厥田以（与）生，马十又□

四、牛六十又九叙、羊三百又卅

又五叙，禾二廪。其对扬王

母休，用作宝尊彝，其万

□□□永宝用。①

学界多认为铭文中"君"与"王母"当是昭王或穆王之后，② 笔者赞同这一观点。严志斌将此器与叔皮父簋（《铭图》05080）③ 铭文中的"季姬"联系起来，认为二者为同一人，为前述观点提供佐证。因此，季姬方尊铭文内容是：昭王或穆王之后命令宰莆将空木一地 25 家"佃臣"，即从事农业的属民，赐给其女季姬，同时赐予马、牛、羊及两仓库粮食，季姬作此器答扬母后的休美。

季姬身为王女，地位不可谓不高，但嫁给异姓王臣后应属第二等级贵族。季姬占有佃臣仅 25 家，虽然一家佃臣规模并不小。伐簋（《铭图》05321）铭文记载，伐得到的一家附属民有"师"一人，还有"友"五十夫，此"师"即季姬方尊铭文中的"师夫"，是庶民家族头人。一家庶民有 50 个成年男丁，若算上头人"师"，则为 51 人，可见季姬 25 家属民规模。尽管如此，作为王女的季姬与作为妊氏家臣的蠚身份差异显著，但属民多寡仅相差 10 多倍，这种财富差异与二者身份差异不太相符。另外，季姬占有的空木，也应与她的政治等级相符，即属于第二等级聚落，但空木一地规模，恐怕达不到一般第二等级聚落规模。假设季姬所属 25 家佃臣恰好是每家 50 个成年男子，则共有 1250 人，再算上妇女儿童，

① 蔡运章、张应桥：《季姬方尊铭文及其重要价值》，《文物》2003 年第 9 期。
② 李学勤：《季姬方尊研究》，《中国史研究》2003 年第 4 期；严志斌：《季姬方尊补释》，《中国历史文物》2005 年第 6 期；涂白奎：《〈季姬方尊〉铭文释读补正》，《考古与文物》2006 年第 4 期；韦心滢：《季姬方尊再探》，《中原文物》2010 年第 3 期。
③ 叔皮父簋为叔皮父为其父莆公与其母季姬所作器。

其佃臣总数当在 4000 人左右。若聚落中每人生活面积在 50—100 平方米，[①] 则空木一地面积为 0.2—0.4 平方千米。而且，从铭文看，空木一地似无更小附属聚落，即在政治上属于第二等级的空木实际上已经是最底层聚落。这一结果提示，七星河流域探测的在规模上属于最低级别的聚落，不排除因为紧邻王都周原遗址而直属于周王的可能。换句话说，规模较小的聚落也可能拥有较高政治等级。在笔者看来，上述诸种不协调，恰恰印证前文看法，即按规模大小划分的聚落，与其政治等级并不完全对应。

总之，对西周时期关中地区聚落结构及行政统属关系的考察可知，政治上同属一级的聚落，在规模上可能并不同级，反之亦然。此外，第二或第三等级聚落，也可能并没有附属的更低层级聚落，其政治等级虽不低，但已是最底层聚落。

（二）外服封国

根据目前对西周内外服体系的认识，外服封君包括"侯"、"田"、"男"三种称谓的"诸侯"，以及未受封为诸侯的"邦君"（或称"邦伯"）。邦君主要包括被周人尊称为"公"的殷商后裔宋君、被称为"子"的蛮夷戎狄之君，以及被称为"伯"的周之同姓或异族邦"伯"。不同于在王朝任职的内服职官，他们是有相对独立封地的封君，其封地在当时都应称"邦"。[②] 不过今人行文时称

[①] 考虑到商周时期庶民阶层大多居住在 10—15 平方米的地穴、半地穴式居宅，且此等居宅若要容纳一对夫妻与其未成年子女数人的话，每人 50 平方米的生活面积（非均摊房屋面积后的居住面积）并不存在刻意压缩的情况。当然，以上数据只是合乎情理的推测，这方面的考古资料尚且有限，更准确的研究只能待之将来。有关关中地区半地穴式居宅建筑，参见刘鑫：《关中地区商周时期房屋建筑遗存的类型及功能分析》，硕士学位论文，陕西师范大学历史文化学院，2010 年，第 18—26 页。

[②] 相关研究参见李峰：《论"五等爵"称的起源》，李宗焜主编：《古文字与古代史》第 3 辑，台北：台湾"中研院"历史语言研究所，2012 年，第 159—184 页；朱凤瀚：《关于西周封国君主称谓的几点认识》，陕西省考古研究院、上海博物馆编：《两周封国论衡——陕西韩城出土芮国文物暨周代封国考古学研究国际学术研讨会论文集》，上海：上海古籍出版社，2014 年，第 272—285 页；刘源：《"五等爵"制与殷周贵族政治体系》，《历史研究》2014 年第 1 期；张海：《"邦"、"国"之别——兼谈两周铜器铭文所示西周王朝之国家结构》，北京大学出土文献研究所编：《青铜器与金文》第 1 辑，上海：上海古籍出版社，2017 年，第 560—584 页；邵蓓：《〈封许之命〉与西周外服体系》，《历史研究》2019 年第 2 期。

"封国"亦未尝不可。故本节将诸侯与邦君两类外服封国合并讨论，以区别于上一节所论的王畿地区。

目前发现最早反映西周诸侯国聚落统属关系的青铜器铭文，当属宜侯夨簋（《铭图》05373）：

唯四月辰在丁未，王省武王、

成王伐商图，诞省东国图。

王莅于宜□□，南向。王命

虞侯夨曰："迁侯于宜。"赐鬯

邑一卣，赏瓒一□，彤弓一、彤矢百，

旅弓十、旅矢千。赐土：厥川

三百□，厥山（?）百又□，厥宅邑三十

又五，（厥）□百又三十。赐在宜

王人□又七里，赐奠七伯，

厥卢千又五十夫。赐宜庶人

六百又□六夫。宜侯夨扬

王休，作虞公父丁尊彝。

铭文大意是，康王将虞侯夨改封为宜侯，并赏赐鬯、瓒、弓、矢等物，随后详细列举赏赐的土地、山川、人口若干。宜侯对扬王的休美，并为祖先虞公作器。在赏赐的土地中有"宅邑"35 处，这 35 处宅邑，显然不包括宜侯统治中心"宜地"。35 处宅邑只有总数列于铭文中，表明其间无进一步行政统属关系，而是彼此地位相若。① 由此可知，西周初年，诸侯国内部至少可划分出两级聚落，即诸侯所居的中心聚落，与附属于此中心聚落的数十处"宅邑"。目前尚未有明确文

---

① 从铭文可知，周王赏赐的人口中，"奠七伯"之"卢"（即附属人口）与宜地"庶人"的总数才 1700 人左右。唐兰推测，即便加上"王人"，宜地总人口至多也不过两三千，参见《西周青铜器铭文分代史征》，北京：中华书局，1986 年，第 159 页。35 处宅邑作为宜地的下属聚落，其各自人口数恐怕仅有数百而已。宅邑的规模已如此之小，既不可能也无必要设置行政隶属更低一级的下属聚落。

字材料证明诸侯国内存在两级以上聚落统属关系。

诸侯国的聚落还存在继续分封情况。出土于河南开封的亳鼎（《铭图》02226），年代属西周早期，其铭文曰：

> 公侯赐亳杞
> 土、麇土，槑
> 禾、齔禾，亳
> 敢对公仲休，
> 用作尊鼎。

唐兰认为铭文中的"公侯"或为宋国微仲。① 笔者更倾向于认为，铭文中的"杞"应是传说中夏禹后裔所封杞国。《史记》中《夏本纪》《陈杞世家》均记载夏之后裔在西周初年被"封于杞"，张守节正义引《括地志》以为杞国在雍丘县，② 即今河南开封市杞县，铜器出土地与文献记载杞国地望相合。③ 如此说来，铭文中的公侯即是杞国之君，杞君在西周早期就以"公侯"二字并称，或许与其为所谓"夏人之后"有关。由铭文可知，公侯除了将国都杞的部分土地赏赐给亳以外，还赏赐麇地部分土地以及产于槑、齔两地的禾。这暗示，麇、槑、齔三地都附属于封国都城杞地。可见，杞国在西周早期至少存在两级聚落统属关系，即杞与其下属聚落麇、槑、齔等。至于麇等地是否还有隶属于自己的更低一级聚落，揆诸宜侯夨簋，这种可能性非常小。将杞侯都邑附近部分土地赐给亳并不奇怪，西周王都及其附属土地同样并非全被周王占有。不过，外服封国也受周王统属，整体来看至少存在三级行政统属关系。

反映西周时期诸侯国内聚落统属关系的铜器铭文，目前仅上述2件，但考古

① 唐兰：《西周青铜器铭文分代史征》，第121—122页。
② 《史记》卷2《夏本纪》、卷36《陈杞世家》，北京：中华书局，1959年，第88—89、1583—1584页。
③ 杞在西周灭亡后于今山东境内多次迁徙，参见《史记》卷36《陈杞世家》司马贞"索隐"（第1583—1584页）。春秋时期，杞改称"伯"，杞伯每刃所作诸器在山东滕州市与新泰市均有出土。

发现使我们对若干"邦君"封国聚落有更清楚认识。宋爱平基于考古发现认为，郑州地区西周时期聚落遗址约 15 处，[1] 可分为四个等级。第一级是祭城城址，乃祭伯封地中心聚落，[2] 春秋时为郑大夫祭仲采邑。此城东西长约 1.38 千米，南北宽约 1 千米，面积约 1.38 平方千米。[3] 第二级为面积在 0.2—0.3 平方千米的大型聚落遗址，有洼刘、祥营等。第三级为面积在 0.05—0.2 平方千米的中型聚落遗址，有道李、郑庄、石河、瓦屋李 4 处。第四级为 0.05 平方千米以下的小型聚落，有荥阳金寨。至于郑州岳岗、冉屯、董寨、十里铺、旮旯王、郑州商城东城墙、郑州大学新校区遗存 7 处，大多面积不详。[4]

　　关于郑州地区聚落研究，笔者有几点补充。首先，宋文将整个西周作为断代标尺，因此研究结果可视为西周王朝灭亡前外服邦国的最终聚落结构。其次，张贺君等已指出，今郑州地区在西周时期分布有东虢、郐、祭等多个封国，[5] 考古发现的诸聚落，存在分属不同封国情况，这对考古学划分的聚落结构能在多大程度上反映聚落间行政统属关系提出挑战。最后，若从西周王朝总体考察，按关中地区的聚落结构标准讨论，面积为 1.38 平方千米的祭城对应关中地区第二级聚落，与祭作为一方封君，是直属于周王的第二级贵族相对应。面积在 0.1—0.3 平方千米的聚落，与关中地区第三级聚落相称。0.1 平方千米以下的聚落，在规模上则与关中地区第四级聚落相符。郑州地区聚落研究表明，外服邦国聚落结构经调整后，可与关中地区第二、三、四级聚落依次对应，说明诸侯与邦君封国内

---

[1]　宋爱平：《郑州地区史前至商周时期聚落形态分析》，山东大学东方考古研究中心编：《东方考古》第 8 集，第 156—194 页。宋文发表时，荥阳官庄遗址发掘工作仍在进行，故郑州地区目前发现的聚落遗址已不止 15 处。关于官庄遗址的情况，下一节再讨论。

[2]　《左传》僖公二十四年（前 636）记载，凡、蒋、邢、茅、胙、祭六国乃是周公之胤，即周公儿子的封地。祭伯城乃是流传之称，不过这表明，祭称伯，属于邦伯，而非诸侯。

[3]　张贺君等：《郑州地区西周城址探析》，《洛阳考古》2014 年第 3 期，第 62 页。祭城虽然在春秋时继续存在，但作为郑大夫祭仲的采邑，其规模恐怕不能进一步大肆扩张，因此这一面积可认定为西周时期的实际情况。

[4]　宋爱平：《郑州地区史前至商周时期聚落形态分析》，山东大学东方考古研究中心编：《东方考古》第 8 集，第 184—185 页。

[5]　在武王时期分封，随后因作乱而被废除的管国也在今郑州地区，因其被废，此处未列入。东虢称"叔"，当是邦君，而非诸侯，参见《春秋左传正义》卷 2，阮元校刻：《十三经注疏》，北京：中华书局，2009 年，第 3724 页。郐为"子男之国"，亦是邦君，参见徐元诰：《国语集解》，王树民、沈长云点校，北京：中华书局，2002 年，第 463 页。

聚落结构，与王畿地区具有很大的同构性。

将上述对郑州地区聚落结构的分析，与宜侯夨簋所反映西周早期诸侯国聚落统属关系对比，虽然仍无法确认外服封国聚落是否在行政统属上发展出三级关系，但显而易见的是，其具有这种发展倾向。即令单从聚落规模看，外服邦国聚落在西周晚期相比于西周早期也有显著发展。这一发展是以邦君封国与诸侯封国对照而得出的认识，但西周诸侯与邦君的重要区别，是具有"侯、田、男"称谓的贵族，享有更大军事权力，具有开拓疆土任务。① 《诗经·鲁颂·閟宫》记载成王分封鲁侯伯禽时情形，"王曰叔父，建尔元子，俾侯于鲁，大启尔宇，为周室辅"。② 说的正是这个意思。这意味着，西周时期诸侯领土扩张要明显超过邦君。考虑到这一层缘由，西周晚期"侯、田、男"等诸侯封国聚落结构及行政统属关系，不像宜侯夨簋所反映的那样简单，其聚落若按规模大小划分，只会比邦伯的封国有过之而无不及。

二、春秋聚落行政统属关系的复杂化

西周王朝于公元前771年灭亡，而《春秋》《左传》记载始于公元前722年，二者有半个世纪间隔。由于周王室衰落，原本束缚邦伯的力量趋于消失，在半个世纪内，一些邦伯诸侯积极对外扩张、迅速成长，与之相应的是不少邦伯封国相继灭亡。郑跟随平王东迁后迅速灭虢、邻、祭，便是其例。由于上述原因，本文将东周最初半个世纪合并到"春秋"时代论述，同时，不再对邦伯与诸侯严格区分。春秋初年，郑庄公"小霸"，史料对这一时期郑国史事记载较多，文献证据恰好可与郑州地区西周时期城址调查的考古证据衔接，因此讨论这一时期诸侯国聚落结构及行政统属关系，可先从郑国入手。

实际上，《春秋》阙载的东周时代最初半个世纪，并非全无消息。《国语·郑语》记载，史伯在建议郑桓公迁往济、洛、河、颖之间时：

---

① 朱凤瀚：《关于西周封国君主称谓的几点认识》，陕西省考古研究院、上海博物馆编：《两周封国论衡——陕西韩城出土芮国文物暨周代封国考古学研究国际学术研讨会论文集》，第273—275页；刘源：《"五等爵"制与殷周贵族政治体系》，《历史研究》2014年第1期，第67页。

② 《毛诗正义》卷22，阮元校刻：《十三经注疏》，第1328页。

是其子男之国，虢、郐为大。虢叔恃势，郐仲恃险，是皆有骄侈怠慢之心，而加之以贪冒……君若以成周之众奉辞伐罪，无不克矣。若克二邑，鄔、弊、补、丹、依、𪩘、历、华，君之土也。

即是说，如果攻克虢、郐两邦君封国，则鄔、弊、补、丹等八地也将归郑所有。徐元诰据《路史·国名纪》以为鄔乃妘姓国，本是高阳氏之后，终为郑所灭。弊、补两地无考。丹在今河南内乡县，似乎距郑州过远，不太可信。依、𪩘、历、华四邑，本是古国，此时则皆为郐邑。[1] 裴骃集解《史记》引虞翻说法，以为十邑乃"虢、郐、鄢、弊、补、丹、依、𪩘、历、莘"，[2] 与《国语·郑语》略有差异。不论具体地望为何，十邑之说当可靠。清华简《郑文公问太伯》记载，郑立国乃是"北就鄔、刘，萦轭蒍、邘之国"，[3] 证实《路史》关于鄔的说法，郑州地区西周时的邦君封国不止虢、郐、祭三家。

郑国所占十邑情形颇为复杂，既有由中心聚落（郐）与其附属聚落（依、𪩘、历、华）组成的政治体（聚落群），也有虢、鄔等单一聚落。另一方面，《左传》隐公元年（前 722）所记郑庄公提到"制，严邑也，虢叔死焉"，[4] 说明郑灭东虢时，制地乃是虢之大邑，但并不在史伯所说八地中，看来此地规模尚不及鄔、弊、补等八处聚落。凡此种种，可以说明若按规模大小来看，西周晚期郑州地区各邦君封国内聚落结构不止两级。

根据考古发现，在郑消灭虢、郐、祭、鄔等邦君封国前后，郑州地区聚落经过较大调整。2010—2011 年，考古工作者对郑州荥阳市官庄遗址及周边 19.05 平方千米的区域进行发掘和调查，发现西周晚期至春秋时期聚落遗址 15 处。其中 5 处与官庄遗址相距不远，调查者认为应是其附属设施，故将它们视为一体，则官庄遗址总面积为 1.5 平方千米左右。余下 10 处聚落，面积超过 0.1 平方千米 1 处（荣郑寨遗址），0.05—0.1 平方千米 4 处，0.01—0.05 平方千米 4 处，低于 0.01

① 徐元诰：《国语集解》，第 463—464 页。
② 《史记》卷 42《郑世家》，第 1758 页。
③ 清华大学出土文献研究与保护中心编，李学勤主编：《清华大学藏战国竹简》（陆），上海：中西书局，2016 年，第 119 页。
④ 《春秋左传正义》卷 2，阮元校刻：《十三经注疏》，第 3724 页。

平方千米 1 处。① 报告编写者认为，官庄遗址自西周晚期崛起，"周边之前分布的一系列西周早中期遗址纷纷消失或不见，显示出该区域聚落变迁和社会重整的迹象"。②

官庄遗址及其周边考古调查反映出两周之际郑地的聚落整合。实际上，史伯所提 10 个聚落中并没有春秋时期郑国都城郑（今郑韩故城遗址内东南部），③ 表明郑也是西周灭亡后新崛起的聚落。入春秋后，官庄遗址当归属郑国，是郑地下级聚落，其周围包括荥郑寨遗址在内的聚落，应附属于官庄遗址。可见，郑国在东周初年，通过消灭虢、刘、祭、邬等邦君封国，有意无意地调整了聚落间关系，在行政统属上形成三级关系，即都城郑—地区性中心聚落（如官庄遗址）—基层聚落（官庄遗址周边小聚落）。除官庄遗址，郑州地区还发现面积超过 1 平方千米的娘娘寨遗址，④ 其政治地位与官庄遗址相同。从聚落规模来看，官庄遗址、娘娘寨遗址面积与西周时期作为邦君统治中心的祭城城址大致相当，但二者此时只是诸侯国内第二级聚落，说明进入东周后，诸侯国聚落不仅在行政统属关系方面有结构性变化，在规模上也明显扩大。

诸侯国的聚落统属关系，在进入东周后即实现从二级结构演变为三级结构，还可以在《左传》记载中得到证明。隐公元年，郑庄公分封其弟共叔段于京城，共叔段则将郑之"西鄙、北鄙贰于己"，随后"收贰以为己邑"，即使西、北部边域聚落附属于"京"地。据此，郑国聚落按行政统属关系便可划分为都城郑—地区中心聚落京—西、北边域小邑三级。共叔段此举并非特例，《左传》另一条记载也可说明诸侯国聚落至少存在三级统属关系。隐公五年，卫人以南燕之师伐郑，"郑二公子以制人败燕师于北制"，"二公子"即公子曼伯与公子元。⑤ 制地一邑之人便可击退燕国之师，军事实力强劲，看来郑庄公所谓的"严邑"实力确

① 郑州大学历史文化遗产保护研究中心、郑州市文物考古研究院：《河南荥阳市官庄周代城址发掘简报》，《考古》2016 年第 8 期；郑州大学历史学院历史文化遗产保护研究中心：《河南荥阳官庄城址周边系统调查与初步收获》，《中原文物》2015 年第 4 期。
② 郑州大学历史学院：《河南荥阳官庄遗址周边考古调查简报》，《中国国家博物馆馆刊》2017 年第 11 期，第 31 页。
③ 韩国河、陈康：《郑国东迁考》，《郑州大学学报》2019 年第 2 期。
④ 张贺君等：《郑州地区西周城址探析》，《洛阳考古》2014 年第 3 期，第 63 页。
⑤ 《春秋左传正义》卷 2、卷 3，阮元校刻：《十三经注疏》，第 3725、3750 页。

实非同小可。杨伯峻以为北制即虎牢关，与制为一地。① 不过，以记载来看，北制当是离制不远的另一处小地点，制人出城逐燕师，于此败之。从制与北制两个地名来看，北制得名于此地位于制地之北，并在政治上隶属于制。若然，郑国聚落便是都城郑—地区性中心聚落制—基层小聚落北制三级。

上述观点，也可由叔夷钟（《铭图》15552—15564）铭文推知。② 铭文大意为，齐灵公欣赏叔夷的出身与品行，命他主管"三军"，并"谏罚"齐国庶民，③ 叔夷对此任命不敢不警戒，虔敬并时刻警醒地从事齐侯的任务，谨慎而中肯地给予犯过者惩罚。齐灵公为奖励他效力公室、统军辛劳、战功卓著，于是：

余赐汝莱都、滕、
劀其县三百，余命
汝嗣辝莱，造铁
徒四千，为汝敌寮，
夷敢用拜稽首，
弗敢不对扬朕
辟皇君

随后，齐灵公赏赐给叔夷马、车、戎兵以及莱仆 350 家。叔夷再次歌颂齐灵公，并作器以享孝先祖。莱即齐国所灭之莱（前 568—前 567）。滕、劀两地，郭沫若以为"当是莱之子邑"，④ 可从。"辝"即台，《汤誓》有"非台小子敢行称乱"，为第一人称代词。唐兰认为，此乃商人习语，文献中见此，实为保存商人习语而留，恰好叔夷钟铭文记载，叔夷之父乃宋穆公之孙，叔夷为商人后裔，

① 杨伯峻编著：《春秋左传注》，北京：中华书局，2009 年，第 45 页。
② 出土于北宋宣和五年（1123），作于齐灵公时期。
③ 所谓"谏罚"，即对庶民之种种恶行劣迹先行劝谏而后行惩罚之意。
④ 郭沫若：《两周金文辞大系图录考释·二》，《郭沫若全集·考古编》第 8 卷，北京：科学出版社，2002 年，第 205 页。

故而有此表达。① 不过，从叔夷钟铭文来看，"辝"是出自齐灵公之口，故这一表达与其说是商周族群或时代之不同，不如说是一种地域差异，即方言。"造"即至、诣之意，送给也。"铁徒"应是一种身份，或者是为强调其骁勇。"敌寮"，郭沫若以为即"嫡寮"，② 嫡系徒属也。由铭文可知，齐灵公除了赐予叔夷"莱都、膝、劇其县三百"之外，还命他治理莱，赠予铁徒四千，作为其嫡系徒属，叔夷因此拜稽首，并对扬灵公。

铭文中"莱都、膝、劇其县三百"几字，有必要加以申论。莱于春秋晚期为齐所灭，莱都即莱之旧都。杨伯峻注云，或以为"在今山东省昌邑县东南"，或以为在"黄县（今龙口——引者注）东南二十五里之故黄城"，③ 如今主张后者，即归城故城者为多。膝、劇两地，郭沫若的解释可信，即原属莱国的城邑。但是，齐灭莱后，莱都地位下降，从诸侯"国都"变为齐国的地方性中心聚落"都"。膝、劇两地政治等级无甚变化，其与莱都等级差距因此缩小。两地如果仍然完全附属于莱都，铭文无单独列出之必要。不过，若按《左传》隐公元年所谓"大都不过三国之一；中，五之一；小，九之一"标准衡量，两地可能仍属齐国之"都"，只是规模上属于"中都"或"小都"，三地大体上是并列关系，与铭文相符。

关于"其县三百"四字与劇之间是否应有标点，亦应讨论。李家浩指出，西周、春秋时期，"县"与"鄙"意思相近，故文献中常常"县鄙"连言，并以叔夷钟为例，指出"其县三百"应理解为"县"中之邑 300 个，④《左传》有齐景公赏晏子"邶殿其鄙六十"，⑤ 其中，"邶殿"与"其鄙"，传统注疏的理解均是不断读，叔夷钟铭文可依照这种模式作"劇其县三百"，按此理解，灵公赏赐给叔夷的聚落是莱都、膝两个规模不同的"都"及其全部附属聚落，以及劇地的 300 个附属聚落（但不应包括中心聚落劇）。不过，在"劇"与

---

① 参见唐兰：《遗稿集》卷 2《台字考》，《唐兰全集》，上海：上海古籍出版社，2015 年，第 10 册，第 574—575 页。
② 郭沫若：《两周金文辞大系图录考释·二》，《郭沫若全集·考古编》第 8 卷，第 205 页。
③ 杨伯峻编著：《春秋左传注》，第 691 页。
④ 李家浩将"三百"的合文认为"二百"，故其原文为"'县'中之邑二百"。参见《著名中年语言学家自选集·李家浩卷》，合肥：安徽教育出版社，2002 年，第 28—31 页。
⑤ 《春秋左传正义》卷 38，阮元校刻：《十三经注疏》，第 4344 页。

"其县三百"之间若点出一个逗号，则又可为另一种理解，即灵公赏赐给叔夷的是莱都、膝、劇三个规模有差异的"都"，三都总计有附属聚落"三百"。从理论上来说，上述两种理解都能成立，但考虑到"邶殿其鄙六十"说法，甚至《论语》中管仲"夺伯氏骈邑三百"表述，[1] 曾为莱国都城的莱都，加上其他两"都"，总共只有300个附属聚落，颇觉偏少。文献并未明言邶殿60个邑是其附属聚落的全部，另有"伯氏骈邑三百"作为上限，则"劇其县三百"当可成立。

行文至此，上引叔夷钟铭文内涵终于清晰，齐灵公赏赐给叔夷的聚落包括作为莱国旧都的"莱都"（此时为齐国地方性中心聚落"都"），在莱都附近的膝（亦是齐国的地方性中心聚落"都"，只是规模更小）以及这两处中心城邑的全部附属聚落。此外，还将"劇"地300个附属聚落划拨给叔夷，但并不包括"劇"地本身。换言之，即两个结构为中心聚落"都"、附属聚落的聚落群及300个基层小聚落。因此，从叔夷钟铭文看，齐国聚落同样存在国都临淄—莱都、膝、劇—小邑三级关系。

不过，与西周时期关中地区情况类似，春秋诸侯国聚落结构及行政统属关系同样复杂。鲁襄公二十一年（前552），齐后庄公讨公子牙之党，群公子出奔；至二十八年，齐国栾、高、陈、鲍四族同伐庆封，庆氏亡，齐国召回出奔之群公子。于是"具其器用，而反其邑焉；与晏子邶殿其鄙六十"，晏子不受；又"与北郭佐邑六十，受之；与子雅邑，辞多受少；与子尾邑，受而稍致之"。齐景公赐给诸卿的邑，是有区别的。晏子所得之60邑，系于"邶殿其鄙"，附属于邶殿。杨伯峻注："邶殿，今山东昌邑县西北郊……邶殿，齐之大邑，其郊鄙亦广。"[2] 邶殿的政治等级低于齐都临淄，其附属各邑政治等级更低，因此齐国聚落存在国都临淄—邶殿—六十邑三级关系。然而，北郭佐所得之邑，并未系于某大邑，暗示这些邑原本直属公室，且其政治地位在赏赐之前，也仅低于齐都临淄。可见，齐国赏赐给诸卿的邑，此前政治地位不均衡。但是，晏子与北郭佐所得之邑，数量相同，北郭佐尚位列晏子之后，则其所得之邑，在规模上亦不应有

---

① 《论语注疏》卷14《宪问第十四》，阮元校刻：《十三经注疏》，第5454页。

② 杨伯峻编著：《春秋左传注》，第1150页。

明显区别。这就意味着，虽然齐国已发展出三级聚落，但二级的聚落统属关系仍然存在，同时在这两种情况中居于底端聚落，规模上却无甚区别。这再次表明，规模上大小相近的聚落，在政治等级上很可能并不相同；反之亦然。

聚落规模大小与其政治等级高低不完全一致，同样在青铜器铭文中有反映。齐镈（《铭图》15828）[1] 出土于山西荣河县（今万荣县），时代属春秋中期。齐器而出于山西，郭沫若推测"盖因事故辇入于晋"。此器器主为鞌子，鞌即鲍，杨树达以为即齐国之鲍氏，[2] 可从。铭文首先叙述器主身世及作器缘由，在祈求完"寿老毋死"、"保吾子姓"等愿望后，铭文说道：

> ……鲍叔有成
> 劳于齐邦，侯氏赐之邑二百又九十又九
> 邑，与鄩之民人
> 都鄙。侯氏从告之

齐侯赏赐鲍叔的土地，包括299邑以及"鄩之民人都鄙"。齐之鄩地，史料未见，《左传》昭公二十三年（前519）记"王子朝之乱"有周王辖地鄩，[3] 二者显非一地。所谓"鄩之民人都鄙"，指以鄩为中心的聚落（都），以及附属于鄩的若干小聚落（鄙）。据此，齐国聚落行政统属关系至少存在临淄—鄩—若干小邑三级。但齐侯赏赐的299邑未系于任何大邑，与赏赐给北郭佐情况相同，同样直属齐国公室。299邑与宜侯夨簋称35处宅邑作风相同，意味着这些邑彼此间无统属关系，都是直属于临淄的小聚落。齐镈铭文同样表明，齐国二、三级聚落统属关系并存局面，这一情况与《左传》记载一致。

春秋时期，"礼乐征伐自诸侯出"。强大的诸侯国纷纷攻灭、吞并周边小国，

---

① 此器也有学者称"鲧镈"，张政烺主张"鲧"非作器者名，故本文仍称"齐镈"，参见《张政烺批注两周金文辞大系考释》，北京：中华书局，2011年，第140页，王国维亦称其为"齐镈"，参见《古史新证》，北京：清华大学出版社，1994年，第191—192页。
② 郭沫若：《两周金文辞大系图录考释·二》，《郭沫若全集·考古编》第8卷，第210页；杨树达：《积微居金文说》，上海：上海古籍出版社，2013年，第154—155页。
③ 有学者认为此鄩为传说中夏代斟鄩后裔所在，参见李民：《中国古代文明的起源与进程》，北京：线装书局，2008年，第85页。

如齐国先后吞并纪、谭、遂、莱等，晋、楚、秦等国吞并更多。① 诸侯国在吞并别国后，往往将大片土地分封给国内卿大夫，随之出现"陪臣执国命"情况，鲁之三桓、晋之六卿皆为代表。另一方面，春秋时期大型聚落（或称"城市"）迅速发展，不论是直属于诸侯的聚落，还是卿大夫占有的采邑，都在快速成长。据张鸿雁统计，《春秋》及"三传"中记载筑城活动计：鲁国27次，楚国20次，晋国10次，郑国4次，齐国3次，宋国2次，邾、陈、吴、越各1次。② 但晋、楚、齐皆是强于鲁的大国，其筑城次数应该要多于鲁国才更合理。顾栋高统计春秋时期见于记载城邑共380处；③ 马保春统计，仅晋一个诸侯国，就有地名216个、其他"国族"名101个、政区名53个，④ 几与顾栋高统计的春秋各国城邑总数相当。吞并、分封与大型聚落的修筑，都在进一步调整、改变着聚落结构及行政统属关系，⑤ 因此，至春秋晚期，对于晋这样的大国来说，其聚落结构与统属关系又是另一番模样。

晋国聚落结构的顶端是晋都。春秋时期，晋先后以曲沃、绛、新田为都，尽管都城有所变易，但三地先后作为政治地位最高的聚落则无疑。随着晋国卿大夫阶层崛起，晋卿赵氏控制区域聚落构成较为明晰。鲁昭公元年，"十二月，晋既烝，赵孟适南阳，将会孟子余。甲辰朔，烝于温，庚戌，卒"。杜注："孟子余，赵衰，赵武之曾祖，其庙在晋之南阳温县。"⑥ 引文表明赵武先在国都参加晋国烝祭，又去温地向曾祖赵衰行烝祭，六天后死于温地。赵衰曾随晋文公流亡，因晋文公即位，得以任晋国之卿，是赵氏在政治上崛起的始祖，其庙在温，看来温

---

① 限于篇幅，本文不一一列举春秋时期被吞并的各国。关于春秋各国的存灭，可参见顾栋高辑《春秋大事表》"春秋列国爵姓及存灭表"（吴树平、李解民点校，北京：中华书局，1993年，第561—608页）及陈槃《春秋大事表列国爵姓及存灭表撰异》（上海：上海古籍出版社，2009年）。

② 张鸿雁：《春秋战国城市经济发展史论》，沈阳：辽宁大学出版社，1988年，第119页。

③ 顾栋高辑：《春秋大事表》，"春秋列国都邑表"，第705—887页。

④ 马保春：《晋国地名考》，北京：学苑出版社，2010年。

⑤ 关于春秋时期"城市"聚落的发展，除了前揭张鸿雁著作，还可参见许倬云：《周秦都市的发展与商业发达》，《"中央研究院"历史语言研究所集刊》第48本第2分，1977年，第309—332页。

⑥ 《春秋左传正义》卷41，阮元校刻：《十三经注疏》，第4399页。

地于赵氏而言颇有所谓"宗邑"味道。[①] 不过，赵氏在保有温的同时，也还占有其他大邑。《国语·晋语九》鲁悼公四年（前463），[②] 知氏纠集韩、魏两家共同伐赵，事发前，赵襄子尚在晋都新田，与其臣下谋划将奔向何地：

> 襄子出，曰："吾何走乎？"从者曰："长子近，且城厚完。"襄子曰："疲民力以完之，又毙以守之，其谁与我？"从者曰："邯郸之仓库实。"襄子曰："浚民之膏以实之，又因而杀之，其谁与我？其晋阳乎！先主之所属也，尹铎之所宽也，民必和矣。"乃走晋阳。[③]

赵襄子出奔，有长子、邯郸与晋阳三个选择。从这段对话来看，上述三地实力相近，在赵氏采邑中政治地位似亦无差别，并没有任何一处聚落在行政关系上高于其他两处，而前文提到的温地反而并不在内。实际上，在从分支邯郸氏手中夺取邯郸后，赵氏控制的采邑至少包括以温为中心的南阳片、以晋阳为中心的晋中南片和以邯郸为中心的冀南片，分别位于太行山南段东、南、西三个方向，这些采邑逐渐连成一片，孕育着战国时期赵国疆域。

但在尚未瓜分晋国前，赵氏宗主多居于晋都新田，所以并不在采地对其他聚落发号施令，故而虽有宗邑，但温、晋阳、邯郸、长子几个大邑之间并未形成严格政治统属关系，都可算作晋国第二级聚落。

---

① "宗邑"一词，《左传》中较为多见，如骊姬向晋献公进谗言，请求将太子申生调往晋国故都曲沃时，就称曲沃为晋之"宗邑"（《春秋左传正义》卷10，阮元校刻：《十三经注疏》，第3866页），但此时，晋之都城乃是绛；齐国崔杼之子崔成因为残疾，请求告老于崔，崔氏家臣东郭偃也说崔地乃是崔氏"宗邑"，认为"宗邑"必在宗主，不同意崔成告老于崔（《春秋左传正义》卷38，阮元校刻：《十三经注疏》，第4337页）。所谓"宗邑"应是指国君与卿大夫家族最早控制的大聚落，有始祖之庙，通常也是其采邑区的政治中心，甚至是家族氏名所从来之处。

② 《春秋》止于鲁哀公十四年（前481），《左传》止于鲁哀公二十七年，但在末尾提到鲁悼公十四年韩、赵、魏灭知氏。战国时期的起始年份，有多种说法，或以为周元王元年（前475），或以为公元前453年，即韩、赵、魏三家在事实上瓜分晋国的年代。《国语》此段引文虽属悼公在位期间，但本文是讨论长时段的历史现象，以之窥探春秋末年的情况，并无不可。

③ 徐元诰：《国语集解》，第456—457页。

在晋阳、邯郸等聚落周围，分布着等级更低的聚落。《左传》记录赵氏与其分支邯郸氏的一次内斗，起因是邯郸氏拒绝将虏获的卫国人口进贡给赵氏。这场内斗将晋国中行氏、范氏以及齐、卫等国牵扯进来，于是在鲁哀公四年，齐国陈乞、卫国宁跪等人率师伐晋：

　　秋七月，齐陈乞、弦施，卫宁跪救范氏。庚午，围五鹿。九月，赵鞅围邯郸。冬十一月，邯郸降。荀寅奔鲜虞，赵稷奔临。十二月，弦施逆之，遂堕临。国夏伐晋，取邢、任、栾、鄗、逆畤、阴人、于、壶口，会鲜虞，纳荀寅于柏人。

据杜注，五鹿、临、邢、任、栾、鄗、逆畤、阴人、于、壶口、柏人皆是晋邑。[1] 杨伯峻指出，五鹿在今河北大名县东；临在今河北临城县西南十里；邢在今河北邢台市；任在今河北任县（现邢台市任泽区）东南；栾在今河北栾城县（现石家庄市栾城区）及赵县北境；鄗在今河北高邑县、柏乡县；逆畤在今河北保定完县（现顺平县）东南 20 里；阴人地不可考，或以为在山西灵石，但齐师不至远征到此；于可能在今山西黎城县东北 28 里太行山口吾儿峪；壶口在今山西长治市东南之壶关县；柏人在今河北隆尧县西南之尧城镇。[2] 从具体地望来看，被国夏攻取的各邑多在太行山两侧，离邯郸城不远，邯郸城既属赵氏，[3] 则上述诸邑，恐皆属赵氏。齐、卫联军围攻赵氏采邑，与当时争斗双方情势相合。国夏所取各邑，能在战争中充当节点，实力不弱，但其地位无法与温、晋阳、长子和邯郸相比，当是分别附属于这几处聚落的更低一级聚落。参照制与北制关系，以及孔子所谓"十室之邑，必有忠信如丘者焉"说法，[4] 在邢、任、栾、鄗等聚落之下，

---

① 《春秋左传正义》卷 57，阮元校刻：《十三经注疏》，第 4688 页。

② 杨伯峻编著：《春秋左传注》，第 1628 页。

③ 虽然此时邯郸城的实际控制权掌握在与大宗呈敌对状态的邯郸午手中，使得赵鞅不得不围攻此城，但邯郸午乃是赵氏分族，其邯郸大夫一职是承袭自其父赵胜，可见正是由于大宗赵氏的扶持，邯郸氏才得以建立。邯郸午之父赵胜在《国语·鲁语下》记载晋人执鲁国季平子时便称邯郸胜，此事发生于鲁昭公十三年，意味着最晚在此年赵氏已经控制邯郸。参见徐元诰：《国语集解》，第 190 页。

④ 《论语注疏》卷 5《公冶长》，阮元校刻：《十三经注疏》，第 5376 页。

应还有规模更小、更基层的聚落。因此，春秋晚期，晋国聚落行政统属关系应存在国都新田—晋阳、邯郸、温等—邢、任、栾、鄗等—基层小邑四级。相较于春秋初年，这是又一次飞跃。由于当时晋是大国，这种四级结构是否适用于其他诸侯国，目前还不能断定。

以上讨论是以诸侯国为单位进行，但是春秋时期周王作为天下共主的地位仍无法撼动，由成周与王城组成的"京师"，① 依然在政治上具有超然地位。《左传》定公元年（前509）记载，晋卿魏舒会诸侯之大夫"城成周"，即是各诸侯国联合为周天子筑城，可为"京师"地位之证。因此，若将"京师"考虑在内，春秋早期聚落应存在四级统属关系，春秋晚期最多可为五级。

三、战国至秦聚落行政统属关系的顿挫与扩张

战国历史以韩、赵、魏三家分晋拉开序幕，周王室与诸侯无异，战国中期以后诸侯纷纷称王，周王室被彻底抛弃。晋国虽至战国中期才消亡，但晋都新田甫入战国便已失去原有地位。因此，原本位于聚落最高两级的京师与晋都，其统属地位不复存在。虽然战国时代诸侯国可以看作是各自独立的政治体，但其聚落结构与行政统属关系相差无多，因此，反映各国聚落情况史料，当可混用。

（一）郡县制未完善时的聚落

虽然战国时代周王室式微，但其作为一个相对独立的政治体，持续到秦昭襄王五十一年（前256）。② 《史记·秦本纪》记载，西周君归降于秦，"尽献其邑三十六城，口三万"。裴骃集解《史记·周本纪》时引徐广说法："周比亡之时，凡七县：河南、洛阳、毂城、平阴、偃师、巩、缑氏。"③ 其中，河南、毂城、

---

① 《左传》僖公十一年记载，"扬、拒、泉、皋、伊、雒之戎同伐京师，入王城，焚东门"，可见王城于"京师"之内。又昭公三十二年，"冬十一月，晋魏舒、韩不信如京师，合诸侯之大夫于狄泉，寻盟，且令城成周"，则成周也在"京师"之内。参见《春秋左传正义》卷13、卷53，阮元校刻：《十三经注疏》，第3911、4621页。京师是由王城与成周这对双子城合成的真正意义上的"王都"。

② 周天子被秦攻灭以后，原本下辖于天子的东周君坚持到公元前249年才最终被秦攻灭。

③ 《史记》卷5《秦本纪》、卷4《周本纪》，第218、170页。

缑氏三县属西周君，其余四县则由东周君控制。西周君居河南，此地类似春秋时期"宗邑"，是封君发号施令之所。但是，河南与穀城、缑氏并称为"县"，三县属于政治地位大致平等的聚落，并未在行政上形成明确的上下统属关系，与春秋晚期晋国赵氏情况近似。故而，西周君统治范围内的聚落是三县—三十六城两级关系。西周君尊奉周王，周王所在王城名义上仍应高出一级，故而，其聚落可以看作是王城—县—县下小城三级。

那么，考古材料反映的周天子辖区状况又怎样呢？这一问题可参考洛阳盆地中东部的考古调查材料。① 洛阳盆地考古调查西以焦枝铁路洛阳段为界，北以邙山 200 米高程线为界，东至巩义市区南北一线，南以万安山、嵩山 400 米高程线为界，调查总面积约 1120 平方千米，涉及今郑州与洛阳两市区，主要包括郑州巩义市和洛阳洛龙区、瀍河区东部、孟津区东南部、偃师区大部。在这一范围内发现战国时期遗址 79 处，疑似战国时期遗址 25 处。本文仅以年代较为明确的 79 处遗址为研究对象，其他暂不讨论。发掘报告指出，在此区域内，位于偃师首阳山镇的韩旗故城面积接近 10 平方千米，洛阳盆地西侧涧河两岸的东周王城面积也达到 10 平方千米，两座城址在战国时期应是交替作为周王室都城，② 可从。

在周天子都城之下，发掘者还特别指出滑国故城、刘国故城和康北故城三座城址的政治地位。滑国故城面积 1.25 平方千米；刘国故城总面积约 0.8 平方千米；③ 康北城址残毁，现存城墙东西长约 1 千米，南北宽约 0.5 千米，其面积与滑国故城、刘国故城相近，研究者认为此城或为东周公都城。在重点指出三座城

---

① 中国社会科学院考古研究所：《洛阳盆地中东部先秦时期遗址》，北京：科学出版社，2019 年（下文出现的遗址面积等数据，如无特殊说明，均出自该报告，不另出注）；中国国家博物馆田野考古研究中心、山东大学考古学系编著：《山东薛河流域系统考古调查报告》，北京：科学出版社，2016 年。

② 目前学术界普遍认为，韩旗故城即《左传》中的"成周"，"成周"与"王城"共同构成春秋时代的"京师"。参见曲英杰：《周都成周考》，《史学集刊》1990 年第 1 期；杜勇：《周初东都成周的营建》，《中国历史地理论丛》1997 年第 4 期；梁云：《成周与王城考辨》，《考古与文物》2002 年第 5 期；朱凤瀚：《〈召诰〉、〈洛诰〉、何尊与成周》，《历史研究》2006 年第 1 期；徐昭峰：《成周与王城考略》，《考古》2007 年第 11 期；侯卫东：《论西周晚期成周的位置及营建背景》，《考古》2016 年第 6 期。

③ 王巍总主编：《中国考古学大辞典》，上海：上海辞书出版社，2014 年，第 366 页。

址政治地位后，考古工作者将洛阳盆地其他聚落分为"第三、四级与最底层的聚落"，[1] 可见是将洛阳盆地战国时期聚落结构划分为五级。调查还发现面积为 1.9 平方千米的掘山遗址、面积为 0.96 平方千米的穆庄遗址和面积为 0.79 平方千米的高崖西遗址，与上述三座城址面积相仿，掘山遗址甚至比滑国故城还大，政治地位应相同，皆是仅次于周天子都城的第二级聚落。

实际上，发掘者并未在调查报告中详细列出每一个遗址所在等级序列。若仅就前两个等级而论，王城与成周两座城池面积皆在 10 平方千米左右，合计面积达 20 平方千米，从长时段观察，与西周时期周原遗址及丰镐遗址面积处于同一量级。战国时期燕下都遗址面积约 30 平方千米、郑韩故城面积约 16 平方千米，可见，作为独立的政治体，周天子之都与战国各诸侯国都城也处在同一量级。王城与成周以下 6 处聚落，面积在 1 平方千米左右，与西周时期水沟遗址及春秋时期祭城城址面积大体相近。

在 6 处聚落之下，还有一些政治等级难以确定的聚落。如面积为 0.66 平方千米的宫家窑遗址、面积为 0.63 平方千米的经周东遗址、面积为 0.49 平方千米的桂连凹南遗址、面积为 0.41 平方千米的沙沟西遗址等。从调查所见遗址内涵看，宫家窑等遗址目前仅见战国时期陶片，其他材料并不丰富，面积虽然不小，但政治等级与滑国故城等不可比。另据文献材料，及至周天子灭亡，其下属的东周公与西周公共领有 7 县，韩旗故城与王城两座天子都城（视为一体）加上滑国故城等 6 处，数量刚好一致。因此，有理由推测，这些聚落的政治地位比战国时代"县城"还要低一级，即属于政治上的第三级。

将宫家窑等遗址归入政治上的第三级，可从记载诸侯国的文献材料与其他遗址的参照中得到确认。如《史记·韩世家》云，韩烈侯九年（前391），"秦伐我宜阳，取六邑"。前文已述，宜阳是与郡相当的大县，伐宜阳而取"六邑"，说明"六邑"是附属于宜阳的聚落。如此，韩国的聚落便是韩都（即郑韩故城）—宜阳—"六邑"三级。又《史记·楚世家》记载，顷襄王元年（前298）秦昭王发兵攻楚，大败楚军，秦"取析十五城而去"，裴骃集解引徐广曰："年表云取十六

---

① 中国社会科学院考古研究所：《洛阳盆地中东部先秦时期遗址》，第 1195 页。

城，既取析，又并取左右十五城也。"① 析在春秋即为楚国之县，《国语·楚语上》提到"析公奔晋"，② 可证析乃楚县。从《史记·楚世家》记载可知，楚国当时聚落结构是楚都郢—析—十五城三级。商鞅得势后，赵良曾劝他及早退身，以求善终："君之危若朝露，尚将欲延年益寿乎？则何不归十五都？"司马贞索隐："卫鞅所封商、於二县以为国，其中凡有十五都，故赵良劝令归之。"③ 两县十五都，平均一县有七八个下属之"都"，算上秦都咸阳，亦是三级聚落。

考古工作者在今河南商水县西南 18 千米处发现战国故城遗址，城址内有扶苏村，俗称"扶苏故城"。秦末农民起义领袖陈胜起兵时自称"公子扶苏"，此城是处于争议中的陈胜出生地（阳城）之一，故此得名。扶苏故城由内外城组成，城墙为夯筑，外城城垣东西长 0.8 千米，南北宽 0.5 千米，面积为 0.4 平方千米，与宫家窑等遗址面积接近。内城在外城中部以北，平面呈方形，内城东西墙分别距外城东西城垣 0.27 千米，北垣利用外城北垣，边长约 0.25 千米，调查者认为或是此城之官署区，可从。外城西北部发现战国铸铁遗址、西汉砖瓦窑 6 处。调查者根据城垣构筑特点及出土砖瓦、陶器、陶文等，初步断定此城筑于战国晚期。④ 不论确切与否，研究者将此城考虑为陈胜出生地的可能选项，意味着这座城址是秦朝县城。然而，秦朝的"县"与战国时代的"县"在政治等级上并不对等，因此，在战国时期，它仍处于县下之城。既然面积达 0.4 平方千米的商水故城在战国时代属第三等级聚落，那么，将宫家窑等聚落归入第三级是合适的。

除以上讨论的遗址，考古调查者还在洛阳盆地中东部发现面积在 0.1—0.3 平方千米的聚落 10 余处，面积为 0.1 平方千米以下的超过 40 处，还有 3 处遗址面积尚未探明。这些聚落都应属于最低一级，其中，顾家屯东南遗址面积仅 400 平方米，若此面积是该遗址在战国时期实际面积，恐怕只是三五户居住的聚落。

以上对战国时期聚落的考察，自然引发一个问题，即宫家窑等面积在 0.5 平方千米上下的遗址，在行政等级上，是否能与面积小于 0.1 平方千米的其他遗址划开，成为单独一个等级？位于县之下的"城"、"邑"、"都"确实是当时最基

---

① 《史记》卷 45《韩世家》、卷 40《楚世家》，第 1867、1729 页。

② 徐元诰：《国语集解》，第 490 页。

③ 《史记》卷 68《商君列传》，第 2235—2236 页。

④ 商水县文物管理委员会：《河南商水县战国城址调查记》，《考古》1983 年第 9 期。

层聚落吗?《墨子·鲁问》载:"今使鲁四境之内,大都攻其小都,大家伐其小家,杀其人民,取其牛马狗豕布帛米粟货财,则若何?"[①] 大都、小都既可相互攻伐,则是有较强军事实力的聚落。考虑到春秋时期制与北制情况,以及孔子所谓"十室之邑",位于县之下的"城"、"邑"、"都"当有更小聚落附属。但是,西周君所辖36城,人口只有3万,平均每城约有800余人,其中河南、穀城、缑氏作为县治所在,规模应稍大。一些稍小城邑可能仅有二三百人,若以户为单位,则只是数十,此等规模,不会还有政治地位更低一级的下属聚落存在。

许宏全面统计了从"前仰韶时代"到东周时期的城邑数量,殷商时期有垣壕聚落11处,西周时期56处,进入东周后暴增到656处。他认为:"东周时代,垣壕城邑呈爆发式增长,成为城邑圈围设施的主流……设防城邑林立,与诸国争霸兼并、战乱频仍,进入分立的集权国家阶段的政治军事形势是分不开的。"[②]《睡虎地秦简·为吏之道》引《魏户律》曰:"廿五年闰再十二月丙午朔辛亥,○告相邦:民或弃邑居野,入人孤寡,徼人妇女,非邦之故也。"[③] 杨宽指出,"廿五年"是魏安釐王二十五年(前252)。[④]"弃邑居野非邦之故"的"故",不是西周、春秋时期实际情况,而是战国晚期时人对战国早中期的记忆。正是因为战国时期县下小城规模也并不都很小,才会出现宫家窑等面积不明显小于"县城",但政治地位确实比"县城"低的聚落。

战国早中期城外少有基层定居点,可能主要有两方面原因。第一是伴随着分封制衰落,中央集权制兴起,越来越多的基层聚落需要国家政权直接派遣官吏治理,行政成本上升,而"十室之邑"的小聚落向国家缴纳赋税,恐怕还不足以担负起国家治理该聚落的行政成本,使得国家政权转而将控制重点放在成规模、有城垣的聚落上。商鞅变法时曾"集小乡、邑、聚为县,置令、丞"。[⑤] 张金光认

① 孙诒让:《墨子间诂》,孙启治点校,北京:中华书局,2001年,第467页。
② 许宏:《"围子"的中国史——先秦城邑7000年大势扫描(之一)》,《南方文物》2017年第1期,第11页。
③ 睡虎地秦墓竹简整理小组编:《睡虎地秦墓竹简》,北京:文物出版社,1990年,第174页。○应是"王"字,后被书写者去掉。
④ 杨宽:《战国史》,上海:上海人民出版社,2016年,第173页。
⑤ 《史记》卷68《商君列传》,第2232页。

为，商鞅此法并不是将形形色色的村社聚落毁掉，只是在其上加县官从事行政。①但从以上所举之考古与文献材料来看，战国早中期，存在将分散小邑、独户迁徙到县下之城的举动，商鞅拆毁小乡、小邑，与《魏户律》中强调不得"弃邑居野"政策相合。第二是频繁战争导致社会动荡，出于安全考虑，原本散居在基层小邑中的人口也愿意搬入筑有城垣、具备抵抗能力的聚落中居住，由此造成散布在城外的"十室之邑"大面积消失。实际上，前文讨论表明，类似现象也发生于东周初年的社会动荡中。秦国僻在西陲，其腹地鲜有战争，却也实行"集小乡、邑、聚为县"措施，因此上述两个原因，出于国家行政成本考虑应占主导地位。

战国早中期城外少有基层定居点，并不意味着当时完全不存在城邑之外的小邑或散户。《魏户律》强调"弃邑居野，非邦之故"，恰恰就说明现实生活中存在小邑和散户，洛阳盆地中东部考古调查发现顾家屯东南这一面积仅有 400 平方米的聚落遗址，是很好例证。《战国策·赵策一》记载，苏秦见李兑时说："今日臣之来也暮，后郭门，藉席无所得，寄宿人田中，傍有大丛。"② 所谓大丛，是树丛之有神者，古人迷信，常以大树丛为神，祈求福佑，如商汤曾祈于桑林。苏秦寄宿的"田中"人家，能够看到城郭大门，是紧靠邯郸城附近的散户，这些散户与都城近在咫尺，显然是处在国家权力控制下，因此得以被国家权力允许存在。总的来说，战国时期，小邑、散户并非主流，偏远之地小邑、散户由于不能担负国家行政成本，或是被国家权力拆毁、并入县下之城，或是被直接放弃。因此在文献中，常见以上所论三级聚落。

战国早中期国家权力曾拆毁小邑、散户的举动，似乎与考古材料中 40 余处面积在 0.1 平方千米以下的聚落存在一定矛盾。实际上，若以西周君下辖三县共有 36 城，商鞅所辖两县 15 都，以及析县一县之下有 15 座小城等数据作为参照回推，周天子下辖七县，县下小城就应该有七八十处，与考古调查发现的 79 处遗址相近，即便将顾家屯东南遗址作为例外，也不影响本文基本观点。另外还需要考虑到一点，即战国时期聚落普遍筑城。若聚落开始普遍修筑城墙，则聚落中居民居住空间势必从较为分散状态，转变为相对集中状态。因此，即便战国基层聚

---

① 张金光：《秦制研究》，上海：上海古籍出版社，2004 年，第 355—356 页。
② 刘向集录，范祥雍笺证，范邦瑾协校：《战国策笺证》，第 968 页。

落面积与西周、春秋时期相差不多，但其居民数量恐怕要更多。

出土文献也能反映战国聚落的情况。包山楚简 086 记载："鄺阳君之兰阮邑人紫讼漾陵君之陈泉邑人朝塙，谓杀其弟。"鄺阳君所辖兰阮邑中称为紫的人，状告漾陵君所辖陈泉邑的朝塙，控诉他杀害自己（即紫）的弟弟。鄺阳与漾陵皆为楚封君之封邑，地位低于郢都，其下还分别有附属聚落兰阮与陈泉，再次验证楚国至少存在三级聚落。但是，包山楚简所见之聚落也有不止三级的情况。简 083 记载："罗之壏里人湘痈，讼罗之庑彧（国）之夅者邑人邤（枝）女，谓杀嗌（益）阳公会伤之妾呇与。"会伤是益阳公之名，呇与则是益阳公之妾的名字。"罗之庑彧（国）之夅者邑"，是说罗地下属庑国属地夅者邑。罗，学者多认为即古罗国之地，包山楚简整理者引《汉书·地理志》以为是汉代罗县，巫雪如则认为其地在今湖南省平江县南 30 里。也有学者主张，罗应在今湖南汨罗市附近。① "彧"，学者多认为是"国"字，宋华强认为，古代的"国"可以指城邑，凡表示大邑之"国"应该都可以兼城外所辖四郊以内区域而言，四郊之内可能还有较小的"邑"。② 不论宋说是否确然，庑国作为一级行政组织，治所自然要落到某个具体聚落。因此，简 083 所反映的楚国聚落便是郢都—罗—庑国—夅者邑四级。

楚国聚落同时存在三级与四级两种情况，一方面是战国社会急剧变革的反映，另一方面，楚国作为战国七雄中疆域最大者，境内多数地区相对安定，存在四级聚落不足为怪。实际上，战国中晚期以后，随着郡这一地方行政区划出现，三晋等国在保有三级聚落的同时，也存在四级聚落结构，与楚国无甚区别。另外，从包山楚简记载看，楚国的基层社会，尚未以"乡里"来标明其行政统属关系，换言之，乡里制在楚国还未广泛实行。

（二）郡县制完善后的聚落

战国时期各诸侯国聚落结构及行政统属关系的发展，要与逐渐推行的郡县制

---

① 朱晓雪：《包山楚简综述》，福州：福建人民出版社，2013 年，第 82—84、128 页。"朝塙"之"朝"，字形作"𨙻"，整理者释为"迸"，目前还存在较多争议，笔者暂释为"朝"。

② 宋华强：《新蔡葛陵楚简初探》，武汉：武汉大学出版社，2010 年，第 337 页。

联系起来，而郡县制的全面铺开，又与秦统一进程相伴，加之秦朝仅仅存在 15 年，故关于郡县制完善以后的聚落情况，将战国与秦合并进行讨论。

春秋时虽已存在郡，但赵简子誓师时曾说，"克敌者，上大夫受县，下大夫受郡"，[1] 说明春秋晚期郡的地位仍低于县，直到商鞅变法，秦国最高的地方行政区划仍是"县"。前文讨论已证明，战国时期三晋各国都存在大量直属于诸侯王的县，郡制并未全面铺开。另一方面，进入战国后，郡确实已演变为统辖若干县的更高一级地方行政区划。[2] 文献所见秦郡之最早者是上郡，《史记·秦本纪》记载惠文王十年（前 328），"魏纳上郡十五县"，[3] 此事仅晚于商鞅全面推行县制（前 350）22 年而已。战国中晚期之际，楚国尚未广泛实行乡里制。[4] "里"在西周初年即见，前文所引宜侯夨簋铭文可证，令方尊、令方彝（《铭图》11821、13548）铭文也可为证。"乡"在春秋早期已有，如在曹刿与鲁庄公论战前，曹刿的"乡人"就曾说"肉食者鄙"，[5] 不可与谋。乡统辖里作为基层地域组织形式固定下来，当是战国以后的事情。因此，本节也兼顾最底层的"乡里制"。

参照前文所论，上郡所辖十五县之下，肯定还有更低一级聚落，因此，秦国接收上郡后，其聚落便是国都咸阳—上郡郡治—十五县—县下小邑四级。《战国策·赵策一》记载，秦攻韩之上党，上党郡守冯亭苦守不成，乃将上党"城市之邑七十"献与赵王，于是赵国派平原君赵胜前去接收。此处城市之邑"七十"，在《战国策·秦策一》中记为"十七"，[6]《史记·赵世家》亦云"十七"，[7] 清

---

[1] 《春秋左传正义》卷 57，阮元校刻：《十三经注疏》，第 4682 页。

[2] 齐国则很可能是实行五都制，恐怕连县都不存在。关于郡县制的发展，可参见杨宽《战国史》相关章节及附表一"战国郡表"（第 729—737 页）；后晓荣：《战国政区地理》，北京：文物出版社，2013 年；韩连琪：《春秋战国时代的郡县制及其演变》，《文史哲》1986 年第 5 期；杨振红：《从秦"邦"、"内史"的演变看战国秦汉时期郡县制的发展》，《中国史研究》2013 年第 4 期。

[3] 《史记》卷 5《秦本纪》，第 206 页。

[4] 出土包山楚简的二号墓，埋藏年代应为公元前 316 年。参见湖北省荆沙铁路考古队编：《包山楚墓》，北京：文物出版社，1991 年，第 332—333 页。

[5] 《春秋左传正义》卷 8，阮元校刻：《十三经注疏》，第 3835 页。

[6] 刘向集录，范祥雍笺证，范邦瑾协校：《战国策笺证》，第 989、174 页。

[7] 《史记》卷 43《赵世家》，第 1825 页。

人王念孙，当代学者杨宽、裘锡圭、孙闻博等皆以"十七"为确,① 可从。上党既为郡，其下十七邑自当为县。《韩非子·初见秦》中说，若邯郸不守，则"代四十六县，上党七十县，不用一领甲，不苦一士民，此皆秦有也"。②"上党七十县"之"七十"，是"十七"之误，不过这一记载却证实，上党之下的十七邑确实是县。如此一来，韩国聚落结构存在韩都（郑韩故城）—上党郡治—十七县治—县下小邑四级。《史记·秦本纪》记载，庄襄王元年（前249），"东周君与诸侯谋秦，秦使相国吕不韦诛之，尽入其国。使蒙骜伐韩，韩献成皋、巩，秦界至大梁，初置三川郡"。③ 即是说，三川郡包括成皋、巩等地。然而，巩地原本是东周君辖地，乃"周比亡之时"仅有七县之一，与附属于西周君的河南、榖城、猴氏三县地位平齐。西周君所辖三县共有三十六城，则东周君所辖四县也是如此，这意味着，巩地之下还有十来处小邑。故而，秦国设置三川郡后，其聚落便存在国都咸阳—三川郡郡治—巩县县治—县下小邑四级。

县下小邑详细情况，在传世文献中鲜有记载，但在出土秦简中却比较清晰。里耶秦简16—6b记载："三月庚戌，迁陵守丞敦狐敢告尉、告乡、司空、仓主听书从事。尉别都乡、司空，司空传仓；都乡别启陵、贰春，皆勿留脱，它如律令。"④迁陵县共有都乡、启陵乡与贰春乡三个乡，其中都乡乃是县治所在，而启陵乡与贰春乡是与都乡不同的聚落。

乡之下，还设置有里。里耶秦简8—157是有关启陵乡乡主于秦始皇三十二年（前215）上报迁陵县丞，请求任命成里典、邮人两个吏职的内容，表明启陵乡之下有成里。简9—14是关于贰春乡南里名"憖"的寡妇在秦始皇三十五年开垦荒地的内容申报，表明贰春乡有南里。简10—1157是贰春乡守报告，"东成大

① 王念孙：《读书杂志》，徐炜君等点校，上海：上海古籍出版社，2014年，第140页；杨宽：《战国史料编年辑证》，上海：上海人民出版社，2016年，第1057页；裘锡圭：《为〈中国大百科全书〉撰写的辞条》，《裘锡圭学术文集6·杂著卷》，第278页；孙闻博：《秦汉县乡聚落形态考论》，北京大学国学研究院中国传统文化研究中心编：《国学研究》第29卷，北京：北京大学出版社，2012年，第216页。

② 王先慎：《韩非子集解》，北京：中华书局，1998年，第9页。

③ 《史记》卷5《秦本纪》，第219页。

④ 里耶秦简博物馆、出土文献与中国古代文明研究协同创新中心中国人民大学中心编著：《里耶秦简博物馆藏秦简》，上海：中西书局，2016年，第207页。

夫年自言以小奴处予子同里小上造辨", 即东成里爵位为大夫、名"年"的人, 请求将自己名"处"的小奴转赠给其同属一里的儿子, 其子拥有小上造爵位, 名"辨"。[1] 可见, 贰春乡除了南里之外, 还有东成里, 则一乡所辖非仅一里。

那么, 一乡之中究竟有几个里? 不同的里在空间上又是什么关系? 晏昌贵、郭涛考察里耶秦简所见迁陵县乡里情况认为, 都乡有高里与阳里, 启陵乡仅有成里, 贰春乡有南里、东成里与舆里, 这应是迁陵县乡里数的全部。不过他们也承认, 秦始皇二十八年以前, 迁陵县或有存在七个里的可能。实际上, 里耶简还有右里、渚里、贾里、南阳里等里名。渚里的十七户居民于秦始皇二十六年迁往都乡 (简 16—9), 可能随之裁撤。其余三里中, 南阳里或是旧属楚国, 秦灭楚后, 可能将之拆分为都乡之阳里与贰春乡之南里, 其余二里情况不明。[2]

关于乡与里空间分布问题, 有一条材料很有价值:

> 今见一邑二里: 大夫七户, 大夫寡二户, 大夫子三户, 不更五户, □□四户, 上造十二户, 公士二户, 从廿六户。[3]

学者认为, "大夫寡"指大夫遗孀, "大夫子"是大夫的儿子; 简文"四户"前所缺两字应为"簪袅", 乃秦爵之第三级; "从", 很可能是无爵者。[4] "一邑二里", 应是说一个自然聚落被国家权力划分为两个不同的"里", 上述家庭总计61 户, 全部居住在一个聚落之中, 大概平均 30 户可编组为一里。王伟与孙兆华在讨论里耶秦简"积户"与"见户"区别时, 根据简 8—1519 推断秦始皇三十五年迁陵县三个乡户数为: 启陵乡 22 户、都乡 54 户、贰春乡 76 户。[5] 简 8—157 记载迁陵丞对启陵乡乡主请求任命成里典、邮人两个吏职的回复: "启陵廿七户

---

① 里耶秦简博物馆、出土文献与中国古代文明研究协同创新中心中国人民大学中心编著:《里耶秦简博物馆藏秦简》, 第 166、179、197 页。

② 晏昌贵、郭涛:《里耶简牍所见秦迁陵县乡里考》, 武汉大学简帛研究中心编:《简帛》第 10 辑, 上海: 上海古籍出版社, 2015 年, 第 145—154 页。

③ 里耶秦简 8—1236 与简 8—1791 连缀。

④ 陈伟主编:《里耶秦简牍校释》第 1 卷, 武汉: 武汉大学出版社, 2012 年, 第 33、297 页。

⑤ 王伟、孙兆华:《"积户"与"见户": 里耶秦简所见迁陵编户数量》,《四川文物》2014 年第 2 期。

已有一典，今有（又）除成为典，何律令应？"表明启陵乡共有 27 户人家，其数与王、孙意见接近。随着年岁变更，里中的户数有些许变化，自是常情。这条材料也表明，晏、郭认为启陵乡仅有成里一个里的看法是正确的。[1]

简 8—1236 + 8—1791 中 61 户与启陵乡户数差距过大，其所谓"一邑"显然不适于启陵乡。晏、郭认为简文"一邑"指迁陵县城。简文中 61 户与秦始皇三十五年都乡 54 户人口最为接近，而迁陵县治原本就在都乡，此"一邑"指迁陵县城的看法可从。贰春乡 76 户人口，也与其下设置有三个里的情况相匹配。可见，晏、郭与王、孙上揭研究相互契合。由于迁陵县治所就在都乡，因此"迁陵县"与"都乡"虽存在行政统属关系，但在空间上是一回事。在这种情况下，当时的聚落虽然名义上是国都—郡治—县治—乡—里五级，但对于都乡来说，其县、乡、里全部重合在一个自然聚落，五级的行政隶属关系只涉及具体的三种聚落，即国都—郡治—县治（乡/里）。对于启陵乡而言，其聚落关系是国都—郡治—迁陵县县治（与都乡重合）—启陵乡（与成里重合）。

贰春乡无论是下辖里数还是户数，均多于都乡，为何迁陵县城不设在贰春乡？晏、郭认为，贰春乡分布在山区，简文资料表明，贰春乡是产漆要地（如简 8—1548、9—1138 等），而漆树一般生长在海拔较高处。另外，贰春乡通往都乡道路并不好走，简 8—754 + 8—1007 记载，由外地来此任职的迁陵县丞在乡吏陪同下前往贰春乡视察，竟"失道百六十七里"，[2] 错走 167 里路。凡此种种，暗示贰春乡户数与里数虽居迁陵县之冠，却非县城所在，其下辖各里分布于山区不同地方，76 户分散居住，导致县丞视察时走错路。贰春乡乡治究竟位于何里尚未可知，但三个里中必有与乡治不在同一聚落者。所以，就贰春乡而言，其聚落行政统属关系与秦王朝行政区划等级相同，即国都咸阳—南郡郡治—迁陵县县治（与都乡重合）—贰春乡（乡中有某里）—里（与贰春乡乡治不同的另外两里）。

---

[1] 里耶秦简 9—533 + 9—886 + 9—1927 表明，在秦始皇二十六年，启陵乡恐怕还有贞阳里，不过这条材料并不与晏、郭认为秦始皇二十八年后启陵乡仅有成里一个里相冲突。尤其是简 8—157 本是申请任命"成里"之典，迁陵县丞的回复却径言"启陵已有典"，说明此时启陵乡确实只有成里一个里，二者是同一聚落。参见陈伟主编：《里耶秦简牍校释》第 2 卷，武汉：武汉大学出版社，2018 年，第 150—151 页。

[2] 陈伟主编：《里耶秦简牍校释》第 1 卷，第 216 页。

出土秦简表明，在里之外，还有独居散户。与战国时期散户被国家权力严格禁止或逸出国家权力控制不同，秦朝很多散户处于国家政权控制之下，因此，这种散居状态也被国家权力认可。睡虎地秦简《田律》有"百姓居田舍者毋敢酤酒"规定，[①] "居田舍者"指百姓房屋四周皆是农田，此种居于田舍之人，与聚邑而居之人有别。此外，睡虎地秦简《封诊式·贼死》记载"某亭求盗甲"报告有人被贼人杀害情况，于是官府派遣令史前往勘察，并详细报告死者状况，在叙述死者尸体位置时，令史说："男子死（尸）在某室南首，正偃……男子死（尸）所到某亭百步，到某里士伍丙田舍二百步。"秦汉时期，一步等于六尺，一尺约为 23 厘米，因此，简文是说，死者位于屋内南部，距当地主管治安的甲亭 138 米左右，距丙田舍 276 米左右。《封诊式·贼死》描述男子尸体位置时，采用某室、甲亭、丙之田舍三个坐标点，并未以某里某邑作为参照，很可能是因为上述三个坐标点虽在空间上处于分散状态，却是距离死者最近的三处坐标。在简文最后，写到令史勘察时曾"讯甲亭人及丙，智（知）男子可（何）日死，闻号寇不殹（也）"，[②] 说明可能知道死者死亡情形的，仅有甲亭的亭人及丙。根据简文可以认为，丙单独居住在野外，距离其田舍最近的建筑只有甲亭。不过简文也明言，单独居住的丙是"某里士伍"，说明丙即便独居在外，仍是国家控制下人口。因此，秦统一后，聚落统属关系存在国都—各郡郡治—各县县治—各乡（乡中有里）—里（与乡治相隔）—里外独居户六级。

总结上述讨论可知，战国时期聚落至少存在三级或四级关系。秦统一后，聚落政治统属关系是国都统郡治，郡治统县治，县治统乡，乡统里。在实际聚落分布上，一些乡、里行政区划与县治重合，属同一自然聚落，又存在国家认可的里外独居户，若要落实到每个冠以"某里"称谓的基层定居点上，实际上存在三级、四级、五级、六级 4 种情况。需要说明的是，各郡郡治及咸阳内部也存在基层行政组织"里"，但显然不能归入"基层定居点"范畴。此外，秦统一后，其关中故地由"内史"管理，并未设郡，所辖各县直属于中央。

周秦八百余年间，聚落结构及行政统属关系变迁不可谓不剧烈。西周时期关

---

① 睡虎地秦墓竹简整理小组编：《睡虎地秦墓竹简》，第 22 页。
② 睡虎地秦墓竹简整理小组编：《睡虎地秦墓竹简》，第 157 页。

中盆地王畿地区聚落，不论是规模，还是行政统属关系，都可划分出四级，这与西周王朝社会结构是吻合的。然而，西周国家赖以维系的运转方式主要是不同等级人员的依附与被依附关系，一些规模很小的聚落，由于直属周王，具有较高行政等级，使得某个具体聚落的规模等级与政治等级不一致的情况成为常态。西周灭亡后，早期国家演变在聚落关系上的体现，只能从外服封国谈起。

西周时期，外服封国在受封之初，聚落行政统属关系只有两级，但到西周末年已经出现发展为三级的倾向，进入春秋初年，确已发展为三级。春秋时期，诸侯争霸，弱小封国渐次被强大诸侯兼并，加上春秋时期筑城运动，都在有意无意中改变着聚落结构及聚落间行政统属关系。到春秋晚期，一流大国如晋国，聚落行政统属关系发展成四级。不过，具体聚落规模等级与行政统属关系等级不一致的情况依然存在。进入战国后，三家分晋、战乱迭起，更重要的是，随着分封制衰落，中央集权制形成，地方官吏需由中央政府派遣，使行政成本上升，底层聚落无法负担行政成本，被国家权力禁止或放弃，从社会整体状况来看，聚落间行政统属关系也因此再次回到三级，偶见四级。秦统一后，随着郡县乡里制度以及行政管理手段完善，基层聚落乃至散户重新被纳入国家权力控制范围，聚落迅速发展出三级、四级、五级甚至六级。至此，某个聚落规模等级与行政等级不匹配的状况，也基本不存在了。

考察周秦间聚落结构与行政统属关系的演变，是窥探早期国家形态演变的一个视角。西周、春秋时期处于贵族等级制度控制下，彼时聚落间行政统属关系，看似与当时社会结构相匹配，但由于包括周王、诸侯在内的高等级贵族也直接占有基层小聚落，导致聚落行政统属关系与聚落规模大小并不协调，严格说来，这还不是真正意义上的"科层行政"。进入战国后，聚落行政统属关系经历先收缩后扩张的历史过程，实际上是贵族等级制度崩溃、国家科层行政真正建立的历史嬗变的反映。经此以后，聚落间行政统属关系与聚落规模大小不一致的情况基本消失，二者终于建立起较为严格的匹配关系。即便有比国家科层行政结构更为复杂的聚落行政统属关系出现，仍可纳入国家科层行政结构的框架之中。可以说，周秦聚落结构与行政统属关系的演变史，也是国家统治方式的变革史。

〔作者谢能宗，中国人民大学国学院科研博士后。北京　100875〕

（责任编辑：周　政）

唐代中原移民对安南地区发展的意义[*]

陈国保

摘　要：唐代不断有中原官员或平民因贬谪流放、战争流散、自发迁徙，以及军队屯戍等原因进入安南地区。中原移民的大量进入和定居，不仅加快安南地区开发，也推动儒家文化在安南地区广泛传播，由此推进安南地域文化与儒家文化交流融合。随着彼此间交往交流日益密切，中原移民与安南本地居民逐渐融合，形成唐代安南地区新族群共同体，从而为安南都护府统一于唐王朝奠定广泛深厚的社会基础。中原移民在推动安南地区发展的同时，客观上促进了安南地方政治经济体系与社会文化逐渐被整合进中原王朝的统治秩序之中，有力推动唐代安南国家治理一体化进程。

关键词：唐代　安南都护府　中原移民　国家一体化　三交史

唐高宗调露元年（679），改交州都督府为安南都护府，下辖交、陆、峰、爱、骧、长、演、汤、芝、福禄、武峨、武安十二经制州（即正州）和数十羁縻州。作为岭南五管之一的安南都护府，[①] 是唐王朝设置在安南地区的重要军政管理机构。随着安南都护府辖内州（郡）、县、乡、里（社）等各级地方行政组织的广泛建立，唐王朝对安南地区管控日趋稳定和巩固，中央政府加强对安南地区

---

* 本文系国家社科基金重大项目"越南汉喃文献整理与古代中越关系研究"（18ZDA208）阶段性成果。

① 唐高宗以后，通常以广州、桂州、容州、邕州四都督府与安南都护府统称岭南五管。参见《旧唐书》卷41《地理志四》，北京：中华书局，1975年，第1711—1712页。按唐代岭南的区域范围，包括今中国两广、海南，以及越南北、中部地区。位于岭南西南端的安南都护府，主要统辖今越南北部及至中部地区。唐代以前，习惯称这一地区为交趾或交州，唐代始称安南。

行政管理，中原与南部边疆往来联系进一步密切，不少中原人迁移和落籍安南地区。唐高祖李渊曾有言："江淮之间，爰及岭外，途路悬阻，土旷人稀，流寓者多。"① 说明当时岭南地区已寓居不少中原移民。当地道路交通发展，也促进中原与安南以及安南与周边地区经济文化交流，密切各民族之间政治、经济、文化诸方面联系，推动安南地区的民族融合。

以往关于唐代安南人口流动研究，有学者以当时岭南区域为观照，从中国移民史或流人史视角论及唐代北方人群南徙及其在岭南的分布。② 但因岭南地处唐代边陲，安南又居于岭南之南，相关史料记载较为分散，所以有关中原人口迁徙安南的阐述不够详细深入。有学者着眼中越历史渊源关系，谈到安南郡县时期，中原移民迁居交州—安南对古代越南民族形成、国家产生和文化发展深刻影响，并就在中国历代王朝治理交州—安南中发挥重要作用的边吏群体进行专门探讨。③ 由于受时代和资料所限，相关论述还比较单薄，其中一些观点和认识，还可以进一步讨论。

还有学者在探讨越南华人华侨史过程中，从历史演进角度谈及秦汉至隋唐时期，交趾（州）—安南地区中原移民及其对当地政治、经济、文化影响等。④ 有关这一时期的研究，更多集中于个别精英人物的讨论，具体针对唐代中原人群移民安南这一问题作专门深入讨论的则较为少见。为此，笔者拟在前贤研究基础上，从唐代中原移民与安南地区社会发展的内在逻辑关系入手，通过对唐代迁徙安南中原移民群体的宏观梳理和微观考察，讨论分析唐代中原移民进入安南的主要路径、人群类别及其与当地土著族群的交往、交流与交融，探讨中原移民如何推动唐代安南地区治理的国家一体化。

① 《唐大诏令集》卷111《政事·赋敛·简徭役诏》，北京：商务印书馆，1959年，第578页。
② 葛剑雄主编，吴松弟著：《中国移民史》第3卷《隋唐五代时期》，福州：福建人民出版社，1997年；葛剑雄主编，冻国栋著：《中国人口史》第2卷《隋唐五代时期》，上海：复旦大学出版社，2002年；李兴盛：《中国流人史》，哈尔滨：黑龙江人民出版社，2012年。
③ 陈修和：《越南古史及其民族文化之研究》，昆明：云南大学西南文化研究室，1943年；张秀民：《立功安南伟人传》（原名《中国历代统治安南名宦传》，成书于1946年），台北：王朝书局，1990年；阮方：《越南的诞生》，顺化：顺化大学史学研究室，1965年。
④ 张文和：《越南华侨史话》，台北：黎明文化事业股份有限公司，1975年；向大有：《越南封建时期华人华侨研究》，北京：中国社会科学出版社，2016年；徐善福、林明华：《越南华侨史》，广州：广东高等教育出版社，2016年。

一、流人：贬流安南的内地官民

将官员贬谪边恶州县任职、将犯人流放烟瘴蛮荒之地，是历代王朝惩处获罪官民常用手段。[①] 唐朝同样如此，太宗贞观十四年（640）规定："流罪三等，不限以里数，量配边恶之州。"[②] 所谓"流罪三等"，是指唐代流刑的三个等级，即按罪行轻重确定流放 2000 里、2500 里、3000 里。这无疑是对流刑罪犯的严厉惩罚，但对地广人稀的边地州县而言，客观上可以起到一定增户实边的效用。[③] 所以贞观十六年又规定："其犯流徒则充戍，各以罪轻重为年限。"[④]

在唐代"流罪三等"具体操作过程中，并不完全拘泥于律法所规定的流放里程之数，"流罪无远近皆徙边要州"。[⑤] 也就是说，犯人实际流放之地与京城距离往往比唐律规定里程数更远，尤其是"大罪投之四裔，或流之于海外，次九州之外，次中国之外"。[⑥] 唐太宗时对流放三千里以上的重罪犯者还要加役流，"居作二年"，[⑦] 即在按律判定刑期外，还要在流放地服役，无偿劳作两年。岭表之地安南，远离两京，据《元和郡县图志》《太平寰宇记》等文献记载，安南各州与长安、洛阳的距离均在 6000 里以上，远远超过 3000 里，[⑧] 自然属于重刑要犯流

[①] 关于贬与流的界限区分，学术界多有讨论。通常而言，贬，是指贬谪，往往针对仕宦阶层；流，指流放，包括所有阶层。参见古永继：《唐代岭南地区的贬流之人》，《学术研究》1998 年第 8 期。而具体就官员的贬流而言，被贬，"是指官员遭到行政处罚，贬官后身份还是官员"；遭流放，"则此官员已经除名为民，身份不再是官员"。参见姜立刚：《唐代流贬官员分布研究》，博士学位论文，西南大学历史学院，2013 年，第 24 页。

[②] 《旧唐书》卷 50《刑法志》，第 2140 页。

[③] 《新唐书》卷 157《陆贽传》，北京：中华书局，1975 年，第 4927 页。

[④] 《资治通鉴》卷 196，太宗贞观十六年正月辛未条，北京：中华书局，1956 年，第 6175 页。

[⑤] 《新唐书》卷 56《刑法志》，第 1412 页。

[⑥] 《唐律疏议》卷 1《流刑三》，北京：中华书局，1983 年，第 5 页。

[⑦] 《新唐书》卷 56《刑法志》，第 1409 页。

[⑧] 《元和郡县图志》卷 38《岭南道五》，北京：中华书局，1983 年，第 955—966 页；《太平寰宇记》卷 170《岭南道十四》、卷 171《岭南道十五》，北京：中华书局，2007 年，第 3249—3285 页。

放之地，正如有学者所指出："就地域广阔的岭南道而言，安南无疑又是岭南流人的一个集中地区。"①

（一）官员谪遣

唐代流贬安南的人群中，既有因触犯刑律而遭配戍的社会下层，亦有因逆乱事发、贪赃枉法、政治斗争失败、遭受构陷等不同原因而被贬迁、配流的官僚贵族及其亲属。特别是唐中期以后，宦官专权、朋党之争导致朝政日趋腐败，各政治集团为争权夺利，相互倾轧、钩心斗角，出现很多因宫廷权力斗争而引起的官员贬流事件，其中不少官员被贬谪流放安南。兹依据文献所载，按照时间先后将贬谪、流放安南的中原官员列述如下。

1. 贬谪安南的中原官员

（1）柴哲威，历右屯营将军，袭爵谯国公。永徽四年（653），受其弟柴令武（娶巴陵公主为妻）参与房遗爱谋乱牵连，被贬为交州都督。《旧唐书·柴绍传》载：柴绍子柴哲威，"坐弟令武谋反，徙岭南。起为交州都督，卒官"。②据《旧唐书》，柴哲威应卒于交州任上。但有学者据1999年韩国新发现的《含资道总管柴将军精舍草堂铭》，指出柴哲威曾于唐高宗显庆末年到过朝鲜半岛。③由此可知，柴哲威应于唐高宗显庆年间被召回，《旧唐书》记载有误。

（2）柳奭，唐高宗王皇后母舅，永徽三年代褚遂良为中书令。王皇后被废后，显庆二年（657）"累贬爱州刺史"。之后又遭许敬宗、李义府构陷，被杀于爱州。④

（3）褚遂良，贞观二十二年被擢升为中书令，因反对唐高宗废王皇后、立武

---

① 王雪玲：《两〈唐书〉所见流人的地域分布及其特征》，《中国历史地理论丛》2002年第4辑。

② 《旧唐书》卷58《柴绍传》，第2316页。

③ 拜根兴：《韩国新发现的唐〈含资道总管柴将军精舍草堂碑〉考释》，荣新江主编：《唐研究》第8卷，北京：北京大学出版社，2002年，第347—356页。

④ 《旧唐书》卷77《柳亨传》，第2682页。柳奭是柳亨兄子。《资治通鉴》卷200高宗显庆二年八月丁卯条引《通鉴考异》曰："《唐历》，'三月甲辰，贬遂良为桂州都督，奭爱州刺史。'据《实录》，'奭坐韩瑗又贬象州'。《新唐书》，《唐历》皆云爱州，误也。"（第6304页）今存疑录之。

则天为后，显庆二年"转桂州都督，未几又贬爱州刺史"。三年，卒于爱州任上。"遂良卒后二岁余，许敬宗、李义府奏言长孙无忌所构逆谋，并遂良扇动，乃追削官爵，子孙配流爱州。"①

（4）李巢，显庆初出任监察御史。显庆四年，因遭许敬宗诬陷与长孙无忌"勾结伺隙谋反"，被贬"龙编主簿"。② 龙编，交州属县。

（5）王福畤，隋代大儒王通之子，初唐四杰之一的王勃之父，雍州司户参军。唐高宗咸亨三年（672），受其子王勃藏匿和擅杀犯罪官奴曹达一事牵连，左迁交趾县令。③ 据光绪《河津县志》："王福郊墓、王福畤墓，俱在通化村西。旧志不载，县令黄鹤龄访求先贤遗迹，土人指之曰，此二王君墓也。爰列于志焉。"④ 王福畤是绛州龙门县（宋徽宗时改为河津县）通化村人。王福畤被贬交趾之后的去向，史书并无明确记载。而据此所云，或可推测其后来亦被召回内地任职。

（6）韩思彦，监察御史，政绩嘉美，受李义府与诸武所谮，遭贬逐。唐高宗上元年间，复被召见，因"思彦久去朝，仪矩梗野，拜忘蹈舞，又诋外戚擅权，（武）后恶之"。由是被贬朱鸢丞。后迁贺州司马，卒于任上。⑤ 朱鸢，交州属县。

（7）严郢，御史大夫，参与德宗朝宰相卢杞与杨炎的权势之争。德宗建中三年（782），⑥ 卢杞借机"贬郢为骥州刺史"，后卒于骥州。⑦

（8）窦参，中书侍郎、同中书门下平章事，唐德宗贞元九年（793）四月，窦参因任人唯亲、任情好恶、恃权贪利，被贬为郴州别驾，途中因受贿事被举

---

① 《旧唐书》卷80《褚遂良传》，第2739页。《资治通鉴》卷200高宗显庆四年四月戊辰条载："遂良子彦甫、彦冲流爱州，于道杀之。"（第6314页）
② 黎崱：《安南志略》卷10《历代羁臣》，北京：中华书局，2000年，第259页。
③ 《旧唐书》卷190上《文苑上·王勃传》，第5005页。
④ 光绪《河津县志》卷2《古迹·陵墓》，《中国地方志集成·山西府县志辑》，南京：凤凰出版社，2005年，第62册，第38页。
⑤ 《新唐书》卷112《韩思彦传》，第4164页。
⑥ 《唐国史补》载："德宗建中元年，贬御史中丞元令柔；二年，贬御史中丞袁高；三年，贬御史中丞严郢；四年，贬御史中丞杨顼。皆四月晦，谈者为异。"（上海：古典文化出版社，1957年，第44页）
⑦ 《旧唐书》卷135《卢杞传》，第3714页。

发,"再贬为骧州司马……参时为左右中官深怒,谤沮不已,未至骧州,赐死于邕州武经镇"。次年,诸窦皆贬,男女皆配流。①

(9)卢从史,昭义军节度使,交结叛将成德军节度使王承宗。唐宪宗元和五年(810),贬为骧州司马,其子卢继宗等四人并贬岭外。②

(10)裴夷直,历右拾遗、中书舍人。会昌元年(841),因反对拥立武宗而被贬杭州刺史,再贬骧州司户参军事。宣宗大中元年(847)召回,出任江、华二州刺史。③

(11)刘瞻,中书侍郎、同中书门下平章事。咸通十一年(870),唐懿宗因爱女同昌公主去世而怪罪太医韩宗绍等人,将其拘送诏狱,受此牵连而被捕者数百人。刘瞻因直言进谏,触怒懿宗,"贬骧州司户参军事"。咸通十四年,僖宗即位后召回,官复原职。④

(12)韦君卿,河阴院官。咸通十三年五月,其侄国子司业韦殷裕检举懿宗郭淑妃弟郭敬述不法之事,"上(懿宗)怒甚,即日下京兆府决杀殷裕,籍没其家"。受此牵连,韦君卿(韦殷裕季父)被贬"爱州崇平尉"。⑤ 崇平,爱州属县。

2. 流放安南的中原官员

(1)裴虔通,隋炀帝宠臣。大业十三年(617),弑逆作乱,迫死隋炀帝。唐初授辰州刺史。贞观二年唐朝下诏治罪,本应"夷宗焚首,以彰大戮。但年代异时,兼累逢赦令,可特免极刑,投之四夷,用明递顺之理,以奖君臣之义"。当年六月,"除名削爵,配迁骧州"。⑥

(2)杜正伦,贞观初深得太宗赏识。后因辅佐太子李承乾不力,贞观十七年前后左授交州都督。后被召回长安,并再次被任命为中书侍郎。永徽初因与同为

---

① 《旧唐书》卷136《窦参传》,第3747—3748页。
② 《旧唐书》卷132《卢从史传》,第3652—3654页。
③ 《新唐书》卷148《裴夷直传》,第4772页。
④ 《新唐书》卷181《刘瞻传》,第5352—5353页。又据《新唐书》卷9《僖宗纪》载:乾符元年(874)五月乙未,以"刑部尚书刘瞻为中书侍郎、同中书门下平章事"(第264页)可知,刘瞻在乾符元年被征召入朝。
⑤ 《旧唐书》卷19上《懿宗纪》,第679—680页。
⑥ 《唐大诏令集补编》卷16《官常·配流》,上海:上海古籍出版社,2003年,第711页。

中书令的李义府相处不和，又被贬横州刺史。①

（3）李友益，中书侍郎。永徽初因卷入宰相杜正伦、李义府的权力之争，"上以大臣不和，两责之，左贬义府为普州刺史，正伦为横州刺史，友益配流峰州"。②

（4）李乾祐，京兆长安人，御史大夫。唐高宗永徽初，任邢、魏等州刺史，"虽强直有器干，而昵于小人，既典外郡，与令史结友，书疏往返，令伺朝廷之事。俄为友人所发，坐流爱州"。乾封中起为桂州都督，历拜司刑太常伯（刑部尚书）。③

（5）刘大器，代州都督。因意图不轨，永徽四年配流峰州。④《册府元龟》记载："高宗永徽四年十二月，代州都督刘大器坐妄说图识，情有窥窬，特免死流配峰州。"⑤

（6）薛万备，左骁卫将军，受其兄驸马都尉薛万彻（高祖女丹阳公主之夫）参与房遗爱逆乱牵累，高宗永徽四年全家配流交州。⑥妻杨氏，显庆元年十一月病逝于交州交趾县。显庆五年，薛万备被"恩敕追还"，参与出征百济。⑦

（7）郭行真，道士，略通医术，因为皇太子李弘疗患见效，被唐高宗"授以荣班"，册为朝散大夫、骑都尉，然器识无取，道艺缺然，假功横行，"妄作威祸，兼以交结选曹，周旋法吏，专行欺诈，取人财物，遣营功德，隐盗尤多"，高宗龙朔三年（663），被"除名长配流爱州"。⑧

---

① 《旧唐书》卷 70《杜正伦传》，第 2542—2543 页；卷 82《李义府传》，第 2767 页。

② 《旧唐书》卷 82《李义府传》，第 2767 页。

③ 《旧唐书》卷 87《李昭德传》，第 2854 页。《新唐书》卷 117《李昭德传》载："李昭德，雍州长安人……永徽初，（昭德父乾祐）擢御史大夫，为褚遂良所恶，出为邢、魏二州刺史。乾祐虽强直，而昵小人。尝为书与所善吏，刺取朝廷事，迷隐其辞，为吏所卖，遂良白发于朝，坐流巂州。"（第 4255 页）两书所载李乾祐流放安南的具体地点有出入，今并存之。

④ 《唐大诏令集补编》卷 16《官常·配流·刘大器流峰州诏》，第 712 页。

⑤ 《册府元龟》卷 150《刑法部·守法》，北京：中华书局，1960 年，第 7413 页。

⑥ 《资治通鉴》卷 199，高宗永徽四年二月乙酉条，第 6281 页。

⑦ 拜根兴：《新见初唐名将薛万备墓志考释》，杜文玉主编：《唐史论丛》第 27 辑，西安：三秦出版社，2018 年，第 275—294 页。

⑧ 陈尚君辑校：《全唐文补编》卷 6《唐高宗李治·郭行真流爱州敕》，北京：中华书局，2005 年，第 66 页。

（8）来子珣，左台监察御史，酷吏，"无学术，语言虬恶，（武）后倚以按狱，多徇后旨，故赐姓武，字家臣"。其谮构诬陷，罪恶昭著，武周长寿元年（692）配流南疆，"流死爱州"。①

（9）宗晋卿，司农卿，因为贪赃纳贿，僭侈过度，武周圣历二年（699）流峰州。②

（10）严善思，监察御史，武则天长寿元年遭来俊臣等构陷获罪流放驩州。③《新唐书·严善思传》载："严善思……长寿中，按囚司刑寺，罢疑不实者百人。来俊臣等疾之，诬以罪，谪交趾，五岁得还。"④ 说明严善思万岁登封元年（696）被召还。

（11）杜审言，著作佐郎、膳部员外郎，唐中宗神龙元年（705），"坐交通张易之，流峰州"。⑤ 又据《新唐书·李适传》："中宗景龙二年，始于修文馆置大学士四员、学士八员、直学士十二员……杜审言、沈佺期、阎朝隐为直学士。"⑥ 说明杜审言于景龙元年（707）遇赦召回，次年被任命为国子监主簿、修文馆直学士。

（12）沈佺期，"及进士第，由协律郎累除给事中，考功受赇，劾未究，会张易之败，遂长流驩州"。⑦ 同因交结张易之、张昌宗致祸，神龙元年遭流放。与杜审言一样，沈佺期亦于景龙元年遇赦召回，次年被任命为起居郎兼修文馆直学士。

（13）宋之悌，宋之问弟，唐睿宗景云元年（710）前后，因事流放交州朱鸢县，"会蛮陷驩州，授总管击之"。⑧ 史书没有明确记载宋之悌遭流放的具体原因。但据《旧唐书·宋之问传》，宋之悌或因受其兄谄附张易之、张昌宗及武三思的牵连而于睿宗即位之初遭流放。⑨ 而宋之悌在交州参与的平叛，当是发生在

① 《新唐书》卷209《酷吏传》，第5908页。

② 《资治通鉴》卷206，则天皇后圣历二年腊月戊子条，第6538—6539页。

③ 《资治通鉴》卷205，则天皇后长寿元年八月辛巳条，第6485页。

④ 《新唐书》卷204《严善思传》，第5807页。

⑤ 《新唐书》卷201《文艺传上·杜审言传》，第5736页。

⑥ 《新唐书》卷202《文艺中·李适传》，第5748页。

⑦ 《新唐书》卷202《文艺中·沈佺期传》，第5749页。

⑧ 《新唐书》卷202《文艺中·宋之问传》，第5751页。

⑨ 《旧唐书》卷190中《文苑中·宋之问传》，第5025页。

开元十年（722）的安南酋首梅叔鸾之乱。又据《唐会要》："至（开元）十八年十二月，宋之悌除河东节度，已后遂为定额。"① 结合《新唐书》《唐会要》所载可推测，宋之悌因平定安南叛乱有功，开元十年后被召回，先后出任剑南节度使、太原尹、河东节度使。

（14）张晖，右羽林将军。唐玄宗先天元年（712），因遭太平公主陷害，流放峰州，开元元年以后被召还，受命担任大理卿权兼雍州长史。②

（15）卢藏用，工部侍郎、尚书右丞。先天元年，因投附太平公主，被流放骧州，"会交趾叛，藏用有捍御劳，改昭州司户参军，迁黔州长史"。③ 根据史料记载，开元十年交趾地区爆发安南蛮渠梅叔鸾之乱，与宋之悌一样，卢藏用参与平定的即是此次叛乱。④ 因平叛有功，卢藏用被调任黔州都督府长史，但未行而卒。⑤

（16）王准，卫尉少卿。唐玄宗天宝十一载（752）受邢縡之乱牵连，长流承化郡。⑥

（17）李仁钧，侍御史。唐德宗贞元十五年，宣武军节度使董晋病逝，汴州兵变，受此牵连流放爱州。韩愈所作《送李正字归湖南序》对此有记载云："贞元中，愈从太傅陇西公（董晋——引者注）于汴州，李生之尊父（即李仁钧——引者注）以侍御史管汴之盐铁……愈于太傅府年最少，故得交李生父子间。公薨，军乱，军司马从事皆死，侍御亦被谗，为民日南（孙汝听注曰：仁钧为人所告流爱州）。"李正字，即李础，李仁钧之子。⑦ 魏仲举《新刊五百家注音辩昌黎先生文集》引集注云："正字，即仁钧之子础也。贞元十九年登进士第，元和初为秘书省正字，湖南观察推官。公（李仁钧——引者注）分司东都，础自湖南请

① 《唐会要》卷 78《诸使中·节度使》，北京：中华书局，1955 年，第 1425 页。
② 《旧唐书》卷 106《张晖传》，第 3248 页。
③ 《新唐书》卷 123《卢藏用传》，第 4374—4375 页。
④ 参见《旧唐书》卷 8《玄宗纪上》（第 183—184 页）、《旧唐书》卷 184《宦官·杨思勖传》（第 4756 页）、《新唐书》卷 207《宦者上·杨思勖传》（第 5857 页）、《资治通鉴》卷 212 玄宗开元十年八月癸卯条（第 6751 页）。
⑤ 《旧唐书》卷 94《卢藏用传》，第 3004 页。
⑥ 《旧唐书》卷 105《王鉷传》，第 3228—3232 页。承化郡，即峰州，《旧唐书》卷 41《地理志四》："天宝元年，（峰州）改为承化郡。"（第 1757 页）
⑦ 《送李正字归湖南序》，或作《送湖南李正字序》《送李础判官正字归湖南》《送湖南李础正字序》等。

告来觐其父，于其还，公以诗及序送之。"元和五年韩愈"以都官司员外郎守东都省"，故与前来洛阳探望父亲的李础再有交集。而由韩愈所述亦可知，李础之父李仁钧最迟在元和初已由安南召回，出任衡州刺史，后又到东都洛阳任职。①

（18）崔简，博陵人，刑部员外郎，柳宗元姐夫。元和五年，受冤获罪，流配驩州。元和七年正月二十六日，卒于驩州。配流驩州的二子崔处道、崔守讷"奉君之丧，逾海水，不幸遇暴风，二孤溺死"。②

（19）柏耆大和初，迁谏议大夫。当时，柏耆平定横海节度使李全略之子李同捷叛乱，"诸将害耆邀功，争上表论列。文宗不获已，贬循州司户，判官沈亚之贬虔州南康尉。内官马国亮又奏耆于同捷处取婢九人，（大和三年）再命长流爱州，寻赐死"。③

（20）杨承和，宦官，枢密使。初因拥立文宗即位有功，受重用。④ 文宗继位以后，打击宦官，大和九年，流于驩州。未至，途中赐死。⑤

（21）李珏，中书侍郎、同中书门下平章事，因反对拥立武宗被降罪，会昌三年长流驩州。宣宗大中二年，征召入朝。⑥

（22）杨收，"懿宗时，擢累中书舍人、翰林学士承旨，以中书侍郎同中书门下平章事……既益贵，稍自盛满，为夸侈，门吏童客倚为奸"。因受贿纳赂事发，先贬端州司马，咸通十年，长流驩州。⑦ 咸通十年二月，赐死于路。⑧

（23）段诩，宦官、枢密使。唐昭宗景福二年（893）九月，凤翔陇右节度

---

① 刘真伦、岳珍校注：《韩愈文集汇校笺注》卷11《送李正字归湖南序》，北京：中华书局，2010年，第1182—1183、1186—1187页。
② 柳宗元：《故永州刺史崔君流配驩州权厝志》，《全唐文》卷589，北京：中华书局，1983年，第5953—5954页。
③ 《旧唐书》卷154《柏耆传》，第4109页；卷17上《文宗纪上》，第531页。
④ 《新唐书》卷8《文宗纪》载："文宗元圣昭献孝皇帝讳昂，穆宗第二子也。母曰贞献皇太后萧氏。始封江王。宝历二年十二月，敬宗崩，刘克明等矫诏以绛王悟句当军国事。壬寅，内枢密使王守澄、杨承和、神策护军中尉魏从简、梁守谦奉江王而立之，率神策六军、飞龙兵诛克明，杀绛王。乙巳，江王即皇帝位于宣政殿。"（第229—230页）
⑤ 《新唐书》卷208《宦者下·王守澄传》，第5883页。
⑥ 《旧唐书》卷18上《武宗纪》，第583页；卷173《李珏传》，第4505页。
⑦ 《新唐书》卷184《杨收传》，第5394—5395页；《唐大诏令集》卷58《大臣·宰相·贬降下·杨收长流驩州制》，第309页。
⑧ 《唐大诏令集》卷127《政事·诛戮下·杨收赐自尽敕》，第685页。

使李茂贞等率军"进逼兴平，禁军皆望风逃溃，茂贞等乘胜进攻三桥，京城大震，士民奔散，市人复守阙请诛首议用兵者"。内枢密使段诩因曾主张举兵讨伐李茂贞而被降罪流放骧州。未行，被斩杀于长安。①

（24）景务修、宋道弼，均为宦官，担任过枢密使，专国弄权，干预朝政，光化三年（900），唐昭宗及宰相崔胤等通过打击权宦，裁抑宦官势力，"流道弼骧州，务修爱州"。未行，并赐死于长安城南霸桥驿。②

（25）孙秘，兴唐府少尹，坐其兄孙乘不从朱温而获罪。唐哀帝天祐三年（906），配流爱州，③ 未行，赐死。④

根据以上梳理，可列表 1 如下。

表 1   唐代贬流安南官员统计

（单位：人）

类型 ＼ 地区	交州	峰州	爱州	骧州	合计
贬谪	4	0	3	5	12
流放	2	6	7	11	26
合计	6	6	10	16	38

可见，唐代中原官员贬流安南主要集中在唐朝直接控制的交州（距京 6445 里）、峰州（距京 6150 里）、爱州（距京 6945 里）、骧州（距京 7345 里）四个正州。⑤交州是安南都护府治所所在，经济文化发展水平明显高于其他各州，人口更为集中，

---

① 《资治通鉴》卷 259，昭宗景福二年九月壬午条，第 8448—8449 页；《唐大诏令集》卷 127《政事·诛戮下·诛杜让能宣示天下诏》，第 286 页。

② 《新唐书》卷 208《宦者下·刘季述传》，第 5893 页。

③ 《唐大诏令集补编》卷 16《官常·配流·孙秘配流爱州诏》，第 721 页。

④ 《旧唐书》卷 20 下《哀帝纪》，第 809 页。

⑤ 《元和郡县图志》卷 38《岭南道五》载，爱州距离京城 6475 里，交州距离京城 6445 里，两地仅相距 30 里，该里程数当有误。其又有载，爱州"西北（校者注：《考证》：'西北'，宜作'东北'）至安南都护府五百里"，即爱州在交州西南 500 里。由此而言，爱州至京城的距离应在 6945 里左右。又据该书所载，爱州南 250 里至演州，演州南 150 里至骧州。以此而论，则骧州在爱州南 400 里，那么其距离京城大约在 7345 里，故《元和郡县图志》记载的骧州北至京城 6875 里（此里程数正是由该著所载爱州距离京城的 6475 里 +400 里而得出）的里程数亦当有误。

也就是说若以处罚的轻重而言，贬流交州相对是最轻的，所以更多的是贬谪惩处，占4起；而流放官员仅有2起。其他三州，即峰州、爱州、驩州，则按照罪责刑相适应的原则，确定其贬流之地，由近及远分别为6起、7起、11起，尤其是"作为被流放的官员，因所受处罚为刑事处罚，已被削职为民，身份是罪犯，故被安置之地，大都为边远之州、蛮荒之地，环境最恶劣"。① 所以距离京城最为遥远、在中原士人看来环境最为恶劣的驩州，流贬官员最多，达16起，其中以重罪惩处的流放官员高达11起，占贬流总数的28%。甚至贬流驩、爱二州，成为介于流刑与死刑之间重罪惩罚的象征，一些贬流官员还未到达甚至尚未出发即被处死。上述38起贬流官员中，这种情况就有8起（贬谪1起、流放7起）。

唐代遭受贬流重罪惩处的官民，其家属常常因连坐而配流。所谓配流，依《唐律疏议·犯流应配》：犯罪流配者，妻妾须随往，"犯流断定，不得弃放妻妾"，"父祖子孙欲随者，听之"。② 事实上，常常是官民犯流罪者，儿女子孙等家属因为连坐而遭流放。尽管在以上统计的贬流官员人数中明确记载妻妾、子女发配流放的只有8起，但可以推测，即使排除未到达贬流地的，或因赦免、立功等原因召回内地的，因连坐而遭贬流安南的人口数量，也要远多于有明确姓名记载的贬流人数。当然，即使那些谪居安南一段时间后，又返回内地的贬流官员，也会给当地带来一定的影响。

根据上文所述，安南地区为唐代安置政治流放官吏及其家属的重要地区。这些人被贬流谪迁到当时被视作遥远边鄙的安南以后，难免会产生强烈返乡之情。如褚遂良被贬至爱州以后，即上表高宗：

> 往者濮王、承乾交争之际，臣不顾死亡，归心陛下。时岑文本、刘洎奏称"承乾恶状已彰，身在别所，其于东宫，不可少时虚旷，请且遣濮王往居东宫"。臣又抗言固争，皆陛下所见。卒与无忌等四人共定大策。及先朝大渐，独臣与无忌同受遗诏。陛下在草土之辰，不胜哀恸，臣以社稷宽譬，陛下手抱臣颈。臣与无忌区处众事，咸无废阙。数日之间，内外宁谧。力小任

---

① 姜立刚：《唐代流贬官员分布研究》，第211页。
② 《唐律疏议》卷3《名例·犯流应配》，第67—68页。

重，动罹惩过，蝼蚁余齿，乞陛下哀怜。①

褚遂良衷肠苦诉，言辞恳切堪悯，希望动以旧情而得恩宥，早日回归故里。但唐高宗并没有接受褚遂良的请求，褚遂良最后卒于爱州刺史任上。尽管弘道元年（683）二月，高宗遗诏将褚遂良配流爱州的子孙放还本郡，② 但因为触怒了武则天，褚氏后人并没有得到宽宥而能够返回原籍。

被贬谪或流放到安南的获罪官员中，有人或因期满、或逢赦免、或沉冤得雪、或缘于立功擢升，最终能够返归原籍，如上文所列的柴哲威、韩思彦、裴夷直、刘瞻、杜正伦、李乾祐、薛万备、严善思、杜审言、沈佺期、宋之悌、张昕、李仁钧、李珏等，他们在安南生活的时间有长有短，但均在安南这一边隅之地留下了印迹。但也有不少人最终留在了贬流地，随着时间的推移逐渐融入当地社会。

（二）"罪人"配流

就唐中央政府主导下的强制性岭南移民政策而言，流放社会下层触犯国家律令的"罪人"充戍于安南各地，显然是主要手段。唐朝多次颁令将死罪者配流岭南等边地远恶之处，开元八年九月，唐玄宗《宥京城罪人赦》言："其京城内犯罪等人，昨令按覆，其中造伪头首，及谋杀人断死者，杖一百配流岭南恶处。"开元二十年二月又颁布《以春令减降天下囚徒赦》："天下囚徒，罪至死者，特宽宥配隶岭南远恶处。其犯十恶及伪造头首，量决一百，长流远恶处。"两次赦令中所谓"配流岭南恶处"，自然包括死罪者及其家属流放安南驩、爱等边恶之州，这在唐代并不少见。如开成年间，福建民人萧洪、萧本，因冒认文宗母即唐穆宗贞献皇后萧氏胞弟，伪妄败露，治罪流放。开成四年（839），"洪以伪败，诏长流驩州，赐死于路……萧本除名，长流爱州"。③

---

① 陈尚君辑校：《全唐文补编》卷 7《褚遂良·贬爱州自陈表》，第 79 页。
② 《旧唐书》卷 80《褚遂良传》，第 2739 页。
③ 《旧唐书》卷 52《后妃下·穆宗贞献皇后萧氏》，第 2200—2202 页；《资治通鉴》卷 246，文宗开成四年十一月条，第 7941 页；《唐大诏令集补编》卷 16《官常·配流·流萧本萧宏（弘）诏》，第 716 页。

对于流人配迁问题，开元十二年四月颁布的诏令更有明确记载："自今已后，抵罪人合决敕杖者，并宜从宽决杖六十。一房家口，移隶碛西。其岭南人移隶安南，江淮人移隶广府，剑南人移隶姚、巂州。其碛西、姚、巂、安南人各依常式。"[1] 从国家层面说明和解释流人移隶问题，成为岭南流人配迁安南的刑法依据。

在武则天夺唐立周这一特殊历史时期，因为权力之争形成了政治性流民高潮。为打击政敌、削弱李唐势力，武则天大规模流放李氏宗亲及事唐缙绅，李秦授曾对武则天说："今大臣流放者数万族，使之叶乱，社稷忧也。"由此既可见武则天排除异己之不遗余力，一时流放吏民堪称空前；同时也反映了担心李室复位，始终是武则天的心腹大患。于是，她接受李秦授的建议，"拜秦授考功员外郎，分走使者，赐墨昭，慰安流人，实命杀之"[2]。也正因为如此，当"长寿年，有上书人言岭表流人有阴谋逆者，乃遣司刑评事万国俊就按之，若得反状，便行斩决"。又命"摄监察御史刘光业、王德寿、鲍思恭、王处贞、屈贞筠等，分往剑南、黔中、安南、岭南等六道按鞫流人。光业诛九百余人，德寿诛七百人，其余少者不减数百人，亦有杂犯及远年流人枉及祸焉"[3]。万国俊等受武则天旨意，滥杀无辜、屠诛流人，安南等地流人一时毙命者均在数百人以上，其惨烈程度可想而知。

尽管在相关法律政策上，唐朝对于刑满流人有"还"与"留"的灵活性，如前引《唐律疏议》亦有规定，"若流、移人身丧，家口虽经附籍，三年内愿还者，放还"，依据其解释"籍谓三年一造，申请尚书省。流人若到配所三年，必经造籍，故云'虽经附籍'，三年内听还。既称'愿还'，即不愿还者听住"[4]。即流人入居迁徙地3年之后就可以造籍入册，成为当地编户齐民，享受唐代国家土地分配政策。而流人或自发移民（移人）的户主亡故后，作为家庭户口的配流者或留或返，取其自愿。

---

[1] 《唐大诏令集》卷83《政事·恩宥一》，第478—479页；卷82《政事·刑法》，第474页。

[2] 《新唐书》卷117《裴炎传》，第4249—4250页。

[3] 《通典》卷170《刑八·峻酷》，北京：中华书局，1984年，第904页。

[4] 《唐律疏议》卷3《名例·犯流应配》，第67—68页。

政府强制移民主要目的在于实边，所以在实际执行过程中，往往因为戍守边疆的需要，使得很多配流谪边的移民群体并不能在刑满之后获准返回原籍。如唐宪宗元和八年正月，刑部侍郎王播奏：

> 天德军五城及诸边城配流人，臣等窃见诸处配流人，每逢恩赦，悉得放还，唯前件流人，皆被本道重奏，称要防也，遂令没身，终无归日。臣观比年边城犯流者，多是胥徒小吏，或是斗打轻刑，据罪可原，在边无益。伏请自今以后，流人及先流人等，准格例。满六年后，并许放还，冀抵法者足以悛惩，满岁者绝其愁怨。①

王播反映的只是当时关内道戍守边城的流人因镇防紧要、刑满不得放还的问题，类似情况出现在岭南道边远之城的安南峰州、爱州、骠州等处，也是完全可能的。虽然唐宪宗采纳了王播的意见，通过刑部责令地方政府对破坏流人管理制度的不当做法予以纠正，但能有多大收效，值得怀疑。

除国家律令制度外，改元换代、新帝登基等颁布的赦令，也是影响边地流人"还"与"留"的因素之一。如唐昭宗《改元天复赦》云："流人及降流者，与行将就木移近处，如已收叙者，量才叙用，其左降官，与流人已达贬所者，或至亡没，家口欲还，及须归葬者，任从所便。如孀幼孤穷不能自济者，则委所在州府，量与优恤发遣。"② 此令颁布的天复元年（901），唐朝虽已行将就木，但若以此逆推，有唐一代每当新帝登基或帝号改元都应颁布过类似赦令。不管实际效果如何，对于素有安土重迁观念的中原移民而言，借此机会返回家乡的自然不少，特别是被贬逐的社会上层人士，北返的比例当更高，如前文统计的近 40 起贬流安南官员中，裴夷直、刘瞻、薛万备、严善思、杜审言、沈佺期、张昕、李珏等，均属这种情况。

但同时有相当一部分流民因为边地生存条件比其原居住地优越，加之政府鼓励垦殖的优惠政策，以及政府为流人留驻配迁之地所提供的制度保障，而选择定

---

① 《唐会要》卷 41《左降官及流人》，第 736 页。
② 《唐大诏令集》卷 5《帝王·改元下》，第 31 页。

居在安南迁徙之地。从唐懿宗咸通四年七月颁布的《救恤安南流人制》便可窥见一斑：

> 安南寇陷之初，流人多寄溪洞。其安南将吏官健走至海门者人数不少，宜令宋戎、李良瑗察访人数，量事救恤。安南管内被蛮贼驱劫处，本户两税、丁钱等量放二年，候收复后别有指挥。①

因为南诏攻陷安南，不少已在安南定居的流人流离失所，被迫躲入"夷獠"聚居的安南山区。著籍安南的内地流人已是唐王朝在南部边疆的编户齐民，是地方税源所在，成为唐王朝治理安南的重要社会基础。为恢复当地生产生活和社会秩序，唐王朝常对流散的流民进行抚恤，并免除 2 年的夏秋两税和人口税。其中也包括一些被谪迁贬逐的官宦之家，正如《旧唐书》所载："自贞元已来，衣冠得罪流放岭表者，因而物故，子孙贫悴，虽遇赦不能自还。凡在封境者，钧减俸钱为营榇椟。其家疾病死丧，则为之医药殡殓，孤儿稚女，为之婚嫁，凡数百家。"②

咸通九年正月初五日，安南观察使高骈给唐懿宗上奏云：

> 爱州日南郡北五里，有故中书令河南元忠公褚遂良墓。前都护崔耿，大中六年，因访邱（丘）坟，别立碑记云：显庆三年，殁于海上，殡于此地，二男一孙附焉。伏请寻访苗裔，护丧归丧。③

如果从唐高宗显庆二年褚遂良被贬爱州刺史、子孙配流爱州算起，至咸通九年，褚氏子孙已在安南生息繁衍 200 余年。唐懿宗依高骈之奏请，令"岭南各委本道搜访，如有褚氏事迹相类者，寻访闻奏，当加优悯"。④ 类似情况恐怕不止一两家。

---

① 《唐大诏令集补编》卷 20《仁政·赈恤》，第 944 页。
② 《旧唐书》卷 177《卢钧传》，第 4592 页。
③ 《唐会要》卷 45《功臣》，第 813 页。
④ 《唐会要》卷 45《功臣》，第 813 页。

综上所述，地处唐代南部边疆的安南地区，是唐朝中央政府惩处流刑罪人的主要流放地之一。大批流人及其家属被贬逐迁徙岭南边远之州以后，因为客观条件限制，他们中的许多人便选择留居当地。于是，随着时间推移，流人及其子孙后代逐渐融入岭南或安南当地人群，并参与当地经济生活和政治生活。如前文统计的宋之悌、卢藏用都参与了平定唐玄宗开元年间的安南梅叔鸾之乱，为稳定当地社会秩序作出重要贡献。又如唐代宗大历八年（773），"岭南将哥舒晃杀节度使吕崇贲反，五岭骚扰，诏加（路）嗣恭兼岭南节度观察使。嗣恭擢流人孟瑶、敬冕，使分其务：瑶主大军，当其冲；冕自间道轻入，招集义勇，得八千人，以挠其心腹。二人皆有全策诡计，出其不意，遂斩晃及诛其同恶万余人，筑为京观。俚洞之宿恶者皆族诛之，五岭削平"。① 落籍流人成为安南乃至岭南社会秩序恢复和重建的重要力量。

二、北军：留居安南的中原士卒

唐王朝一方面长期奉行谪徙罪人、配流安南、移民实边的政策；另一方面设军驻防，武装震摄，进而移民屯田戍守，加强安南经略，强化边疆管控。由此所导致的戍卒不归，成为中原人口留居安南的重要途径之一。开元二十一年，唐于岭南置"岭南五府经略使，绥静夷獠，统经略、清海二军，桂管、容管、安南、邕管四经略使"。五府经略使共统兵 15400 人，除驻守广州城内的经略军拥有 5400 人外，在桂管、容管、安南、邕管四经略使中，以负责安南边防的安南都护府统兵最多，"安南经略使，治安南都护府，即交州，管兵四千二百人"。②

唐王朝不仅在安南府治驻守重兵，同时也在安南毗邻南诏沿边一线布置防冬兵、防秋兵数千人，轮戍安南，防范南诏。按照唐代军事管理制度，内地戍卒镇守边疆，通常是三年一换。如唐懿宗咸通八年五月十八日《疏理囚徒量移左降官等德音编制》就专门强调安南戍卒的返乡问题："戍役辛勤，道途绵历，将还乡土，在赡供须，安南、邕州已奏放回北军，其余顿递经过本州县界，并须如法先

---

① 《旧唐书》卷 122《路嗣恭传》，第 3500 页。
② 《旧唐书》卷 38《地理志一》，第 1389 页。

自备办，排比切，不得临时差配。"① 北军，就是唐朝从内地调派安南的镇戍之兵，也称北兵。尽管根据规定，边疆戍卒按期轮换，但实际上，唐朝在安南的驻军往往是派出的多、调回的少，这一问题在中期以后尤为突出。

唐代前期推行"寓兵于农"的府兵制，为保障边疆戍卒的军粮供应，非常重视戍边屯垦问题，往往就地开展屯田垦殖。武则天一再强调，"王师外镇，必藉边境营田"，② 唐政府还专设"屯田郎中、员外郎，掌天下屯田之政令。凡军、州边防镇守转运不给，则设屯田以益军储。其水陆腴瘠，播植地宜，功庸烦省，收率等级，咸取决焉。诸屯分田役力，各有程数。凡天下诸军、州管屯，总九百九十有二（屯），大者五十顷，小者二十顷。凡当屯之中，地有良薄，岁有丰俭，各定为三等。凡屯皆有屯官、屯副"。③

自开元以后，唐朝军事制度发生很大变化，"士兵长驻防地，允许携带家口，并出现专门从事屯田的军队，某些军屯已具有移民的性质"。④ 如李泌对唐德宗所言："戍卒因屯田致富，则安于其土，不复思归。旧制，戍卒三年而代，及其将满，下令有愿留者，即以所开田为永业。家人愿来者，本贯给长牒续食而遣之。据应募之数，移报本道，虽河朔诸帅得免更代之烦，亦喜闻矣。不过数番，则戍卒皆土著，乃悉以府兵之法理之，是变关中之疲弊为富强也。"李泌提出的通过招募戍卒，采用传统的府兵之法，推行屯田戍守优惠政策，以解决西北边防危机的策略，为唐德宗欣然采纳，"既而戍卒应募，愿耕屯田者什五六"。⑤

学术界通常认为唐代屯田分布在关内、河东、河南、陇右、河西、河北、剑南诸道，⑥ 实际在岭南道亦有屯田之举，如中宗时，"王晙为桂州都督，桂州旧有屯兵，尝运衡、永等州粮以馈之。晙始改筑罗郭，奏罢屯兵，又堰江水开屯田数千顷，百姓赖之"。⑦ 曾任容管经略招讨使的李尚隐、韦凡，"始城容州，周十

① 《唐大诏令集补编》卷20《刑法·疏理刑狱》，第890页。
② 《旧唐书》卷93《娄师德传》，第2976页。
③ 《唐六典》卷7《尚书工部》，北京：中华书局，1992年，第222—223页。
④ 葛剑雄主编，吴松弟著：《中国移民史》第3卷《隋唐五代时期》，第206页。
⑤ 《资治通鉴》卷232，德宗贞元二年七月甲子条，第7475页。
⑥ 任爽：《唐朝典章制度》，长春：吉林文史出版社，2001年，第328页。
⑦ 《册府元龟》卷503《邦计部·屯田》，第6036页。

三里，置屯田二十四所"。① 又上引《旧唐书·地理志一》在叙述国家配置给岭南五府经略使 15400 人的兵力以后，又说"轻锐本镇以自给"，即要求岭南经略、清海二军，及桂、容、邕、安南四管亦需通过自力更生充实本地驻军粮食。

尽管中央有调发内地粮食补给安南戍卒军粮的义务，但随着唐朝国力日趋衰落，对安南戍卒的军粮供应已名存实亡。唐宣宗大中元年，时为桂州刺史兼桂管防御观察等使郑亚幕僚的李商隐，在所作《为荥阳公论安南行营将士月粮状》中请求道：

> 长庆二年，安南有奏请借便当军粮米五千石，经略使王承业请一二年内劝课输填。频有文符，并未支送。伏乞天恩，悯其州乡阙乏，哀以海路漂沦，且新趋安南，并还欠米，庶行营将士等，得存宿饱，无乏晨炊。②

李商隐代笔的此文主要是谈论唐武宗会昌六年因安南兵败南诏，需要内地调派援军和军粮之事，由于当时经廉州海路运往安南的后援军需物资遭遇海难，"沉失至多，迟留未达，复须遣使，以续见粮"，③ 所以最后不得不非常痛心地请求朝廷解决 25 年前安南曾奏请的内地所欠南疆军粮供应问题，以缓解战时急需。时过 20 余年，安南戍卒的军粮供给迟迟未能兑现，戍守安南的士卒为了生存，也只能屯田耕种，自力更生了。又唐僖宗《乾符二年南郊赦》云：

> 邕南交趾，屯驻兵士，全无运粮，俾其足食，湖南、江西管内诸郡，出米至多，丰熟之时，价亦极贱，纲官若得钱收籴，每斗必有盈余，道途既可经营，输纳当无败阙。缘于官仓领米刮铁平量，既润资倍便，致吞侵耗折，所以经年累月，舳舻相交，江路多有沉沦，军食常忧欠缺。自今仰所在长吏，切须饶润，纲官早令交付脚钱。仍与善价籴买，严示刑赏，不使稽迟。邕州、安南、晏州见屯诸道行营兵士，合食钱米等，三处兵数近四万，日食钱米，费用极多，全在诸道州使巡院馈运相继，免失支持。④

---

① 《玉海》卷 132《官制·使·唐经略使》，扬州：广陵书社，2003 年，第 2438 页。
② 李商隐：《为荥阳公论安南行营将士月粮状》，《全唐文》卷 772，第 8052—8053 页。
③ 李商隐：《为荥阳公论安南行营将士月粮状》，《全唐文》卷 772，第 8052 页。
④ 《唐大诏令集》卷 72《典礼·南郊六》，第 403 页。

军队驻扎边疆，粮食充足与否直接关系到军心能否稳定。为妥善解决安南戍卒的军粮问题，唐王朝一方面利用政府调节手段，命地方官员通过向湖南、江西等盛产粮食的邻近地区"善价籴买"，周济安南；另一方面，文中"邕南交趾，屯驻兵士"等记载，反映出唐王朝在安南地区通过军士戍边垦殖，置屯田以自给。当屯垦不能自足时，国家则予以调度补给。

懿宗咸通三年，唐以湖南观察使蔡袭代王宽为安南都护，蔡袭"发诸道兵二万屯守"安南，防备南诏，"南诏慑畏不敢出"，[1] 进一步证明唐代在安南地区开展屯田。随着军士屯垦制度在安南地区的有效推行，当有不少镇边士卒及其家属因长期屯守安南，逐渐落籍安南而成为当地居民。

除派驻边疆的戍卒外，每遇大的战事，当地兵卒不敷使用时，朝廷即从内地调派军队。唐代安南先后发生 10 余起叛乱，多由中央政府出兵才得以平定，其间定有军士流散安南不归者，唯不见于具体记载而已。

作为安南西北面的一支强大地方政权，南诏对安南的频繁骚扰，是造成安南地区动荡不安的重要因素。上文提到，唐武宗会昌六年（按此时武宗已驾崩，宣宗即位），南诏侵扰安南，安南经略使兼都护裴元裕率领邕州等邻近诸道内地戍卒（即北军）抗击南诏，[2] 兵败而向中央政府求援，李商隐奉命代笔陈诉：

> 使当道先准诏发遣行安南行营将士五百人，其月粮钱米并当道自般（搬）运供送者，右臣当道系敕额兵数，只一千五百人，内一千人散于西原防遏，三百人扭在邕管行营，入界内分捉津桥，专知镇戍（戍）。计其抽用，略无孑遗。至于坚守城池，备御仓库，供承职掌，传递文书，并是当使方圆衣粮，招收驱使。其安南行营将士，皆是敕额外人。又当管去安南三千余里，去年五月十五日发遣，八月二十日至海门，遭恶风飘溺官健一十三人，沉失器械一千五百余事。其年十二月六日，差纲某等般（搬）送酱菜钱米，今年五月八日至乌雷，又遭飓风，打损船三只，沉失米五百余石，见钱九十贯。其月十八日至昆仑滩，又遭飓风，损船一只，沉失米一百五十石，至今

---

① 《新唐书》卷 222 中《南蛮中·南诏传下》，第 6283 页。
② 《资治通鉴》卷 248，武宗会昌六年九月条，第 8026 页。

姜士赞等尚未报到安南……悬军在远，经费为虞。窃检寻见在行营将士等，从去年六月已后，至今年六月已前，从发赴安南，用夫船程粮及船米赏设，并每月酱菜等，一年约用钱六千二百六十余贯，米面等七千四百三十余石。大数虽破上供，余用悉资当府。不唯褊匮，且以迢遥，有搬滩过海之劳，多巨浪飓风之患，须资便信，动失程期。臣忝守戍行，不胜忧结。①

从中可见，为了应付安南战事，大量内地军粮物资和驰援兵卒通过贯通廉州、钦州、交州之间的海上交通线运往安南。尽管航运艰辛，不少将士和军用物资被困海上，但从南诏与安南 10 余年的拉锯战来看，唐朝为了改变安南战事的被动局面，应多次通过广交、邕交海陆交通线路向安南调发岭南其他四管及内地戍卒。而战事的惨烈，导致不少士卒失散在当地。史曰："南蛮自大中以来，火邕州，掠交趾，调华人往屯，涉氛瘴死者十七，战无功，蛮势益张。"② 所谓屯戍安南抗击南诏的中原士卒"涉氛瘴死者十七"，其中应该包括一些因战争散落安南各地的士卒。

作为相邻区域，安南与南诏之间很早就存在通畅的水陆交通，双方往来交流密切。樊绰《云南志》云："从安南府城（河内）至蛮王见坐羊苴咩城（大理）水陆五十二日程。"具体而言，"从安南上水至峰州两日，至登州两日，至忠诚州三日，至多利州两日，至奇富州两日，至甘棠州两日，至下步三日，至黎武贲栅四日，至贾勇步（河口）五日。已上二十五日程，并是水路。大中初悉属安南管系，其刺史并委首领勾当。大中八年，经略使苛暴，川洞离心，疆内首领，旋被蛮贼诱引，数处陷在贼中"。③

樊绰描述了从今越南河内出发，经永福省、富寿省、安沛省、老街省到达中国云南东南部的河口县，再由此北上经昆明到达大理的交通路线。安南至拓东城（昆明）路线，也就是"安南通蜀道"的南段。④ 樊绰对安南与南诏之间道途交

---

① 李商隐：《为荥阳公论安南行营将士月粮状》，《全唐文》卷 772，第 8052 页。

② 《新唐书》卷 184《杨收传》，第 5394 页。

③ 《云南志》卷 1《云南界内途程》，方国瑜主编：《云南史料丛刊》卷 2，昆明：云南大学出版社，1998 年，第 7—8 页。

④ 陆韧：《唐代安南与内地的交通》，《思想战线》1992 年第 5 期。

通的详细描述，说明两地边境族群之间有着沟通联系；而他对安南与南诏边境纠葛的大量记载，反映出当时安南的严峻形势：

> 南蛮去安南峰州林西原（即林西州）界二十二日程。自大中八年，安南都护府擅罢林西原防冬戍卒，洞主李由独等七绾首领被蛮诱引，复为亲情。日往月来，渐遭侵轶。罪在督护失招讨之职，乖经略之任。①

林西州，位于今越南安沛、老街地区和沱江上游一带，② 与南诏东南境毗邻。唐朝本在这一地区驻有 6000 戍卒（北军）。然而大中八年，时任安南都护李琢不顾当时唐与南诏对立的边境实际，听信峰州刺史一面之词，盲目撤走唐在安南都护府西北边境一线驻军，仅仅依靠当地溪峒部族桃花人兵力防守，致使其首领李由独孤立无援而生弃唐之心。南诏拓东节度使对其百般诱引，并与之结亲，致使李由独最终背唐而投向南诏，从安南都护府的前卫将帅变成南诏侵犯安南的向导先锋。③ 自此以后，南诏对唐朝南部边疆构成严重威胁，双方兵争不断，安南都护府成为唐朝防御南诏入犯的前沿阵地和用以经略西南边疆的军事基地。④

为防备南诏进犯，唐懿宗咸通三年，发诸道兵 2 万屯守安南，以加强在安南的军事驻防。次年四月，南诏攻陷安南进逼邕州以后，为缓解岭南形势，唐中央又命新任岭南西道节度使康承训率荆、襄、洪、鄂等诸道兵 5 万驰援。七月，再调"山东兵万人益戍"。⑤ 当时，"诸道兵援安南者屯聚岭南"，⑥ 以图收复安南。大批北方军人被调往镇守岭南西道，他们中的一部分因长期驻守而成为当地居民。⑦

---

① 《云南志》卷 4《名类》，方国瑜主编：《云南史料丛刊》卷 2，第 33—34 页。
② 陶维英著：《越南历代疆域》，钟民岩译，岳胜校，北京：商务印书馆，1973 年，第 135 页。
③ 《云南志》卷 4《名类》，方国瑜主编：《云南史料丛刊》卷 2，第 45 页。
④ 陈国保：《安南都护府与唐代边疆防御体系的构建及影响》，《中国边疆史地研究》2010 年第 3 期。
⑤ 《新唐书》卷 222 中《南蛮中·南诏传下》，第 6283—6284 页。
⑥ 《资治通鉴》卷 250，懿宗咸通四年七月辛卯条，第 8105 页。
⑦ 葛剑雄主编，吴松弟著：《中国移民史》第 3 卷《隋唐五代时期》，第 324—325 页。

晚唐时期南诏与唐朝对安南都护府的长期争夺，既给双方带来了深重的战争灾难，也在客观上推动了安南地区与南诏之间的人口迁徙流动。《资治通鉴》云："南诏两陷交趾，所杀虏且十五万人。留兵二万，使思缙据交趾城。溪洞夷獠无远近皆降之。"[1] 南诏从安南地区俘虏了大量人口至云南，既包括定居在安南的中原民户，也不乏当地土著居民。又《新唐书》曰："初，安南经略判官杜骧为蛮所俘，其妻，宗室女也，故酋龙使奉书丐和。"[2] 咸通年间，南诏掳走安南经略判官杜骧及其妻唐宗室李瑶，唐僖宗乾符年间南诏被西川节度使高骈击败后，试图以此为条件与唐议和。高骈《回云南牒》曰：

> （南）诏国前后俘获约十万人，今独送杜骧妻，言是没落。杜骧守职，本在安南。城陷驱行，故非没落。星霜半代，桎梏几年。李氏偷生，空令返国。杜骧早殁，不得还乡。今则训练蕃兵，指挥汉将。铁衣十万，甲马五千。邕交合从，黔蜀齐进。昔时汉相有七擒七纵之功，今日唐臣，蕴百战百胜之术。勋名须立，国史永书。且杜骧官衔，李瑶门地，不是亲近，但王室疏宗，天枝远派（脉）而已。李氏并诏国木夹，并差人押领进送朝廷。[3]

高骈拒绝与南诏议和，并表达了要乘胜追击，一举击灭南诏的决心。高骈所言"（南）诏国前后俘获约十万人"，方国瑜认为："高骈以封疆大吏的身份致书于南诏世隆，并且所说的是有关唐朝的失败，当非虚语，而这约十万人所指的只在安南，抑或西川也在内，则不得而知……也可能所指只限于安南，若此约十万人之数，如以自大和三年以来南诏掳掠西川、安南的合计，在当日洱海区域的人口数量也要占相当大的比重了。"进而指出南诏骚扰安南俘虏的多为汉人，[4] 由此可证当时安南定居生活的中原移民人数之众。

南诏在安南掳走了大量人口，但同时其入犯安南的兵士亦有不少流落在安

---

① 《资治通鉴》卷250，懿宗咸通四年正月庚午条，第8103页。
② 《新唐书》卷222中《南蛮中·南诏传下》，第6290页。
③ 《全唐文》卷802《回云南牒》，第8430页。
④ 方国瑜：《唐宋时期在云南的汉族移民》，《方国瑜文集》第2辑，昆明：云南教育出版社，2001年，第96—97页。

南，《新唐书》有载：

> 酋龙遣杨缉思助酋迁共守安南，以范脮些为安南都统，赵诺眉为扶邪都统。（咸通）七年六月，骈次交州，战数胜，士酣斗，斩其将张诠，李溠龙举众万人降，拔波风三壁。缉思出战，败，还走城。士乘之，超堞入，斩酋迁、脮些、诺眉，上首三万级，安南平。①

李溠龙举众万人投降，其所部兵员大部分被高骈收归安南，高骈《回云南牒》言："驾三千之师，剿十万之寇。南定县全军陷没，如乾镇匹马不回。罗和一空，嘉宁俱尽。赞卫段酋迁斩首，骑将麻光亮亡躯。李善（溠）龙面缚军前，张诠生擒阵上。沉白衣殁命之众，如赤日消冰。杀朱弩佉苴之军。"② 尽管高骈善战，但说其能以三千之师，剿灭南诏十万之众，未必尽然，因为有不少南诏士卒溃散到了安南民间。由此可见，非但南诏从唐代安南地区掳掠了大量人口，而且其兵众亦有不少流落在安南境内，在客观上推动了唐代安南与云南之间的民族融合。

总之，唐中央政府为加强对安南的管控，不仅在安南设军驻防，戍守一定规模的兵力；同时为了保障安南戍卒的军粮供应，亦通过军士戍边垦殖，置屯田以自给。唐与南诏的长期对峙，导致大量中原士卒被调遣镇戍安南。于是，不少中原士卒因长期在安南戍边屯垦，安置家业，由此定居落籍安南。同时，一部分镇戍安南的中原士卒流散在安南，逐渐演变成为当地居民。他们不仅成为新附地经济发展、文化交融的推动力，而且逐渐与当地族群融为一体。

三、移乡人：自发迁徙留居安南的中原人群

终唐一代，人口的自发迁移是当时移民的主要形式，③ 而迁入地政治稳定、道路通达、资源保障显然是重要的吸引条件。唐代在岭南及安南治理的推进，为中原人口自发性向安南迁移创造了更好条件。唐王朝不仅在安南地区广置州县，

---

① 《新唐书》卷222中《南蛮中·南诏传下》，第6284页。
② 《全唐文》卷802《回云南牒》，第8430页。
③ 葛剑雄主编，冻国栋著：《中国人口史》第2卷《隋唐五代时期》，第355页。

而且随着连接五岭南北旧有交通线路的修复和延展，以及新交通线的开辟，[1] 形成了安南通广州道、安南通桂州路、安南通蜀道、安南通天竺道等内外交通网络。[2] 政治统一以及当地海陆交通网络的通达，为中原人群自发向南迁移进入安南及安南与内地、南诏之间的人口流动，创造了便利。加之唐中央对移民边疆的优惠鼓励政策，推动了部分中原人口前往定居。

据唐玄宗开元十六年十月敕：

> 诸州客户，有情愿属缘边州府者，至彼给良沃田安置，仍给永年优复。宜令所司，即与所管客户州计会，召取情愿者，随其所乐，具数奏闻。[3]

所谓"客户"，即是指侨居异乡的农户，他们不仅可以获得政府分给的良田沃土，而且可以享受免税优惠。《唐律疏议》卷 13 "户婚"条云："诸应受复除而不给，不应受而给者，徒二年。其小徭役者，笞五十。"也就是依唐律："'人居狭乡，乐迁就宽产，去本居千里外复三年，五百里外复二年，三百里外复一年'之类，应给复除而所司不给，不应受而所司妄给者，徒二年。'其小徭役'，谓充夫及杂使，准令应免不免，应役不役者，合笞五十。"[4] 何谓"狭"、"宽"？史云："田

---

① 对于唐代安南的道路交通，学术界多依据《新唐书》所录贾耽《皇华四达记》（或称《从边州入四夷道路》）及樊绰《云南志·云南界内途程》等文献资料进行研究。如方国瑜《中国西南历史地理考释》第 4 编《唐代后期云南安抚司地理考释》之"南诏通安南道"、"步头之位置"、"古湧步之位置"、"与交通有关之林西原地名"等篇目（北京：中华书局，1987 年），严耕望《唐代交通图考》第 4 卷"唐代滇越道"（台北：台湾"中研院"历史语言研究所专刊之八十三，1986 年），伯希和《交广印度两道考》"陆道考"之"云南交趾一道之开拓"、"驩州至环王一道"、"驩州至真腊一道"、"安南府城至羊苴咩城路程"、"安南镇至交趾老挝途程"等篇目（冯承钧译，上海：商务印书馆，1933 年），以及廖幼华《深入南荒——唐宋时期岭南西部史地集》关于唐宋时期廉、钦、交三州沿海交通和邕州入交道路的考证（台北：文津出版社，2013 年）等。此外陈玉龙《历代中越交通道里考》（中国东南亚研究会编：《东南亚史论文集》，郑州：河南人民出版社，1987 年，第 91—123 页）一文，也有关于唐代安南都护府对外交通的论述。
② 陆韧：《唐代安南与内地的交通》，《思想战线》1992 年第 5 期。
③ 《唐会要》卷 84《移户》，第 1554 页。
④ 《唐律疏议》卷 13《户婚·应复除不给》，第 251 页。

多可以足其人者为宽乡，少者为狭乡。"①

上述表明，唐政府为解决人地矛盾，不仅鼓励人多地少的中原地区向地广人稀、土地资源丰富的边远地区移民，并且从法律上保护外迁移民利益。中原地区田地不足的农户为躲避沉重赋役负担，往往侨居他乡，申请客居，租种当地地主土地或开垦荒地维持生计。特别是唐中期以后，因中原地区赋敛过重，逃户问题十分严重，唐王朝采取鼓励措施，招引中原民户前往边地实边垦殖，以开发和巩固边疆，由此迁居安南地区的亦不在少数。

《唐律疏议》卷3"犯流应配"条载："移乡人家口，亦准此。"② 也就是说按照流人发配，妻妾随行，子女、父祖欲从者依其意愿的律法规定，"移乡人，妻妾随之，父祖子孙欲随者听，不得弃放妻妾，皆准流人"。所谓"移乡人"，亦称"移人"，相对于流人而言，主要指当时自发迁移边疆者。当然，广义"移乡人"，还包括自愿应召赴边屯田戍守的丁卒以及自发迁移的官僚士大夫。早在隋末唐初，因战争不断，不少北方民众为躲避战乱、逃避赋税徭役而自发迁徙他乡，"比年寇盗，郡县饥荒，百姓流亡，十不存一，贸易妻小，奔波道路"。③ 由于江淮、岭外受战乱影响较小，所以成为躲避战乱的理想居所。尽管迁移至此的中原人口有一部分在战事平定后返回故里，但大部分在流寓地落籍，成为当地居民。④

唐代近300年间，整个岭南地区社会环境相对安定，土地资源丰富，交通条件不断改善，由此涌入的中原"移乡人"不在少数。尤其是晚唐时期，"当北方大乱、长江流域也不太平的时候，远离中原的岭南仍比较宁静，只在黄巢军南下时有过一定的骚乱，成为北方人避难的好地方"。⑤ 这自然包括大量自发迁徙而来的中原普通民户，其中不乏受到战乱冲击的官僚士大夫。

如唐懿宗咸通末年中书侍郎兼礼部尚书赵隐之子赵光裔，"光启三年进士擢第。乾宁中，累迁司勋郎中、弘文馆学士，改膳部郎中、知制诰，赐金紫之服。兄弟对掌内外制命，时人荣之。（刘）季述废立（即废昭宗，矫诏以皇太子监

---

① 《新唐书》卷51《食货志》，第1342页。
② 《唐律疏议》卷3《名例·犯流应配》，第67页。
③ 《全唐文》卷1《高祖皇帝·定户口令》，第18页。
④ 葛剑雄主编，冻国栋著：《中国人口史》第2卷《隋唐五代时期》，第340—341页。
⑤ 葛剑雄主编，吴松弟著：《中国移民史》第3卷《隋唐五代时期》，第325页。

国——引者注）之后，光逢（亦赵隐之子——引者注）归洛。光裔旅游江表以避患。岭南刘隐深礼之，奏为副使，因家岭外"。[1] 大量来自中原的自发向南迁徙普通民户，在进入今两广地区后，继续南迁而定居南部边疆的安南则是完全可能的。所以咸通年间，当南诏攻陷安南以后，岭南节度使韦宙抚兵积备，"益严师旅，招徕流移"。[2] "招徕流移"的对象，既包括政府发配岭南及安南的中原流人，也包括自发迁入的内地民户。

随着中原移民在安南不断增多，加之隋唐之前迁徙落籍交趾的民人，唐代安南的编户人口已具相当规模（见表 2）。

表 2　交、爱、驩三州人口统计

州名	贞观户、口数	开元户、口数	天宝户、口数
交州	户 17523 口 88788	户 25694 口缺	户 24730 口 99660
爱州	户 9080 口 36519	户 14056 口缺	户 40700 口 135030
驩州	户 6579 口 16689	户 6649 口缺	户 9629 口 53818

资料来源：《旧唐书》卷 41《地理志四》，第 1749、1752、1754 页；《元和郡县图志》卷 38《岭南道五》，第 955、959—960 页；《通典》卷 184《州郡十四》，第 982—983 页。

说明：（1）交、爱、驩三州贞观户、口数，为《旧唐书·地理志四》所载"旧领"户、口数。据岑仲勉、日野开三郎等中外学者考证，"旧领"年份为贞观十三年。（2）《元和郡县图志·岭南道五》登录的交、爱、驩三州开元户、口数，当来自开元十七载或开元十八载的户部统计资料。（3）《通典·州郡十四》登录的交、爱、驩三州户、口数，以天宝元年为准。另据《旧唐书》卷 41《地理志四》所载，交州"天宝领"户 24230，口 99652。对于《旧唐书·地理志四》"天宝领"的具体年份，学界有不同看法，但更多倾向于认为是天宝十一载或天宝十三载，参见葛剑雄主编，冻国栋著：《中国人口史》第 2 卷《隋唐五代时期》，第 25 页；文媛媛：《新旧〈唐书·地理志〉各州领县户口系年考——从州县建置的角度》，《中南大学学报》2014 年第 3 期。（4）本表关于交、爱、驩三州贞观、开元、天宝户口数具体年份的考证，分别引自葛剑雄主编，冻国栋著：《中国人口史》第 2 卷《隋唐五代时期》，第 22—23、20、14—15 页。

历代王朝统计人口、登记户籍的主要目的在于征收赋税。由于唐代中央政府对于安南当地土著居民多不课税，所以这些人往往不在唐王朝的人口统计之内，因此上述三州的人口统计，主要以中原迁居安南的著籍民人及其繁衍的后代为依据。

---

[1]　《旧唐书》卷 178《赵隐传》，第 4623 页。

[2]　郭棐撰：《粤大记》卷 8《宦迹类·励勤骏绩·韦宙》，黄国生、邓贵忠点校，广州：中山大学出版社，1998 年，第 186—187 页。

通过表 2 所列唐代不同时期交、爱、驩三州人口的统计结果，可以看出，从太宗贞观年间到玄宗开元年间，交、爱二州的人口数量均有较大幅度提升，驩州则相对稳定。自太宗贞观年间至玄宗天宝年间，交、爱、驩三州的人口增幅显著，尤其是爱、驩二州，自开元至天宝年间，人口数量增长迅速，显然与唐前期的政治生态和中原人口急剧增长、生存资源压力增大、人地关系紧张，以及玄宗大力推行移民边疆的鼓励政策密切相关。唐代安南的中原移民人口规模，不仅反映在统计数据上，在考古资料方面也有体现。如在今越南沿海以及红河中游等广阔地带，发掘了不少汉唐时期典型的中原汉文化墓葬——汉砖墓。墓主人主要是中原汉族移民，或是已经接受中原文化的本地人。[1]

在唐代安南"移乡人"中，还有一个特别值得关注的群体，即历代奉命到安南任职的各级地方官员（包括亲属随从），他们可视为一定时段内自中原入籍安南的特殊"移乡人"。唐朝任官的本籍回避政策更加趋于严格，"地方官员无法恣意回到家乡任职。职务调动的严峻限制，让官人客寓他乡的可能性加大"，"一群群士人与其家庭，游历迁转于全国各地，刻画属于他们宦游家庭的生活图卷"。他们在籍贯回避制度的影响下，"离家宦游成为常态，不免成为'东南西北人'"，他们是"以官为家"、"根植异乡"的特殊社会群体。"社会上出现一群宦游家庭，不仅包含官人，甚至连其亲属家眷，咸随其宦游而迁徙流动"。[2] 如元和十四年，安南酋领杨清叛乱，"杀都护李象古，并家属、部曲千余人皆遇害"。[3] 与都护李象古同时遇难的亲属、部曲达千余人，这虽是特例，但反映了都护赴职安南，随从人员为数不少。又如唐懿宗咸通四年正月七日，南诏攻陷安南城，都护蔡袭"右膊中弩箭死，家口并元从七十余人悉陷于贼，从事樊绰携印渡江"，[4] 70 余人均由内地随蔡袭而来。

唐代安南边吏遇难于任上或病故于任所的尚有交州都督府参军樊玄纪，"总

① 杜文宇：《发自地下的声音：四千年的文化》，中国社会科学院考古研究所编：《考古学参考资料》第 1 集，北京：文物出版社，1978 年，第 148—149 页。
② 胡云薇：《千里宦游成底事，每年风景是他乡——试论唐代的宦游与家庭》，《台大历史学报》第 41 期，2008 年。
③ 《旧唐书》卷 15《宪宗纪下》，第 470 页。
④ 《资治通鉴》卷 250，懿宗咸通四年条下《考异》引《实录》，第 8102 页。

章二年五月九日，卒于交州馆舍"。① 爱州司马骑都尉李强，"永徽四年八月十二日，终于爱州官舍，春秋五十五"。② 武周垂拱三年（687），安南都护刘延祐被安南俚人首领李嗣仙、丁建的乱军所杀。③ 贞元七年夏四月，安南都护高正平因安南首领杜英翰叛，攻都护府，忧死。④ 杜忠良，字子直，京兆杜陵人，中宗时"迁安南都护府长史，敕权摄副都护……年六十六，以先天二年九月一日，终于安南府官舍……夫人荥阳郑氏，封荥阳君，亡其先也……年五十九，以先天元年九月廿六日，先终于安南府官舍"。⑤ 如果从这些官员的生活日常、社会关系、生命历程等方面来看，他们无疑也是安南地方社会的一个重要组成部分。

总之，唐统一岭南后，随着对安南地区经营的逐步深入，州县广置、政治稳定、社会安宁，五岭南北水陆交通拓展，都为中原人群自发向安南迁徙创造了有利条件。政府的允许和鼓励，进一步促使大量田地短缺的中原农户或因躲避战乱、或为逃避沉重的赋役盘剥，纷纷选择迁往生存资源较为宽裕的安南河谷、沿海和平坝地区定居谋生。尤其是安南交州，作为唐朝与今东南亚、南亚及欧洲诸古国海上贸易的重要港口，中原商贾多有会集，不少内地客商当因常年经商贩运而自愿选择落籍于此。一批批自发迁徙安南的民户、士族、屯卒、商贾，以及游宦的安南边吏等，使唐代安南"移乡人"群体不断得到充实和壮大。大量中原移民进入和落籍安南，进一步巩固了唐王朝在安南的统治基础，加强了中原与安南地区的政治、经济、文化交流，推动了安南与中原的一体化发展。

---

① 阙名：《大唐故交州都督府行参军樊君（玄纪）墓志铭并序》，吴钢主编：《全唐文补遗》第 2 辑，西安：三秦出版社，1995 年，第 227 页。

② 阙名：《唐故行爱州司马骑都尉李君（强）墓志铭并序》，吴钢主编：《全唐文补遗》第 4 辑，西安：三秦出版社，1997 年，第 343—344 页。

③ 史书对这一事件的记载，存在一定出入。参见《旧唐书》卷 185 上《良吏传上·冯元常》，第 4800 页；《新唐书》卷 4《则天皇后纪》，第 86 页；《新唐书》卷 112《冯元常传》，第 4178—4179 页；《新唐书》卷 201《文艺传上·刘延祐》，第 5732—5733 页；《资治通鉴》卷 204，则天后垂拱三年条，第 6445 页。其中以《新唐书·文艺传上》、《资治通鉴》卷 204 则天后垂拱三年条所载为翔实。

④ 《旧唐书》卷 13《德宗纪下》，第 367 页。

⑤ 阙名：《唐中大夫安南都护府长史权摄副都护上柱国杜府君（忠良）墓志铭并序》，吴钢主编：《全唐文补遗》第 2 辑，第 425—426 页。

四、开拓与交融：中原移民与唐代安南治理的国家一体化

随着中原移民南迁和定居落籍安南，无论是由政府主导的强制性移民类型的流人、北军，还是自发性迁移安南的移乡人，在进入安南以后，其原有身份界限逐渐模糊。在生存适应和文化调适过程中，他们与安南土著居民之间的交流与交往日益密切，在相互交融中逐渐实现由外来移民到安南本地居民的身份转换，成为安南地区重要开发力量。中原移民在安南生存适应和构建社会关系网络的过程中，多元文化相互激荡，推动安南社会文化习俗与中原文化日趋接近，为安南都护府统一于唐王朝奠定了广泛深厚的社会基础，创造了良好的文化条件。中原移民在推动安南地区社会发展的同时，也促进安南地方政治经济体系与区域社会文化逐渐被整合进入唐王朝统治秩序之中。

（一）中原移民开发垦殖推动唐代安南地方经济的国家整体性发展

从中国古代中央集权政治视角来看，中央在地方施行编户齐民和征收赋税，是该地区被纳入中央直接行政管辖范围的重要体现。唐代安南地区的中原移民，著籍安南，开发营生，有效扩充了唐王朝在安南地区的实边力量，逐步改变人多"夷獠"、地多荒芜的状况。随着安南经济社会的迅速发展，该地区逐渐被纳入唐王朝统一经济体系之中。[1]

无论是早期租庸调制还是后来两税法，不同时期的唐代国家赋税制度，均在安南都护府得到有效推行。中原移民落籍安南后，须向政府缴纳租赋。在唐代州县地方行政体制之下，中央政府为保证对当地居民的政治统治和赋税征收，就需要实行"编户齐民"制度。这既是维系州县体制的基石，也是巩固中央集权的必要手段。

针对大量中原移民著籍安南的客观情况，唐王朝继承了汉代以来在安南地区实行的夷汉各立户籍的管理办法，以确保地方政府财政收入的稳定。《旧唐书》云："若岭南诸州则税米，上户一石二斗，次户八斗，下户六斗。若夷獠之户，

---

[1] 陈国保：《王朝经略与隋唐南疆商业贸易的发展》，《中国边疆史地研究》2016 年第 4 期。

皆从半输。"① 又曰，"岭南俚户，旧输半课"。② 无论"夷獠"或"俚户"，显然都是相对于中原迁徙而来的民户而言的。尽管"俚獠"夷人或中原移民均被作为岭南地区居民而载入唐代国家户籍档册，但作为国家的纳税对象，则存在民户（汉户）、夷户的区别。唐代民户依其丁口多少、资产多寡定为九等，岭南诸州民户中亦有上户、次户、下户等不同户等，所谓"岭南诸州税米者，上户一石二斗，次户八斗，下户六斗"，③ 反映唐代前期租庸调法在岭南推行情况。

唐初以来，安南诸州民户按照上、次、下不同户等所确定赋税征收的标准，以及"俚户半输"的征税原则，一直得到较好的贯彻执行，有效维护了当地社会的稳定。但武则天垂拱三年，安南都护刘延祐试图对此进行调整，"旧俚户岁半租，延祐责全入，众始怨，谋乱"。④ 刘延祐出于强化唐王朝对安南地区统治力度的考虑，对安南土著"俚户"推行与当地民户一致的赋税政策，改变"俚户半课"的既有规则，但忽视了安南地方经济社会发展实际，导致地方土著势力剧烈反抗。刘延祐被杀，府城交州一度失守。平定安南叛乱后，唐朝恢复在安南的传统税收政策。

唐中期以后，随着均田制的破坏，租庸调制被两税法取代。两税法成为全国赋税制度以后，很快被推行至岭南腹心地区广州一带。《新唐书》云：

> 贞元初……德宗以给事中崔造敢言，为能立事，用为相……（造）以户部侍郎元琇判诸道盐铁、榷酒，侍郎吉中孚判度支诸道两税。增江淮之运，浙江东、西岁运米七十五万石，复以两税易米百万石，江西、湖南、鄂岳、福建、岭南米亦百二十万石。⑤

唐德宗贞元三年四月，"以东都、河南、江淮、岭南、山南东道两税等钱物，令

---

① 《旧唐书》卷 48《食货志上》，第 2088 页。
② 《旧唐书》卷 190 上《文苑上·刘胤之传》，第 4995 页。
③ 《唐六典》卷 3《尚书户部》，第 74、77 页。
④ 《新唐书》卷 201《刘延祐传》，第 5732—5733 页。
⑤ 《新唐书》卷 53《食货志三》，第 1369 页。

户部侍郎转运使张滂主之"。① 此后，史书多有关于岭南施两税法的记载。如唐宪宗元和四年制："江陵留后，宜兼充荆南、山南东道、鄂岳、江西、湖南、岭南等道两税使。"②

唐文宗大和七年，御史台官员奏："伏准大和三年十一月十八日赦文，天下除两税外，不得妄有科配，其擅加杂榷率，一切宜停，令御史台严加察访者。臣昨因岭南道擅置竹练场，税法至重，害人颇深。伏请起今已后，应诸道自大和三年准赦文所停两税处科配杂榷率等复却置者，仰敕至后十日内，具却置事由闻奏，仍申台司。每有出使郎官御史，便令严加察访。苟有此色，本判官重加惩责，长吏奏听进止。"③ 对于岭南地方官员违背朝廷旨令，未能严格执行国家统一的两税之法行为，御史台请求依据大和三年赦文，重加惩责。此议为文宗采纳，要求岭南必须遵循赦文，不能于两税之外妄加科配。

作为与岭南同一地理区域的安南都护府，唐朝在确立两税法后，虽不强求这一边远地区在短期内即与中原一致，"诸边远州有夷獠杂类之所应输课役者，随事斟量，不必同之华夏"。④ 但随着唐廷统治不断深入，以及长期以来安南地区与内地紧密联系，特别是对于生活在这里的大量从中原迁移而来的民户而言，安南都护府自然不可能游离于两税法推行的区域以外，所以柳宗元称赞元和年间都护张舟治理下的安南，"人知准绳。鳏嫠以安，征赋用登"。⑤ 开成元年四月，唐文宗《放免安南秋税诏》说："远人征赋，每岁征输，言念辛苦，暂为蠲免。其安南今年秋税，悉宜放免。委都护田早集百姓晓示。"⑥ 即为减轻安南边民赋税负担，免除当年安南民户的秋税，并要求安南都护通知告示全境百姓。前引唐懿宗咸通四年颁布的《救恤安南流人制》也提到，对于因受南诏侵扰影响而流离失

---

① 《唐会要》卷84《两税使》，第1549页。《文献通考》卷61《职官考十五·两税使》则载："建中八年，以东都、河南、江淮、岭南、山南东道两税等钱物，令户部侍郎转运使张滂主之。"（杭州：浙江古籍出版社，1988年，第556页）唐德宗建中年号只有四年，建中八年或当作贞元三年。

② 《文献通考》卷61《职官考十五·两税使》，第556页。

③ 《旧唐书》卷49《食货志下》，第2128—2129页。

④ 《通典》卷6《食货六·赋税下》，第37页。

⑤ 柳宗元：《为安南杨侍御祭张都护文》，《全唐文》卷593，第6000页。

⑥ 《唐大诏令集补编》卷28《邦计·放免》，第1331页。

所的安南中原移民，免除每户两年夏秋两税及人丁税。

唐代羁縻府州，其贡赋版籍，多不上户部，而"夷獠杂类之所应输课役者，随事斟量，不必同之华夏"，因此上述史料所言唐于安南免除两税之事，是就安南都护府辖下经制州（即正州）自中原移民至此的民户而言的。赋税制度的全面实施，反映出唐代安南地区社会经济发展水平已达到一定高度，因为经济发展是实行赋税征收的基础。赋税制度在安南都护府的普遍确立，显示出中央政府通过赋税征收等政府管理手段，以落籍安南的中原移民为载体，将安南地区逐渐纳入唐王朝一体化发展的国家经济体系之中。

（二）中原移民的文化传播加速唐代安南地方社会文化习俗的变迁

文化习俗变革是一个漫长过程。尽管经秦汉以来历代中央王朝在交州积极经营和教化，到隋唐时期，中原文化因素在安南文化中已占据相当位置，但岭南地域性特征仍较强。唐代著名诗人沈佺期流放驩州时，作诗《岭表逢寒食》（原注：驩州不作寒食）云："岭外无寒食，春来不见饧。洛阳新甲子，何日是清明。花柳争朝发，轩车满路迎。帝乡遥可念，肠断报亲情。"[1] 他以自己在流放地没有感受到寒食节的文化习俗，抒发对家乡思念和政治失意悲伤之情，反映了安南风俗与中原尚有较大不同。如唐初广州都督萧龄之《请革岭南风俗表》：

> 岭南州县，多用土人任官，不顾宪章，唯求润屋。其婚姻资须，即税人子女，百姓怨苦，数为背叛。且都督刺史，多居庄宅，动经旬月，不至州府，所有辞讼，皆委之判官。省选之人，竟无几案。惟有敕诏施行，才经省览而已。又守领之辈，年别娶妻，不限多少，各营别第，肆情侵夺，专恣若是，实致彝伦。[2]

唐统一岭南后，立州置县，为进一步加强对安南地区的统治，以南方之地设岭南道，置五管，以俾政治、军事上的指挥管理。但仅加强行政管理，显然是不

---

① 《全唐诗》卷95《岭表逢寒食》，北京：中华书局，1960年，第1038页。
② 陈尚君辑校：《全唐文补编》卷6《萧龄之》，第73页。

够的，"高宗上元二年，以岭南五管、黔中都督府得即任土人，而官或非其才，乃遣郎官、御史为选补使，谓之'南选'"。① 文化水平的差异，妨碍了国家政令在安南地区的推行。

为移风易俗，加强中央对岭南的管理，天授二年（691）七月，武则天专门颁布《革岭南风俗敕》："岭南土人任都督、刺史者，所有辞讼别立案判官，省司补人，竟无几案。百姓市易，俗既用银，村洞之中，买卖无秤。乃将石大小，类银轻重。所有忿争，不经州县。结集朋党，假作刀排，以相攻击，名为打毬。并娶妇必先强缚，然后送财，若有身亡，其妻无子，即斥还本族，仍征娉财，或同族为婚，成后改姓。并委州县长官渐加劝导，令其变革。"② 唐王朝强调"革岭南风俗"，就是为了"冠带百蛮，车书万里"、"车书混一，文轨大同"，实现内地与边疆文化一体化发展，正所谓"定天下者，致风俗于大同；安生人者，齐法度于画一"。③ 可见，有唐一代始终为整合岭南文化、实现风俗划一而不断努力，强调通过兴化崇儒，来推动岭南地区文化向中原文化不断趋近。

一个区域的社会风俗变迁，并非一蹴而就的。它不仅仰仗于政府自上而下的主导作用，更有赖于地方基层社会的文化交融。正如周振鹤所言："在文化传播方面，个别官吏的教化只能是墨渍式的，只有移民的文化扩散作用才能是席卷式地起到改变风俗的作用。"④ 从这个角度来讲，唐朝中央政府之所以能够逐步在安南地区推行革其俗、变其礼的整齐风俗的改革措施，离不开中原移民长期以来在安南地区的浸润作用。"唐时仍沿袭秦汉以来各朝习惯，把岭南作为流徙获罪官吏的地方。唐代史料中记载坐事贬谪岭南的官吏甚多，其中不少人富于才学，对当地文化教育事业的发展，发挥了不同程度的作用。"⑤ 白居易《送客春游岭南二十韵》诗云："路足羁栖客，官多谪逐臣。"⑥ 许善胜亦言唐代安南"放臣逐

---

① 《新唐书》卷45《选举志下》，第1180页。
② 陈尚君辑校：《全唐文补编》卷18《则天皇后武曌》，第217页。
③ 《旧唐书》卷9《玄宗纪下》，第236页；卷22《礼仪志二》，第855—856页；卷18上《武宗纪》，第596页。
④ 周振鹤：《从"九州异俗"到"六合同风"》，《周振鹤自选集》，桂林：广西师范大学出版社，1999年，第148页。
⑤ 何成轩：《儒学南传史》，北京：北京大学出版社，2000年，第152页。
⑥ 《全唐诗》卷440《送客春游岭南二十韵》，第4898页。

客，多中朝名士"。① 即为唐代岭南以及安南文化生态的客观写照。

杜审言是唐代"近体诗"（律诗）的奠基人之一，进士及第，"雅善五言，尤工书翰"。② 神龙初流放峰州，留有诗作《旅寓安南》："交趾殊风候，寒迟暖复催。仲冬山果熟，正月野花开。积雨生昏雾，轻霜下震雷。故乡逾万里，客思倍从来。"③ 流放驩州的沈佺期，也是进士及第，"善属文，尤长七言之作，与宋之问齐名，时人称为沈宋"。④ 其诗文"回忌声病，约句准篇，著定格律，遂成近体，如锦绣成文，学者宗尚"。⑤ 虽然他谪居安南只有 2 年时间，但《全唐诗》录有他在安南所作《绍隆寺》《初达驩州》《岭表逢寒食》《驩州南亭夜望》《九真山净居寺谒无碍上人》《三日独坐驩州思忆旧游》《从驩州廨宅移住山间水亭赠苏使君》《赦到不得归题江上石》《答魑魅代书寄家人》《度安海入龙编》《从崇山向越常》等 10 余首脍炙人口的诗篇，⑥ 为唐代在安南作诗最多的中原诗人，极大提高了唐代安南地区的人文意蕴。

又如王福畤，因受其子王勃牵连，被贬交趾令。在交趾令任上，他"大开文教，士民德之，至今祀之，号王夫子祠"。⑦ 元和年间流放和卒于驩州的崔简，柳宗元称赞其"文雅清秀重于当世"。⑧ 裴夷直，进士及第，"工诗，有盛名"。⑨ 其出发前作《发交州日留题解炼师房》云："久喜房廊接，今成道路赊。明朝回首处，此地是天涯。"⑩ 书写了贬流安南的内地官员谪徙安南的特殊文化意象。当然，除了贬流安南的官员本身，随其流放的家属同样是影响安南社会发展的一个重要群体，因为举家或举族迁徙至安南的流人，不但人数众多，而且很多落籍定居，在一定程度上改变了当地的人口结构。所以，"他们对当地社会的影响与

---

① 黎崱：《安南志略》，"许善胜序"，第 4 页。
② 《大唐新语》卷 5《忠烈第九》，北京：中华书局，1984 年，第 79 页。
③ 《全唐诗》卷 62《旅寓安南》，第 734 页。
④ 《旧唐书》卷 190 中《文苑中·沈佺期传》，第 5017 页。
⑤ 《唐才子传》卷 1《沈佺期》，北京：中华书局，1991 年，第 7 页。
⑥ 《全唐诗》卷 95—97，第 1020—1055 页。
⑦ 徐延旭：《越南辑略》卷 2《名宦》，光绪三年（1877）梧州郡署刊本，第 50—51 页。
⑧ 尹占华、韩文奇校注：《柳宗元集校注》卷 13《朗州员外司户薛君妻崔氏墓志》，北京：中华书局，2013 年，第 873—880 页。
⑨ 《唐才子传》卷 6《裴夷直》，第 81 页。
⑩ 《全唐诗》卷 513《发交州日留题解炼师房》，第 5859 页。

改造，才是最为持久、最为有效的"。①

中原移民的南迁，无疑离不开中原与岭南以及岭南东、西之间交通道路通达这一重要基础。廖幼华指出："唐朝承继南朝设置'左郡'的精神，在土著民族集中的邕州广置'羁縻州'，随着汉人行政力量的逐步深入，土汉民族交往更为密切，穿过邕交间广大羁縻州县的交通路线逐渐形成。"继而详细考证了从邕州出发，循邕江支流河谷经邕州所属羁縻州而进入交州—安南的唐代明江道、水口道、平而道三条邕、交二州之间的主要通道，"这些道路虽为军事需要而出现，但在战争结束后，不论是政令的推行、物资的流通、文化传播或民族往来等，都需藉由道路进行，在经济及文化上的功能，也不比军事或政治逊色"。② 而唐朝在交广沿线所推行的"馆帖"安顿保障制度，客观上进一步促进了中原人口的南迁和交广之间的人口流动，《太平广记》对此有记载云：

　　交广间游客，各求馆帖，所至迎接甚厚，赆路每处十千。广帅卢钧深知其弊，凡求馆帖者，皆云，累路馆驿，供菜饭而已。有客赍帖到驿，驿依帖供讫，客不发，驿吏曰：恐后更有使客，前驿又远，此非宿处。客曰：食帖如何处分？吏曰：供菜饭而已。客曰：菜饭供了，还我而已来。驿吏相顾，莫知所为。客又

---

① 姜立刚：《唐代流贬官员分布研究》，第 212 页。

② 廖幼华：《唐宋时期邕州入交三道》，《深入南荒——唐宋时期岭南西部史地论集》，第 158、170—180、186 页。如文中说到的唐懿宗咸通十一年被贬骧州司户参军事的刘瞻，他在唐僖宗乾符元年被召回而北上时，即途经桂州。时人李知元所作《古塔记》云："乾符甲午夏，刘相公瞻从骧州召还，过湘源，以佛与同郡，诣院供香。见紫云回翔其上，蠲缣一笥，助修浮图。"（徐泌修，谢允复撰，蒋朝君、张云江校释：《〈湘山志〉校释》卷 4《艺文》，北京：中华书局，2019 年，第 223 页）这里记录的是刘瞻回程路过今桂林全州湘山寺时敬香礼佛、捐建佛塔之事。全州湘山寺处于内地与安南的交通要道上，由此或可推测，刘瞻从骧州起程回京，由陆路至交州即沿"明江道"继续北上，经西平州、禄州（今越南谅山省境内）、思陵州、思明州、瀼州、上思州至邕州，而后由邕江、西江、漓江水路至桂州（今桂林）。自此"再沿秦汉以来岭南与中原联系的交通干线——桂州路北上长安"，过今广西全州入湖南，经永州（今湖南零陵）、衡州（今湖南衡阳）、潭州（今湖南长沙）、岳州（今湖南岳阳）、江陵、襄州（今湖北襄樊）、邓州（今河南邓县）、汝州（今河南临汝）、洛阳而至长安；或不经洛阳，由邓州转道商州（陕西商县），直达都城长安，参见陆韧：《唐代安南与内地的交通》，《思想战线》1992 年第 5 期。而这条线路，亦当是中原移民自北向南进入安南的主要交通线路之一。

迫促，无计。吏问日：不知而已？日大于驴，小于骡，若无可供，但还我价直。驿吏问：每一而已，其价几何？客日：三五千。驿吏逐（遂）敛送耳。①

由于交广之间人员流动频繁，沿途馆驿迎来送往的接待费用，成为当地政府不小的财政负担。所以唐文宗开成元年出任岭南节度使的卢钧，试图减省此项开支，整顿"馆帖"之风。此外，岭南西部的海上交通也是中原移民进入安南的重要通道。三国以后，随着航海技术的提高和越洋航路的开辟，传统经广州、合浦、交州而至南海诸国的航道被改变，发自江浙、福建、广州的船只可以绕过海南岛深海航行直达南海周边地区。所以岭南西部沿海廉、钦、交三州之间的沿海交通，由过去繁忙的国际性通道，转变为五岭南北人口往来和物资交流的区域性交通孔道。唐代有不少中原移民正是通过漓江—潭江（北流江、南流江）水路到达廉州合浦，再由此沿廉、钦、交三州海上交通线进入安南。②

　　一批批中原移民因为军事征战、罪人流放、贸易经商、避乱流寓、佛教交往③等途径，大量进入安南。随着中原移民南迁和地方政府推动，安南固有的地域文化在与中原华夏文化的交融中逐渐发生蜕变。中原伦理规范、礼义道德等文化因素被当地"华夷"交融的本土居民接受和采用，如史书言"金节妇者，安南贼帅陶齐亮之母也。常以忠义诲齐亮，顽不受，遂绝之。自田而食，纺而衣，州里矜法焉。大历初，诏赐两丁侍养，本道使四时存问终身"。④

　　中原移民的大量进入，进一步带动和提升了汉字在当地信息沟通、儒学教育、科举应试的使用频率，汉字在安南得到进一步运用和推广，诗文之风在安南大规模传播。唐诗一直是越南最流行的汉文诗，其创作传统在当地得到了充分发

① 《太平广记》卷 251《诙谐七·交广客》，北京：中华书局，1961 年，第 1949 页。
② 廖幼华：《唐宋时期廉钦交三州沿海交通与砦镇》，《深入南荒——唐宋时期岭南西部史地论集》，第 131—155 页。如唐宪宗元和七年病故于骧州的崔简，其灵柩归葬便是从骧州由海路出发，然后当即沿此路线北上至永州，并权厝在此，3 年后迁葬长安。参见柳宗元：《故永州刺史崔君流配骧州权厝志》，《全唐文》卷 589，第 5954 页。
③ 有学者指出：唐代交、广地区佛教兴盛，南北僧人交流互往频繁，其中便有不少北方僧人南下交州。参见何成轩：《儒学南传史》，第 156 页。
④ 《新唐书》卷 205《列女传》，第 5824 页。

扬，并一直延续到 19 世纪末。① 在中原文化广泛而深入的熏染之下，唐代安南渐入礼仪文明之境。所以后来越南流传有胡朝胡季犛与当时中国人的对话题诗《答北人问安南风俗》云：“欲问安南事，安南风俗淳。衣冠唐制度，礼乐汉君臣。”② 汉唐文物礼乐制度，在南疆交州—安南地区的全面覆盖，也成为古代越南自主建国后自然延续的文脉基因。所以有学者甚至指出：“越南在世界上特殊的地位，即在于他所呈现出的独特汉化现象。”③

唐代安南在积极吸收中原文化的同时，也有已由祖籍移民落贯为安南本土人的知识精英主动北上学习交流。如张籍有诗《送南客》曰：“行路雨修修，青山尽海头。天涯人去远，岭北水空流。夜市连铜柱，巢居属象州。来时旧相识，谁向日南游。”贾岛《送黄知新归安南》一诗云：“池亭沉饮遍，非独曲江花。地远路穿海，春归冬到家。火山难下雪，瘴土不生茶。知决移来计，相逢期尚赊。”④ 二诗所言对象是安南赴内地交流的本土学人。安南与内地两地民间自发性互动，进一步加强了南北文化交流，中原文化也因此在安南地区扎下更深厚的根基。

所以，随着唐王朝经略的深入和中原移民的开拓，中原文化在安南地区广泛传播，并逐渐取得主导地位，唐代安南不再是过去文人史家所描述的炎徼蛮夷之地，“斯时（唐代）岭南八闽文风寂寞，而安南人文蔚起，仿佛海滨邹鲁，猗欤盛哉！”⑤ 越南学者陈重金曾说：“凡风俗和政治大抵都是由学术和宗教演化而

---

① 刘春银等主编：《越南汉喃文献目录提要》之王小盾“序”，台北：台湾“中研院”中国文哲研究所，2002 年。

② 黎贵惇编：《越音诗集》卷 1，越南汉喃研究院藏本（刻本），A.1925. 学术界对于该诗的作者有不同看法。有学者通过对明朝赴安南使臣吴伯宗文集《荣进集》收录的一首题为《上问安南事》的诗文，与黎贵惇编撰《越音诗集》收录的署名胡季犛所作诗文《答北人问安南风俗》的比较，推测认为此二诗可能是出自胡季犛或吴伯宗其中一人之手的同一首诗。当然，作者也只是提出假设而已，并没有断论。参见李娜：《考究与中国赴越南使臣有关的三首诗作者》，《东南亚纵横》2014 年第 5 期，第 77—78 页。也有学者指出，此诗在明《列朝集》中题为日本使臣所作，其创作作者存在疑问。参见孙士觉：《古越汉诗史述及文本辑考》，博士学位论文，华中师范大学文学院，2006 年，第 225—226 页。

③ 耿惠玲：《金石地理所反映的越南汉化势力》，《越南史论——金石资料之历史文化比较研究》，台北：新文丰出版公司，2004 年，第 331 页。

④ 《全唐诗》卷 384《送南客》，第 4309 页；卷 573《送黄知新归安南》，第 6665 页。

⑤ 张秀民：《唐代安南文学史资料辑佚》，《中越关系史论文集》，台北：文史哲出版社，1992 年，第 43 页。

出。而我们的人已尊奉了中国的学术和宗教，则我们的一切也都完全效法中国。"① 即如唐代安南的汉文文学，在中原南迁学者名流的传播推动下，在安南士人北上求教的双向互动下，以及在璀璨纷呈唐诗的熏染下，呈现出欣欣向荣发展态势，为古代越南汉文文学的发展奠定了重要基础。②

正是在中原文化的滋润和孵化下，安南地区出现了更多的饱学之士和理政之材。天宝十三载七月唐玄宗敕云："如闻岭南州县，近来颇习文儒。自今已后，其岭南五府管内白身，有词藻可称者，每至选补时，任令应诸色乡贡，仍委选补使准其考试，有堪及第者，具状闻奏。如有情愿赴京者，亦听。其前资官并常选人等，有词理兼通，才堪理务者，亦任北选，及授北官。"③ 唐代安南士子被朝廷授命北上中原为官者不乏其人，其中较有名者如姜公辅、姜公复、廖有方，被称为唐代安南三杰。

爱州人姜公辅，德宗朝登进士第，官至宰相，一代名臣。④《安南志原》曰，"唐置安南都护，属岭南。安南之名始此。开元大兴文教，而九真姜公辅遂用经学起家，入翰林为名宰相，交人于是益向于学矣"。⑤ 其弟姜公复，亦举进士，官比部郎中，名重一时。交州人廖有方，元和十一年进士及第，官至太子正字、太常寺协律郎等职，工诗，其诗风颇为柳宗元欣赏，"交州多南金、珠玑、玳瑁、象犀，其产皆奇怪，至草木亦殊异。吾尝怪阳德之炳燿，独发于纷葩瑰丽，而罕钟乎人！今廖生刚健重厚，孝悌信让，以质乎中而文乎外，为唐诗，有大雅之道。夫固钟于阳德者耶？是世之所罕也。今之世，恒人其于纷葩瑰丽，则凡知贵之矣。其亦有贵廖生者耶？果能是，则吾不谓之恒人，实亦世之所罕也"。⑥ 柳宗元对廖有方的为人、为文均高度肯定，赞赏其诗文"有大雅之道"。2006年西安碑林博物馆在西安东郊征集到的廖有方墓志，亦称赞其"孝而父母，悌而兄

① 陈重金：《越南通史》，戴可来译，北京：商务印书馆，1992年，第51、55页。

② 陈玉龙等：《汉文化论纲：兼述中朝中日中越文化交流》，北京：北京大学出版社，1993年，第386页。

③ 《唐会要》卷75《选部下·南选》，第1369—1370页。

④ 关于姜公辅，学术界已有较多研究，如张秀民《唐宰相安南人姜公辅考》（《中越关系史论文集》，第23—33页）、何成轩《儒学南传史》、王承文《唐代安南籍宰相姜公辅和文士廖有方论考》（《学术研究》2018年第2期）等，故不再赘述。

⑤ 法国远东学院订刊：《安南志原》卷1《总要》，河内：法国远东学院，1931年，第5页。

⑥ 尹占华、韩文奇校注：《柳宗元集校注》卷25《送诗人廖有方序》，第1653—1656页。

姊，立身扬名，事无□止"，① 映射出唐代安南人文风化和诗文创作的发展样态。王承文考证指出："姜公辅和廖有方其实均属于南迁安南的北方家族后裔，都是通过科举进士考试走上仕途的，而二人也因此成为古代安南开发和文化发展的象征。"②

（三）中原移民的交错杂居促使唐代安南的族群结构发生深刻变化

大批中原移民迁移落籍安南，不仅成为唐代安南地区开发的生力军，加强了内地与安南地区的经济文化交流，促进了安南地方社会的迅速发展，而且他们与当地原住族群交错杂居，劳作相伴、比宅为邻，尤其是"蕃獠与华人错居，相婚嫁"，③ 于是逐渐蜕变为当地居民，打破了这一区域原有族群长期形成的聚居分布格局，改变了安南当地尤其是沿海及河谷交通沿线平坝地区世居居民的人口结构模式。大量尚无妻室的"移乡人"，与当地本土居民通婚，亦较为常见。此由隋末唐初的一桩实例，便不难推知。《旧唐书》载：

> 李德武妻裴氏，字淑英，户部尚书、安邑公矩之女也。性婉顺有容德，事父母以孝闻。适德武，经一年而德武坐从父金才事徙岭表。矩时为黄门侍郎，奏请德武离婚，炀帝许之。德武将与裴别，谓曰："燕婉始尔，便事分离，方远投瘴疬，恐无还理。尊君奏留，必欲改嫁耳，于此即事长诀矣！"裴泣而对曰："妇人事夫，无再醮之礼。夫者，天也，何可背乎！守之以死，必无他志！"因操刀欲割耳自誓，保者禁之，乃止……后十余年间，与德武音信断绝。矩欲夺其志。时有柳直求婚，许之。期有定日，乃以剪刀断其发，悲泣绝粒。矩不可夺，乃止。德武已于岭表娶尔朱氏为妻，及遇赦得还，至襄州，闻裴守节，乃出其后妻，重与裴合。生三男四女。④

---

① 张安兴：《诗人、义士、交趾人廖有方——从一方新出土唐墓志说起》，西安碑林博物馆编：《碑林集刊》第 13 辑，西安：陕西人民美术出版社，2008 年，第 64 页。关于廖有方墓志的研究，还可参见胡可先：《新出土唐代诗人廖有方墓志考论》，《中山大学学报》2009 年第 5 期。

② 王承文：《唐代安南籍宰相姜公辅和文士廖有方论考》，《学术研究》2018 年第 2 期。

③ 《新唐书》卷 182《卢钧传》，第 5367 页。

④ 《旧唐书》卷 193《列女·李德武妻裴氏传》，第 5138—5139 页。标点有改动。

李德武家有妻室，流徙岭南 10 余年，因道途遥远、音讯隔绝，与当地居民婚配。那些被永久流放和迫于生计而迁徙定居在岭南或安南，且又并无家室的中原南迁移民，与本地土著通婚，是情理中事。中原移民迁徙著籍安南地区，往往沿唐代在安南海陆交通沿线设置的 12 正州，特别是交、峰、爱、驩、演等州定居谋业，与当地原有土著族群形成聚散交错的分布格局，彼此之间田宅相接、邻里相望，各族群之间的政治、经济、文化等诸方面联系日益密切。

中原移民在与当地土著族群逐渐融合的长时段历史发展过程中，对安南地方文化习俗的影响，从当时安南人命名方式也可见一斑。1986 年，越南河内南面的河西省（今并入河内市）青威县青梅社发现一口铸于唐德宗贞元十四年的铜钟，因其发现地而名"青梅社钟"。①《青梅社钟铭》的整理者根据铭文中所记录的施者名单指出："铭文约有 134 个女性人名，其中越南人常用的女性人名结构为姓 + 氏 + 名的有 100 位，为姓 + 娘 + 名结构的有 23 位，为姓 + 名 + 娘结构的有 5 位。"以上命名方式，具体如李氏平、高氏寿、杜氏英、潘氏泽、杜娘难、郭娘鲁、杜娘连、苏三娘、郭越娘等之类，在中原地区自唐朝至 20 世纪一直使用，甚至直到现在东南亚华侨中仍在使用。②

唐代安南当地女性的姓名结构，不仅客观反映了中原文化对当地的深刻影响，更生动诠释了中原移民与安南土著居民在相互交融的在地化过程中，对安南地方文化的重新建构。《安南志原》有云："交、爱州人倜傥好谋，驩、演州人纯秀好学，余皆愚朴。平居不冠，立叉守，坐盘足。见尊贵跪以参拜为礼也。"③交、爱、驩、演各州人文风化之美，与汉唐以来大量中原知识精英和自发性移民流放迁徙到此有着重要联系，为安南都护府统一于唐王朝奠定社会基础，创造了内外一体的文化条件。

---

① 依据陶维英的考证，越南河西省清威县属于唐安南都护府治所交州辖下太平县的管辖范围。参见陶维英：《越南历代疆域》，第 125 页。

② 潘文阁等编：《越南汉喃铭文汇编》第 1 集《北属时期至李朝》，河内：越南汉喃研究院、法国远东学院，1998 年，第 16—17 页。

③ 法国远东学院订刊：《安南志原》卷 2《风俗》，第 101 页。

结　　论

综上，唐代安南，虽然仍是官员贬谪、罪人流放的所谓传统边恶地区，但随着州县地方统治秩序在安南的逐步深入，特别是安南都护府建立以后，唐王朝对这一地区的管控和治理日趋稳固并不断推进。于是，一方面因中央政府为加强在安南的统治而通过行政手段，组织推动中原军民向南流动；另一方面，由于南北统一而自然加强的中原内地与安南地区的往来联系，促使大规模的中原移民自发向南迁徙，唐代安南成为中原人口自发南迁选择移居的重要目的地之一。大量中原人口因为政治流放、赴边镇遏、屯田垦戍、逃避赋役、避乱流寓、经商贩运、仕宦任职等途径陆续进入安南地区，并有很大一部分在此落籍定居。中原移民的大量进入和定居落籍安南，不仅壮大了当地的人口规模，增加了安南地区的开发力量，而且推动了中原儒家文化在安南地区的广泛传播，由此推进了安南地方文化在与中原儒家文化的交流融合中互动共生，获得迅速发展，唐代安南地区与中原的整体性发展趋势因此不断增强。

与此同时，著籍安南的中原移民在生存适应和文化调适过程中，与安南土著居民之间的交流交往日益密切，在彼此紧密的政治、经济、文化交流和社会交往中逐渐相互交融，实现由中原移民到安南本地居民的身份转变，形成唐代安南地方社会新的地方共同体，在社会文化层面创造了内外一体的新格局，促进了唐王朝对安南都护府的进一步统辖治理。在推动安南地方发展的同时，也在客观上促进了唐代安南地区政治经济体系与社会文化逐渐被整合进王朝国家的统治秩序之中，推动了唐代安南与中原治理的一体化进程。

〔作者陈国保，广西师范大学越南研究院教授。桂林　541004〕

（责任编辑：管俊玮）

中俄东三省交收谈判中的日本因素

吉　辰

摘　要：庚子事变期间，俄国出兵东三省并提出苛刻的交收条件，企图独占利益。这引起其他列强的不满，但多数国家无意进行实质性干预，只有日本基于自身在东北亚利益反应较为强烈。日本一方面对清政府全权大臣、驻日公使施加压力，另一方面对两江总督刘坤一、湖广总督张之洞等人开展游说，导致东三省交收谈判中存在不容忽视的"日本因素"。日方后一方面的工作反响较大，刘坤一、张之洞联络袁世凯、盛宣怀等人试图抵制俄约。其中，张之洞最为积极，提出以开门通商为核心的"救急三策"，试图保全东三省。清政府最终拒签严苛的交收条款，不仅与刘、张等人的活动有关，第一次英日同盟也起到了一定作用。刘、张在客观上被日方所利用，成为其利益代言人。

关键词：晚清外交　东三省交收谈判　庚子事变　刘坤一　张之洞

庚子事变期间，俄国在参加八国联军进攻直隶的同时，也趁机单独出兵东三省。① 从 1900 年 7 月中旬至 10 月初，俄军迅速占领东三省全境。这是中国近代史上东三省第一次沦陷于外来侵略者之手，对此后的东北亚国际关系影响甚巨。而在议和开始之后，俄国始终不将东三省交收问题归入清政府与列强的共同谈判中处理，要求单独谈判解决，以便攫取利权。于是，在此后的中外议和中，东三省交收谈判作为中俄双边谈判，独立于庚子善后谈判之外，成为清政府当时面临的两大外交难题之一。

　　关于东三省交收谈判，中外学界已有较多研究。中文学界的奠基性研究当推王芸生所辑《六十年来中国与日本》，书中辟有《东三省交涉》一章论述东三省

---

①　当时东北尚未设省，但清朝的各种公私文书与诸多相关研究都频频使用"东三省"一词，本文亦沿袭这一用语习惯。本文所谓"东三省"指盛京、吉林、黑龙江三将军辖区。

交收谈判的来龙去脉，主要征引当时出版未久的《清光绪朝中日交涉史料》与清朝官僚李盛铎赠予的驻俄使馆档案。① 杨绍震稍后亦有专文讨论这一问题，综合运用了中英史料。② 黄俊彦的论文在西文史料方面有所突破，大量运用英国外交部未刊档案。③ 中国社会科学院近代史研究所编《沙俄侵华史》与崔丕《近代东北亚国际关系史研究》均有相当篇幅论述东三省交收谈判，是少数同时利用中、英、俄、日文史料的研究。④ 李国祁在研究张之洞对外政策时，将张氏对东三省开门通商的倡议作为个案之一。⑤ 近年来，张丽探讨了清政府驻俄公使杨儒与俄国财政大臣维特（Сергей Юльевич Витте）在谈判中的作为；鲍庆干梳理了清政府方面的决策过程；王刚与戴海斌在研究《辛丑条约》谈判期间的清政府决策层时亦曾论及东三省交收谈判。⑥

在国际学界，苏联学者罗曼诺夫（Борис Романов）的《俄国在满洲（1892—1906年）：专制政体在帝国主义时代的对外政策史纲》有专章论述俄国对东三省的占领与相关交涉，史料以俄方外交档案为主。⑦ 此后，美籍俄裔学者马洛泽莫夫（Andrew Malozemoff）所著《俄国的远东政策 1881—1904年》亦有类似主题的章节，并在利用其他西文外交档案方面有所突破。⑧ 英国学者尼什（Ian Nish）、

① 王芸生辑：《六十年来中国与日本》第4卷，天津：大公报社出版部，1932年，第49—165页。
② 杨绍震：《庚子年中俄在东三省之冲突及其结束》，《清华学报》第9卷第1期，1934年。
③ 黄俊彦：《拳乱后中俄交收东三省问题》，《台东师专学报》第6期，1978年。
④ 中国社会科学院近代史研究所编：《沙俄侵华史》，北京：中国社会科学出版社，2007年，第4卷上册，第184—200页；崔丕：《近代东北亚国际关系史研究》，长春：东北师范大学出版社，1992年，第193—212页。
⑤ 李国祁：《张之洞的外交政策》，台北：台湾"中研院"近代史研究所，1970年，第281—331页。
⑥ 张丽：《杨儒在交收东三省谈判中的态度转变及原因》，《西伯利亚研究》2004年第6期；张丽：《维特与中俄第一次交收东三省谈判》，《大连大学学报》2012年第5期；鲍庆干：《中俄东三省交收谈判（1900—1901）》，硕士学位论文，华东师范大学历史学系，2012年；王刚：《从枢臣、全权大臣、东南督抚的互动看〈辛丑条约〉的形成》，《历史教学》2017年第22期；戴海斌：《〈辛丑条约〉谈判前后的中方"全权"问题》，《历史研究》2018年第4期。
⑦ 鲍里斯·罗曼诺夫：《俄国在满洲（1892—1906年）：专制政体在帝国主义时代的对外政策史纲》，陶文钊等译，北京：商务印书馆，1980年，第209—302页。
⑧ 安德鲁·马洛泽莫夫：《俄国的远东政策 1881—1904年》，商务印书馆翻译组译，北京：商务印书馆，1977年，第165—192页。

杨国伦（Leonard Young）与奥特（Thomas Otte）探讨第一次英日同盟、英国对华政策与列强在华竞争的专著也都涉及俄占东三省问题。①

日本学界对于东三省交收谈判的研究，更加关注日本政府的决策及与之相关的日俄交涉（如"满韩交换"），更多地将东三省交收谈判视为日俄战争的远因，不甚看重谈判本身。② 相关研究中，对此着墨最多的是鹿岛守之助的多卷本《日本外交史》。该书以一章论述东三省交收谈判与相关国际交涉，③ 但其史料仅以已刊《日本外交文书》为主，视角不够全面。

通过以上先行研究，东三省交收谈判的面貌大体已被廓清。不过，这一问题仍有继续深入的空间。俄国企图独自攫取东三省利权，激起了几乎所有主要列强的不满，尤以在东北亚利益重大的日本为甚。为此，日本鼓动清政府拒绝单独与俄国签订关于交收东三省的条约。除了向清政府全权大臣与驻日公使施压外，日本还通过一条独特渠道发挥了不小的影响，即游说两江总督刘坤一、湖广总督张之洞等封疆大吏，而他们也对日本寄予很大希望。对于这些隐秘的活动，现有研究揭示不足。本文试图以中国历史研究院图书档案馆藏张之洞档案为主要材料，并尽力发掘其他中外史料，兼顾中日视角，厘清日方与刘坤一、张之洞等人的互动，分析这一互动对东三省交收谈判的影响；进而以此为个案，探讨当时清朝外交体制与日本对华战略的若干特质。

一、东三省交收问题的浮现与日本政府的对策

占领东三省之后，俄国开始考虑如何善后。其基本思想体现在 1900 年 9 月

① Ian H. Nish, *The Anglo-Japanese Alliance: The Diplomacy of Two Island Empires, 1894 – 1907*, Westport: Greenwood Press, 1976, pp. 111 – 123; 杨国伦：《英国对华政策（1895—1902）》，刘存宽、张俊义译，北京：中国社会科学出版社，1991 年，第 282—310 页；T. G. Otte, *The China Question: Great Power Rivalry and British Isolation, 1894 – 1905*, Oxford: Oxford University Press, 2007, pp. 232 –268.

② 如角田顺：『満州問題と国防方針—明治後期における国防環境の変動』、東京：原書房、1967 年、第 22—30、48—73、126—143 頁；信夫清三郎・中山治一編：『日露戦争史の研究』、東京：河出書房新社、1972 年、第 100—112 頁；大江志乃夫：『世界史としての日露戦争』、東京：立風書房、2001 年、第 237—251 頁；千葉功：『旧外交の形成——日本外交一九〇〇－一九一九』、東京：勁草書房、2008 年、第 83—87 頁。

③ 鹿島守之助：『日本外交史』第 5 巻、東京：鹿島研究所出版会、1970 年、第 308—364 頁。

下旬外交大臣拉姆斯独夫（Владимир Николаевич Ламсдорф）致驻华公使格尔思（Михаил Николаевич Гирс）的电报中："在和中国政府即将举行的谈判中应注意，我们要把两个完全不同的问题区分：一个是有关各国一起的一般问题；另一个是个别问题，即将来调整俄国和中国间关系的问题，在这个问题上我们不容许其他国家任何干涉。"① 也就是说，俄国企图将庚子事变与出兵东三省分开处理，在后一事上排除他国干涉，尽力攫取利益。

为解决东三省善后问题，俄方策划的第一个方案是《奉天交地暂且章程》（以下简称《暂且章程》，当时亦被称为《旅顺条约》）。盛京失陷后，逃到新民厅的盛京将军增祺派已革候补道周冕等人前往盛京，谈判商民、铁路与陵寝宫殿等事。周冕一行被俄军送到旅顺口，会见"关东总督"阿列克谢耶夫（Евгений Иванович Алексеев）。对方令外交专员廓索维慈（Иван Яковлевич Коростовец）拟出《暂且章程》九条，强迫周冕于 11 月 9 日签字、增祺于 11 月 30 日签字。这一章程规定在盛京设置一员俄国"总管"，总揽奉天军政大权，盛京将军将成为其操控下的傀儡；奉天清军全部遣散，只允许保留"巡捕"。

第二个方案是《俄国政府监理满洲原则》十五条（以下简称《监理满洲原则》），由陆军大臣库罗巴特金（Алексей Николаевич Куропаткин）拟定，11 月 13 日在外交、陆军、财政三大臣会议上通过，12 月 17 日经沙皇批准。这一文件的主旨，就是将前述《暂且章程》的办法扩展到东三省，某些内容更甚于前者。

第三个方案是 12 月 26 日沙皇批准的一份"谈判提纲"。该提纲除延续《监理满洲原则》宗旨外，还力图排除他国在长城以北（即俄国眼中的本国在华势力范围）的势力。②

接下来，应俄国要求，清政府授予驻俄公使杨儒全权在圣彼得堡与俄方谈判接收东三省事宜。谈判过程中，由于李鸿章将《暂且章程》透露给第三国，1901 年 1 月 3 日《泰晤士报》又将其要点刊出，激起国际舆论的反弹，俄方不得不作

---

① 《致驻北京公使密电草稿》，《红档杂志有关中国交涉史料选译》，张蓉初译，北京：三联书店，1957 年，第 246—247 页。

② 鲍里斯·罗曼诺夫：《俄国在满洲（1892—1906 年）：专制政体在帝国主义时代的对外政策史纲》，第 231—244 页；安德鲁·马洛泽莫夫：《俄国的远东政策 1881—1904 年》，第 165—173 页；中国社会科学院近代史研究所编：《沙俄侵华史》，第 4 卷上册，第 186—190 页。

罢。然而，杨儒接下来面对的要求仍然十分苛刻。2 月 16 日，拉姆斯独夫向杨儒提出条约草案十二条，主要内容与《监理满洲原则》和"谈判提纲"基本一致。经过杨儒的驳辩与反提议，俄方又于 3 月 12 日提出稍作让步的修正案。① 拉姆斯独夫强硬宣称："此系末次奉国主谕删改，不能再有更动，须于十二日内画押。如贵国不允，即系开罪于本国主，以后再不提此事。"② 经杨儒交涉，签字期限改为 14 日内，即以 3 月 26 日为截止日期。③

俄方修正案的要点包括以下几条：俄国有权在东三省留驻军队，直至"地方平靖"及清政府履行条约为止；东三省俄军可参与"弹压及平靖地方事务"；清政府在东三省只允许保留"巡捕兵"，不得拥有火炮，且兵数、驻地应与俄方商定；暂时禁止清政府将军火运入东三省；俄国有权要求撤换东三省地方官员；未经俄国允许，清政府不得在东三省给予他国工商利益；清政府赔偿俄国在庚子事变中的损失，其中关于中东铁路的赔款可以其他利益抵充；清政府允许东省铁路公司修筑一条铁路，连接中东铁路（或其支线）与山海关一带，按《东省铁路公司合同》之例办理。④ 显而易见，这一修正案仍然严重损害中国主权。面对这样的条件，清政府既不愿接受，又不敢拒绝，左右为难。

俄国欲独占东三省引起其他列强不满，尤以日本的反应最为强烈。甲午战后，日本对俄政策的一项重要策略是谋求"满韩交换"，即承认中国东北为俄国势力范围，换取俄国承认朝鲜为日本势力范围。毕竟，在日本看来，朝鲜更贴近自己的"利益线"。俄国出兵中国东北，打破了日俄两国在东北亚的势力均衡，一方面让日方深感威胁，另一方面也被若干日本外交官视为实现"满韩交换"的

---

① 中国社会科学院近代史研究所编：《沙俄侵华史》，第 4 卷上册，第 190—197 页。
② 中国社会科学院近代史研究所《近代史资料》编辑组编：《杨儒庚辛存稿》，北京：中国社会科学出版社，1980 年，第 51 页。
③ 根据中方当日谈判笔录，拉姆斯独夫先提出"须于十二天内画押"，随后同意"再加三天，以十五天为度"。但次日杨儒致奕劻、李鸿章电称"限十四天画押"。证以 3 月 24 日谈判记录，俄方声称"后日期满"，则以后一种说法为是。参见中国社会科学院近代史研究所《近代史资料》编辑组编：《杨儒庚辛存稿》，第 51—53、83 页。另外，俄方学者论著也称"在两周的期限内签订协定"，参见鲍里斯·罗曼诺夫：《俄国在满洲（1892—1906 年）：专制政体在帝国主义时代的对外政策史纲》，第 261 页。
④ 修正案全文参见中国社会科学院近代史研究所《近代史资料》编辑组编：《杨儒庚辛存稿》，第 58—60 页。

良机。早在俄国出兵之初的 1900 年 7 月，日本驻俄公使小村寿太郎、驻朝公使林权助、驻朝公使馆一等书记官山座圆次郎就分别通过不同渠道，向外务省或政府高层提出这一建议，而外务大臣青木周藏也指示就此开展对俄交涉。①

不过，当时日本的主要政治家尚未普遍接受"满韩交换"。当年 7 月中旬，俄国驻日公使伊兹沃尔斯基（Алекса́ндр Петро́вич Изво́льский）与驻朝公使巴布罗夫（Александр Иванович Павлов）分别拜访伊藤博文与林权助，提出一旦义和团运动从东北蔓延至朝鲜，便将朝鲜划为两部分，由俄国与日本各自出兵"维持秩序"。这一提议延续了《山县—罗拔诺夫协定》秘密条款的内容。② 对此，尽管青木周藏强烈反对，但伊藤博文与总理大臣山县有朋、前大藏大臣井上馨三名元老皆倾向于赞同。至于军方，陆军参谋总长大山岩表示军人不应置喙军事之外的事务；海军省总务长官斋藤实向海军大臣山本权兵卫提议，将朝鲜分割为三块，分别由朝鲜政府与日俄两国管辖。③ 也就是说，日方此时更倾向于与俄国瓜分朝鲜而非"满韩交换"。事实上，俄国当时也不会接受"满韩交换"，将朝鲜让给日本。接到伊兹沃尔斯基报告日方做出这一提议时，俄国政府的意见是"朝鲜必须置于布哈拉（中亚的布哈拉国于 1868 年沦为俄国保护国——引者注）所处的那个地位"。④

最能反映这一时期日本政府外交政策的，是山县有朋于 1900 年 8 月 20 日提出的《北清事变善后策》意见书。山县有朋表示，"谚云：追两兔者，一兔不得。方今各国逐鹿支那，先追南方一兔，捕获之后，再追北方一兔，犹未为晚也"，主张"北守南进"，先在中国南方扩张势力，暂缓通过"满韩交换"控制朝鲜。⑤ 如信夫清三郎所论，尽管没有迹象表示该意见书曾被内阁讨论通过，但是"无论从山县居于日本最高决策者的地位来看，还是他同外交大臣（青木）和军部的关

---

① 千葉功：『旧外交の形成——日本外交一九〇〇－一九一九』、第 72—74 頁。

② 《山县—罗拔诺夫协定》有两项秘密条款，其中第一条规定，一旦朝鲜发生变乱，日俄两国协商一致后，可以分别划定区域出兵。

③ 千葉功：『旧外交の形成——日本外交一九〇〇－一九一九』、第 74—76 頁；小林道彦：『日本の大陸政策 1895—1914—桂太郎と後藤新平』、東京：南窓社、1996 年、第 36 頁。

④ В. 阿瓦林：《帝国主义在满洲》，北京对外贸易学院俄语教研室译，北京：商务印书馆，1980 年，第 75 页。

⑤ 「明治三十三年八月二十日　山縣侯ノ意見書」、外務省編纂：『日本外交文書』明治期第 33 卷別冊二、東京：日本国際連合協会、1957 年、第 947—953 頁。

系来看，都不能设想他的意见会因遭到无法抗衡的反对而被否决"。①

　　日本的"北守南进"政策很快得以实施，即借厦门事件之机派兵登陆厦门。② 但列强对厦门事件的强烈反应表明，日本实行"南进"并不容易。既然无法在南方分一杯羹，日本势必严防俄国在北方的扩张。事实上，俄国也很担心日本根据势力均衡原则对朝鲜有所行动。1901 年 1 月 7 日，作为一项预防性措施，俄国向日本提议令朝鲜中立化。1 月 17 日，日方给出回复，声称在东三省恢复战前状态之前，日本不准备与俄国讨论朝鲜中立化问题。③ 若与前述日方对上年 7 月俄国提议的意见相比，不难发现其对俄态度转向强硬。

　　与此同时，日本也在策动其他列强尤其是英德两国干涉东三省问题。这不只是因为英德在列强中军力最强，还因为两国曾于 1900 年 10 月 16 日达成协定，宣称英德两国将坚持中国的"门户开放"与"领土完整"，若有其他列强谋取土地利益则将采取一致行动，并邀请其他列强加入协定。④ 10 月 29 日，日本完全承认这一协定。此外，奥匈、意大利亦表示完全承认，美、俄、法三国则是有保留地承认。⑤ 因此，日本欲利用这一协定阻止俄国独占东三省。

　　1901 年 1 月 26 日，日本外务大臣加藤高明指示驻英公使林董告知英国，日

---

① 信夫清三郎：《日本外交史》，天津社会科学院日本问题研究所译，北京：商务印书馆，1980 年，上册，第 313 页。

② 关于厦门事件，可参见梁华璜：《台湾总督府与厦门事件》，《成功大学历史学系历史学报》第 3 期，1976 年；斎藤聖二：「厦門事件再考」、『日本史研究』第 305 号、1988 年；斎藤聖二：『北清事変と日本軍』、東京：芙蓉書房、2006 年、第 235—268 頁；刘芳：《1900 年日军登陆厦门事件再研究——着重中国大陆、日本、台湾三方的互动》，张海鹏、李细珠主编：《台湾历史研究》第 2 辑，北京：社会科学文献出版社，2014 年，第 347—363 页。

③ 「一月七日　露国公使ヨリ加藤外務大臣宛」、「一月十七日　加藤外務大臣ヨリ露国駐劄珍田公使宛（電報）」、「一月十七日　露国公使加藤外務大臣会談筆記」、外務省編纂：『日本外交文書』明治期第 34 巻、東京：日本国際連合協会、1956 年、第 521、526—528 頁；鲍里斯·罗曼诺夫：《俄国在满洲（1892—1906 年）：专制政体在帝国主义时代的对外政策史纲》，第 252—253 页；千葉功：『旧外交の形成——日本外交一九〇〇—一九一九』、第 82—83 頁。

④ 《德国和英国关于中国的协议》，1900 年 10 月 16 日，世界知识出版社编：《国际条约集（1872—1916）》，北京：世界知识出版社，1986 年，第 208—209 页。

⑤ 鹿島守之助：『日本外交史』第 5 巻、第 294—298 頁。美国承认的是协定前两条（门户开放与领土完整），俄法两国仅承认第二条。

方认为东三省问题属于英德协定第三条范畴，[①] 并询问英国的意见。1月29日，林董拜访了英国外交大臣兰士敦侯爵（Henry Charles Keith Petty-Fitzmaurice, 5th Marquess of Lansdowne）。据称，对方对东三省问题避不表态，只是表示英国当下正忙于应付布尔战争，令他觉得"不得要领"。[②] 显然，英国的态度并不积极。不过，兰士敦也不打算完全袖手旁观。2月7日，他约见德国驻英大使馆一等秘书艾格特斯坦因（Hermann von Eckardstein），表示英日两国皆准备警告清政府不要批准《暂且章程》，希望德国共同行动。同日，英国外交部还向德国驻英大使哈慈菲尔德（Paul Graf von Hatzfeldt-Wildenburg）出示由日本驻俄公使珍田舍己打探到并通知英方的《暂且章程》大纲。2月11日，德国首相布洛夫（Bernhard Heinrich Karl Martin von Bülow）指示哈慈菲尔德答复兰士敦，德方愿意警告清政府，但声明"这个宣言对目前事态只能有一种简单表示意见的性质"，德国不会参加对俄军事行动，更明言英德协定不适用于东三省问题。[③]

经由上述协调之后，英、日、德三国陆续向清政府发出警告。2月13日，兰士敦警告驻英公使罗丰禄："英王陛下政府认为，像人们所传说的已经缔订有关满洲的任何此类协定，将成为对中国政府的一个危险的根源：在中国政府与任何一个国家之间不应缔订影响中华帝国领土的协议。"2月16日，英国驻华公使萨道义（Ernest Mason Satow）亦奉命向李鸿章作相同发言。[④] 2月13日，加藤高明向驻日公使李盛铎表示："清国政府于今日之情形，若与某国缔结条约，给予某

---

① 该条内容为："如果另一强国利用中国的混乱局面以任何形式来谋取领土利益，缔约国双方则应就保护其在华利益而采取的可能行动达成初步谅解。"

② 「一月二十六日　加藤外务大臣ヨリ英国驻劄林公使宛（電報）」、「一月三十一日　英国驻劄林公使ヨリ加藤外务大臣宛」、外务省编纂：『日本外交文书』明治期第34卷、第114—115、120—122頁。

③ 《驻伦敦大使哈慈菲尔德伯爵致外部电》124号（1901年2月7日），《德国外交文件有关中国交涉史料选译》第2卷，孙瑞芹译，北京：商务印书馆，1960年，第289—297页。

④ 《兰士敦侯爵致窦纳乐爵士电》（1901年2月13日发自外交部）、《萨道义爵士致兰士敦侯爵电》（1901年2月19日发自北京，同日收到），《英国蓝皮书有关义和团运动资料选译》，胡滨译，北京：中华书局，1980年，第417、437页；《寄彼得堡杨使》（光绪二十六年十二月二十八日申刻），顾廷龙、戴逸主编：《李鸿章全集》，合肥：安徽教育出版社，2008年，第27册，第579页。

国领土上之利益，或虽未给予名义上领土之利益，然实际结果相同，于清国颇为危险。故清国今日不应与某一国缔结如上之条约。"① 2 月 17 日，德国外交大臣李福芬（Oswald Freiherr von Richthofen）向驻德公使吕海寰表示："据帝国政府的意见，中国政府在未了悉对列强应承担的整个义务，及保证能履行这些义务以前，不应与任何国家或公司缔结有关领土或财政意义的个别条约。"德国驻华公使穆默（Alfons Mumm von Schwarzenstein）同样奉命在北京如此表态。②

另外，2 月 13 日加藤高明还指示驻美公使高平小五郎提议美国对华提出警告。③ 2 月 19 日，美国国务院向驻美公使伍廷芳递交一份备忘录，"谓去年美请各国保全中国疆土，均答允。今切劝中国勿与一国立密约让地，或借款别给利益，恐有大碍，蹈危机"。④ 李鸿章接到伍廷芳报告后回电表示，英、德、日、意、奥五国的表态皆与美国相同。⑤ 可见，除与俄国结盟的法国外，主要列强皆表示反对俄国独占东三省的行动。

英、日、德等国的对华警告，有些类似《马关条约》签订后的"三国干涉还辽"，同样是若干列强针对另一国占据东北土地的企图而实行的。⑥ 日本充当的角色，近乎"干涉还辽"时的德国，是发起者和组织者。不同的是，"三国干涉还辽"的主要交涉对象是侵略国，且以武力威胁，极为强硬。而此次警告仅针对清政府，各

---

① 「二月十三日　清国公使加藤外務大臣会談筆記」、外務省編纂：『日本外交文書』明治期第 34 卷、第 140 頁；《出使大臣李盛铎来电》（光绪二十六年十二月二十七日到），故宫博物院编：《清光绪朝中日交涉史料》卷 60，北平：故宫博物院文献馆，1932 年，第 15 页 a。

② 《外交大臣李福芬男爵致驻北京公使穆默电》（1901 年 2 月 17 日），《德国外交文件有关中国交涉史料选译》第 2 卷，第 299—300 页；《吕海寰致刘坤一电》（光绪二十六年十二月二十九日），陈旭麓等主编：《盛宣怀档案资料选辑·义和团运动》，上海：上海人民出版社，2001 年，第 534 页。

③ 「二月十三日　加藤外務大臣ヨリ米國駐劄高平公使宛（電報）」、外務省編纂：『日本外交文書』明治期第 34 卷、第 139 頁。

④ 《华盛顿伍使来电》（光绪二十七年正月初四日到），顾廷龙、戴逸主编：《李鸿章全集》，第 28 册，第 14 页；С. Б. 戈列里克：《1898—1903 年美国对满洲的政策与"门户开放"主义》，高鸿志译，哈尔滨：黑龙江教育出版社，1991 年，第 69—70 页。

⑤ 《复华盛顿伍使》（光绪二十七年正月初四日辰刻），顾廷龙、戴逸主编：《李鸿章全集》，第 28 册，第 16 页。

⑥ 关于"三国干涉还辽"，参见吉辰：《昂贵的和平：中日马关议和研究》，北京：三联书店，2014 年，第 198—204、252—253、274—275 页。

国对俄国并没有多少行动，更不准备示威或动武。一旦中俄谈判决裂，一切风险将由清政府承担。① 因此，对于清政府来说，一面是俄国催逼签约，一面是其他列强警告勿签。李鸿章只能满腔怨气地回应各国驻华公使，"何不自与俄商"。②

日本此后仍试图拉拢英德两国对俄施压，但成效不大。③ 于是，日本只能考虑自己应对。在俄方提出条约修正案的同一天，外务大臣加藤高明给总理大臣伊藤博文写了一份长函，请求就俄占东三省问题召开内阁会议。在函中，他简述了这一问题的由来，并提出三个方案：其一，向俄国公开提出抗议，如果未达目的则"直接于干戈之上决出胜败"；其二，为保持势力均衡，将朝鲜变为保护国或置于日本势力之下；其三，暂时按兵不动，等待时机。④ 其后，由于内阁忙于应付贵族院对增税案的反对，并未如加藤所请召开内阁会议，而是于3月15日在伊藤私宅召开元老会议（出席者包括伊藤博文、山县有朋、西乡从道与松方正义四名元老）讨论此事。会上通过一份题为《元老内议之大意》的决议：

> 对于俄国在满洲之活动，以英德之意向，其无意诉诸实力以拒之也明矣。然则日本应否单独当俄，成为一问题。即使试在外交上单独对俄交涉，俄国不应交

---

① 各国中，只有日本曾表态对俄使用武力（但未向清政府表示）。2月中旬林董曾告知艾格特斯坦因，一旦俄国插手朝鲜事务，日本将立即对俄动武；而对于俄国在东北的活动，日本只有在得到英国的实际支持与德国的善意中立后才能采取军事行动，参见《驻伦敦大使馆一等秘书艾格特斯坦因男爵上帝国首相布洛夫伯爵公文》（1901年2月16日），《德国外交文件有关中国交涉史料选译》第2卷，第300页。2月15日，加藤也向英国驻日公使窦纳乐（Claude Maxwell MacDonald）表示，如果俄国强迫清政府签约，日本有意向中国提供"物质性的帮助"，参见Ian H. Nish, *The Anglo-Japanese Alliance: The Diplomacy of Two Island Empires, 1894 – 1907*, pp. 112 – 113. 但从实际情况看来（参见下文），这即使不是为了鼓动英德两国的夸大其词，最多也只能说是日方的一种考量，绝非决策。
② 《复华盛顿伍使》（光绪二十七年正月初四日辰刻），顾廷龙、戴逸主编：《李鸿章全集》，第28册，第16页。
③ 王曾才：《英国对华外交与门户开放政策》，台北：台湾商务印书馆，1967年，第185—189页；杨国伦：《英国对华政策（1895—1902）》，第300—303页；角田顺：『满州问题と国防方针——明治后期における国防环境の变动』、第52—56页；千叶功：『旧外交の形成——日本外交一九〇〇－一九一九』、第83—84页。
④ 「三月十二日 加藤外务大臣ヨリ伊藤总理大臣宛」、外务省编纂：『日本外交文书』明治期第34卷、第203—208页。

涉或不容要求之时，最终不得不有诉诸干戈决一雌雄之觉悟。若下定最后之决心，甚为危险。然则应如何处之？此际我之行为，应暂且限制于英德意向之范围内。

至于韩国之事，俄国如今尚无与日本竞争之意，以维持现状为目的。若有时机，当试与俄国协商主持其独立，努力消除日俄两国冲突之种子。列强协调若启破绽之端，以致清国分割无可避免，我当转而涉足浙江、福建。

也就是说，元老会议实际上决定采取加藤的第三方案，静观其变。毕竟，以日本当时的实力，与俄国兵戎相见风险极大；而如果控制朝鲜，又与之前签订的《西—罗森协定》抵触，[1] 同样有引发日俄战争的危险。同时，一旦俄占东三省导致又一轮瓜分行动，日本仍将贯彻"南进"政策，染指浙江与福建。总之，日本暂不打算强力抵制俄国对东三省的控制。[2]

二、小田切万寿之助的游说与刘坤一、张之洞的回应

日本外交部门在拉拢英、德等国的同时，也准备做清朝地方大吏的工作，其中他们寄予期望最大的是两江总督刘坤一与湖广总督张之洞。这自然是因为两人是疆臣领袖，且被认为对日态度友善。此外，清廷此前曾命两人"随时函电会商"议和事宜，并且"准便宜行事"，[3] 可谓具有"准全权大臣"的身份。

1901 年 1 月 27 日，日本驻华公使小村寿太郎致电加藤高明，表示担心李鸿章会在中俄谈判中帮助俄方获取东三省权益，声称"可对李鸿章加以抑制者，现今清国无过于张之洞及刘坤一"，提议马上派代理驻上海总领事小田切万寿之助前往南京、武昌，与刘、张面谈此事。[4] 同日，小村致电小田切，声称李鸿章有可能同意俄国对东三省的要求，要他鼓动刘、张进行抵制。1 月 29 日，小村又向小田切发出两份电报，一份陈述小村对中外议和与东三省问题的意见，要求转致刘、张；另一份则传达前述珍田打探到的《暂且章程》大纲，供小田切

---

① 该协定签订于 1898 年，规定日俄两国尊重朝鲜的主权与独立，不干涉朝鲜内政。
② 千葉功：『旧外交の形成——日本外交一九〇〇—一九一九』、第 84—86 頁。
③ 戴海斌：《〈辛丑条约〉谈判前后的中方"全权"问题》，《历史研究》2018 年第 4 期。
④ 「一月二十七日　清國駐劄小村公使ヨリ加藤外務大臣宛（電報）」、外務省編纂：『日本外交文書』明治期第 34 卷、第 117 頁。

参考并要求保密。① 加藤也同意小村的提议，同日亦训令小田切游说刘、张，主旨与小村电报大致相同。不过，加藤认为如果小田切本人前往武昌（处于驻上海总领事馆业务范围之外），会引起他国怀疑，因此指示他托人劝说张之洞。②

小田切正是从事此种工作的老手。自从1897年担任代理驻上海总领事以来，他一直积极拉拢清朝官员，尤其看重威望素隆的刘坤一、张之洞。③ 恰巧，他在1月8日曾向加藤申请去南京、苏州、杭州短期出差以便与各督抚"敦睦"，并得到批准。④ 接到小村与加藤的指示后，小田切于1月29日从上海出发，2月1日对刘坤一做礼节性拜访，两天后再度拜访，商谈东三省问题。浏览小田切带来的《暂且章程》大纲后，刘坤一面露"不安之色"。小田切推测，这一方面是因为俄国条件苛刻，另一方面则是因为他虽有"会商议和事宜"之权，居然对此毫不知情。刘坤一当即表态，将劝告荣禄、奕劻、李鸿章和杨儒不要答允俄国的要求。小田切还转达了前述加藤的意见，即日方本打算派他前赴湖北与张之洞商议，但担心招致他国猜忌，因此委托刘坤一代为知会商议。刘坤一对此一口答应，并称即使张之洞态度踌躇，也将独力为之，还将向小田切提供相关情报。

次日，刘坤一派两江洋务局总办汪嘉棠通知小田切，已向荣禄等人发电劝告并联系张之洞，⑤ 还询问日方可在何种程度上帮助中国。对最后一项内容，加藤

---

① 「二月八日　上海在勤小田切總領事代理ヨリ加藤外務大臣宛」、外務省編纂：『日本外交文書』明治期第34卷、第132—134頁。

② 「一月二十九日　加藤外務大臣ヨリ上海在勤小田切總領事代理宛」、外務省編纂：『日本外交文書』明治期第34卷、第117—118頁。

③ 小田切当时曾向加藤如此评论："该总督及张总督（即刘坤一与张之洞——引者注）在该国（即中国——引者注）持比较公平之主义，又怀比较进步之思想。职是之故，现在固不俟论，即在将来，帝国政府若与二总督保持密切关系，在国交上可得意外之利益，此乃下官所确信不疑者。"参见「二月八日　上海在勤小田切總領事代理ヨリ加藤外務大臣宛」、外務省編纂：『日本外交文書』明治期第34卷、第132頁。

④ 「南京蘇州杭州三地二出張ノ件」（1901年1月8日）、「小田切萬壽之助宛加藤高明電報」（1901年1月12日）、『帝國官吏出張及巡廻雜件/在外公館之部/領事館』第一ノ二卷、第7—8頁、JACAR（アジア歷史資料センター）、Ref. B16080602500。

⑤ 刘坤一致李鸿章电见《寄盛宗丞》（光绪二十六年十二月十六日），中国科学院历史研究所第三所主编：《刘坤一遗集》，北京：中华书局，1959年，第2601—2602页。致张之洞电见《刘制台来电》（光绪二十六年十二月十六日酉刻到），苑书义等主编：《张之洞全集》，石家庄：河北人民出版社，1998年，第2189—2190页。

2 月 7 日指示小田切告知刘、张，中国拒绝俄国要求并不需要外援，理由是拒绝要求即可将俄国置于"侵害者"的不利地位。① 这一意见与前述日本政府的决策相合。尽管日方希望中方拒绝俄方对东三省的要求，但不打算提供实质性帮助。翌日，小田切致电刘坤一（并由后者转致张之洞）：

> 顷奉外部电饬，俄国要求一事，日本意在声色不动，慎重处事。中国若能毅然自立，拒绝俄求，不俟外援，而事必定。设令中国兵力单薄，然一旦决然拒之，则俄国必不愿取凶暴之恶名，为天下之罪人，势必踌躇，反启不敢妄为也。倘中国屈意曲从，则不但曲不在俄，其占有东三省之事仍不失为合法合例，噬脐无及。中国拒绝俄求之利，迥非允准旅顺条约之害可比等因。奉此，贵大臣若有闻，请即电示。②

这份电报的内容完全是将前述加藤的指示加以润饰而成。刘坤一对此向张之洞表示："查日本意在袖手，诚如傅相（即李鸿章——引者注）所言，英日忌俄又畏俄，然仅止中国力拒，将来立约必大受亏。公能再以唇齿之谊激动该国，纠同英、德、美共图牵制最妙。"③ 他感到日本袖手旁观，为此建议张之洞劝说日本。小

---

① 关于刘坤一与小田切的会谈，参见「二月五日　上海在勤小田切総領事代理ヨリ加藤外務大臣宛（電報）」、「二月六日　上海在勤小田切総領事代理（在南京）ヨリ加藤外務大臣宛（電報）」、「二月八日　上海在勤小田切総領事代理ヨリ加藤外務大臣宛」、外務省編纂：『日本外交文書』明治期第 34 卷、第 123—125、126—132 頁。还可参见于乃明：《日英同盟前史の一齣—小田切万寿之助・劉坤一会談（1901 年）》，《政大日本研究》创刊号，2004 年。

② 《江宁刘制台来电》（光绪二十六年十二月二十一日酉刻发，二十二日巳刻到），《张之洞存各处来电》第 33 函第 2 册，甲 182—145，中国历史研究院图书档案馆藏。本文所引未刊张之洞档案，均来自该处，以下不再注明。小田切当日另有一电致刘坤一并同样转致张之洞："顷闻贵国政府饬杨使（即杨儒——引者注）必须将旅顺条约（即《暂且章程》——引者注）作为罢论，并饬此后商议务必在所奉之权限内严密行事等因。又悉增将军（即增祺——引者注）前因私派周某（即周冕——引者注）抵旅立约，已经革职，所遗盛京将军已饬洙英署理。讵驻京俄使照会李中堂，因洙英曾与毁坏俄铁路一事有涉，不愿伊人来任，要求增祺开复，不然即当更行开战。李中堂即电盛宗丞奏请从宽处分等语。"

③ 《江宁刘制台来电》（光绪二十六年十二月二十一日酉刻发，二十二日巳刻到），《张之洞存各处来电》第 33 函第 2 册，甲 182—145。

田切当时也曾直接与张之洞联络，1 月 30 日曾致一电，内容大概是通知赴宁一事。①

另外，山东巡抚袁世凯也参与了商议。他于 1 月 31 日致电刘、张与铁路总公司督办盛宣怀，声称听闻俄方拟出十二条要求，与《旅顺条约》（即《暂且章程》）相仿，"请三公查明补救，一齐动手"。② 2 月 10 日他又致电三人，表示自己已致电老上司荣禄："闻俄乘和议未定，他国不能助我，意欲据东三省兵权利权。傥各国效尤，大局不堪设想。现宜急催庆、李（奕劻与李鸿章——引者注）速定和局，方可专力筹办俄事，亦可约日、美、英款助理论，以免事久生变。"③张之洞一时没有建言，只是于 2 月 12 日复电刘、袁，对其行动表示赞同："江致枢个电、济致荣养电均借俄立论，可谓得法得体，真可佩服。"④

需要指出的是，此时东三省尚未成为这些大员考虑的首要问题。从他们的往来电文看，此时商议更多的是如何惩办庚子事变"祸首"。这是当时中外谈判的一个关键问题，极为棘手，袁世凯所谓"现宜急催庆、李速定和局"，即指此事。刘坤一 2 月 9 日也告知中枢（即前述"江致枢个电"），小田切劝说勿允俄国要求，"并请惩办首祸一款，奏到即行，以坚各国之信"。⑤ 两人对惩办问题都"借俄立论"，于是张之洞赞为"得法得体，真可佩服"。不过，他暂时没有给出自己

---

① 该电笔者未能查得。张之洞 2 月 2 日复电小田切称："真（十一日即 1 月 30 日的代码——引者注）电悉。久违芝宇，渴念实深，到宁后仍望顺道来鄂畅谈，有要语面商。至盼。祈先电复。"参见《致上海江宁日本总领事小田切》（光绪二十六年十二月十四日丑刻发），《张之洞电稿丙编》第 19 函第 2 册，甲 182—98。从复电内容看，小田切来电似未提及东三省问题。

② 《致湖广总督张之洞两江总督刘坤一会办商务大臣盛宣怀电》（光绪二十六年十二月十二日），刘路生、骆宝善主编：《袁世凯全集》，郑州：河南大学出版社，2013 年，第 8 卷，第 205 页。刘坤一当日回电表示"义不容辞"，参见《复袁中丞并寄张制军盛宗丞》（光绪二十六年十二月十二日），中国科学院历史研究所第三所主编：《刘坤一遗集》，第 2601 页。关于袁世凯在东三省交收谈判中的活动，参见吕慎华：《清季袁世凯外交策略之研究》，新北：花木兰文化出版社，2011 年，第 133—147 页。

③ 《致湖广总督张之洞两江总督刘坤一会办商务大臣盛宣怀电》（光绪二十六年十二月二十二日），刘路生、骆宝善主编：《袁世凯全集》，第 8 卷，第 270 页。

④ 《致江宁刘制台、济南袁抚台》（光绪二十六年十二月二十四日申刻发），苑书义等主编：《张之洞全集》，第 8498 页。

⑤ 《复行在军机处》（光绪二十六年十二月二十一日），中国科学院历史研究所第三所主编：《刘坤一遗集》，第 2602 页。

的具体意见。

2 月 1 日，清廷发布上谕，最终确定对"祸首"的惩办方法，这一问题总算得以解决。① 于是，诸大员的精力可以集中在东三省问题上了。2 月 16 日，已回到上海的小田切致电刘、张二人：

> 奉加藤大臣电，闻俄国需求一节，本大臣电饬林钦差（日本驻英公使林董——引者注）刻告英外部，以中国意在不允旅顺条约，际此时机，日英两国各告驻扎两国华使，转告政府，中国此时与某一国订定另项条约，允某国独享利益，又允某国壤土之权，即与中国之安全大有所碍等语；并为中国计，一切条约必须与各国公同商议才能保全中国等语，则与中国有益等因。准林钦差电复英外部，言英国已告驻英罗使，为中国计，与别国另立壤土之条约，甚为可危，此项条约断不可与某一国订立等语。英外部又言，德政府亦允以前开各节，告之驻德吕使。又言，日、英、德三国如此忠告，必与中国有裨等语。林钦差又称，英国某官言，德政府拟即劝告驻德吕使，为中国计，北京和约未结之先，与一国另订壤土、财政之约，大于中国有害等。各将以上两节密电湖广总督部堂、南洋大臣等因。奉此，足见一事意向相合，特此奉告。切叩。②

2 月 23 日又致电二人：

> 顷奉加藤大臣电开：俄国要求一事，驻燕钦差已遵本大臣之意缮就一书，密交庆邸、李相，并请其电达行在。驻燕英、德两使亦定出于同办法。东历廿日准于驻燕钦差电称，驻燕奥使亦奉本国来谕，照日本办法而行。同日又准驻美钦差电称，此次东三省一事，日本劝告中国各节，美国主亦以为然，

① 《上谕》（光绪二十七年正月初三日），故宫博物院明清档案部编：《义和团档案史料》，北京：中华书局，1959 年，第 967 页。
② 《上海日本领事来电》（光绪二十六年十二月二十八日午刻发，光绪二十七年正月初一日辰刻到），《张之洞存各处来电》第 33 函第 4 册，甲 182—145。按，"北京和约未结之先，与一国另订壤土、财政之约，大于中国有害"原作"北京和约未结之国，先与一国另订壤土、财政之国，大于中国有害等"，有误，兹据刘坤一致李鸿章电改正，参见《江督刘来电》（光绪二十七年正月初七日到），顾廷龙、戴逸主编：《李鸿章全集》，第 28 册，第 22 页。

已命缮就一书送交驻美华使等因。奉此，贵国另与俄国立约，各国皆不以为然，各国之意实在暗助贵国拒绝俄需，仍望贵制军力拒以保局面。切叩。①

小田切奉加藤之命，告知刘、张二人日、英、德、美、奥五国对清政府的警告（2月26日又有一电，告知意大利亦发出警告），② 鼓动二人反对签约。对此，刘坤一于2月23、24两日将两份电报转发军机处与李鸿章。③ 张之洞则于2月24日电奏。他当时已看到俄方最初提出的条约草案，于是援引小田切传达的加藤电报以及吕海寰转述的德国意见，主张拒绝。他提出，"我惟有以众论公议拒之"，同时表示"至如何抵制之法，容续筹上陈"。④ 他暂时没有答复小田切，让对方颇为不安。小田切于2月25日致电张之洞幕僚汪凤瀛，询问是否接到电报以及张之洞意见如何。⑤ 张之洞次日回电，表示自己因"感风头痛，兼旬未愈"而迟未答复。⑥

2月27日，刘坤一致电张、袁、盛三人，认为拒约只能依靠列强。他主张"一面由杏兄（盛宣怀——引者注）密商沪日、美、英、德领，请达政府，并密电全权，商各使；一面请香帅主稿，会电李、罗、伍、吕，密商外部"，即由盛宣怀与各国驻沪领事商议，由奕劻、李鸿章与各国驻华公使商议，由张之洞领

<hr>

① 《上海日本总领事来电》（光绪二十七年正月初五日戌刻发，初六日丑刻到），《张之洞存各处来电》第33函第4册，甲182—145。按，"驻燕奥使"原作"驻燕众使"，有误，兹据刘坤一致李鸿章电改正，参见《江督刘来电》（光绪二十七年正月初七日到），顾廷龙、戴逸主编：《李鸿章全集》，第28册，第22页。

② 《上海日领事来电》（光绪二十七年正月初八日申刻发，戌刻到），《张之洞存各处来电》第33函第5册，甲182—145。

③ 《江督刘来电》（光绪二十七年正月初七日到），顾廷龙、戴逸主编：《李鸿章全集》，第28册，第22页。

④ 《致西安行在军机处》（光绪二十七年正月初六日未刻发），苑书义等主编：《张之洞全集》，第2188页。张之洞称"今见杨使电约稿十二款"，这一草案由杨儒2月18日电告奕劻、李鸿章，参见中国社会科学院近代史研究所《近代史资料》编辑组编：《杨儒庚辛存稿》，第72—74页。两人将其电奏后，盛宣怀又于2月23日将电文转发给刘、张、袁三人，参见《盛大臣来电（并致刘制台、袁抚台）》（光绪二十七年正月初五日亥刻到），苑书义等主编：《张之洞全集》，第2190—2191页。

⑤ 《上海日本总领事致汪丞电》（光绪二十七年正月初七日午刻发，戌刻到），《张之洞存各处来电》第33函第5册，甲182—145。

⑥ 《致上海日本总领事小田切》（光绪二十七年正月初八日午刻发），苑书义等主编：《张之洞全集》，第8505页。

衔指示清政府驻外公使与各国外交部商议。同时致电军机处，内容大略相同。①

刘电尚未发出，张之洞已在当天早晨致电李盛铎、吕海寰、罗丰禄、伍廷芳四名公使，要他们劝说所在国外交部"径电俄廷"，并探询"傥中国拒俄而于俄怒，究竟各国肯代我力争否"。② 这与刘坤一的想法如出一辙。

同日，李鸿章致电军机处代奏（并致杨儒）。这是一份颇有几分个人情绪的电报，因此反常地未与奕劻联衔。他首先提到俄国公使雷萨尔（Павел Михайлович Лессар）与财政大臣维特皆催促他订约，然后表示："似此情形，延缓实恐误事。各国私议全系日本从中唆弄，盖日使先来为此说，次英、次德、次美、次意、次奥，刘坤一鱼电所述日本领事串通各国之言皆明证也。刘、张素昵日、英，易为所动。"他认为，俄方草案除第八款外"似尚无甚纰缪"，主张"自宜早定为是，不至遂动各国之愤，亦不至以一俄掣动各国"。③ 抛开情绪化的言辞，参照前文所述，其"各国私议全系日本从中唆弄"的判断大体准确。至于"刘、张素昵日、英"，亦非空穴来风。1897 年底至 1898 年初，刘坤一与张之洞在日方策动下，接连向总理衙门与朝廷提议结连英日，此后，张之洞与日本关系尤为密切。④ 在李鸿章看来，他们不啻是在为日本火中取栗。

次日，奕劻、李鸿章亦致电四公使，针对各国之前的警告表示，如果不签订条约，俄国对东三省的暂时占领将永久化，"各国睦谊素敦，未便倚众阻挠，致中俄决裂"，要他们向所在国"善为说辞"。⑤ 参照前述李鸿章电，可以更明白地了解此电用意。同一天，朝廷又向四公使发出一份电旨，说明清政府对中俄谈判的态度，措辞极为委婉，但仍可读出借助外力抗拒俄约的意图：

① 《江宁刘制台来电》（光绪二十七年正月初九日未刻发，初十日巳刻到），《张之洞存各处来电》第 33 函第 5 册，甲 182—145；《寄行在军机处》（光绪二十七年正月初九日），中国科学院历史研究所第三所主编：《刘坤一遗集》，第 2602—2603 页。

② 《致东京李钦差、柏林吕钦差、轮墩罗钦差、华盛顿伍钦差》（光绪二十七年正月初九日辰刻发），苑书义等主编：《张之洞全集》，第 8506 页。按，"轮墩"即伦敦，原文如此，下同。

③ 《寄西安行在军机处彼得堡杨钦差》（光绪二十七年正月初九日午刻），顾廷龙、戴逸主编：《李鸿章全集》，第 28 册，第 29—30 页。鱼电，即前述刘坤一 2 月 24 日电报。

④ 吉辰：《胶州湾事件后中日关系的转变：兼论日本对华外交的多元性》，《政治大学历史学报》第 54 期，2020 年，第 56—63 页。

⑤ 《寄美英日德四使》（光绪二十七年正月初十日辰刻），顾廷龙、戴逸主编：《李鸿章全集》，第 28 册，第 32 页。

俄允交还东三省，所拟条约十二款，朝廷已饬令全权磋磨删减，期保自主之权，各国亦均以为不可许。惟就中国现在情形而论，各国代谋之意固属可感，而势难独力坚持，激怒于俄。因念此中利害，不惟中国当熟筹妥计，期出万全，即各国亦须互相维持，以免环球偏重之势。①

电旨训令四公使拜访各国外交部，"恳其联约向俄廷善为排解，俾此事得以和平了结"，这与前述张之洞电报基本一致。

可以想见，四公使先后接到三份主旨不一的指示后，必然会无所适从。在此仅对李盛铎作一考察。他本人此时是主张拒约的，② 2 月 28 日收到张之洞电报后，他当即回电表示赞同："如各国不允助，再与俄定，或免责言。"随后他拜访加藤，递交两份电报抄件（其中一份要求转交伊藤博文）。但对方表态，日方目前不宜对张之洞做出任何答复；日方虽然正在"为彰显与清国的友情，与数国协议"，但也未到知会中方的时机。尽管李盛铎一再追问，加藤始终未明确表态。他还提醒李盛铎，"张总督并非清廷，以张之名义咨询列国，窃以为未见其可也，宜以清国政府之名义为之"。于是李盛铎当天又电告张之洞："此事日难独任，须中国政府分电英、德、美、日等国，托商俄廷，将东三省事作入公约办理，或有挽回，无别法。"③

次日，李盛铎首先收到奕劻、李鸿章来电，于是再度与加藤面谈。阅读电文后，对方极不客气地宣称，如此是"贵国将我等好意之忠告看作无用之干涉"，表示"日本惟有仅以自己之利益为目的，作出相当之举措"。李盛铎闻之大惊，竭力解释，声称这只是李鸿章一己之见，并一再拒绝加藤留下这份电报。他回到

---

① 《奉旨着吕海寰等密商各外部联约向俄廷善为排解事》，光绪二十七年正月初十日，中国第一历史档案馆编：《清代军机处电报档汇编》，北京：中国人民大学出版社，2005 年，第 2 册，第 340—341 页。

② 李盛铎 3 月 21 日致函盛宣怀称："东三省之约，俄催画押。前经奉旨，命商各国外部，联约向俄代为排解。已逾旬日，屡经催促，多藉词延宕，似各国不肯向俄廷直言劝阻，殊为棘手。但体察情形，我若允俄，各国必藉口攘地，大局顿危。不能敌俄，又岂能敌六国？我公洞达中外情势，当不河汉斯言，伏望坚持拒俄，以保大局，实为幸甚。"（《李盛铎致盛宣怀函》（光绪二十七年二月初二日），盛宣怀档案，档号 015596，上海图书馆藏）

③ 《李盛铎致张之洞电》（光绪二十七年正月初十日），陈旭麓等主编：《盛宣怀档案资料选辑·义和团运动》，第 542 页；「二月二十八日 清国公使加藤外務大臣会談筆記」、外務省編纂：『日本外交文書』明治期第 34 卷、第 161—162 頁。

公使馆后，又接到前述2月28日电旨。大约是因为之前的会面极不愉快，他没有再去外务省，仅派人送去一份抄件。[①] 这一情形集中反映了当时清政府外交中心分散的情形：北京的奕劻与李鸿章两位全权大臣、西安的行在军机处、刘坤一与张之洞两位"准全权大臣"皆有权参与谈判事务，而意见各有参差。[②] 奕、李直接面对俄方压力，担心谈判破裂，因而妥协倾向较强；刘、张身处谈判桌外，多方设法借助外力拒约；行在军机处的意见则依违于两者之间。在这样多方指挥下，驻外公使的行动难免自相矛盾。

此后的中日交涉，似无必要一一陈述。简单说来，刘坤一与张之洞一再致电小田切寻求日方帮助，盛宣怀也几度登门拜访。小田切频频将这些情况报告给加藤，但对方很少下达指示，只是一再强调清政府不应签约。李盛铎对外务省的几次拜访同样未能获得更多信息。

三、张之洞的"救急三策"及各方反响

在游说各国无果的情况下，张之洞于3月19日提出"救急三策"。当天他发出一份电奏，在陈述俄方修正案改动不大、无法接受之后，提出三条对策。[③]

其一，代请展限：

> 请迅发电旨敕英、日、美、德各驻使切恳各国外部即日电恳俄国，代我恳请展限，容我详筹，若仅令杨使请俄展限，俄必不理。我电告各驻使，但

---

① 「三月一日 清国公使加藤外务大臣会谈笔记」、外务省编纂：『日本外交文书』明治期第34卷、第163—165页。3月4日，李盛铎拜访加藤，询问是否已读电旨，对方的态度仍是反复强调清政府不应签约。值得注意的是，加藤此次质问为何只有李鸿章"代俄国逼迫清国"，这显然与前述奕劻、李鸿章电有关。而李盛铎答称，这是李鸿章第三次为俄国出力，前两次分别是允许俄国修筑中东铁路与向比利时（背后是俄法财团）借款修筑卢汉铁路。由此可见李鸿章当时在清朝官员眼中"俄国代理人"的形象。参见「三月四日 清国公使加藤外务大臣会谈笔记」、外务省编纂：『日本外交文书』明治期第34卷、第182—183页。

② 关于当时清政府外交中心分散情况的考察，可参见王刚：《从枢臣、全权大臣、东南督抚的互动看〈辛丑条约〉的形成》，《历史教学》2017年第22期；戴海斌：《〈辛丑条约〉谈判前后的中方"全权"问题》，《历史研究》2018年第4期。

③ 电奏全文见《致西安行在军机处》（光绪二十七年正月二十九日辰刻发），苑书义等主编：《张之洞全集》，第2195—2197页。以下征引该电之处不再注明出处。

云俄约虽略改，其中关系中国及各国碍难遽允者尚多，请代恳俄展限，中国之意乃为遵照英澜侯（即兰士敦——引者注）语，"不见四国回信，不便画押"之说，故请代商展限，各国断无不允之理。

如前所述，3月26日是俄方修正案的最后签字期限。张之洞试图请求列强向俄国争取延长签约期限，以便赢得折冲时间，并援引兰士敦此前"不见四国（即英日美德——引者注）回信，不便画押"的表态。①

其二，在东三省实行开门通商：

中国无利益与各国，各国断不能用实力相助。今拟有一办法，于我及各国均有大益：莫如将东三省全行开放，令地球各国开门任便通商，所有矿务、工商、杂居各项利益俱准各国人任便公享，我收其税，西语谓之"开门通商"。即密告英、日、美、德各国，如肯为我切实助力，我即以酬之，各国必然欣许，力驳满洲不允他国沾矿路工商利益之条。

这一条是"救急三策"的核心。张之洞在电奏中表示，此策"乃是永保满洲上策，无论俄人如何恫喝，此条必须决计力办"。按照他的设想，东三省全境实行"开门通商"，办法将类似于清政府自开的商埠吴淞与秦皇岛。② 此前不久，张謇

---

① 兰士敦的这一说法应当源自罗丰禄3月3日电报的转述："密商澜侯，据云，俄约十二条，果如泰晤斯（《泰晤士报》——引者注）及领事傅磊新（Sir Everard Duncan Home Fraser，即英国驻汉口领事法磊斯——引者注）所传，甚有关系。今中国既令各国排解，应请于未得各国回信之先，务望勿许为要。当即商明德美日政府再复。"参见《上海盛大臣来电》（光绪二十七年正月十三日戌刻发，亥刻到），《张之洞存各处来电》第34函第2册，甲182—146。
② 《致江宁刘制台、上海盛大臣、济南袁抚台》（光绪二十七年正月二十九日午刻发），苑书义等主编：《张之洞全集》，第8515页。吴淞于1898年开埠，但欠缺开发，成效不大。秦皇岛于同年奏准开埠，但实际设关迟至四年后。相关研究可参见杨天宏：《口岸开放与社会变革——近代中国自开商埠研究》，北京：中华书局，2002年，第63—68、77—81页；张建俅：《清末自开商埠之研究（1898—1911）》，新北：花木兰文化出版社，2009年，第44—46、53—54页。

曾提出东三省开门通商的主张，张之洞的计划可能受到他的影响。① 下文提到张之洞当时建议刘坤一与张謇商量此事，可为佐证。

其三，聘请英日军官在北洋地区教练海陆军：

> 俄修路驻兵直达长城一节，不驳万万不可，硬驳万万不听。窃拟有一办法：查第六条所谓从前成议北境不用他国人练水陆兵一条，此议各省各国不知是否如此措词，各国固难取信，即真旧约果有，今既另立新约，于两国兵制种种改变进占，则此条亦应废除。彼若必欲造专路入关，我即于北洋一带水路，山海关、奉天等处陆路，聘英将练水军、日本将练陆军，以为抵制。

张之洞提议在北方用英、日军官练兵，针对的是"俄修路驻兵直达长城"的要求。此即俄方修正案最后一条：允许中东铁路公司在东三省修筑一条铁路，"或自东省铁路（即中东铁路——引者注）某处起，或自满洲南境支路（即南满铁路——引者注）起，至满洲、直隶交界处之长城（即山海关——引者注）为止，照现行东省铁路合同订定各款，一律办理"。若按中东铁路之例办理，俄国有权在铁路沿线驻军。张之洞注意到，俄方条约原始草案有"照中国前允成议，中国北境水陆师不用他国人训练"一条（在修正案中已被删去）。② 此处"成议"应指俄国在 1897 年曾要求独占中国北方军事教习人选名额，并得到总署的口头答允。③ 他由此提出在北洋地区聘用英、日军官教练海陆军，大概认为，如此两国便会出面干预俄国的修路计划。

---

① 张謇当时在上海，3 月 15 日至南京，其日记中多处提及东三省问题，并曾与刘坤一商议此事。3 月 10 日，他"代拟俄约电，结局之策第四：一、全国通商；二、东三省开门通商；三、听占而不认画约；四、让吉黑而奉天开门通商"。但笔者暂未查明该电代何人草拟，又发给何人。参见《张謇日记》，光绪二十七年正月二十日，上海：上海辞书出版社，2017 年，第 497—498 页。

② 中国社会科学院近代史研究所《近代史资料》编辑组编：《杨儒庚辛存稿》，第 58、60 页。

③ 《俄使为重申中国边地不得请他国教官事致总署照会》（光绪二十四年正月二十一日），中国第一历史档案馆编：《清代档案史料丛编》，北京：中华书局，1984 年，第 10 册，第 259 页。

张之洞的"救急三策"将希望寄予列强，特别是英日两国。而在两国之中，他抱有更大期待的仍是日本。随后，他又致电刘坤一、盛宣怀与袁世凯说明"救急三策"的内容，并建议由刘氏领衔将这一计划再次电奏。另外，他还建议"此电及拙电奏可否与郑苏龛（即郑孝胥——引者注）、张季直（即张謇——引者注）商酌，并密与小田切阅之"。① 其实，他已同时致电小田切，在电文中首先通报俄方条约修正案情况，声称"此约一允，满洲全为俄据，中国固蹙，日本亦危"，请求"望转电贵内阁伊藤大臣、贵外部加藤大臣速商英、美、德各国向俄劝阻，先商俄将画押展限，容我详酌"。然后，电文中提出开门通商一策：

> 再，鄙人有秘策奉商。假如中国允将东三省地方全行开放与地球各国，开门任便通商，所有矿务、工商、杂居各项利益，俱准各国人任便公享，各国能昌言出头，代中国力争，驳改此约否？如各国肯为中国实在助力，鄙人即当电奏朝廷，将来必以此酬报各国。但我此时如驳俄国，谓东三省应准各国同享矿路、工商之益，俄必谓此俄兵力所得，中国何得擅许各国？中国应如何措词方合公法，可以阻俄人之拒各国，并望代筹一措词之法。若照鄙人之策，窃谓中东皆有益，务恳贵外部速赐分条明晰切实使复。②

此后，张之洞一再向各方宣传"救急三策"，特别是自己最为看重的东三省开门通商一策。3月20日，他再次电奏（同时转发刘坤一、盛宣怀、袁世凯及两广总督陶模、山西巡抚岑春煊、安徽巡抚王之春、护理陕西巡抚端方），重申以开门通商换取列强支持的意见。③ 同日，张之洞又致电在西安的政务处提调樊增祥（张氏门生），陈述开放东三省的提议，要求对方"向三枢堂（即军机大臣荣

---

① 《致江宁刘制台、上海盛大臣、济南袁抚台》（光绪二十七年正月二十九日午刻发），苑书义等主编：《张之洞全集》，第8515—8516页。

② 《致上海日本总领事小田切》（光绪二十七年正月二十九日午刻发），《张之洞电稿乙编》第14函第3册，甲182—75。

③ 《致西安行在军机处（发后转刘制台、盛大臣、袁抚台、陶制台、岑抚台、王抚台、端抚台）》（光绪二十七年二月初一日巳刻发），苑书义等主编：《张之洞全集》，第2200—2201页。

禄、王文韶、鹿传霖——引者注）痛切言之"。①

"救急三策"在清政府内部得到了一些回应。3 月 20 日，刘坤一复电张之洞，对"救急三策"表示赞同，并自行联署张、盛之衔将此议电奏。② 同日，袁世凯也复电赞同。③ 张之洞旧部安徽巡抚王之春收到前述转发电奏后，于 21、22 日接连发出两份内容相仿的电奏，并向张之洞表示"期为细壤涓流之助，以促其行"。④

清廷也马上采纳了开门通商的提议。3 月 21 日，有电旨致李、罗、伍、吕四公使，指示他们请求所在国向俄国争取签约延期，并可以个人名义表示"俄交还东三省后，中国甚愿与各国会议东三省开门通商章程、大兴矿路工商一切事宜，俾各国利益均沾"。⑤ 3 月 23 日又有电旨："刘坤一、张之洞前奏请东三省开门通商之说，可否速电商各国，歆之以利，或能实力助我劝俄，速行设法为要。"⑥ 在收到这道电旨前一天，张之洞已致电刘坤一称："顷见冬电旨，已饬李、罗、伍、吕四使商日、英、美、德外部，代我恳俄展限，许以东三省开门通商，均沾路矿工商一切利益。昨拟会电英、日两总领〔即英国驻上海总领事璧利南（Byron Brenan）与小田切——引者注〕，罗、李两使，共四件，请速发，勿迟。"⑦ "冬电旨"即前述致四公使电旨。⑧ 张之洞 3 月 21 日曾拟出两道电报，分别致罗、李二公使与小

① 《致西安樊云门》（光绪二十七年二月初一日酉刻发），苑书义等主编：《张之洞全集》，第 8519 页。

② 《刘制台来电（并致袁抚台、盛京堂）》（光绪二十七年二月初二日寅刻到），苑书义等主编：《张之洞全集》，第 8517—8518 页。

③ 《致两江总督刘坤一湖广总督张之洞会办商务大臣盛宣怀电》（光绪二十七年二月初一日申刻发，戌刻到），刘路生、骆宝善主编：《袁世凯全集》，第 8 卷，第 365 页。

④ 王彦威纂辑，王亮编：《清季外交史料》，北京：书目文献出版社，1987 年，第 4139—4140、4143—4144 页；《安庆王抚台来电》（二月初五日辰刻发，酉刻到），《张之洞存各处来电》第 35 函第 1 册，甲 182—147。

⑤ 中国第一历史档案馆编：《庚子事变清宫档案汇编》第 9 册，北京：中国人民大学出版社，2003 年，第 358—359 页。

⑥ 中国社会科学院近代史研究所《近代史资料》编辑组编：《杨儒庚辛存稿》，第 256 页。

⑦ 《致江宁刘制台》（光绪二十七年二月初三日巳刻发），苑书义等主编：《张之洞全集》，第 8522—8523 页。

⑧ 从现存张之洞档案来看，张之洞曾通过盛宣怀的通知得悉该电旨，参见《盛大臣来电（并致刘制台）》（光绪二十七年二月初五日未刻到），苑书义等主编：《张之洞全集》，第 8523 页。不过，张之洞收到盛电是在 3 月 24 日。那么，在他 3 月 22 日致电刘坤一之前，应当已从其他渠道得悉电旨，但笔者未能查明。

田切、璧利南二领事，主旨与该电旨大致相同，致电刘坤一提议会衔发出，此时又作催促。刘坤一3月22日回电，通知电报已发。[1]

而在日本方面，小田切于3月21日致电加藤，报告张之洞来电大意和刘坤一主张请列强劝俄延期。次日加藤回电，表示中方要求延期可以看作日后有意签约，要求小田切向刘、张说明延期与拒绝的区别。换言之，加藤希望清政府明确拒约。至于张之洞开放东三省的提议，加藤仅称"并无实际价值"。[2] 对于3月22日刘、张会衔电，小田切两天后电告加藤，而对方似未回复。[3] 3月23日，李盛铎亦携3月21日电旨拜访加藤。据会谈记录，他只是请求日方劝俄延期，没有提到开门通商，加藤也很不客气地予以拒绝。令人惊讶的是，这道电旨中本有作为机密指示的"此层（即开门通商——引者注）务必秘密作为该大臣等（即四公使——引者注）之意"一语，亦即命令四公使提议开门通商时使用个人身份，而李盛铎居然向加藤递交了完整的电旨抄件。[4] 总而言之，加藤此时对开门通商之议不屑一顾。其实，日方此时已决定对俄警告，但不愿将"底牌"透露给清政府。最后期限前一天即3月25日，珍田向拉姆斯独夫递交照会，警告俄国不要与清政府单独签订条约，但俄方强硬拒绝。[5]

除日本外，其他列强同样没有对开门通商产生兴趣，也不答允劝俄延期。不过，各国对清政府的警告和刘坤一、张之洞等的建言多少起到一些作用。清廷最终于3月25日下旨指示奕劻、李鸿章、杨儒三人不予签约。在最后期限3月26日当天，杨儒接到电旨，向拉姆斯独夫表示拒绝签字，中俄谈判就此中断。4月6日，俄方在政府公报上发表公告，宣称俄国不会立即撤军，交还事宜"应俟中

---

① 《致江宁刘制台》（光绪二十七年二月初二日午刻发、申刻发）、《刘制台来电》（光绪二十七年二月初三日亥刻到），苑书义等主编：《张之洞全集》，第8521—8522、8524页。

② 「三月二十一日　上海在勤小田切総領事代理ヨリ加藤外務大臣宛（電報）」、「三月二十一日加藤外務大臣ヨリ上海在勤小田切総領事代理宛（電報）」、外務省編纂：『日本外交文書』明治期第34卷、第252—255頁。

③ 「三月二十四日　上海在勤小田切総領事代理ヨリ加藤外務大臣宛（電報）」、外務省編纂：『日本外交文書』明治期第34卷、第273—255頁。

④ 「三月二十三日　清国公使加藤外務大臣会談筆記」、外務省編纂：『日本外交文書』明治期第34卷、第261—264頁。

⑤ 角田順：『満州問題と国防方針——明治後期における国防環境の変動』、第66—68頁。

国事定，京都立定自主政府，力量稍强，保不致再有去岁之患，方可再提"。①
东三省的交收问题陷入僵局。

四、东三省开门通商的重提与近卫笃麿的提案

中俄谈判中断后不久，东三省开门通商之议重新得到讨论。开启其端的，似
为驻美公使伍廷芳。他于4月6日电奏（并转奕劻、李鸿章、刘坤一、张之洞），
报告美国对东三省问题的态度，提议："窃谓俄约既不相强，东三省似应开门通
商，以杜觊觎。"② 两天后军机处复电："据称俄约既不相强，东三省似应开门通
商云，前原欲以此歆动各国，昨据日本谓各国只可仗义执言，不可以利相争，是
各国并无通商东三省之意。所谓开门通商，现在作何举办，望详细妥筹，并探美
廷议论。"③

据伍廷芳复电，美方对此反应平平。④ 可能是受其电奏影响，刘坤一4月
10日致电小田切，提出"惟有三省通商，仗各国之力，为牵制之计，方永绝
俄国觊觎三省、逞志东方之念"，请求日本政府"代赐筹度"。其后他向张之
洞表示，"如日谓然，当商尊处会奏"。⑤ 次日小田切将刘坤一的提议电告加藤。
对方此次态度倒不似从前那样冷淡，4月20日回电训令小田切转告刘坤一与张
之洞，如今中俄条约作罢，实行开门通商便无阻碍，但清政府应对东三省持有
完全主权，并向各国宣布开放东三省。⑥ 小田切于4月22日遵照这一主旨致电

---

① 鲍庆干：《中俄东三省交收谈判（1900—1901）》，第84—92页。
② 《盛宗丞转华盛顿伍使来电》（光绪二十七年二月二十日到），顾廷龙、戴逸主编：《李鸿
章全集》，第28册，第124页。
③ 王彦威纂辑，王亮编：《清季外交史料》，第4158页。
④ 《伍廷芳致盛宣怀电》（光绪二十七年二月二十三日），陈旭麓等主编：《盛宣怀档案资料
选辑·义和团运动》，第590页。
⑤ 《复富领事》（光绪二十七年二月二十二日）、《复张制军》（光绪二十七年二月二十七
日），中国科学院历史研究所第三所主编：《刘坤一遗集》，第2614—2615页。按，"富"
即富卿，小田切字。
⑥ 「四月十一日　上海在勤小田切総領事代理ヨリ加藤外務大臣宛（電報）」、「四月二十日
加藤外務大臣ヨリ上海在勤小田切総領事代理宛（電報）」，外務省編纂：『日本外交文書』
明治期第34巻、第344—345、350頁。

刘、张二人。①

刘坤一接到此电后，4 月 23 日转呈军机处。② 同日又向小田切表达了对俄国因开门通商"借口不还"东三省的担心，并询问："是否一经宣布，中国于该地，凡有应操主权之处，俄国不能阻挠？联军退后，俄在满洲之军，如有不退，是否各国肯出为理论，亦不虑其藉口占据？"③ 4 月 26 日，加藤对此指示小田切告知刘坤一，如果俄国有意退兵，绝不会因开放东三省而作罢。至于各国态度一节，则未作明确答复，但提议清政府与英美两国商议。④ 于是，刘坤一致电罗丰禄与伍廷芳，要他们以刘氏的"私意"名义向所在国政府传达。⑤ 4 月 30 日伍廷芳复电称，美方认为"专指三省似著迹，不如将全国通商，东省在内，俄难异议"。罗丰禄则于 5 月 9 日报告，兰士敦声称开放东三省"现尚非其时"。⑥ 显然，英国对此不感兴趣，美国主张中国全国通商，更难以实行。5 月 11 日，加藤电令小田切通知刘、张二人，尽管日本政府仍然认为开门通商对于清政府是为得策，但鉴于英美态度消极，此时只能静观事态发展。⑦ 5 月 14 日，加藤又追加发出一通主

---

① 《上海日总领事来电》（光绪二十七年三月初四日未刻发，亥刻到），《张之洞存各处来电》第 36 函第 3 册，甲 182—148。

② 《江宁刘制台来电》（光绪二十七年三月初五日申刻发，初六日酉刻到），《张之洞存各处来电》第 35 函第 2 册，甲 182—147。按，原文将月份写作二月，有误。

③ 《复富领事》（光绪二十七年三月初五日），中国科学院历史研究所第三所主编：《刘坤一遗集》，第 2619 页。

④ 「四月二十六日　加藤外務大臣ヨリ上海在勤小田切総領事代理宛（電報）」、「四月二十六日　加藤外務大臣ヨリ上海在勤小田切総領事代理宛」、外務省編纂：『日本外交文書』明治期第 34 卷、第 356—359 頁。

⑤ 《江宁刘制台来电》（光绪二十七年三月初十日戌刻发，十一日辰刻到），《张之洞存各处来电》第 36 函第 3 册，甲 182—148；《寄罗星使》（光绪二十七年三月初十日），中国科学院历史研究所第三所主编：《刘坤一遗集》，第 2619—2620 页。

⑥ 《伍廷芳致刘坤一电》（光绪二十七年三月十二日）、《罗丰禄致刘坤一电》（光绪二十七年三月二十一日），陈旭麓等主编：《盛宣怀档案资料选辑·义和团运动》，第 598、605 页。

⑦ 「小田切萬壽之助宛加藤高明電報」（1901 年 5 月 11 日）、『明治 33 年　清国事変海軍戦史資料』卷 39、第 198—199 頁、JACAR（アジア歴史資料センター）、Ref. C08040829300。

旨相同且更加详细的函件。①

　　另一方面，鉴于张之洞一时没有对开门通商一事表态，小田切 5 月 1 日又电询他的态度。② 5 月 5 日，张之洞回电称：

　　东三省开门通商，乃鄙人独自创议，以为此乃保亚东大局上策，自愿极力办成。惟此时公断未布，侵地未还，中国似难骤发此议。将来必须办到方好，或俟公断时由美国言之，而中国力主之，较为自然。不知贵外部以为何如？或别有良策，务祈筹示。

　　再，俄约中以禁英、日两国人教练水陆军为最不好。此条虽删除，然原约内有云"照从前议允成案"云云。此时新约虽不提，彼援旧约禁阻，中国亦难驳之矣。似宜于公断时声明，无论聘用何国入教练水陆军，皆听中国自便，或并于此次公断之约内末一条声明。诸事以此约为凭，从前所有旧约，无论已允、未允，俱应置勿庸议，不知可行否？前数日，将此节告久米大尉转达近卫公，托其密告贵政府。此电所言通商、练兵两事，均望密速转达贵外部。是祷。③

　　小田切来电动辄提到"刘宫保"意见，令张之洞不得不强调"东三省开门通商，鄙人独自创议"，开门通商原本是他提出的方案。张之洞此时仍坚持这一方案，并主张在日后各国"公断"东三省问题时由美国提议，以免俄国阻挠。另外，他针对前述原始草案中俄国援引旧有"成议"独揽北方练兵权一条，提出"公断"时应废除这一约定。联系"禁英、日两国人教练水陆军"的措辞，这显然含有鼓动两国干预的意味。不过，加藤接到小田切的报告后，对美国首倡、废除练兵两条建议皆不感兴趣，反而讽刺张之洞等人一味依赖列强，缺乏自立精

---

① 「五月十四日　加藤外務大臣ヨリ上海在勤小田切總領事代理宛」、外務省編纂：『日本外交文書』明治期第 34 卷、第 367—368 頁。

② 《上海日本领事来电》（光绪二十七年三月十三日酉刻发，十四日丑刻到），《张之洞存各处来电》第 36 函第 4 册，甲 182—148。

③ 《致上海日本总领事小田切》（光绪二十七年三月十七日丑刻发），苑书义等主编：《张之洞全集》，第 8563 页。

神，毫不掩饰地表现出对"弱国无外交"的轻蔑。①

张之洞5月5日电中提到的"久米大尉"即湖北所聘日本教习久米德太郎大尉，他受张氏之托向贵族院议长近卫笃麿公爵转告练兵一事。4月28日，久米致函近卫（5月8日收到），报告自己与张之洞谈话内容。据该函，久米此前回日本时曾受近卫之托向张之洞带话（大约与庚子事变善后事宜有关），张氏对近卫大加感谢，并提出应将东三省问题提交"列国使臣会议"，"不得已将东三省一带作为列国之共有地，或移置共同监视之下，决不容许俄之独占"。函中还提及前述俄国企图独占北方练兵教习一事，声称《中俄密约》中已有这一条款（实际并非如此）。② 从此，近卫开始登上东三省问题的舞台并频频发声。

近卫是当时颇有影响力与个人特点的一名政治家，他是日本有着数百年历史的"五摄家"之首——近卫家家主，但不像大多数旧公卿进入明治时代之后成为可有可无的政治花瓶。他曾在德国波恩大学、莱比锡大学留学，归国后历任贵族院议员、学习院院长、贵族院议长、帝国教育会会长等职。他还以提倡亚洲主义（尤其是"人种竞争"）、鼓吹强硬外交而著称，东亚同文会成立后任会长，大力宣传所谓"支那保全论"。③

张之洞与近卫本是旧识。近卫1899年来华游历时曾访问武昌，与张之洞有过会面。张之洞之孙张厚琨留学日本时，也因时任学习院院长近卫的关照进入该

---

① 「五月十四日　加藤外務大臣ヨリ上海在勤小田切総領事代理宛」、外務省編纂：『日本外交文書』明治期第34卷、第365—367頁。加藤在此函中写道："以张之洞为首之清国当路者向来有一弊习，立于回避自身责任之地位，常令他国代之立于前台，为清国当解决问题之任。如前述张之洞来电，即为最好之例。以此观之，若云视列国殆为傀儡，亦无不可。本来，若无自助之精神，无权期待他人之援助。即便他人进而给予援助，亦无有益之结果。故就拯清国之时艰而言，清国自当其局，有所发奋措置，乃最紧要之义。如来电一般，徒自企图倚仗他人以收其效，适足以失列国之同情，招致嗤笑而已。当令张之洞了解此节。"以笔者所见，小田切似未向张之洞传达加藤的这一意见。

② 近衛篤麿日記刊行会編：『近衛篤麿日記』第4卷、東京：鹿島研究所出版会、1968年、第182頁。

③ 关于近卫其人，目前最完备的专著当属山本茂樹：『近衛篤麿—その明治国家観とアジア観』、京都：ミネルヴァ書房、2001年。关于近卫及其外交思想与当时中日关系，还可参见 Marius B. Jansen, "Konoe Atsumaro," in Akira Iriye, ed., *The Chinese and the Japanese: Essays in Political and Cultural Interactions*, Princeton: Princeton University Press, 1980；戴海斌：《近卫笃麿与19、20世纪之交的中日关系》，《学术月刊》2016年第9期。

校就读，并得到种种特殊照顾。① 张之洞亦将近卫视作在政治上可以借重的人物，此前曾因日本背景的中国报纸，如天津《国闻报》、上海《中外日报》《便览报》《苏报》《沪报》及汉口《汉报》等"多误信康党谣言"，指示心腹幕僚、湖北游学日本学生监督钱恂"务访其外部，并商近卫、伊藤"，对这些报纸施加压力。②

近卫领导的东亚同文会，在义和团运动爆发后积极思考应对之策。该会 1900 年 6 月下旬通过的基本方针是宣传"保全支那"，并在中国南方收揽人心，避免"攘夷"。同年 7 月中旬，该会重要干将、评议员根津一又提出《对北清变乱的支那处分案》，其中被他认为最适宜的方案是"联邦保全"，即联合刘坤一、张之洞、李鸿章等南方总督，建立"分邦"进而合并为联邦，再与其他地区合并为一帝国，置于日本保护之下。这一方案得到近卫认可，并被其推荐给伊藤博文等政要。俄国出兵东北后，近卫极力劝说总理大臣山县有朋阻止俄国扩张而未果，其后以东亚同文会干部为班底组织国民同盟会，通过发动舆论、游说政府、联络清朝实力派等方式，推动对俄强硬外交。③

1900 年 8 月，东亚同文会在南京设立的同文书院受义和团运动影响迁至上海，1901 年 5 月改名东亚同文书院。为出席成立仪式，东亚同文会副会长、贵族院议员长冈护美子爵来沪。收到李盛铎通知后，张之洞对此颇为重视，多次向小田切、长冈致电致函，表示遗憾无法亲往，将派员代为致贺。④

事实上，长冈此来绝不仅仅为了祝贺东亚同文书院成立，亦带有游说刘坤一、张之洞的政治使命。6 月 2 日，他与小田切一道在南京拜访刘坤一。两天后，刘坤一函告张之洞，长冈在谈话中"备陈中、日唇齿之谊，俄人虎狼之心，非将东三省洞开重门，不足制侵陵以保亚东大局，词极恳挚；并面交近卫公爵笃麿

① 戴海斌：《近卫笃麿与 19、20 世纪之交的中日关系》，《学术月刊》2016 年第 9 期；孔祥吉、村田雄二郎：《罕为人知的中日结盟及其他：晚清中日关系史新探》，成都：巴蜀书社，2004 年，第 308—310 页。

② 《致东京钱念劬》（光绪二十六年正月十一日申刻发），苑书义等主编：《张之洞全集》，第 7900 页。

③ 翟新：《近代以来日本民间涉外活动研究》，北京：中国社会科学出版社，2006 年，第 86—116 页；山本茂樹：『近衛篤麿—その明治国家観とアジア観』、第 125—148 頁；斎藤聖二：『北清事変と日本軍』、第 182—184 頁。

④ 茅海建：《张之洞的别敬、礼物与贡品》，《中华文史论丛》2012 年第 2 期。

（麿）一函，言之尤为切直；另折代拟变通章程，亦复委曲详尽"。① 6月8日，长冈又在武昌拜访张之洞。② 6月14日，张之洞电告刘坤一会见情形，称："长冈来鄂，带来近卫函及东三省开门通商办法一本，与呈尊处之件同。"③

可见，长冈分别向刘、张递交了近卫的书信与关于东三省开门通商的意见书。关于此事缘起，近卫也有记载。据其日记，4月26日众议院议员、国民同盟会会员神鞭知常来访，转述其女婿山座圆次郎（时任外务书记官）的意见：国民同盟会的运动，目前没有借重清朝"有力者"的力量，因此难以得到外务省的援助。东三省的开放为刘坤一、张之洞所倡导，近卫若能撰文加以推进，造成政府与国民同盟会的"举国同说"，进而影响清廷则为上佳。近卫对此大为赞同，并指示国民同盟会员恒屋盛服马上进行调查。5月3、4日，近卫又为"向刘张等人送交书信"一事会见恒屋。④ 看来，东三省开门通商的提议经由外务省—山座—神鞭传入近卫耳中，而他很可能将起草意见书一事委托给了恒屋。

近卫致刘、张两人的书信内容完全相同，主旨皆声称东三省绝不可弃，唯一出路只有"开放门户以保领土"，请求两人将其意见书"取舍折衷，以为成案，奏之西安，请朝廷付之于列国会议"，而他本人也将游说日本的"当路者"。⑤ 其意见书详述对东三省开门通商的规划，其"宗旨"言道：

一、废撤从来三将军，并合三省为一省，置总管府以治之。

一、府中军政、行政、司法狱讼三权须分立，以昭权限。

一、总管府设顾问或作参政院、大理二院，任立法讼狱。

① 《致张香涛》（光绪二十七年四月十八日），中国科学院历史研究所第三所主编：《刘坤一遗集》，第2286页。
② 《己亥庚子日记》，光绪二十七年四月二十二日，《许同莘日记》，甲622—11，中国历史研究院图书档案馆藏。
③ 《致江宁刘制台》（光绪二十七年四月二十八日寅刻发），苑书义等主编：《张之洞全集》，第8593页。
④ 近卫笃麿日记刊行会编：《近卫笃麿日记》第4卷、第173、179页。
⑤ 《俄约要盟贻害请将东三省开门通商折（并钞件）》（光绪二十七年八月二十四日），苑书义等主编：《张之洞全集》，第1457—1458页。按，《张之洞全集》所载时间有误，参见下文。

一、总管府立民、兵、财三部，分掌民政、军防、度支事宜。

一、总管由宗室亲王中简放，凡各部官吏，抡选国中俊才以充之，无问满汉之别。

一、各部聘用外国人之俊异优秀者为顾问官、教师，以备咨访。

一、上开变法各项稍就头绪，将牛庄以下各口岸海关撤去，以便各国人自由来往贸易。

一、既准各国人于牛庄以下各口岸自由来往贸易，须一面于山海关及蒙古各地方设立税关，以为讥征之地。

一、无论铁路、矿山等利权，准外国人一体均沾，其购有田产及自由居住均在不妨。

"宗旨"之后又有"新法梗概"，细述以上各条。其中较重要者有以下三条。

其一，在东三省建立大理院、按察使衙门（官吏皆包括外国人）两级司法体系，相当于终审法院与初审法院。这一体系与旧有的地方官兼理司法体制并行，规定凡涉及外国人的案件由按察使审理，双方均为华人的案件，如一方不愿地方官审理，也可如此审理。此外，大理院也有权受理原由地方官审理的上诉案件。

其二，东三省军队仍采取募兵制，但"其式参酌文明国兵法，折中其宜，别为一式"，总兵力为60营（参照当时勇营制度为3万人左右）。

其三，在放弃关税的前提下采取种种措施，预计东三省财政岁入可达3125万两白银，来源包括出售木材、拍卖未开垦土地、矿税、人头税、地税、盐税、火酒（烧酒）税与土药（鸦片）税。①

此前张之洞提出的开门通商之议，只是一个粗略的构想，近卫的方案是在张氏方案基础上细化而成的。不过，两者不同之处在于：按张之洞的构想，东三省

---

① 《俄约要盟贻害请将东三省开门通商折（并钞件）》（光绪二十七年八月二十四日），苑书义等主编：《张之洞全集》，第1458—1462页。另外，近卫的方案当时已在报刊上披露。当年6月23日的《新闻报》以《东人函论照录》为题刊登了它的摘要，据称来源是"东友"（应当是某国民同盟会员），同一期还刊有一篇政论《论东三省作公共通商口岸》，参见路遥主编：《义和团运动文献资料汇编·中文卷》，济南：山东大学出版社，2012年，下册，第745—747页。

的开放办法比照自开商埠吴淞、秦皇岛，"我收其税"；而近卫的方案是将东三省的海关全部撤销，即所谓的"关市讥而不征"。① 因此，近卫极力强调尽管清政府将失去东三省关税（在当时只有牛庄一口），但开放带来的农工商业利润足以弥补。总之，在这一方案下，东三省在行政、司法、军事、财政上都将异于内地，"实际上是由中国主动地把东三省的地位特殊化甚至半独立化"。②

同时，近卫亦通过李盛铎致函军机处"指陈时局"，应当也附有开门通商的意见书。6 月 10 日，军机处由荣禄领衔复函，仅作客套感谢，未言及任何实质性内容。③ 而到 1903 年 6 月，即俄国提出七条关于东三省与蒙古的政治要求后，近卫又将这一意见书寄送外务部，并另致一函，力劝清政府不要对俄让步，④ 同时也以相同内容致函南洋大臣、两江总督魏光焘。⑤ 以当时东三省的混乱局势，开门通商之议更是空中楼阁，半年后日俄战争便即爆发。

从前引刘、张两电来看，前者对近卫的建议较为谨慎，主张"先将近卫所拟办法密呈政府预筹，一俟时局大定，斟酌施行"；后者态度则积极得多，提议江

---

① 语出《孟子·梁惠王下》："昔者文王之治岐也，耕者九一，仕者世禄，关市讥而不征，泽梁无禁，罪人不孥。"（杨伯峻译注：《孟子译注》，北京：中华书局，2008 年，第 27 页）"关市讥而不征"即关卡和市场对货物只稽查，不征税。这是孟子对周文王"王政"的理想化描述。

② 赵中孚：《清末东三省改制的背景》，《"中央研究院"近代史研究所集刊》第 5 期，1976 年，第 323 页。

③ 王彦威纂辑，王亮编：《清季外交史料》，第 4199 页。当年 11 月 6 日，近卫还致函荣禄，建议清政府变法、回銮并实施东三省开门通商，参见《近卫笃磨（麿）等札》，杜春和等编：《荣禄存札》，济南：齐鲁书社，1986 年，第 388—391 页。

④ 《请开放满洲附陈统治策由》（光绪二十九年闰五月初三日收），外务部档案，档号 02—10—003—05—011，台湾"中研院"近代史研究所藏。该意见书题为《满洲统治策》，内容与致送刘、张者相同（偶有个别字句出入，当系抄写之误）。外务部随即发出两份复函，致谢之后表示东三省开门通商目前不便举办，参见《收到东三省治策由》（光绪二十九年闰五月初六日发，二通），外务部档案，档号 02—26—004—01—004、02—26—004—01—005。

⑤ 《函寄日本近卫公函由》（光绪二十九年闰五月初五日收），外务部档案，档号 02—10—003—05—012。接到魏光焘函告此事后，外务部表示已"以辅车唇齿、彼此关切之词浑融答复"，参见《函复东三省情形近卫公爵函复由》（光绪二十九年闰五月初八日发），外务部档案，档号 02—10—003—05—015。

鄂会奏，"将各条有利无害，剖析陈明，切劝朝廷照办"。① 刘坤一6月15日电告张之洞："开门通商，公前已奏，虽舍此亦无保东三省之策，近卫所拟各节，于东三省官制、政令、赋税全行更改。内间之意，过新之事不行，必以为骇人听闻，置之不理，于事仍属无济。"他主张，一面向俄国交涉接收东三省，一面密电驻英、日公使"怂恿两国相助举行"开门通商，待俄国撤军后再行"次第举办"。② 也就是说，他虽然同意开门通商，但因近卫的方案过于"骇人听闻"而不予采纳。由于二人意见抵牾，张之洞似未回复此电。同时，他也暂时未将近卫的提案上奏。

五、东三省交收谈判再开与刘坤一、张之洞的活动

东三省交收谈判再开之际，张之洞又一次提议开门通商。1901 年 7 月 26 日，他发出一份电奏，一方面陈述俄约的危害，并表示对李鸿章居心的怀疑；另一方面重申自己与刘坤一的意见："其数月来，江鄂往返筹商，并探询各国外部，惟有趁此公议（指《辛丑条约》谈判——引者注）之时请各国公断一策，将俄人自立之约十一条置之不论"。此外，他还声称"至美日两国所请将东三省开门通商办法，最为善策"，请求照会各国宣布施行。③ 在此，他没有强调开门通商是他"独自创议"的，反而说这是美日所请，自然是为了增加这一方案的分量。

7 月 29 日，清廷向奕劻、李鸿章、刘坤一、张之洞下达电旨，试图调停李鸿章与刘、张二人之间越来越深的意气之争，同时对接下来的中俄谈判给出总体指导意见："俄约自难全废，终当设法改订。俄人交还东三省若仍夺我兵权、利权，名还而实不还，害岂可言。且各国起而效尤，则内地之祸何堪设想。必须乘公约既成之际，向俄使商定前约，婉与磋磨，并即照会各国公使，请为公议，便可询问关东撤兵日期以观动静。若能将东三省许各国通商，得互相牵制之益，庶几根

---

① 《致张香涛》（光绪二十七年四月十八日），中国科学院历史研究所第三所主编：《刘坤一遗集》，第 2286 页；《致江宁刘制台》（光绪二十七年四月二十八日寅刻发），苑书义等主编：《张之洞全集》，第 8593 页。

② 《刘制台来电》（光绪二十七年四月二十九日辰刻到），苑书义等主编：《张之洞全集》，第 8594 页。

③ 《收张之洞来电》（十二日缮递），中国第一历史档案馆编：《清代军机处电报档汇编》，第 22 册，第 207—212 页。

本之地可保，全局亦安。"① 可以说，这一指示是综合四人意见而成的。参照前引张之洞 7 月 26 日电奏，可以看出其中"请为公议"与"将东三省许各国通商"两条明显受到他的影响。

张之洞当天尚未收到电旨。同日，他致电李盛铎，通知"敝处日昨照日本外部意指电奏"（即 7 月 26 日电奏），目前未见回复，要对方询问日方意见。8 月 5 日，李盛铎拜访外务省，递交了张之洞的电报。次日，外务省总务长官内田康哉（旋即出任驻华公使）向他表示，"现回銮尚早，地方亦未全平静"，各国不便对俄劝说，对开门通商则未置一词。同日，他向刘、张电告这一情形。② 如前所述，加藤高明曾对开门通商表现出某种积极态度，而此时内田却全然不提此节，这可能与内阁换届带来的外务省领导层变动有关：6 月 2 日，第一次桂太郎内阁成立，加藤的职位被曾祢荒助（以大藏大臣兼任）取代。③

8 月 12 日，奕劻、李鸿章与俄国公使雷萨尔在北京重开谈判。8 月 16 日，张之洞致电刘坤一，首先援引奕、李 12 日报告谈判情形的电奏，④ 然后表示李鸿章在谈判中不会遵循前引电旨中列强"公议"的指示。张之洞显然担心，如果没有各国干涉，李鸿章将擅自答允俄国过分的要求。于是他主张两人联衔电奏，阻止俄方向李鸿章所要求的"三端"，即李氏拥有谈判东三省问题的全权、签约前对他国保密、不接受他国干涉。同时，他还主张在电文中加入内田"决不令中国失机会"的表态与近卫意见书中"东三省广大富饶，开门通商杂居，岁入可数千万"的言论。⑤ 刘坤一次日回电表示"祈公主稿，挈衔电奏"，完全将主导权交给

① 《奉旨着责成奕劻等赶紧筹商务臻妥善办理俄约事》，光绪二十七年六月十四日，中国第一历史档案馆编：《清代军机处电报档汇编》，第 2 册，第 467—468 页。
② 「八月六日 内田総務長官清国公使会談筆記」、外務省編纂：『日本外交文書』明治期第 34 卷、第 385—388 頁；《李盛铎电稿》，中国社会科学院近代史研究所近代史资料编辑组编：《近代史资料》第 50 号，北京：中国社会科学出版社，1983 年，第 71—72 页。
③ 桂太郎组阁时原本邀请加藤留任，因对方拒绝，转而决定起用时任驻华公使小村寿太郎。因小村当时在北京处理《辛丑条约》谈判事宜，暂时以曾祢兼任外务大臣。参见千葉功：『旧外交の形成——日本外交一九〇〇—一九一九』、第 89 頁。
④ 该电奏见《寄西安行在军机处》（光绪二十七年六月二十八日申刻），顾廷龙、戴逸主编：《李鸿章全集》，第 28 册，第 391 页。
⑤ 《致江宁刘制台》（光绪二十七年七月初三日午刻发），苑书义等主编：《张之洞全集》，第 8617—8618 页。内田"决不令中国失机会"一语来自前述 8 月 6 日李盛铎致刘、张电。

张之洞。①

同时，张之洞仍在争取日方的帮助。8 月 20、23 日，小田切两次报告曾祢，张之洞向他表示了对俄国要求"三端"的反对，希望日本与各国相商以协助中国。另外，他还转呈驻上海总领事馆南京分馆主任天野恭太郎的报告。天野 8 月 18 日会见了两江洋务局总办汪嘉棠。汪氏告知他，刘、张二人对李鸿章负责对俄谈判极为担心，请求转告曾祢。②

另外，在 8 月 24 日，钱恂亦奉张之洞指示拜访外务省，与内田会谈。③ 钱恂带来两份电报抄件，其中一份是张之洞致近卫电，言道"兹召钱守念劬（即钱恂——引者注）回鄂，商补救俄约事，请阁下代鄙人致意贵外务省，令钱守一见，面告机宜，以便回鄂速办"。④ 另一份是张之洞致钱恂电，内容仍是提及"三端"，认为清政府"日久为其（指李鸿章——引者注）所欺蒙要挟，须急救"。钱恂表示，当下要著有三：一是令清廷不要同意签约，二是回銮，三是"确立政府"即建立稳固的中枢，⑤ 第三点尤为难中之难。他主张，如果"张总督入朝廷，得为皇帝近侍"，将于事有益。钱恂所提让张之洞入枢，完全是其个人见解。甲午战争以降，朝野屡有调张入枢的提议，亦曾颁有明旨，但张之洞不愿进京涉足复杂政争，宁愿在湖北经营一片事业。⑥ 钱恂虽是张之洞极为器重的幕僚，但特立独行，常有出格之举，如在庚子事变初起时曾对日方有过"张之洞或会设立新政府"的夸张之语。⑦ 不过，内田在会谈中始终没有明确表态。

① 《复张制军》（光绪二十七年七月初四日），中国科学院历史研究所第三所主编：《刘坤一遗集》，第 2627 页。
② 「八月二十日　上海在勤小田切総領事代理ヨリ曽祢外務大臣宛（電報）」、「八月二十三日　上海在勤小田切総領事代理ヨリ曽祢外務大臣宛」、外務省編纂：『日本外交文書』明治期第 34 卷、第 393—396 頁。
③ 「八月二十四日　内田総務長官清国留学生監督銭恂対談」、外務省編纂：『日本外交文書』明治期第 34 卷、第 396—398 頁。
④ 近卫 7 月 15 日至 8 月 27 日在华北与朝鲜游历，应当不会及时收到这封电报，参见近衛篤麿日記刊行会編：『近衛篤麿日記』第 4 卷、第 228—256 頁。
⑤ 当时语境中的"政府"一般指军机处或内阁，参见王宏斌：《光绪朝"政府"词义之嬗变》，《近代史研究》2007 年第 6 期。
⑥ 吉辰：《昂贵的和平：中日马关议和研究》，第 33—35 页。
⑦ 戴海斌：《晚清人物丛考初编》，北京：三联书店，2018 年，第 158—160 页；邱巍：《清末钱恂"革命"行思之考察》，卢敦基主编：《浙江历史文化研究》第 4 卷，杭州：浙江大学出版社，2012 年，第 161—176 页。

至于刘坤一的态度，日方却有一些别样的记载。天野在 8 月 28 日给小田切的报告（同日由小田切转发曾祢）中指出，刘坤一当前争取日本干涉东三省问题的态度不甚积极，"与该总督今春之态度相对照，其间大相径庭"。他引用即将东行的新任驻日公使蔡钧（原任上海道）的解释，说这是因为李鸿章此前"劾奏刘坤一，云彼为日英所迷"，而李氏仍为慈禧所信任；加之刘氏"政敌"鹿传霖现任军机大臣，若抓住他的把柄加以排斥，"难保不至剥夺彼七十年来之功劳名誉"。因此天野总结道，"彼现下尽量慎其一言一行，务求不违西安朝廷之意，亦宜其然也"。① 所谓李鸿章"劾奏"刘坤一，确有所本;② 鹿、刘二人当时也确实交恶。③ 这样的解释未必准确，不过出自一向为刘坤一倚重的老部下蔡钧之口，还是值得重视。刘坤一此时态度不如张之洞积极，也是事实。

如前所述，刘坤一委托张之洞起草谏阻中俄谈判的奏稿，这大概颇让后者费了一番心思。据郑孝胥记载，9 月 12 日张之洞向他出示"《奏争俄人东三省条约折》稿"。④ 9 月 14、15 日，张之洞两次致电刘坤一，表示准备与他会奏开门通商一事，"折已缮就，俟尊电即发"，对方 9 月 19 日表示同意。⑤ 若干日后，张之洞由驿递发出这份联衔奏折，10 月 4 日呈递。⑥

在该折中，张之洞首先声称"近闻又有先立三条密约之举"（即前述"三端"），随后表示"此约非付各国据理公断，不能折其横恣之谋，非许各国开门通商，无以制其侵陵之势"。接下来，他罗列若干列强的动向，认为"种种情节俱

① 「八月二十八日 上海在勤小田切総領事代理ヨリ曽祢外務大臣宛」、外務省編纂:『日本外交文書』明治期第 34 卷、第 401 頁。
② 当指奕劻、李鸿章 7 月 5 日致行在军机处电（并非电奏）所言："江、鄂督为日本所愚，力阻画押。"参见《寄西安行在军机处》（光绪二十七年五月二十日），顾廷龙、戴逸主编:《李鸿章全集》，第 28 册，第 314—315 页。
③ 吉辰:《庚子事变中的鹿传霖——兼论若干大吏间的人事纠葛》，《中国国家博物馆馆刊》2020 年第 11 期。
④ 中国历史博物馆编，劳祖德整理:《郑孝胥日记》，光绪二十七年七月三十日，北京:中华书局，1993 年，第 808 页。
⑤ 《致江宁刘制台》（光绪二十七年八月初二日丑刻发、初三日巳刻发）、《刘制台来电》（光绪二十七年八月初七日子刻到），苑书义等主编:《张之洞全集》，第 8630—8631 页。
⑥ 呈递时间参见中国第一历史档案馆编:《清代军机处随手登记档》，北京:国家图书馆出版社，2013 年，第 152 册，第 345—346 页。《张文襄公全集》（包括以此为底本的《张之洞全集》）将该折日期标注为八月二十四日（10 月 6 日），有误。

属可虑，可见各国均将视俄约之利害以为进退，效尤之举已有端倪，各国援例于各省，各求所欲，即是瓜分。因循不断，祸至无日矣"。然后，张之洞提到近卫的建言，声称这一办法比起俄国的要求对清政府有利得多。即使是其中明显有损国权的条款，他也主张接受：对于撤除海关，他接受近卫的说法，认为通商带来的收入可以补偿；对于任用外国官吏，他也援引中国海关的先例，同意"参用客卿"。他甚至联系到此前颁布的新政上谕，① 认为"方今屡奉明旨，讲求变法，特是不变不能图存，骤变又恐骇俗，莫若于东三省采用该公爵条议，先行酌量试办，如顾问、法律、警察三条，果其有利无弊，内地再为仿行"。也就是说，东三省实行开门通商，不仅是为了借各国之力保全领土，还可以作为新政的试验田。于是，他请求命令外务部向各国宣布"俄人何日交还东三省，我即日开门通商"。② 此折另附近卫致刘、张函与意见书抄件。正折与两份附件加起来字数过多，可能是张之洞采用驿递而非电奏的一个原因。考虑到他从 3 月下旬开始对长期掌管电报总局的盛宣怀有所防范，保密或许也是一个原因。③

10 月 11 日，张之洞还致电鹿传霖打探中枢对此折的意见。④ 其实，该折呈递当天，清廷已字寄刘、张二人，但此时张之洞尚未收到。这一字寄谕旨对东三省问题仍持谨慎态度，认为"今遽将俄约宣请各国公议，必致激怒于俄，势成决裂"，并引用刘、张折中"俄人何日交还东三省，我即日开门通商"一语，指出"今并未交还而遽宣此说，岂非徒以空言，先受实祸"。⑤

---

① 关于新政上谕与张之洞的回应（即与刘坤一会奏《江楚会奏三折》），参见李细珠：《张之洞与清末新政研究》，北京：中国社会科学出版社，2015 年，第 74—90 页。

② 《俄约要盟贻害请将东三省开门通商折（并钞件）》（光绪二十七年八月二十四日），苑书义等主编：《张之洞全集》，第 1454—1456 页。

③ 相关情况参见吉辰：《庚子事变中的鹿传霖——兼论若干大吏间的人事纠葛》，《中国国家博物馆馆刊》2020 年第 11 期。

④ 《致潼关鹿尚书》（光绪二十七年八月二十九日亥刻发），《张之洞电稿乙编》第 15 函第 1 册，甲 182—76。按，清廷已于 10 月 6 日启程"回銮"，故鹿传霖当时在潼关。

⑤ 中国第一历史档案馆编：《光绪朝上谕档》，桂林：广西师范大学出版社，1996 年，第 27 册，第 189—190 页。此旨当在 10 月 19 日之前到达南京。刘坤一当日致电张之洞："会奏东三省俄约要盟贻害请开门通商折，现奉密谕一道，录咨冰案。如尊处尚未奉到，祈示，当电达。"参见《江宁刘制台来电》（光绪二十七年九月初八日未刻发，亥刻到），《张之洞存各处来电》第 39 函第 4 册，甲 182—151。

至于日本方面，笔者尚未发现对此折有何反应。必须指出的是，恰在此时，外务省于9月24日命令小田切归国，原因不明。① 这位一直负责联络刘、张且活动极为积极的关键人物离开中国之后，日本外交部门与两人的联络骤减。②

11月1日，张之洞致电刘坤一：

> 东三省开门通商，内意恐激俄怒，不敢宣布力持。然近日情形，英日主意渐变，日本报并有联俄之说。闻日本政府言中国此时兵力不足，日本不能代诘俄人，英人尤多观望。项闻庆邸赴汴迎驾，合肥（即指李鸿章——引者

---

① 『外務省月報』明治三十四年九月分、第5頁。小田切直至次年3月11日才受命作为"清国关税率换算委员"再度赴华（负责谈判中日通商行船条约），参见『外務省月報』明治三十五年三月分、第5頁。

② 小田切在办理对华外交时往往有自行其是的出奇之举，如当时曾为清廷代拟"密旨"。7月18日刘坤一致函盛宣怀，其中写道："醇邸奉使，为亲贵出洋之始，外人观听所系，全在随节诸人善为赞襄。东三省事能得醇邸向各国一提，自是有益无损，执事盍为政府言之。小田切代拟之件，似觉难于上陈，惟来意良善，应如何应付，不没其相助之雅，则在君卿唇舌之妙矣。原件附缴，仍希察入。""醇邸奉使"，即醇亲王载沣6月4日奉旨赴德，为德国驻华公使克林德被杀道歉。小田切知此事后曾草拟一道致载沣的"密旨"，希望由刘坤一传达给朝廷（可能由盛宣怀转交）。其内容为指示载沣出国后密商德、英、美、日四国"当局大臣"，抵制俄国对东三省的要求。尤其值得注意的是，内中还言明清政府决定废弃《中俄密约》，这正是日本外交部门数年来孜孜以求的对华外交目标。不过，由外臣代拟"密旨"显然太过敏感，刘坤一不敢采纳，于是将原件寄还盛宣怀。从小田切与张之洞的关系考虑，他很可能也向后者提出过这一计划，但笔者未能找到证据。小田切似未向外务省报告此事。该"密旨"稿为小田切亲笔所书，内容如下："谨拟密旨壹道。朕惟东三省为我朝发祥之地，祖宗陵寝所在，当客岁变乱之际，俄罗斯遽进大兵，于是东方之地，归其掌握，殆无异于占据。又乘我邦多事，逼订密约，图逞其心。惟各国之意，以为中国方议公约，又独与俄专订私约，于理不当，向我有词。朝廷亦思祖宗陵寝之地，断无委诸他人之理，且密约条款尤有碍于中国自主之权，及所损利益甚大，遂决意拒俄，废弃密约。然俄人宣告列邦，谓俟中国诸事大定之后，政府之力能使乱民不复再起，然后撤退军队，以东三省归我。其言虽似可听，而窥其意旨，殆欲永占不还。夫东三省既关陵寝重地，且恐失自主之权及其他各种利益，决无甘心让人之理。惟以今日时势而论，中国甫经大乱，兵力微弱，欲与俄人相抗，实有未逮。尔亲王此次出洋，可将此事密商德英美日四国，求其援助，并询明各国欲中国如何办法方为合理，俾得阻俄人之隐谋，以保中外之公益，朕实有厚望焉。至邦交之事，尤贵秘密。尔亲王务蕲与各国当局大臣密商，不可与局外之人谈论，致多泄露事机，慎之慎之。"参见《刘坤一致盛宣怀函》（光绪二十七年六月初三日），盛宣怀档案，档号015601。

注）嘱庆邸趁此力劝速定俄约，大局危矣。窃拟有不得已之策，新疆岁糜巨饷数百万，有何益处！盛京、胶、旅不能守，而顾及西北沙漠乎！傥径将新疆古城以西、葱岭以北，伊犁、塔尔巴哈台、乌鲁木齐等处让与俄人，名之为借，俟数十年后议价赎还。至南八城乃膏腴多矿之地，不必让。古城为南北两路咽喉，不可让。以荒漠易陪京，以虚耗羁縻之地易沃饶根本之区，利害较然。俄如将东三省速交还，准我开门通商，我即以此酬之。但须先密与英日商明，如中俄照此办法，英日须阻各国，已得东三省开门通商之利益，不得藉口再向索地。并托日本力劝英人，如英日允许，即当迅速会同电奏。祈裁酌。「如以为可，请即密商驻京英使及日本外部。敝处已电商矣。盼」速复。①

数小时后，张之洞再次致电刘坤一：

　　新疆抵东三省事，敝处致美（应为"英"字——引者注）日电尚未发，候尊处裁定示复后再酌。②

张之洞一方面感到英日两国对东三省问题的态度转向消极，另一方面听闻李鸿章力主尽早签订条约，认为局势危在旦夕。他的方案是以新疆土地交换东三省权益，在 3 月 20 日电奏中已提出，③ 此次又将"借地"范围定为古城（今奇台县）以西、葱岭以北。同时，张之洞仍准备令开门通商计划与这一方案并行，为

---

① 《致江宁刘制台》（光绪二十七年九月二十一日辰刻发），《张之洞电稿乙编》第 15 函第 1 册，甲 182—76。"「」"符号为原文所有。该电之上有铅笔批注："致英日电未发，故删此数句。""此数句"应指为"「」"括出的部分。此语可能为当时负责整理张之洞电稿的许同莘所写。

② 《致江宁刘制台》（光绪二十七年九月二十一日未刻发），《张之洞电稿乙编》第 15 函第 1 册，甲 182—76。

③ 张之洞在该电奏中主张"其铁路入长城一节（即俄方修正案最后一款——引者注），或以新疆利益与之通融。权其利害轻重、根本边陲有别"，参见《致西安行在军机处（发后转刘制台、盛大臣、袁抚台、陶制台、岑抚台、王抚台、端抚台）》（光绪二十七年二月初一日巳刻发），苑书义等主编：《张之洞全集》，第 2200 页。前述张之洞 3 月 20 日致樊增祥电中也言道，"与其迁就于满洲，不如通融于新疆"，参见《致西安樊云门》（光绪二十七年二月初一日酉刻发），苑书义等主编：《张之洞全集》，第 8519 页。

此打算请英日阻止他国可能提出的土地要求。笔者未能查得刘坤一的复电，但估计他不会同意这样的计划。张之洞似也未向英日传达此意。

11月7日，李鸿章病故；另一名全权大臣奕劻已于10月31日前去河南"迎銮"。① 中俄谈判又一次中断，直到11月29日奕劻回京才继续。②

六、第一次英日同盟与《交收东三省条约》的签订

长期被视为俄国代理人的李鸿章去世，并没有让张之洞等人松一口气。李鸿章去世当天，上谕令外务部会办大臣王文韶署理李氏所遗全权大臣差使。③ 王文韶向来以为官圆滑著称，而且张之洞还将他看作李鸿章一党。11月10日，张之洞致电刘坤一称："仁和（王文韶——引者注）向来助合肥，赞俄约。今仁和为全权，庆邸到汴，恐仓卒定议，不可救矣。"④

于是，张之洞只能寄希望于奕劻，并拟通过游说与奕劻关系密切的袁世凯，对其施加影响。12月19日，张之洞致电刘坤一，主张两人劝袁向奕劻游说，"坚持我勿私与俄定此约，必请五大国公断"。⑤ 同日袁世凯复电，表示奕劻的意见是"先密与英、日商妥，再与俄议，公断一策，仍在慎重"，而他本人的意见则是在俄国作出足够让步之前采取拖延战术。⑥ 萨道义12月5日也报告兰士敦："袁世凯说，他、庆亲王与两位长江总督（即刘坤一与张之洞——引者注）不急于签订任何关于满洲的条约，除非条款令他们满意；不然的话，他们将会观望待机。"⑦

英国此时对中俄谈判表现出比较积极的态度。萨道义此前刚刚访问过南京、

---

① 《陈氏家书（选录）》，中国社会科学院近代史研究所《近代史资料》编辑组编：《义和团史料》，北京：中国社会科学出版社，1982年，上册，第518页。

② 中国社会科学院近代史研究所编：《沙俄侵华史》，第4卷上册，第242页。

③ 中国第一历史档案馆编：《光绪朝上谕档》，第27册，第202页。

④ 《致江宁刘制台》（光绪二十七年九月三十日午刻发），《张之洞电稿乙编》第15函第1册，甲182—76。

⑤ 《致江宁刘制台》（光绪二十七年十一月初九日子刻发），苑书义等主编：《张之洞全集》，第8680页。

⑥ 《致湖广总督张之洞电》（光绪二十七年十一月初九日亥刻发，初十日亥刻到），刘路生、骆宝善主编：《袁世凯全集》，第10卷，第58页。

⑦ "Satow to Lansdowne," Dec. 5, 1901, in Ian Ruxton, ed., *The Semi-Official Letters of British Envoy Sir Ernest Satow from Japan and China（1895–1906）*, Raleigh：Lulu Press Inc., 2007, p. 276.

武昌，与刘、张两人谈及东三省问题，表示"亦以俄约为虑"，"英意与日本略同"。[①] 前引袁世凯电也提到，"闻英日已密议，尚未妥协"。他的情报是准确的，英日两国此时正在谈判结盟事宜。

俄占东三省，促使英日越发对它们在远东的共同利益产生共鸣。从1901年7月开始，双方互相释放出有意结盟的信号，逐渐开始磋商。两国此时亦希望与俄国达成妥协，但对俄交涉皆不得要领。1902年1月30日，兰士敦与林董在伦敦签订《英日同盟条约》，第一次英日同盟成立。[②] 条约共6条，主要内容是宣告英日两国保证中朝两国的独立、领土完整以及门户开放原则，规定双方互相承认英国在华、日本在朝的特殊利益，一方若因保护这一特殊利益与一国或多国开战，另一方将保持中立或参战。[③]

2月12日，条约在伦敦与东京同时公布。[④] 同日，驻华公使内田康哉向奕劻递交条约汉译本以及一份标榜条约旨在保护中国领土完整的说明，奕劻面露喜色，表示条约确于中国有利。同时，新任外务大臣小村寿太郎也召见新任驻日公

---

① 《致江宁刘制台》（光绪二十七年十月十六日巳刻发），《张之洞电稿乙编》第15函第2册，甲182—76；《江宁刘制台来电》（光绪二十七年十月十六日戌刻发，十七日巳刻到）、《江宁刘制台致行在军机处电》（光绪二十七年十一月初五日午刻发，初六日申刻到），《张之洞存各处来电》第40函第2册，甲182—152。

② 关于第一次英日同盟的成立，英日两国学界的研究相当丰富，可参见杨国伦：《英国对华政策（1895—1902）》，第311—335页；Ian H. Nish, *The Anglo-Japanese Alliance: The Diplomacy of Two Island Empires, 1894 – 1907*, pp. 143 – 228；T. G. Otte, *The China Question: Great Power Rivalry and British Isolation, 1894 – 1905*, pp. 269 – 306；黑羽茂：『日英同盟の研究』、山形：東北教育図書、1968年、第5—94頁；鹿島守之助：『日本外交史』第6巻、第74—104頁；小林道彦：『日本の大陸政策1895—1914—桂太郎と後藤新平』、第43—59頁；千葉功：『旧外交の形成——日本外交一九〇〇－一九一九』、第87—103頁。国内学界的相关研究极少，可参见中国社会科学院近代史研究所编：《沙俄侵华史》，第4卷上册，第236—242、246—248页。

③ 条约全文参见世界知识出版社编：《国际条约集（1872—1916）》，第215—217页。除公开的六条外，尚有以互换照会形式达成的秘密条款：两国海军平时将协同行动，两国将互相给予对方海军舰只使用本国港口船坞、加煤站等方面的便利，参见外務省編纂：『日本外交文書』明治期第35巻、東京：日本国際連合協会、1957年、第20—23頁。

④ 「二月十日　在英国林公使ヨリ小村外務大臣宛」、外務省編纂：『日本外交文書』明治期第35巻、第27頁。公布日期按伦敦时间为2月11日。

使蔡钧，递交同样的文件，要求蔡钧通知外务部、刘坤一与张之洞。① 张之洞当天便得知这一消息。身在东京的钱恂向他电告："日英盟成，保中国独立，盟期五年。"② 2月14日，刘坤一又发来蔡钧2月12日报告条约内容的来电：

> 蔡使微（初五日即2月12日的代码——引者注）电：日英联盟，实为保我国自主之权，绝别国觊觎。日外部昨已电日使达译部，今摘要电陈。一条，日英认清韩自主独立，无侵略清韩之意。若别国有侵略事，日英利权受亏，或清韩内地骚扰，日英可因时因地设法处理。二条，倘日英因保护本国利益与别国启衅，日英守中立之义，力阻各国博敌，与同盟国不得交仗。三条，倘开衅，或一国或数国博（搏）敌打盟，订约之国和战彼此助办。四至六三条来稿略而未列。请转电□帅钧鉴云。③

就在英日同盟公布的同一天，刘坤一接到奕劻、王文韶通知谈判情形的"密函"，其主旨是表示"中国能自订为上策。必不得已，请各国调停为下策"，"东三省为俄兵力所得，不稍与利益，彼岂肯交还？两害取轻，舍此别无办法"，即主张在俄国作出有限让步的前提下签约。对此，刘坤一认为"大不妥"，立即致电张之洞商议。对方更感"不胜惶骇"，提议"请公挈衔痛切电奏"。④ 于是刘坤一于2月16日与张之洞联衔电奏。此奏引用"密函"若干内容一一加以辩驳，最后总结道："此约万不可许，仍以请各国公断为妥。否则，仍暂作宕局。"也就是说，其主张在诉诸其他列强之前暂时搁置谈判。电奏中提到英日同盟的签订作为两国将援助中国的证据，以反驳函中的怀疑意见："查英、日等国情义最深，

---

① 「五月六日　在英国林公使ヨリ小村外務大臣宛」、外務省編纂：『日本外交文書』明治期第35巻、第91頁。

② 《东京钱守来电》（光绪二十八年正月初六日辰刻发，戌刻到），《张之洞存各处来电》第41函第1册，甲182—153。

③ 《江宁刘制台来电》（光绪二十八年正月初七日酉刻发，初八日午刻到），《张之洞存各处来电》第41函第1册，甲182—153。"博敌打盟"下的着重点为原文所有。另有批注："博字恐有误，四字亦恐有误夺。""□"为原文空缺，应为"香"字。

④ 《刘制台来电》（光绪二十八年正月初六日亥刻到）、《致江宁刘制台》（光绪二十八年正月初八日子刻发），苑书义等主编：《张之洞全集》，第8729—8730页。

俄得志东三省，日固有唇齿之虑，英商务亦大受损。英已屡劝中国坚持，日本去秋复电，允俟津兵撤后，同英美诘俄，语尤结实。近日英日联盟，专为东三省事。揆之现势则如彼，证之实事又如此，乃专以不切实相助责人乎！”①

同日，刘坤一还致电张之洞、袁世凯与四川总督奎俊，通知自己应蔡钧建议，托蔡、罗二公使向日英两国祝贺结盟。② 袁世凯此前已得知英日同盟条约的内容，次日复电（并致张、奎）称，按照条约内容，“我之主权赖人保全，俨若无以自立”，而且将来若有内乱，英日均可干预，令他感到“忧痛交集”，因此在接到日方知会时并没有致贺。不过，他也认为这一条约对中国来说“究可暂救燃眉”。③ 张之洞对条约的态度同样是忧喜参半。他于 2 月 18 日致电刘、袁两人，对同盟条约第一条中“清韩内地骚扰，日英可因时因地设法处理”的言辞表示疑惧，担心两国将任意出兵中国，因此主张由蔡钧、袁世凯分别向外务省、内田探询此语含义。同时，他也认为英日同盟“于俄约甚有关系，断不甘让俄独踞”，外务部虽接到通知，“恐未必送政府看也”，而前述 2 月 16 日电奏对英日同盟也只是一笔带过，于是提议“此节似宜揭破，电告政府、外务部，免致率画俄约”。④ 看来，他对奕劻、王文韶（分别任外务部总理大臣与会办大臣）当家的外务部并不信任。

对于张之洞 2 月 18 日电的意见，刘坤一次日复电赞同，表示已指示蔡钧“切究”，并请张之洞主稿挈衔电奏。⑤ 同一天，袁世凯又电告刘、张二人萨道义也送来条约文本，对照之下认为“英、日必派兵干预，似无疑义”，还称听闻

① 《收两江总督、湖广总督电》（正月初十日），中国第一历史档案馆编：《清代军机处电报档汇编》，第 27 册，第 240—242 页。该电奏另可见《刘制台来电》（光绪二十八年正月初十日巳刻到），苑书义等主编：《张之洞全集》，第 8735 页。两种记载有多处字句出入，如“情义最深”作“忌俄最深”，当以后者为是。

② 《江宁刘宫保来电》（光绪二十八年正月初九日戌刻发，初十日午刻到），《张之洞存各处来电》第 41 函第 1 册，甲 182—153。刘坤一此前曾与奎俊通信谈论政局，参见《复奎俊峰》（光绪二十七年十月二十六日），中国科学院历史研究所第三所主编：《刘坤一遗集》，第 2296 页。此函或许有助于解释为何此电亦发给奎俊。

③ 《致两江总督刘坤一湖广总督张之洞四川总督奎俊电》（光绪二十八年正月初十日午刻发，亥刻到），刘路生、骆宝善主编：《袁世凯全集》，第 10 卷，第 100 页。

④ 《致江宁刘制台、保定袁制台》（光绪二十八年正月十一日卯刻发），苑书义等主编：《张之洞全集》，第 8740 页。

⑤ 《江宁刘制台来电》（光绪二十八年正月十二日申刻发，亥刻到），《张之洞存各处来电》第 41 函第 1 册，甲 182—153。

"俄法亦拟仿英日立一约",[1] 担心 "我有内乱,四国均可干预,又归四国维持,我将何以立国"。因此,他也主张由刘、张二人 "执前言,切向英日商令代索(东三省)",以便 "试探英、日意旨力量"。[2]

2月22日刘坤一通知张之洞(并致外务部、袁世凯),据蔡钧报告,英日同盟中所谓 "清韩内地骚扰",指的是 "俄在东省及在韩占据,如去年拳匪事,亦包括在内"。[3] 2月25日罗丰禄也电告张之洞,"英日联盟究因保守东方太平之局,且约辞公允",并表示既然刘坤一已经致贺,亦已先行代张致贺。[4] 另一方面,2月19日奕劻、王文韶致电刘、张,表示自己发出前述 "密函" 之后才知道英日同盟之事,并保证 "其中利害与尊处所见略同,断不贸然从事,请勿过虑"。[5] 英日同盟的消息,显然也让两位全权大臣面对俄国人时底气足了一些。

由于担心英日两国根据同盟宗旨干涉东三省问题,俄方态度开始软化,在接下来的谈判中作出让步。[6] 4月8日,《交收东三省条约》在北京签订。条约规定:东三省恢复战前状态;清政府仍应按照《东省铁路公司合同》保护中东铁路及在东三省的俄人;在 "再无变乱,并他国之举动亦无牵制" 的前提下,俄国占领军在十八个月内分三期全部撤退;清政府在东三省驻军,俄军撤退前需与俄方

① 这一情报大体准确,俄国当时确实希望将俄法协定的适用范围扩大到远东,最终未能成功,俄法两国只是于3月16日发表联合宣言,宣称如果第三国令两国在华利益受到损害,两国将保留联合采取行动的权利,参见安德鲁·马洛泽莫夫:《俄国的远东政策1881—1904年》,第191页。宣言全文参见 William Woodville Rockhill, ed., *Treaties and Conventions with or Concerning China and Korea, 1894 - 1904*, Washington, D. C.: Government Printing Office, 1904, p. 203.
② 《保定袁制台来电》(光绪二十八年正月十二日亥刻发,十三日戌刻到),《张之洞存各处来电》第41函第1册,甲182—153。
③ 《刘制台来电(并致外务部、袁制台)》(光绪二十八年正月十五日子刻到),苑书义等主编:《张之洞全集》,第8741页。
④ 《轮墩罗钦差来电》(光绪二十八年正月十八日申刻发,十九日未刻到),《张之洞存各处来电》第41函第2册,甲182—153。
⑤ 《全权大臣来电(并致刘制台)》(光绪二十八年正月十二日亥刻到),苑书义等主编:《张之洞全集》,第8740页。
⑥ 鲍里斯·罗曼诺夫:《俄国在满洲(1892—1906年):专制政体在帝国主义时代的对外政策史纲》,第297—298页;中国社会科学院近代史研究所编:《沙俄侵华史》,第4卷上册,第248—250页。

商办，撤退后则须知会俄方；俄国交还山海关、营口、新民厅铁路，修理养护费用由清政府支付，不许他国参与铁路相关事务；清政府在东三省南部修路、在营口建桥须与俄方商办。① 对比一年前的《暂且章程》、条约草案与修正案，这些条件相对不那么苛刻，但仍严重损害中国主权。

在长达一年有余的东三省交收谈判过程中，日方对清政府的影响力明显增加。谈判的最后阶段，本来身为局外人的内田已经深度参与其中，频频向全权大臣奕劻表达意见，甚至被奕劻委托校订条约的法文本。② 另外，即使是在《交收东三省条约》签订后，日方也不忘通过地方大员干预东三省问题。小田切 1902 年返回上海任所后不久，即于当年 4 月底先后拜访张之洞、刘坤一，标榜日方"阻止俄约"之"功"，并建议刘、张会奏"请改东三省官制，照各行省办法，满汉兼用"。③ 这预示着，日本此后越发将东三省视为自己的势力范围。

结　　语

庚子事变中，俄国乘机出兵东三省并制订苛刻的交收条件，企图独占利益。这引起其他列强不同程度的不满，英、德、日、美、意、奥六国皆警告清政府不要单独对俄签约；然而，多数国家无意进行实质性干预。日本基于自身在东北亚的利益，反应较为强烈。它起初试图援引英德协定，联合两国制止俄国，未能奏效；之后采取静观其变的态度，少与俄国直接交涉，而是一方面对清政府全权大臣、驻日公使施加压力，另一方面向刘坤一、张之洞等地方大员展开游说。从实际效果来看，后一方面的工作反响更大。于是，本为中俄双边谈判的东三省交收

---

① 《交收东三省条约》，王铁崖编：《中外旧约章汇编》，北京：三联书店，1959 年，第 2 册，第 39—41 页。

② 「四月一日　在清国内田公使ヨリ小村外務大臣宛」、外務省編纂：『日本外交文書』明治期第 35 巻、第 218 頁。

③ 《致江宁刘制台（光绪二十八年三月二十七日午刻发）》，苑书义等主编：《张之洞全集》，第 8777 页；《江宁刘制台来电》（光绪二十八年三月三十日巳刻发，亥刻到），《张之洞存各处来电》第 42 函第 3 册，甲 182—154。小田切声称，这一建议"系奉外部及驻使命商江鄂者"。笔者未能找到外务省或内田给小田切的命令，但外务大臣小村此前确实指示内田劝说"清国当路者"改革东三省官制，参见「四月二十二日　小村外務大臣ヨリ在清国内田公使宛」、外務省編纂：『日本外交文書』明治期第 35 巻、第 242 頁。

谈判，掺入越来越多的"日本因素"。

在东三省交收谈判中，清政府内部一直存在两派观点。就前后几任全权大臣奕劻、李鸿章、王文韶而言，他们直接面对俄方压力，会更多地考虑谈判破裂的风险，倾向于接受俄方条件，李鸿章的妥协倾向最为明显。谈判桌外的刘坤一、张之洞、袁世凯等人则希望借助日方（及其他列强），主张拒约。

在东三省交收谈判后期，第一次英日同盟缔结，清朝大员普遍将其看作抵制俄方的后盾。俄方对英日同盟也有所忌惮，最终作出让步。通过在背后干预东三省交收谈判，日本对清政府的影响力明显增加。

必须指出，日本出于自身利益考虑，一再鼓动清政府拒绝接受俄方条件，但始终不愿提供实质性支持，相当于令清方单独承担谈判破裂的风险。第一次英日同盟的宗旨，更非如条约字面那样所谓保护中朝两国的主权独立与领土完整。在俄国出兵东三省之初，日本原本准备通过牺牲朝鲜或中国的利益与俄国达成势力均衡。由于此种企图未能达成，日本方才劝说清政府不要与俄国签订条约。日俄战争后，日本转而全力攘夺东三省利权，行径一如先前的俄国。

考察东三省交收谈判时期刘坤一、张之洞与日方的互动，有助于更深刻理解当时清朝的外交体制。按照常理，一国的外交权应当仅由中央政府掌握；而在总理衙门与地方督抚（尤其是南北洋大臣）同时办理外交事务的情况下，晚清时期长期存在相当程度的"地方外交"。[①] 这一情形，在政局动荡的庚子事变期间得到集中体现。正如陈体强所言："地方大吏主持外交之权到了庚子之乱，可谓登峰造极。"[②] 所谓"登峰造极"，陈氏所举标志性案例是备受研究者关注的东南互保。比较而言，东三省交收谈判中的地方外交或许体现得更为典型，在某些方面又更为极端。如果说，东南互保是刘、张等人在辖区内自行其是，那么参与东三省交收谈判则更能体现其外交权限的常态化。在善后事宜开始之初，他

---

① 关于晚清外交权力多元化的简明论述，参见戴海斌：《中国外交近代转型的节点——简论庚子事变前后若干外交问题（1900—1901）》，《社会科学战线》2011 年第 12 期。对晚清至民初的地方外交的连续性论述，参见川岛真：《中国近代外交的形成》，田建国译，田建华校，北京：北京大学出版社，2012 年，第 148—166 页。

② 陈体强：《中国外交行政》，重庆：商务印书馆，1943 年，第 102 页。

们被授权"随时函电会商"议和事宜以及"准便宜行事"，可谓获得了准全权大臣的身份。这样的任命，昭示着在地方外交习以为常的情况下，重大外交事务已离不开刘、张这样的疆臣领袖。同时，刘、张不仅通过"函电会商"深度参与东三省交收谈判，甚至自行向驻外公使下达指示——两人频频指挥李盛铎进行对日交涉，便是最明显的例子。

在此之后，清朝地方外交的势头有所回落。庚子事变后，清政府改总理衙门为外务部，相应取消各省督抚将军的总理衙门大臣兼衔，体现出集中外交权的倾向。不过，地方外交的惯性依然存在。1907 年，清政府颁布《各省官制通则》，规定督抚权限包括"外交军政事宜"，地方外交进一步制度化。而这一官制首先便是在对外（特别是对日）交涉日益繁杂的东三省施行。[1] 民国时期，地方外交的土壤愈发深厚。譬如张作霖、张学良父子治下的东三省，由于长期游离于中央政府之外，其外交机构与外交实践的地方性尤其鲜明。[2] 相较之下，政治统一的晚清时期存在的地方外交现象更值得深思。

对东三省交收谈判中"日本因素"的研究，有助于理解日本对华战略的特质。认识到前述清朝地方外交特性并在对华战略中加以利用的列强，自然不止日本。然以认识之深、利用之勤而论，当以日本为最。甲午战后，为避免清朝对日复仇，日本外交部门与军方煞费苦心地结交朝野上下"有力者"，刘坤一与张之洞之类的疆臣领袖是其重点工作对象。[3] 义和团运动爆发后，东亚同文会也开始考虑联络刘、张等南方督抚。此种工作的深度与广度，在列强中是绝无仅有的。东三省交收谈判中刘、张等人与日方频繁互动，体现出这些工作的显著效果，两人几乎不自觉地成为外务省和东亚同文会的传声筒。他们显然没有意识到已被日方利用，成为对抗俄国的棋子。前述 1901 年 7 月 29 日电旨有言："李鸿章误以画约为刘坤一、张之洞所阻，至有江鄂为日人所愚之言；刘坤一、张之洞又以李

---

① 川岛真：《中国近代外交的形成》，第 150—151 页。

② 土田哲夫：《民国时期的"地方外交"——张学良东北政权的事例》，张宪文主编：《民国研究》第 2 辑，南京：南京大学出版社，1995 年，第 85—99 页。

③ 吉辰：《胶州湾事件后中日关系的转变：兼论日本对华外交的多元性》，《政治大学历史学报》第 54 期，2020 年，第 44—50 页。

鸿章为偏执己见，亦有全权为俄人所愚之言。"① 其实，双方的互相指责在某种程度上都道出了事实。可以说，在东三省交收谈判中，李鸿章、刘坤一和张之洞均在不同程度上受到列强影响——前者为俄国的威胁（或许也有贿赂）所动，后两者则为日本的游说所动。② 对中国"有力者"特别是地方大员的拉拢与渗透，也为此后的日本对华战略所继承，拉拢与分化地方实力派更成为日本实施对华战略时的惯常手法。

〔作者吉辰，中山大学历史学系（珠海）助理教授。珠海　519082〕

（责任编辑：黄　娟）

---

① 《奉旨着责成奕劻等赶紧筹商务臻妥善办理俄约事》，光绪二十七年六月十四日，中国第一历史档案馆编：《清代军机处电报档》，第 2 册，第 467 页。

② 李国祁对李鸿章与张之洞在庚子议和期间的意气之争早已有比较精到的分析，指出"如果我们认为李鸿章是亲俄，则张之洞又何尝不是党英日"，参见《张之洞的外交政策》，第 309—310 页。

章太炎的学术史著述及其
与章学诚的关联[*]

林少阳

摘 要：《国故论衡》是章太炎最为系统的学术史著作。该书中卷承接"刘向、刘歆—《汉书·艺文志》"目录学学术史谱系，并对其中反四部分类的学术成分，特别是清儒章学诚的思想，多有取法与对话。章太炎有选择地将此谱系应用于与今文学派的论辩、对西学的迎拒和"文"、"史"概念探讨，可以为"径取旧学，间法西学"提供借鉴，对反思人文学科强分畛域的学院制度，亦不无裨益。

关键词：章太炎 章学诚 《七略》 四部分类法 《国故论衡》

一、绪论

（一）《国故论衡》的地位

章炳麟（号太炎，1869—1936）著作甚丰，仅就其学术史研究之代表作而言，可举《訄书》^①之大部分及《国故论衡》。此外，尚有收录东京同盟会机关

---

* 本文受惠于 2009 年 3 月与张志强教授在东京大学共同举办的章学诚读书会，及其于东京以文会的相关发表。初稿亦曾于 2012 年 8 月复旦大学与台湾大学联合举办的研讨会上发表。感谢王德威教授和高嘉谦教授的邀请，以及黄锦树教授的讲评。友人饶佳荣也给予宝贵意见。感谢两位匿名评审专家及本刊编辑部的宝贵意见。本文受香港城市大学科研项目（9380129）及澳门大学科研项目（SRG2022—0031—FAH，PG2022—0003—FAH）资助。

① 《訄书》初刻本，1900 年定稿；《訄书》重订本，1903 年定稿；最终本《检论》，1915 年定稿。此据朱维铮：《本卷前言》，《章太炎全集》第 3 册，上海：上海人民出版社，2018 年，第 1—24 页。

报《民报》时期文章为主的《太炎文录初编》涉及学术史的部分，以及其他涉及学术史演讲稿和讲义记录的《章太炎演讲集》。① 其中《国故论衡》尤应视为章太炎最系统和纯粹的学术史著述。

《国故论衡》共分小学、文学、诸子学三卷。上卷主论音学角度之小学理论，可与《新方言》《文始》并视为乾隆、嘉庆以来小学音学理论集大成之作。其中《理惑论》篇论及古文字，因囿于时代，章太炎力论甲骨文之不可凭（晚年自纠其误）。《正言论》则从小学家与学术史家角度批判白话文运动（文言合一或言文一致运动），力言以语代文猝行之谬，由此亦可窥该书与语言现代性之关系。《国故论衡》以小学为首卷，显见章太炎学术史以小学为基础，强调语言学视角，上承乾嘉学风。其学术史可谓始于语言文字，终于语言视角，立论征而有信，同时不乏理论建树，了无蹈空骛虚之论。

中卷之"文学"概念，并非现代 literature 译词之"文学"，亦非仅指纯美学意义之"文"（章太炎以"彣"或"彣彰"与"文"刻意区分）。② 中卷旨在备论文史，而旁及校雠；③ 或可谓辨章学术、考镜源流，以论述"文"、"史"概念。其所论者乃广义的"文"、"史"概念，实则与今日学术制度中的"文学"、"史学"迥异。首先，中卷表现出晚清今古文派的政治、学术对立意识。其次，该卷所收七篇论文承接乾嘉学术余绪，尤其执着于《四库全书》（以下简称《四库》）之四部分类问题，因此与清儒章学诚对话频频。在这些论文中，章太炎从文章流变之学术史角度定位其广义的"文学"概念，更借此承接汉代刘向、刘歆父子，并回应清中期章学诚之辨章学术、考镜源流意识。最后，与《小学》部分言文一致批判相呼应，章太炎此处暗含响应西来之"文学"概念的用意。总之，章太炎将其叙述置于刘向、刘歆以来至章学诚之辨章学术、考镜源流谱系之余响，并以此直面西学骎骎东渐的现实。

---

① 章念驰编订：《章太炎演讲集》，上海：上海人民出版社，2011 年。
② 《章太炎全集》第 5 册，第 219 页。本文引用《国故论衡》，以此校定本为主，并在标点、注释等方面参照章太炎撰，庞俊、郭诚永疏证：《国故论衡疏证》，北京：中华书局，2008 年。
③ "备论文史，旁及校雠"本为汪辟疆评论章学诚的表述，笔者以为同样适用于描述章太炎，故借用之。参见汪辟疆著，傅杰校著：《目录学研究》，上海：华东师范大学出版社，2000 年，第 7 页。

下卷之"诸子学"或可名之为"哲学"。除《原学》兼论中西学术比较外，《原儒》《原道》《原名》《明见》《辨性》皆以诸子学为主，其中《明见》《辨性》乃将佛学与诸子等量齐论。之所以可用翻译词"哲学"指代"诸子学"，是因为章太炎 1920 年在《研究中国文学的途径》演讲中说："原来我国底诸子学，就是西洋底所谓哲学。"① 如上所言，章太炎学术史著述，有高度的与西学对话意识，甚至一定程度融合西学。② 在此意义上说，章太炎的学术史著述，正是现代性的一个表现。

综观《国故论衡》全书，上卷论及上古音韵小学，凸显该书以小学为始基的立场；中卷以学术流变为主线，论及其狭广两义之"文"或"史"概念；下卷融合诸子学、佛学及西学而阐发义理，亦是于新的语境上溯诸子之学术渊源，并在与新学的对话中重构。该书之纷繁、复杂、系统、艰涩，由此亦可窥见。实际上，自付梓以降，《国故论衡》除上卷为治小学音学者论及外，其他两卷至今虽言及频频，却是研究寥寥。推测其故，其一，白话文运动产物之白话文学术兴起，文言文学术传统黯然式微；其二，现代人文学科之文史哲语言学四分（中国文学更是古代、近代、现代、当代四分，语言学亦是文字、音韵、语法三分），此支离之体制，不仅只能"盲人摸象"，亦不易宏观中国学术史；其三，章太炎行文古奥，且汇数千年传统于一身，熔先秦诸子学及汉传印度佛学于一炉，旁及晚清汉译西学特别是日本近代学术，故不易通读。

章太炎晚年门人庞俊与郭诚永合著《国故论衡疏证》，令对《国故论衡》望而生畏者稍可接近，令锲而不舍者更进一步，其功实大。《国故论衡》系统意义上的研究，此书当为嚆矢。在此之前，《国故论衡》有限的研究者之一，也许可举胡适。胡适《中国哲学史》上卷（1919）等颇受《国故论衡》影响。胡适等"五四"新一代学者倡导于现代语境中"整理国故"，其"国故"说法便来自

① 《章太炎全集》第 14 册，第 287 页。
② 小林武的研究在究明章太炎透过明治日本吸收西学方面最有说服力。小林武：《章太炎与明治思潮》，白雨田译，上海：上海人民出版社，2018 年。另可参考慕唯仁：《章太炎的政治哲学：意识之抵抗》，张春田等译，上海：华东师范大学出版社，2018 年。彭春凌亦探讨了章太炎与西学的关系，如《章太炎对姉崎正治宗教学思想的扬弃》，《历史研究》2012 年第 4 期；《章太炎译〈斯宾塞尔文集〉研究、重译及校注》，上海：上海人民出版社，2021 年。

《国故论衡》，由此亦可窥见该书的影响。胡适最为推重《国故论衡》，他于1922年强调："章炳麟是清代学术史的押阵大将，但他又是一个文学家。他的《国故论衡》、《检论》，都是古文学的上等作品。这五十年中著书的人没有一个像他那样精心结构的；不但这五十年，其实我们可以说这两千年中只有七八部精心结构，可以称做'著作'的书，——如《文心雕龙》《史通》《文史通义》等，——其余的只是结集，只是语录，只是稿本，但不是著作。章炳麟的《国故论衡》要算是这七八部之中的一部了。"① 胡适之称誉当否另当别论，然足可证该书于胡适之重大意义。

（二）相关研究史及本文的问题意识

章太炎与章学诚之关联常被言及，但系统探讨者寥寥。仅就笔者目之所及，较为深入者，如张荣华阐明不同思想家之同一"六经皆史"，却因时代、语境迥异而同名异实。张文质疑清末谭献过誉章学诚，以对照章太炎对章学诚的臧否，并阐明二章之区别在于，章学诚强调经为史，为官学，而摒弃私作，章太炎则追求摆脱官学藩篱。② 江湄试图以章太炎的《春秋》学为中心，考察章太炎"六经皆史"说的本意。③ 章学诚时，清代经今古文之争尚未真正出现，江湄研究涉及道光、咸丰尤其晚清经今古文论争问题。张勇认为，言戊戌变法期间的章太炎为古文经学派不确，因其亦尊孔子为素王，赞成孔子改制说，一若今文经学主张；同时章太炎虽然不认同孔子是六经作者，一如古文经学立场，但认为孔子远非述而不作。④ 章太炎《訄书》初刻本中《独圣》确实言及："六经皆由孔子笔削，

---

① 胡适：《五十年来中国之文学》，季羡林主编：《胡适全集》第2卷，合肥：安徽教育出版社，2003年，第297页。

② 张荣华：《章太炎与章学诚》，《复旦学报》2005年第3期。零星的英文研究中，倪德卫（David Nivison）曾提及章太炎利用章学诚观点辩驳改良派康有为，并认为章太炎此举对章学诚在晚清被关注起了作用，参见《章学诚的生平及其思想》，杨立华译，南京：江苏人民出版社，2007年。关于经学地位与章学诚"六经皆史"说在清末的此消彼长，参见刘巍：《经典的没落与章学诚"六经皆史"说的提升》，《近代史研究》2008年第2期。

③ 江湄：《创造"传统"——晚清民初中国学术思想史典范的确立》，台北：人间出版社，2014年，第171—198页。

④ 张勇：《戊戌时期章太炎与康有为经学思想的歧异》，《历史研究》1994年第3期。

不止删定而已。"① 张勇指出章太炎思想为经今古文两派糅合。王汎森很早便留意到，章太炎在数十年与今文家的对垒中，其所宣传的古文经内容，亦相对被改变。② 张王两氏之见，不无道理。章太炎本非囿于门户者，由始至终对西学亦持吸收态度。而且汉学古文一派尤为推崇的郑玄本来便吸收了今古文经学精华，《后汉书》所谓："玄本习《小戴礼》，后以古经校之，取其义长者，故为郑氏学。"③ 此外，江湄指出，章太炎于《訄书》重刻本时期，仍如今文经学般相信孔子《春秋》有"通三统"之义，并认同孔子《春秋》参酌夏商周三代而制礼的观点；但是，自1910年刊行《国故论衡》之后，章太炎摆脱了廖平"以礼制平分今古"的经学框架，不复攀附《公羊》的《左传》学，而阐发《左传》"以史传经"的性质。也就是说，江湄并非仅以古文经学框架阐释1910年以后的章太炎相关著述，而强调其以"六经"为"良史"立场。④ 这一立场，与上述研究者不无相通之处。上述研究的共同特点，皆在于不以经今古文之简单对立把握章太炎。

尽管章学诚与章太炎的关系学界论及有限，章学诚研究则成果累累。余英时跳开汉宋二元对立框架，从与宋学的复杂关系观察乾隆、嘉庆年间考据学代表学者戴震，并由此解读章学诚。⑤ 明末清初学风一变，开一代风气者乃黄宗羲与顾炎武（尤其是顾炎武）。此一学风至乾嘉而臻至高峰。以上乃学界共识。在承接学界相关成果基础上，余英时尝试用新的框架描述晚明至清代的学术风气转变，亦即聚焦于宋学、阳明学与标榜反宋学反阳明学的戴震和章学诚学术之间的复杂关联，详细分析这一问题。以与朱子阳明的连续与断裂为视角纵观清学，亦是章学诚著述本身的角度。此正如钱穆所言：章学诚"谓浙西宗顾亭林，尚经学，渊源自朱子；浙东宗黄梨洲，尚史学，渊源自阳明。窃谓清初学风，

① 《章太炎全集》第3册，第106页。
② 王汎森：《章太炎的思想：兼论其对儒学传统的冲击》，上海：上海人民出版社，2018年，第45—64页。
③ 《后汉书》卷79《儒林列传》，北京：中华书局，1965年，第2577页。
④ 江湄：《创造"传统"——晚清民初中国学术思想史典范的确立》，第182—183、194—196页。
⑤ 余英时：《论戴震与章学诚：清代中期学术思想史研究》，北京：三联书店，2000年，第160—180页。

乃自性理转向经史。顾、黄两家，为其代表，皆经史兼擅，而亭林造诣尤卓。盖由朱子转经史，其道顺；由阳明转经史，其道逆"。① 承接这一视角，余英时认为有"两个戴震"：一是领导清代考据学风潮的戴震，一是偏爱义理的思想家戴震，后者建立在经典考证之上，有别于宋儒的形而上架构。但是，两者又都在朱子的延长线上。因此，后者未必被考据学界接受。余英时视戴震为程朱理学"道问学"传统在清代的最高峰，章学诚亦为此一学风代表之一。② 余英时将此新一代学风概括为由尊德性往道问学的转变，并以"儒家智识主义"这一新概念来指称"道问学"。因此，该书以朱子学与清代学术关系为框架，或者说是以朱子学为视角观察戴震与章学诚的学术，展示了朱子学与清代朱子学群体的复杂关系。

另一方面，亦因余氏该书以朱子学为视角，书中始终聚焦朱子学、阳明学与清代反宋明理学的戴震与章学诚的复杂关系和曲折余绪，也难免忽略了其他重要视角。比如，尽管余英时视章学诚之校雠为戴震考据之对应，③ 书中却缺乏目录学角度的具体叙述，遑论将目录学作为解读章学诚之方法论视角。此外，该书也因聚焦于戴章关系、戴章互读的同时，更多从章学诚对戴震的心理解读章学诚，以至于予人一个印象：章学诚的目录学只是应对戴震考据学挑战之产物而已。④

---

① 钱穆：《顾亭林学述》，《中国学术思想史论丛》（八），北京：三联书店，2009 年，第 60 页。张志强认为，与排佛的朱子学不同，以佛教心学为动力的阳明学实现了华严宗的"理事无碍"、"事事无碍"，理与事的界限被取消。性理学向经史学的转换动力在心学内部，从而导致了"理"转向"事"，乃至从"事"中产生新的"理"的趋向。通过心学的自我否定而产生的经史学，也必须面对其与心学方式的关系问题。这是张志强对钱穆"由阳明转经史，其道逆"的阐释。此外，张志强认为浙西之学与朱子学的关系，是在心学的性理学发生了自我变异之后被发现的，顾炎武所代表的浙西之学通过"古之所谓理学，经学也"与朱子学建立关联（《朱陆·孔佛·现代思想——佛学与晚明以来中国思想的现代转换》，北京：中国社会科学出版社，2012 年，第 20 页）。张志强对钱穆的解读，有其个人的学术关心，体现其问题意识，即晚明以来佛学在思想史中，尤其阳明学等儒学思想史中的位置问题。

② 余英时：《论戴震与章学诚：清代中期学术思想史研究》，第 62、91—103 页。

③ 余英时：《论戴震与章学诚：清代中期学术思想史研究》，第 18—48 页。

④ 以戴震为中心的章学诚解读，也见于余英时：《论戴震与章学诚：清代中期学术思想史研究》，第 160—182 页。从中国哲学史角度出发，对余英时观点较为深入、详细的批判，参见冯耀明：《经典研究的两个神话：从戴震到章学诚》，《兴大中文学报》总第 42 期，2017 年。此点承潘光哲教授提示。

这与目录学视野在该书中的单薄甚至缺席不无关系，而且，"儒家智识主义"未必是描述清学这一变化的有效概念。比如，董仲舒综合了法家、道家、阴阳家、墨家之说，东汉博士家之谶纬著作也有将孔子神秘化、帝王化的倾向。因此与董仲舒等相比，也可从刘向、刘歆、郑玄处看到这一"儒家智识主义"转向。但若据此说董仲舒等及晚清康有为对汉代公羊学的再发挥为反智识主义，似乎又不妥当。

承接上述成果，本文旨在从中国目录学（校雠学）史，[①] 尤其清代学术史脉络中，定位章太炎的学术史著述，进而探讨章太炎与清代诸子学热的关联及其意义，解读晚清语境中章太炎就"文"、"史"所作的相关论述。在内容上，本文聚焦于与目录学关系密切的章太炎《国故论衡》中卷"文学七篇"。在方法论上，与已有著述相比，本文应是首篇较为系统探讨二章关系之研究。同时，本文试图通过对二章关系的讨论，揭示章太炎与乾嘉学术的复杂关系。尤其试图通过两者目录学的关联，揭示章太炎《国故论衡》中卷以及其他相关论述何以频频论及章学诚。显而易见的是，章学诚至少是章太炎学术史写作中高度关注的对象。甚至可以说，不清楚从刘歆至章学诚目录学角度的学术史谱系，未必可以理解《国故论衡》中卷。本文将考察《汉书·艺文志》（以下简称《汉志》）如何成为清中期、清末不同语境中共通的学术源流，并揭示"刘向、刘歆—《汉书·艺文志》"这一两汉学术传统及其后世影响如何成为二章共同的思想史学术史资源，以及章学诚如何成为章太炎批判性对话的对象；这一源流如何被章太炎有选择地用于其与晚清今文学派的论辩、对西学的迎拒、于晚清语境中就"文"和"史"概念所进行的争论等。最后，本文也试图彰显明清思想转型中义理重构问题发展

---

① 古胜隆一指出，"目录学"与"校雠学"名称不同，所指无异；强而别之的话，宋代郑樵《通志》设"校雠略"，可称为"校雠派"，章学诚《校雠通义》亦然。清儒王鸣盛则谓"目录之学，学中第一要紧事"（《十七史商榷》，陈文和等校点，南京：凤凰出版社，2008 年，第 1 页)，此即"目录派"。近人余嘉锡、姚名达亦然。参见古胜隆一：『目録学の誕生：劉向が生んだ書物文化』、京都：臨川書店、2019 年、第 19—22、28 頁。另外，清儒江藩定义"目录之学"曰："盖目录者，本以定其书之优劣，开后学之先路，使人人知某书当读，某书不当读……吾故尝语人曰：目录之学，读书入门之学也。"（《经解入门》，周春健校注，上海：华东师范大学出版社，2010 年，第 110 页）本文对"目录学"、"校雠学"二语不作区分。

至章太炎的大致脉络，以探讨章太炎学术史著述的思想史意义。因此，本文也会扼要探讨清代乾嘉时期章学诚等的义理重构问题及其至晚清章太炎哲学重构之间的发展脉络。《国故论衡》中卷重点不在义理重构，义理问题是该书下卷诸子学及章太炎其他论著的主要内容。义理重构的问题或者章太炎的"哲学"建构，尤其政治哲学建构，是章太炎思想中至为重要的部分。就《国故论衡》而言，小学与文学可以说是第三部分诸子学的必要准备，而第三部分也涉及哲学建构问题。章太炎近现代"哲学"建构出现时间早，对晚清政治影响深，体系独特，架构广阔。笔者以为，章太炎无疑是中国近现代哲学的先行者。

章太炎于西学骎然东来之际，系统叙述两千多年之中国学术史。若用现代学术用语言之，章太炎乃是以语言音韵文字学为始基，从文、史、哲角度著述中国学术史。《国故论衡》固然是仿照王充《论衡》所作，但其中卷显然是以刘歆《七略》为基本结构，辨识文章流别，考镜学术源流。而章学诚的《文史通义》及《校雠通义》亦旨在"辨章学术、考镜源流"。完全可以说，章学诚的《校雠通义》《文史通义》与章太炎的《訄书》《国故论衡》（尤其后者），莫不可列为清代以来最重要的中国学术史著作。另一方面，章太炎的学术产生于晚清特殊的政治与学术语境，关乎章太炎针对今文派经学之古文派立场、帝国主义之民族主义意识、改良派之革命主张。此自然又与章学诚有着重大区别。章太炎的这一态度，突出表现于其《国故论衡·原经》："发愤于宝书，哀思于国命矣。"① 此外，章太炎的义理重构与佛学唯识论以及庄子哲学的糅合、重构，又是密切相关的。而其间，西学对他的启示同样不可忽视，这自然是乾嘉儒者章学诚不可能有的。

但是，章太炎与章学诚的关联又是显而易见的。首先，章太炎在《訄书》《国故论衡》等书中频繁从目录学角度论及学术史，也多论及章学诚。其次，晚

---

① 《章太炎全集》第 5 册，第 234 页。原话是感叹印度史学传统不盛而影响其反殖民运动。章太炎与印度独立运动的关系，参见林少阳：《鼎革以文：清季革命与章太炎"复古"的新文化运动》，上海：上海人民出版社，2018 年，第 186—224 页；Tansen Sen and Brian Tsui，"Introduction，" and Viren Murthy，"Rethinking Pan-Asianism through Zhang Taiyan：India as Method，" in Tansen Sen and Brian Tsui，eds.，*Beyond Pan-Asianism：Connecting China and India，1840s – 1960s*，New Deli：Oxford University Press，2021，pp. 1 – 25，94 – 128.

清诸子学热固然有受西学刺激的一面，但就其"内在理路"而言，更为直接的背景则是章学诚于乾隆、嘉庆年间，从汉代目录学角度对《四库》经史子集四部分类的抵触和批判。而章太炎正是此一主题在晚清新的政治、学术与文化语境中的承接者和变奏者。晚清诸子学热，亦是此一重评汉代刘向、刘歆父子目录学成果的归结。再次，提及章太炎的佛学并非无关宏旨，因为这也是考察章学诚、章太炎义理重构问题的一个角度。顾炎武视同时代理学为"不取之五经而但资之语录"的"禅学"，并提出"古之所谓理学，经学也"的命题。[1] 张志强指出，自顾炎武起，理学不再是一套本体论和修养实践学，而是一种经典解释学。心性之学被化约为"行己有耻"而已。在此脉络中，张志强提及，戴震晚年著作《孟子字义疏证》乃欲通天下之欲而成就万物一体之仁，以求人欲之大公，其"理"则是"社会相关之理"。[2] 但是，章学诚《书〈朱陆〉篇后》表面为戴震辩护，实际却是委婉诋戴，借时人之口，讥诮戴震"心术未醇，颇为近日学者之患"。[3] 彭绍升亦批判清朝学问不再是成德之学，义理学已经失去独立性，认为戴震的理欲重构缺乏此认识，因而主张宋儒模式已不足以重构义理，必须借助佛学资源。[4] 张志强谈及此一学案，旨在以明末以来的长时段视角，回答晚清佛学复兴（士人

---

[1]　顾炎武：《与施愚山书》，《顾炎武全集》第 21 册《亭林诗文集》，刘永翔校点，上海：上海古籍出版社，2011 年，第 109 页。

[2]　张志强：《朱陆·孔佛·现代思想——佛学与晚明以来中国思想的现代转换》，第 24、28 页。"社会相关之理"是张志强借用沟口雄三用语，参见沟口雄三：《中国前近代思想的屈折与展开》，龚颖译，北京：中华书局，2011 年。

[3]　章学诚著，仓修良编注：《文史通义新编新注》，杭州：浙江古籍出版社，2005 年，第 132 页。本文所据，除《章学诚遗书》（北京：文物出版社，1985 年）外，主要有如下注本：叶长青《文史通义注》（张京华点校，上海：华东师范大学出版社，2012 年），以下简称"叶本"；仓修良编注《文史通义新编新注》，以下简称"仓本"（仓本以博收章学诚书信见长）；章学诚著，叶瑛校注《文史通义校注》（北京：中华书局，1985 年），以下简称"叶瑛本"；章学诚著，王重民通解《校雠通义通解》（上海：上海古籍出版社，1987 年）。张京华质疑叶瑛多袭引叶长青《文史通义注》而成书，所言似乎有据（见张京华为叶长青《文史通义注》所作"整理弁言"），但叶瑛本亦有可取之处。本文以仓本、叶本为主，兼采叶瑛本。

[4]　彭绍升：《与戴东原书》，张岱年主编：《戴震全书》（七），合肥：黄山书社，1997 年，第 135 页。有关彭绍升的讨论，参见张志强：《朱陆·孔佛·现代思想——佛学与晚明以来中国思想的现代转换》，第 28—31 页。

佛学）运动何以出现，并观察清末民初近现代佛学唯识学出现的思想史背景和意义，溯源晚明清初学术史、思想史之嬗变。[1] 张著提及义理重构过程中佛教唯识学的位置，对理解章太炎思想内部的清代学术（尤其"戴震"[2] 和"章学诚"）、章太炎著述中的庄子哲学和佛教唯识学，[3] 尤其借助佛学的革命道德重构问题，不无启发。同时，为观察黄宗羲、章学诚等言性命不离文史、言理不离人事的义理重构提供了一个同中有异的章太炎的义理重构，并间接讨论了戴震、章学诚、彭绍升等义理重构与章太炎哲学思想之间的复杂关系。

因此，刘向、刘歆至章学诚再至章太炎的学术史著述谱系，吾人不可不论。附带提及，今日论及此一题目，与笔者试图厘清现代意义上的"史学"、"文学"概念，并质疑现代学术制度中文、史、哲、语言学学科窄化、画地为牢的问题意识，亦不无关系。

---

[1] 张志强：《朱陆·孔佛·现代思想——佛学与晚明以来中国思想的现代转换》，第2—4 页。

[2] 章太炎与戴震关联的系统研究，参见石井剛：『戴震と中国近代哲学：漢学から哲学へ』、東京：知泉書館、2014 年、第 72—116、285—392 頁。该书较为系统地展示了刘师培和章太炎的戴震解读，从戴震角度解读章、刘，或相反（第 64—66、237—284 頁）。该书也涉及梁启超的戴震解读（第 19—38、118—130、152—162 頁）、王国维的戴震解读（第 39—62 頁）以及胡适的戴震解读（第 131—162、152—162 頁）。

[3] 较为系统叙述章太炎政治哲学与唯识论和庄子哲学的关联，参见高田淳：『辛亥革命と章炳麟の斉物哲学』、東京：研文出版、1984 年；坂元弘子：《中国近代思想的"连锁"——以章太炎为中心》，郭驰洋译，上海：上海人民出版社，2019 年；Viren Murthy, *The Political Philosophy of Zhang Taiyan：The Resistance of Consciousness*, Leiden：Brill, 2011, pp. 89 – 134, 156 – 158（汉译见前引《章太炎的政治哲学：意识之抵抗》）；Viren Murthy, "Equality as Reification：Zhang Taiyan's Yogācāra Reading of *Zhuangzi* in the Context of Global Modernity," in John Makeham, ed., *Transforming Consciousness：Yogācāra Thought in Modern China*, Oxford and New York：Oxford University Press, 2014, pp. 123 – 148. 就章太炎与明治日本佛学的关联，参见陳繼東：『清末仏教の研究——楊文会を中心として』、東京：山喜房仏書林、2003 年；龚隽、陈继东：《作为"知识"的近代中国佛教史论——在东亚视域内的知识史论述》，北京：商务印书馆，2019 年；John Jorgensen, "Indra's Network：Zhang Taiyan's Sino-Japanese Personal Networks and the Rise of Yogācāra in Modern China," in John Makeham, ed., *Transforming Consciousness：Yogācāra Thought in Modern China*, pp. 64 – 102.

二、章学诚"辨章学术、考镜源流"及其对章太炎的影响

（一）章学诚与刘向、刘歆父子

章学诚于乾隆三十七年（1772）开始写《文史通义》，[①] 同年致信钱大昕："故比者校雠其书，申明微旨，又取古今载籍，自六艺以降迄于近代作者之林，为之商榷利病，讨论得失，拟为《文史通义》一书。"[②] 他在《和州志》中编写《艺文书》，按辨章学术、考镜源流意图，分为八大类、三十五部（类目），分录州人著作，仿刘向、刘歆《七略》的六部分类法，撰写《序例》《辑略》。[③] 1779年章学诚在《和州志艺文书序例》基础上，仿郑樵《通志·校雠略》，完成目录学专著《校雠通义》初稿，并于1788年定稿。[④]《校雠通义》是《文史通义》之深化和补充，章学诚为备论文史，而进一步诉诸校雠。章学诚二著皆本《七略》，故不可分而论之。《文史通义》《校雠通义》刊行于章学诚辞世 31 年后的道光十二年（1832）十月。

班固曰："《七略》剖判艺文，总百家之绪。"[⑤] 又曰：

> 汉兴，改秦之败，大收篇籍，广开献书之路。迄孝武世，书缺简脱，礼坏乐崩，圣上喟然而称曰："朕甚闵焉！"于是建藏书之策，置写书之官，下及诸子传说，皆充秘府。至成帝时……诏光禄大夫刘向校经传诸子诗赋，步兵校尉任宏校兵书，太史令尹咸校术数，侍医李柱国校方技。每一书已，向辄条其篇目，撮其指意，录而奏之。会向卒，哀帝复使向子侍中奉车都尉歆卒父业。歆于是总群书而奏其《七略》，故有《辑略》，有《六艺略》，有

---

① 胡适：《章实斋先生年谱》，欧阳哲生编：《胡适文集（7）》，北京：北京大学出版社，1998 年，第 45 页。
② 章学诚著，仓修良编注：《文史通义新编新注》，第 648 页。
③ 后改题为《和州志艺文书序例》，收入《文史通义外篇》。
④ 以上章学诚著述情况据王重民说，参见章学诚著，王重民通解：《校雠通义通解》，"序言"，第 2—3 页。
⑤ 《汉书》卷 36《楚元王传》，北京：中华书局，1962 年，第 1972—1973 页。

《诸子略》，有《诗赋略》，有《兵书略》，有《术数略》，有《方技略》。今删其要，以备篇籍。①

刘向《别录》为其所校订书籍的解题集，刘歆根据《别录》整理出《七略》。《七略》实际为"六略"，亦即六部分类法，因为开篇的"辑略"相当于总序。章太炎曰："略者，封畛之正名。《传》曰：天子经略。"②"略"即"疆界"之比喻性用法。③前半部分为《六艺略》《诸子略》《诗赋略》，后半部分为《兵书略》《术数略》《方技略》。六部略中，《六艺略》之六经，依次为《易》《书》《诗》《礼》《乐》《春秋》。《六艺略》也包含了孔子的今古文《论语》《孝经》和小学十家45篇。尤要注意的是，《春秋》除了收录古今文《春秋》，《国语》《战国策》《史记》等史籍亦一概归入。由是观之，《六艺略》断非仅指狭义的六部经书，而是一分类。六略中的兵书、术数、方技三略，本为专门之学，非专家校理，不能具论源流，故独立成略。术数一略，分统六条，则天文、历谱、五行、蓍龟、杂占、形法；《方技略》含医经、经方、房中、神仙。两者涉及天文、历法、数学等早期科学。④章学诚曰："《汉志》最重学术源流，似有得于太史《叙传》及庄周《天下篇》、荀卿《非十子》之意。"⑤

章学诚评论刘向、刘歆曰：

> 校雠之义，盖自刘向父子部次条别，将以辨章学术，考镜源流，非深明于道术精微，群言得失之故者，不足与此。后世部次甲乙，纪录经史者，代有其人，而求能推阐大义，条别学术异同，使人由委溯源，以想见于坟籍之初者，千百之中不十一焉。⑥

---

① 《汉书》卷30《艺文志》，第1701页。

② 《章太炎全集》第3册，第325页。

③ 徐复注引《左传》昭公七年："天子经略。"杜预注："经营天下，略有四海。"清吴凌云《经说》："直行曰经，方折曰略。"（章炳麟著，徐复注：《訄书详注》，上海：上海古籍出版社，2000年，第818页）

④ 李零：《兰台万卷：读〈汉书·艺文志〉》，北京：三联书店，2011年，第173页。

⑤ 章学诚著，王重民通解：《校雠通义通解》，第46页。

⑥ 章学诚著，王重民通解：《校雠通义通解》，"章学诚《校雠通义》自序"，第1页。

章学诚认为，校雠学的部次条别只是手段，辨章学术、考镜源流方为目的，而要达致此目的，必须有深邃的学术见地和敏锐的洞察能力，非博览群书、慧眼洞察其得失者，实难为之。故有能力治目录学者，代不数人。由是观之，校雠是通向广义的"义理"，正如章学诚《文史通义》强调的一样，刻意别于朱子理学之"义理"。同时，也批判了考据学止于烦琐、不求义理的"工匠"倾向，此亦见其对狭义校雠学之不满。狭广两义之校雠学，为姚名达所分："学诚之意，直不承认有所谓目录学，而欲以校雠学包举之。实则学诚之所谓校雠学，正吾人亟应提倡之真正目录学，而其所鄙薄之目录学，却又相当于狭义之校雠学——校勘学也。"① 余嘉锡解读"目录学"之"目录"曰："何谓目录？目谓篇目，录则合篇目及叙言之也。"② 录（"叙录"），即对一篇书或一部书的内容所作的提要。余嘉锡进一步解说：

> 由此言之，则目录者学术之史也。综其体制，大要有三：一曰篇目，所以考一书之源流；二曰叙录，所以考一人之源流；三曰小序，所以考一家之源流。三者亦相为出入，要之皆辨章学术也。三者不备，则其功用不全。③

余嘉锡此言，充分说明其目录学之理论特点：吸收自刘向、刘歆以来的目录学精髓，博采众长。④ 虽然余氏不乏对章学诚在细部考证上的批判，⑤ 认为"章氏不长于考证"，其"六经皆史"之论，"自以为创获，然《隋志》言'史官既立，经籍于是兴焉'，已开章氏之先声矣"。⑥ 他甚至认为"章实斋文史通义深思卓识，固有过人之处，所惜读书未博，故立言不能无失"，"征文考献，辄多谬

---

① 姚名达：《中国目录学史》，上海：上海古籍出版社，2005 年，第 6 页。
② 余嘉锡：《目录学发微》，《目录学发微 外一种：古书通例》，长沙：岳麓书社，2010 年，第 18 页。
③ 余嘉锡：《目录学发微》，《目录学发微 外一种：古书通例》，第 28 页。
④ 周祖谟、余淑宜：《余嘉锡先生传略》，余嘉锡：《余嘉锡论学杂著》，北京：中华书局，1963 年，第 719 页。
⑤ 余嘉锡：《书章实斋遗书后》，《余嘉锡论学杂著》，第 615—624 页。
⑥ 余嘉锡：《目录学发微》，《目录学发微 外一种：古书通例》，第 10、66 页。

误"。① 但是，在强调辨章学术上，余氏与章学诚的问题意识显然相类，都在于由篇目而一书之源流—由叙录而一人之源流—由小序而一家之源流，以此三者辨章学术。当然，余嘉锡亦意在提醒，将图书馆编目等同于传统校雠学，实属误解。对此，他明确说："盖吾国从来之目录学，其意义皆在'辨章学术，考镜源流'，所由与藏书之簿籍、自名鉴赏、图书馆之编目仅便检查者异也。"余氏强调的目录学"体制"四要素，即"篇目"、"叙录"、"小序"、"版本序跋"，尤其前三者最能区别于现代图书馆编目学。"篇目"者，考一书之源流也。关于"叙录"，"叙录之体，源于书叙，刘向所作书录，体制略如列传，与司马迁扬雄自叙大抵相同"，此包括论考作者之行事、时代、学术。② "小序"，《隋书·经籍志》（以下简称《隋志》）名之为"条例"，③ 郑樵称之为"类例"，赋予其在目录学中至为重要的意义。郑樵曰："学之不专者，为书之不明也。书之不明者，为类例之不分也……书籍之亡者，由类例之法不分也。类例分则百家九流各有条理，虽亡而不能亡也。"④ 余嘉锡释曰："小序之体，所以辨章学术之得失也。"复以《汉志》为例："至于诸子、术数、方技诸略之序，皆先言其学之所自出，次明其所长，而终言其弊。"更以《四库提要》为例："既有总叙，又有小序，复有案语。虽其间论辨考证皆不能无误，然不可谓非体大思精之作也。"⑤ 余氏本人为目录学家，著有《四库提要辨证》24卷，系统考证《四库全书总目提要》，专纠其乖错违失。井上进指出，从目录学着手"辨章学术，考镜源流"，是中国独特的学问。⑥ 章学诚的目录学或校雠学，具有思想、理论和批评意识，担负着学术史梳理的使命，与图书馆编目迥异。章学诚的《校雠通义》卷首即为《原道》，

---

① 余嘉锡：《书章实斋遗书后》，《余嘉锡论学杂著》，第615、616页。
② 余嘉锡：《目录学发微》，《目录学发微　外一种：古书通例》，第13、28、36页。
③ "元徽元年，秘书丞王俭又造《目录》……然亦不述作者之意，但于书名之下，每立一传，而又作九篇条例。"（《隋书》卷32《经籍一》，北京：中华书局，1973年，第906—907页）
④ 郑樵：《校雠略·编次必谨类例论六篇》，《通志二十略》，王树民点校，北京：中华书局，2012年，第1804页。
⑤ 余嘉锡：《目录学发微》，《目录学发微　外一种：古书通例》，第56、64、61页。
⑥ 井上进：『中国出版文化史——書物世界と知の風景』、名古屋：名古屋大学出版会、2002年、第22頁。

初稿原题则为《著录先明大道论》。① 为校雠之学赋予"道"的意义，与现代图书编目学之旨趣截然不同。

（二）由校雠求义理

在章学诚看来，"部次甲乙，纪录经史"的目录学，关键在于"推阐大义，条别学术异同，使人由委溯源"。章学诚高度评价刘向、刘歆"非深明于道术精微，群言得失之故者，不足与此"，② 并将郑樵视为二者的另一位知音，引之为同道。他说：

> 校雠之学，自刘氏父子，渊源流别，最为推见古人大体。而校订字句，则其小焉者也。绝学不传，千载而后，郑樵始有窥见。特著校雠之略，而未尽其奥，人亦无由知之。世之论校雠者，惟争辨于行墨字句之间，不复知有渊源流别矣。近人不得其说，而于古书有篇卷参差，叙例同异，当考辨者，乃谓古人别有目录之学，真属诧闻。且摇曳作态以出之，言或人不解，问伊书止求其义理足矣，目录无关文义，何必讲求？③

章学诚认为，刘歆之后千载不过有郑樵，目录学之小者，止于"校订字句"，"惟争辨于行墨字句之间"。而目录学之大者，亦即他所追求的校雠学，是辨章学术之"渊源流别"，且后世之学人求义理，不可"无关文义"。王叔岷亦从狭义校雠的重要性角度修正曰："夫囿于行墨字句之间，往往不知渊源流别，此诚有见。惟渊源流别，究非校雠之事。……盖'校订字句，'其事虽小，究未可略而不论也。章氏发扬郑氏之旨，校雠之学，重在渊源流别，而轻视校订字句，或可称之为广义校雠学，然终非切实之见也。"④ 在此王叔岷指出了囿于烦琐考证而不知学术渊源之弊端与校雠不可轻视考证的关系。在章学诚看来，校雠学既是学术史研究之重要手段，更是求义理之必要手段。如本文后叙，后者是对直达义理的朱

---

① 章学诚著，王重民通解：《校雠通义通解》，第 1 页。
② 章学诚著，王重民通解：《校雠通义通解》，"章学诚《校雠通义》自序"，第 1 页。
③ 章学诚：《章氏遗书外编卷第一·信摭》，《章学诚遗书》，第 367 页。标点有改动。
④ 王叔岷：《校雠学（补订本） 校雠别录》，北京：中华书局，2007 年，第 2 页。

子学的批判，亦是对不求义理的校勘学和考据学的批判。张之洞尝言："由小学入经学者，其经学可信。由经学入史学者，其史学可信，由经学、史学入理学者，其理学可信。"① 显见校订字句与渊源流别，应非二事，不可偏执。张之洞此处所说，也是以汉学立场讽刺宋学。无论如何，章学诚以校雠、文史通义理，可窥见其问题意识：朱子学蹈空骛虚求义理，考据学、传统目录学停留于烦琐考证而不问义理。在他看来，源自刘歆的校雠学正是对解决这些问题有所贡献的学问。因此章学诚曰："盖部次流别，申明大道，叙列九流百氏之学，使之绳贯珠联，无少缺逸，欲人即类求书，因书究学。"②

由上可看出章学诚对目录学现状之不满。汪辟疆以《七略》为源，总结古今目录四说。其一为目录家之目录，该目录纲纪群籍、簿属甲乙，以便寻检，此群书之目录，刘歆《七略》是已。其二为史家之目录，该目录为辨章学术、考镜源流之学，必周知一代之学术，与夫一家一书之宗旨，而后乃可以部次类居，而无凌乱失纪而寡要之弊；后人览其目录，可知其学之属于何家、书之属于何派，即古今学术之隆泰、作者之得失，亦不难考索而得。其三为藏书家之目录，专注广征众本、鉴别旧椠、雠校异同之学。其四为读书家之目录，旨在指示轶书亡籍，为存书而识其旨归，辨其轻重缓急，提要钩玄、治学涉径。③ 汪辟疆所谓藏书家目录与读书家目录之说，应本于张之洞。张之洞为诸生读书之用而编《书目答问》（1875），声明"非若藏书家编次目录"。④ 汪辟疆目录学四说展示了目录学家与史学家对"目录"的不同定义，认为前者以书为对象，后者以学为对象。此一划分略显图式化，而且，按照前述余嘉锡所说目录学"三体制"（"篇目"、"叙录"与"小序"），汪氏所说的第三类、第四类实在不能称为"目录学"。但是，汪氏本意应在解说第一类及第四类。此姑且不论，汪辟疆视郑樵、章学诚为史学家之目录之代表："清章实斋……远承向、歆之绪，近绍渔仲之旨……彼郑章二氏大声疾呼，以辨别学术源流，认为目录之本旨者，盖以目录之学，虽为纲

---

① 赵德馨主编：《张之洞全集》第 12 册，吴剑杰等点校，武汉：武汉出版社，2008 年，第 298 页。
② 章学诚著，王重民通解：《校雠通义通解》，第 15 页。
③ 汪辟疆著，傅杰校著：《目录学研究》，第 1—5 页。
④ 赵德馨主编：《张之洞全集》第 12 册，第 223 页。

纪群籍，实则明道之要、学术之宗，专乃以史相纬，其体最尊，其任至重。"①
按汪氏划分，本文所论的章太炎算是广义的目录学视角学术史家。

　　章学诚强调校雠学与义理、儒家之道的关联，见于《校雠通义·原道》及
《文史通义·原道》。《校雠通义·原道》有言："著录部次，辨章流别，将以折
衷六艺，宣明大道。"② 类似说法在其书中一再被强调，如：

　　　　古人著录，不徒为甲乙部次计。如徒为甲乙部次计，则一掌故令史足
　　矣，何用父子世业，阅年二纪，仅乃卒业乎？盖部次流别，申明大道，叙列
　　九流百氏之学，使之绳贯珠联，无少缺逸，欲人即类求书，因书究学。……
　　古人最重家学，叙列一家之书，凡有涉此一家之学者，无不穷源至委，竟其
　　流别，所谓著作之标准，群言之折衷也。③

章学诚亦承认自己不谙考据。如于《家书二》中说："时人以补苴襞绩见长，考
订名物为务，小学音画为名；吾于数者皆非所长。"同年又于《家书三》中曰：
"吾读古人文字，高明有余，沈潜不足，故于训诂考质，多所忽略，而神解精识，
乃能窥及前人所未到处。"④ 但此一表白，恰可窥见章学诚的自我期许：校雠学
必须以类似于考据学实事求是之方法论而为之。⑤ 故章学诚声明其校雠学的原则，
乃是梳理古人家学及九流十家，"穷源至委，竟其流别"，从而明白官守其书，师传
其学，弟子习其业之学术流传、流变过程，此正是史家之精神。同时，章学诚特别
强调由"部次流别"而"申明大道"，则不失义理阐发之追求，而义理阐发通常又
被认为是朱子学的强项，只是朱子学末流的义理容易流于空疏而已。由此可窥见其
说与朱子的复杂关系，亦可见章学诚之学旨在以卓识而综合众学。乾隆、嘉庆年间
非只拘泥于烦琐考证的考据学，与同时代章学诚的校雠学，虽方法论偏重颇有不

---

① 　汪辟疆著，傅杰校著：《目录学研究》，第 7 页。
② 　章学诚著，王重民通解：《校雠通义通解》，第 4 页。
③ 　章学诚著，王重民通解：《校雠通义通解》，第 15 页。
④ 　章学诚著，仓修良编注：《文史通义新编新注》，第 817、819 页。
⑤ 　余英时强调，应视章学诚之校雠为戴震之考据的对应，参见《论戴震与章学诚：清代中期
　　学术思想史研究》，第 18—48 页。

同，但是一定程度上，两者在辨章学术、考镜源流上可谓殊途同归。在此意义上说，清代学术的实事求是精神，不独见诸考据学之考证，亦在于校雠学之部次条别。

（三）章学诚与章太炎的四部分类法批判

1. 章学诚基于六略分类立场对四部分类法的批判

继《七略》之后，西晋时期，秘书监荀勖承魏秘书郎郑默《中经》，编纂国家藏书目录《中经新簿》，将图书分为甲乙丙丁四部。就此，《隋志》描述说：

> 魏秘书郎郑默，始制《中经》，秘书监荀勖，又因《中经》，更著《新簿》，分为四部，总括群书。一曰甲部，纪六艺及小学等书；二曰乙部，有古诸子家、近世子家、兵书、兵家、术数；三曰丙部，有史记、旧事、皇览簿、杂事；四曰丁部，有诗赋、图赞、《汲冢书》，大凡四部合二万九千九百四十五卷。……至于作者之意，无所论辩。①

至此六略变为四部，中间虽稍有变化（如南朝梁阮孝绪之私人目录之《七录》等），但至隋文帝时，官修目录发达，② 如《开皇四年四部目录》的编纂，再至《隋志》，甲乙丙丁之四部为经史子集四部所替代。始于魏晋的四部，史部不仅别立，且以"史"之名称成一部类。至章学诚的时代，经史子集的四部法因官修藏书目录《四库全书总目》得到空前强化。

在上述引文中，"至于作者之意，无所论辩"一句，显见《隋志》作者意识到《七略》之重要特点，一如《汉志》所言："每一书已，向辄条其篇目，撮其指意。"③ "校雠"与"申明微旨"、"商榷利病，讨论得失"相关，停留于部次甲乙的狭义目录学以及专注于文本细部的考据学皆不关乎此一主旨。乾隆三十七年旨开四库馆，以四部为官方政策。乾隆帝谓："从来四库书目，以经、史、子、集为纲领，裒辑分储，实古今不易之法。"④ 乾隆三十八年《四

---

① 《隋书》卷 32《经籍一》，第 906 页。
② 来新夏：《古典目录学浅说》，北京：中华书局，2003 年，第 116 页。
③ 《汉书》卷 30《艺文志》，第 1701 页。
④ 《钦定四库全书》卷首《圣谕》，台北：台湾商务印书馆，1984 年影印本，第 4 页。

库》开始编纂，历时 9 年。整套书收录了从先秦到乾隆时期大部分重要古籍，涵盖了古代中国几乎所有学术领域，同时也出于清朝统治者的利益，篡改、禁毁了大量图书。① 无论如何，这一中国历史上最大的丛书编纂工程，是一次全面的学术史梳理工程。姚名达指出，乾隆时四库馆初开、总目未成之际，犹有江南藏书世家周厚堉及章学诚两家反对《隋志》四部之法；书成之后，更有孙星衍撰《孙氏祠堂书目》，创新法而不尊《四库总目》。章学诚则隐曲于心，蓄而未发。②《校雠通义》中的《宗刘第二》详列《七略》不得不变为四部的缘由。③ 因为《宗刘》中这些表述的存在，我们不便断言章学诚反对四部。但是，章学诚与四部有着复杂的紧张关系，当是无疑的。因为"宗"刘之《七略》，与肯定四部之间的不可调和，乃不言而自明。换言之，宗刘而推崇四部，严格说来是自相矛盾。④ 而且，章学诚事实上也被排斥于《四库》修书之外。章学诚对戴震的微词，亦关乎此目录学立场及被排斥者心情。章学诚嘉庆三年（1798）致钱大昕的《上辛楣宫詹书》提及："学诚从事于文史校雠，盖将有所发明。然辨论之间，颇乖时人好恶，故不欲多为人知。"⑤ 其隐曲之心，有违"时人好恶"之寂寞，多少可由此窥见。

《四库》开始编纂之际，章学诚仍以隐曲的方式与四部分类法对抗，如其

---

① 鲁迅之言，亦可见《四库》毁灭古籍予后世士人之痛："现在不说别的，单看雍正乾隆两朝的对于中国人著作的手段，就足够令人惊心动魄。全毁，抽毁，剜去之类也且不说，最阴险的是删改了古书的内容。乾隆朝的纂修《四库全书》，是许多人颂为一代之盛业的，但他们却不但捣乱了古书的格式，还修改了古人的文章；不但藏之内廷，还颁之文风较盛之处，使天下士子阅读，永不会觉得我们中国的作者里面，也曾经有过很有些骨气的人。"（《病后杂谈之余》，《鲁迅全集》第 6 卷《且介亭杂文》，北京：人民文学出版社，2005 年，第 188 页）

② 姚名达：《中国目录学史》，第 88 页。

③ 章学诚著，王重民通解：《校雠通义通解》，第 6—7 页。

④ 《宗刘》篇前王重民按语指出，1773 年《和州志·艺文书》按《七略》分类，但从此之后，章学诚所编地方艺文志和《史籍考》皆推翻前说，并推测现存支持四部分类的《校雠通义·宗刘》在 1788 年有过大规模修订（章学诚著，王重民通解：《校雠通义通解》，第 6 页）。王重民此推测建立在章学诚转而推崇四部的看法上，因而相当大胆，其推测不仅未提供文献支持，在解释上也使向歆父子之《七略》与章学诚《校雠通义》的关系变得对立，非但不宗刘，反而是反刘。

⑤ 章学诚著，仓修良编注：《文史通义新编新注》，第 657 页。

1773 年所编《和州志·艺文书》，将韩愈归入儒家、柳宗元归入名家、苏轼归入纵横家、王安石归入礼家。① 在《校雠通义》中他却对此有所修正：

> 其体既谓之集，自不得强列以诸子部次矣。因集部之目录而推论其要旨，以见古人所谓言有物而行有恒者，编于著录之下，则一切无实之华言，牵率之文集，亦可因是而治之，庶几辨章学术之一端矣。②

也就是说，不硬将文集中的书籍归入诸子类（如将苏洵归入兵家、苏轼归入纵横家等），而是发挥目录学的批评作用，将不成"家"（不入《汉志》九流十家）的文集区别开来。③ 四部中的集部书籍，如能经过如此筛选、批评，也就不会芜杂而与学术源流无涉了。

章学诚《与孙渊如观察论学十规》（1796）将孙星衍引为同道："鄙人所业，文史校雠，文史之争义例，校雠之辨源流，与执事所为考核疏证之文，途辙虽异，作用颇同，皆不能不驳正古人。"④ 此处"文史"意在"争义例"，"校雠"则在"辨源流"，将自己的目录学方法论与考据学等量齐观。在《四库》书成未久的嘉庆五年，孙星衍仍然坚持分部为十二部，而非《四库》之四部，⑤ 之后则有龚自珍之十部分类，⑥ 这些都与《四库》的影响直接相关。余嘉锡指出，章学诚曰"辨章学术，考镜源流"，"由此言之，则目录者学术之史也"。⑦ 这一学术史整理传统，在章学诚处可谓卷土重来，并可视之为对《隋书》以来四部分类的

① 叶长青：《文史通义注》，第 705 页。
② 章学诚著，王重民通解：《校雠通义通解》，第 10 页。
③ 章学诚著，王重民通解：《校雠通义通解》，第 10 页。
④ 章学诚著，仓修良编注：《文史通义新编新注》，第 398 页。
⑤ 姚名达：《中国目录学史》，第 89 页。
⑥ 张寿安曾探讨龚自珍论乾嘉学术十大门类的意义，认为龚自珍实在是少数有志探讨千古学术流变的学者之一，也是少数能梳理出千年经学演变之历史发展的学术史家，并探讨了戴震以降的"说经"传统与专门之学分立的关系。张文更透过龚自珍批判了江藩所建构的汉宋对立的清学二元对立模式。参见《龚自珍论乾嘉学术："专门之学"的兴起——钩沉传统学术分化的一条线索》，刘笑敢主编：《中国哲学与文化》第 10 辑，桂林：漓江出版社，2012 年，第 231—258 页。
⑦ 余嘉锡：《目录学发微》，《目录学发微 外一种：古书通例》，第 28 页。

一次"大反动"。

2. 章太炎基于六略分类立场对四部分类法的批判

章太炎对四部的批判，频频见于《国故论衡·明解故》：

> 自隋以降，书府失其守，校雠之事，职诸世儒。其间若颜师古定五经，宋祁、曾巩理书籍，足以审定疑文，令民不惑，斯所谓上选者。然于目录徒能部次甲乙，略记梗概，其去二刘之风远矣。近世集《四库》，虽对治文字犹弗能。定文之材，过而在野。一以故书正新书，依准宋刊，不敢轶其上；其一时据旧籍以正唐宋木石之书，相提而论，据旧籍者宜为甲。及其末流淫滥，喜依《治要》《书钞》《御览》诸书以定异字，《治要》以下，其书亦在木，非无讹乱，据以为质，此一蔽也。①

在此，章太炎批判了与刘歆迥异的"徒能部次甲乙，略记梗概"者。虽然乾隆、嘉庆时期上古音韵小学研究成绩斐然，且有一代小学音学大师戴震被召为《四库》纂修官，但长于定文之才多在野而不在朝。同时，章太炎也批判了《四库》拘泥于宋刊本。

章太炎认为四部"荒唐之处"至少有三。一是将道教与庄子老子并列。比如葛洪痛骂老庄，道教求长生不老，而老子曰："吾所以有大患，以吾有身也。若吾无身，吾有何患？"东汉末年相传为苍梧太守的牟子曾援引老子此语，说明佛理与中国原有思想的融通性。② 道教守身惜生以求长生，对中国传统医学贡献颇多。此实又与老子所言大相径庭。如牟子所言，老子此言几通佛理。章太炎援引庄子曰："莫寿于殇子，而彭祖为夭。"（《庄子·齐物论》）③ 诚如章太炎指出的，对待"死"或与之相关的"寿"，道教与道家南辕北辙。比如庄生

---

① 《章太炎全集》第5册，第241页。
② 牟子：《牟子理惑论》，《弘明集》，刘立夫、魏建中、胡勇译注，北京：中华书局，2013年，第30页。
③ 章太炎：《论诸子的大概（1907年至1910年讲于日本）》，章念驰编订：《章太炎演讲集》，第89页。

妻死，惠子吊之，庄生却鼓盆而歌，① 因死为生之部分，死本属自然，道教求长生不老而炼丹则为不自然。至于老庄之别，章太炎言："庄子自言与老聃之道术不同，'死与生与？天地并与？神明往与？'此老子所不谈，而庄子闻其风而悦之。盖庄子有近乎佛家轮回之说，而老子无之。"② 章太炎的《齐物论释》糅庄子哲学与佛教唯识论哲学于一，乃是贯通两者之作。③ 章太炎又言："神仙家、道家，《隋志》犹不相混。清修《四库》，始混而为一。其实炼丹一派，于古只称神仙家，与道家豪（毫）无关系。"④ 前面提及目录学并非简单的图书馆编目之学，而是具有中国特点的学术史研究，编纂者需要广览群书且见地独到，此处亦可窥见其特点。将神仙家与道家归为一类，是因为对二者理解不足，后果是对二者解释的同时偏离。

二是原本附录于《诸子略》九流十家中的小说家之萎缩。"大概平等的教训，简（简）要的方志，常行的议注，会萃的札记，奇巧的工艺，都该在小说家著录。现在把这几种除了，小说家里面，只剩了许多闲谈奇事，试想这种小说，配得上九流的资格么？"⑤

三是《隋志》子部诸子书籍过少，归类混乱。这一点与章太炎成为晚清诸子热旗手不无关系，此一问题以及九流十家之小说家问题本文将后述。与章太炎相类，郑樵对四部子部分类亦尤多微词："旧类有道家，有道书，道家则《老》、《庄》是也。有法家，有刑法，法家则《申》、《韩》是也。以道家为先，法家次之，至于刑法、道书，别出条例。刑法则律令也，道书则法术也，岂可以法术与《老》、《庄》同条，律令与《申》、《韩》共贯乎？不

---

① 郭庆藩：《庄子集释》卷6《至乐第十八》，王孝鱼点校，北京：中华书局，1961年，第614页。

② 章太炎：《诸子略说（下）（1935年）》，章念驰编订：《章太炎演讲集》，第586页。

③ 该书晦涩，日本学者高田淳进行过较为系统的解读（『辛亥革命と章炳麟の斉物哲学』）。晚近更有兼治小学佛学的中国学者孟琢系统注释，令章太炎此书稍可近之（《齐物论释疏证》，上海：上海人民出版社，2019年）。其他尚有小林武、坂元弘子、石井刚、慕唯仁、韩子奇、严寿澂、高瑞泉、张志强等相关研究，此处不赘。

④ 章太炎：《诸子略说（下）（1935年）》，章念驰编订：《章太炎演讲集》，第586页。

⑤ 章太炎：《论诸子的大概（1907年至1910年讲于日本）》，章念驰编订：《章太炎演讲集》，第89页。

得不分也。《唐志》则并道家、道书、释氏三类为一类，命以'道家'，可乎？……《汉志》于医术类有经方，有医经，于道术类有房中，有神仙，亦自微有分别。奈何后之人更不本此，同为医方，同为道家者乎？足见后人之苟且也。"① 这里呈现的是四部中子部趋于芜杂、混乱，甚至不专业的问题。类似对四部子部分类的批判，亦见于余嘉锡："最误者莫如合名墨纵横于杂家，使《汉志》诸子九流十家顿亡其三，不独不能辨章学术，且举古人家法而淆之矣。"②

此外，《七略》有《术数略》与《方技略》。术数与方技独立成略，客观上显示出汉代科学类书籍的重要地位，这一点在四部分类法中明显被弱化，二者不再独立成略。虽不可据此断言四部分类为中国科技落后的原因之一，但是，科技书籍在四部中的存在感远不如《七略》是不争的事实。而且，完全可以想象目录学的这一变化，会影响科技成果的传承和发展，也致使科技类书籍在官修目录中地位下降，这也许是观察中国科技史的一个角度。

就郑樵、二章对四部分类的批判，余嘉锡的《四库》评价可资参照。余氏对《四库》虽然多有批判，亦在其《四库提要辨证》中系统纠正其错，许多批判与二章，尤其与章太炎不无相通之处，但总的来说对《四库》还是予以理解和肯定的。余氏曰："道、咸以来，信之者奉为三尺法，毁之者又颇过当。愚则以为《提要》诚不能无误，然就其大体言之，可谓自刘向《别录》以来，才有此书也。"又曰："今《四库提要》叙作者之爵里，详典籍之源流，别白是非，旁通曲证，使瑕瑜不掩，淄渑以别，持比向、歆，殆无多让；至于剖析条流，斟酌今古，辨章学术，高挹群言，尤非王尧臣、晁公武等所能望其项背。"③ 余氏在恪守目录学传统意义的基础上评《四库全书总目提要》，将此视为刘向、刘歆以来的一大成果。就《七略》、四部之争执，他认为："夫四部可变而……为九（王俭）。为十（孙星衍）。为十二（郑樵）。今何尝不可为数十，以至于百乎？……因以辨章学术，考镜源流矣。既非如文渊阁之按橱编号，何必限其部数为七为四哉！"余氏之态度不可谓不开放。就笔者的理解，余氏不主张四部分类，而是主

---

① 郑樵：《校雠略·编次不明论七篇》，《通志二十略》，第 1823 页。
② 余嘉锡：《目录学发微》，《目录学发微 外一种：古书通例》，第 68 页。
③ 余嘉锡：《四库提要辨证》，北京：中华书局，2007 年，第 48—49 页。

张越细越佳:"欲论次群书,兼备各门,则宜仿郑樵、孙星衍之例,破四部之藩篱,别为门类,分之愈细乃愈佳,亦樵所谓'类例不患其多'也。"① 余氏此言,显然顾及唐宋之后学术、出版发展而书目日繁问题,甚至可能还顾及中国学术经历新文化运动之西化问题。若是如此,可谓与时并进了。

三、章太炎与章学诚的共同学术资源

(一)章太炎对今文派的批判

徐复指出,章太炎早年专慕刘歆,刻印自言私淑,其小书《驳箴膏肓评》手稿封面盖有"刘子骏私淑弟子"篆文印章。② 该书稿后改为《七略别录佚文征》,为章太炎纯粹目录学论文,又在收入《訄书》重订本时,改名为《征七略》。1915 年定稿的《检论》则删去此文,原因不明。据汤志钧,《七略别录佚文征》为光绪二十二年(1896)所撰,意在驳斥清代今文派刘逢禄,后者著《箴膏肓评》(《皇清经解》卷 163)推何休今文说,何休则与郑玄的《针膏肓》对立,因此章太炎是驳难刘逢禄而申郑玄学说。③

章太炎在光绪二十四年正月《上李鸿章书》中自我介绍:"幼诵六籍,训诂通而已。然于举业,则固绝意不为。年十七,浏览周、秦、汉氏之书,于深山乔木间,冥志覃思,然后学有途径,一以荀子、太史公、刘子政为权度。"④ 章太炎时年 31 岁,虽然反满,但尚主张"革政",对改良派有所寄托,对李鸿章亦有所望,由此可知章太炎自少时便景仰刘向。章太炎在《征七略》中赞扬刘向父子:"刘氏比辑百家,方物斯志,其善制割、綦文理之史也。"⑤

《国故论衡·明解故上》开篇即论"校"、"故"、"传"、"解"四个概念。

① 余嘉锡:《目录学发微》,《目录学发微 外一种:古书通例》,第 151—152 页。
② 章炳麟著,徐复注:《訄书详注》,第 824 页。
③ 汤志钧编:《章太炎年谱长编》,北京:中华书局,1979 年,第 33 页。
④ 汤志钧编:《章太炎政论选集》,北京:中华书局,1977 年,第 53 页。
⑤ 《章太炎全集》第 3 册,第 326 页。徐复引颜师古注"比辑"曰:"比,次也;辑,合也。"又引颜师古解释"方物斯志"注引如淳曰:"比,谓比方也。"又引王先谦补注曰:"物,类也。志,意也。"(章炳麟著,徐复注:《訄书详注》,第 824 页)

庞俊释之曰："校"狭义为"比对文字"，广义为"辨章学术、考镜源流"；"故"为故事与故训；"传"为"转释经义"；"解"为"顺说前人之书"。① 此处也可窥见章太炎与章学诚关心的问题有所相通。在该文中，章太炎曰："刘向父子总治《七略》，入者出之，出者入之，穷其原始，极其短长，此即与正考父、孔子何异？辨次众本，定异书，理讹乱，至于杀青可写，复与子夏同流。故校雠之业广矣。"②《国语·鲁语下》记载宋国大夫正考父校勘之事，其整理文献之功被认为是史载之始。③《史记·孔子世家》亦提及正考父是孔子世祖。④ 章太炎将刘向父子与正考父、孔子并列，显见其推崇。

同时，章太炎亦从目录学角度谈论学术史：

> 经与史自为部，始晋荀勖为《中经簿》，以甲乙丙丁差次，非旧法。《七略》，《太史公书》在《春秋》家。其后东观、仁寿阁诸校书者，若班固、傅毅之伦未有变革，讫汉世依以第录。虽今文诸大师，未有经史异部之录也。今以《春秋经》不为史，自俗儒言之即可。刘逢禄、王闿运、皮锡瑞之徒，方将规摹皇汉，高世比德于十四博士，而局促于荀勖之见。荀勖分四部，本已凌杂，丙部录《史记》，又以《皇览》与之同次，无友纪，不足以法。⑤

《太史公书》（即《史记》）在四部中被归入史部，《国语》等史籍亦然。然而，在《七略》中，《史记》《国语》等史籍一起被归入《六艺略》的《春秋》类。傅毅为东汉辞赋家，"肃宗博召文学之士，以毅为兰台令史，拜郎中，与班固、贾逵共典校书"。⑥ 东观乃东汉宫廷贮藏档案、典籍和从事校书、著述之所。在此，章太炎不仅批判四部，也批判今文经学。两个批判不可二分，亦见于上文章

---

① 章太炎撰，庞俊、郭诚永疏证：《国故论衡疏证》，第 322 页。
② 《章太炎全集》第 5 册，第 241 页。
③ 来新夏：《古典目录学浅说》，第 239 页。
④ 《史记》卷 47《孔子世家》，北京：中华书局，2010 年，第 1908 页。
⑤ 《章太炎全集》第 5 册，第 233 页。
⑥ 《后汉书》卷 80《文苑列传》，第 2613 页。

太炎驳斥刘逢禄、王闿运、皮锡瑞等今文学派"局促于荀勖之见"。章太炎尤其强调，连汉代的今文派经师皆经史不二分，清代的今文派何又强分？章太炎此处意在力诋清代今文派。[①] 清代今文派视六经非史，经史相对，并视孔子为六经作者，自然排斥《七略》，因《七略》以历史为中心框架，与今文派之微言大义、视《春秋》为后世制法之类观点格格不入。如章太炎指出，刘逢禄及王闿运、皮锡瑞、康有为等今文学家遵循荀勖的经史子集四部分类，则经、史异部。因此，至少在晚清的今古文论争中，章太炎所代表的古文派本《七略》之说，四部在经史异部上却偏于晚清今文派之见。

章太炎并非认为《七略》无可挑剔，比如他说："独萧何之《九章》、叔孙通之礼器制度，王官所守，布在九区，及秦氏图籍，高祖以知地形阨塞，户口多少强弱者，皆阙不著。"[②] 章太炎以《七略》图谱始终未能独立专部为憾。他对图谱的重视，显然受南朝目录学家王俭九部分类的影响，亦拜郑樵《通志·校雠略》对王俭的再阐发所赐。郑樵继承王俭目录学成果，强调图谱独立成略的重要性。就王俭的分类，胡应麟曰："王俭《七志》……前六志咸本刘氏六略，但易其名而益其图谱及佛、道两家，名虽曰七，实九志也。"[③] 章太炎对王俭亦赞赏有加："后生如王俭，犹规其过（荀勖四部之过——引者注）。"章太炎此言自注中亦曰："据《隋书·经籍志》，王俭撰《七志》：一曰《经典志》……七曰《图谱志》，纪地域及图书。其道佛附见，合九条。则《七志》本同《七略》，但增《图谱》、道、佛耳。其以六艺、小学、史记、杂传同名为《经典志》，而出图纬，使入《阴阳》，卓哉！二刘以后，一人而已。"[④] 章太炎视王俭为二刘之后目录学成果之最

---

① 李庭绵的研究显示，康有为虽然以儒家今文学派出现，内里与其说是儒学，莫若说是墨学；李氏指出康氏的追随者如谭嗣同、梁启超，更是墨学的崇拜者，康有为同时代的叶德辉等亦不目康有为为儒。此说至少相对化了过于"儒学"的康有为解释，值得关注。参见 Ting-mien Lee, "The Role of Mohism in Kang Youwei's Arguments for His New-Text Theory of Confucianism," *Dao: A Journal of Comparative Philosophy*, Vol. 19, No. 3, 2020, pp. 461–477.

② 《章太炎全集》第 3 册，第 325—326 页。"九区"意为"区分为九州"（章炳麟著，徐复注：《訄书详注》，第 820 页）。

③ 胡应麟等：《经籍会通》，王岚、陈晓兰点校，北京：燕山出版社，2008 年，第 20 页。

④ 《章太炎全集》第 5 册，第 233 页。

卓著者。郑樵重视图谱，也是受王俭影响。郑樵虽是《汉志》之发扬光大者，却也不满《七略》图谱方面之不足：

> 《七略》惟兵家一略任宏所校，分权谋、形势、阴阳、技巧为四种书，又有图四十三卷，与书参焉。观其类例，亦可知兵，况见其书乎。其次则尹咸校术数，李柱国校方技，亦有条理。惟刘向父子所校经传、诸子、诗赋，冗杂不明，尽采语言，不存图谱，缘刘氏章句之儒，胸中元无伦类。……兵家一略极明，若他略皆如此，何忧乎斯文之丧也。[①]

虽然不似郑樵发言峻急，章太炎亦对《七略》未能足够重视图谱引以为憾。由此可以想象，四部分类之图谱有更为严重的问题，因为兵书、术数、方技无法独立成略，意味着此等专门之学在四部分类中的目录学质量下降，势必加剧子部的芜杂程度。无论如何，章太炎并非目录学家，而只是目录学角度的学术史家和思想家，其"刘歆—王俭—郑樵—章学诚"这一《汉志》目录学谱系的征引，有强烈的晚清学术、政治论争语境。就章太炎这一盛赞，余嘉锡指出："近人章太炎以其（王俭——引者注）合史于经，合于古文家之说，从而称之，所谓不虞之誉也……章氏此篇意在驳今文家《春秋经》不为史之说，言各有当，本不为目录而发。"[②] 在此意义上，章太炎阐发刘歆与章学诚，不仅为学术史所发，亦为政治现实所发，章太炎以此强化了其与改良派康有为论辩的学术依据，这与章学诚大相径庭。章太炎对《七略》的评价不似郑樵挑剔，或许与其和康有为的论争相关。因为对于章太炎来说，刘向、刘歆是他至为重要的史学角度论争资源。

（二）章太炎对晚清学术的批判

罗振玉曾指出清朝学术三失：一是详训诂而略义理；二是舍训诂而讲微言大

---

① 郑樵：《校雠略·编书不明分类论三篇》，《通志二十略》，第1821页。
② 余嘉锡：《目录学发微》，《目录学发微　外一种：古书通例》，第145页。

义，主要指今文学派；三是清末之疑古信今（西学）。① 此三者，皆是章太炎予以力诋者。章太炎曰："六经皆史之方，治之则明其行事，识其时制，通其故言，是以贵古文。"章太炎强调章学诚"六经皆史"论断，根本上与古文派有相通之处，因为这自然导向六经之"故言"，可窥见章太炎与康有为对立中频引章学诚之故。但章太炎又评价章学诚曰："章学诚感概，欲法刘歆，弗能卒业。后生利其疏通，以多识目录为贤。"② 虽是酷评其目录学未能卒业，却也肯定其目录学持见之贡献。

康有为推崇儒教，欲变儒教为国教，视孔子为教主，并将今文经学的解释用于其变法改良运动，与章太炎论辩多年。比如，章太炎云："今以仲尼受天命为素王，变易旧常，虚设事状，以为后世制法，且言左氏与迁、固皆史传，而《春秋》为经，经与史异。"③ 在《七略》中，《国语》《战国策》《史记》等归于《六艺略》之《春秋》，为六艺（六经）之流裔，今文派却是经史异部，故章太炎有此不满。他在《答铁铮》中如是说：

> 孔氏之教，本以历史为宗，宗孔氏者，当沙汰其干禄致用之术，惟取前王成迹可以感怀者，流连弗替。《春秋》而上，则有六经，固孔氏历史之学也。《春秋》而下，则有《史记》《汉书》以至历代书志、纪传，亦孔氏历史之学也。若局于《公羊》取义之说，徒以三世、三统大言相扇，而视一切历史为刍狗，则违于孔氏远矣！④

康有为公羊学"张三世"之说，源自何休《春秋公羊解诂》的"衰乱"（传闻之世）、"升平"（所闻之世）、"太平"（所见之世）三世。⑤ 道光年间魏源将《礼

---

① 罗振玉：《本朝学术源流概略》，《清代学术源流考》，南京：江苏文艺出版社，2011 年，第 135—136 页。

② 《章太炎全集》第 5 册，第 241、248 页。

③ 《章太炎全集》第 5 册，第 232 页。

④ 《章太炎全集》第 8 册，第 388—389 页。

⑤ 何休注，徐彦疏：《春秋公羊传注疏》，阮元校刻：《十三经注疏》，北京：中华书局，1980 年，第 2200 页；刘逢禄：《春秋公羊经何氏释例　春秋公羊释例后录》，曾亦点校，上海：上海古籍出版社，2013 年，第 6 页。

记·礼运》的"小康"、"大同"分别对应何休的"升平"、"太平"。何休、魏源的这种史观，被视为康有为三世说的先驱。[1] 康有为尚有"通三统"说法，亦见于何休。[2] 三统者，亦称三正，夏朝以寅时为始，服色尚黑，为黑统；商朝以丑时为始，服色尚白，为白统；周朝以子时为始，服色尚赤，为赤统。[3] 三统者，三色所示之"统"，即三种制度。钱穆解释，汉代公羊学认为，三统即为夏商周三朝政权之三传统；每一新朝兴起，须保留前朝之后裔，为之封土建国，令其依然遵照前朝之旧传统与旧制度，与此新朝共存，而周代的杞国与宋国，即夏、商之后。康有为认为，每朝必有其新制，只有变革，方能一新。晚清今文学派以经学趋势求变之意，此处最是可见。钱穆指出，周道衰微，周天子失去褒贬资格，孔子《春秋》之褒贬，并非周天子之褒贬，孔子"以《春秋》作新王"，寄托其治世理想，故《春秋》被认为是新王制法。[4]

章太炎视孔子为良史，视《春秋》以外五经为孔子所编辑之史，亦即孔子历史学之载体。此类观点与今文派背道而驰，而与章学诚"六经皆史"说相通。诘难康有为，显然也是章太炎褒扬章学诚的重要语境。康有为在《孔子改制考》中力诋章学诚曰："章实斋谓：集大成者，周公也，非孔子也。其说可谓背谬极矣！"[5] 章学诚在《文史通义·原道》中言："周公集羲、轩、尧、舜以来之大成，周公固学于历圣而集之，无历圣之道法则固无以成其周公也。孔子非集伯夷、尹（伊尹——引者注）、惠（柳下惠——引者注）之大成，孔子固未尝学于伯夷、尹、惠，且无伯夷、尹、惠之行事，岂将无以成其孔子乎？"[6] 康有为明言："歆欲夺孔子之圣而改其圣法，故以周公易孔子也，汉以

① 佐藤一郎：『中国文学の伝統と再生：清朝初期から文学革命まで』、東京：研文出版、2003年、第99—100頁。
② 何休注，徐彦疏：《春秋公羊传注疏》，阮元校刻：《十三经注疏》，第2203页；刘逢禄：《春秋公羊经何氏释例 春秋公羊释例后录》，第10页。
③ 康有为：《大同书》，陈得媛、李传印评注，北京：华夏出版社，2002年，第15页。
④ 钱穆：《孔子与春秋》，《两汉经学今古文平议》，北京：商务印书馆，2015年，第271—272页。
⑤ 康有为：《孔子改制考》，康有为撰，姜义华、张荣华编校：《康有为全集》第3集，北京：中国人民大学出版社，2007年，第127页。
⑥ 叶长青：《文史通义注》，第130页。

前无是说也。汉以前咸知孔子为改制教主，知孔子为神明圣王……'六经'皆孔子所作也，汉以前之说莫不然也。"① 六经之一的《春秋》为孔子所作，这一点今古文两派皆无异议，分歧在于孔子是其余五经编者还是作者。即使就古文派意见而言，视孔子为五经之编者、《春秋》之作者，足可以高誉孔子为集大成者。章学诚何以如此卑视孔子？章学诚《文史通义》之一大贡献，乃在于据《七略》而阐明古代学术王官学与百家言之区别。② 但章学诚执官、私学术之二分过甚，几乎将之视为放之后世皆准之尺度，难免自我矛盾，诚又为其说之一大缺陷。此一问题亦于其"集大成"说中表露无遗。章学诚言："孔子有德无位，即无从得制作之权，不得列于一成，安有大成可集乎？"③ 简言之，有德有位，方可谓集大成者也。此正是他轻孔子重周公之重要缘由。章学诚言孔子非集大成者，且周孔二者择一、非此即彼，诚为言过。然康有为视孔子为六经作者又是一谬。

康有为《新学伪经考》（1891）直言"始作伪乱圣者自刘歆"，④ 言古文经为伪经，东汉以来经学为刘歆"作伪"，矛头直指章学诚与古文派所推崇的刘歆。显然二章之说相近，而与康有为水火难容。钱穆曰，"莽、歆为人贱厌，谓歆伪诸经以媚莽助篡，人易信取，不复察也。南海康氏《新学伪经考》持其说最备，余详按之皆虚"；并列举康著立论不成立者28条，逐一驳斥，条条言之有据、持之有故。他又说："余读康氏书，深疾其牴牾，欲为疏通证明，因先编《刘向歆父子年谱》。"⑤ 该长篇年谱亦见其史家考证功夫。钱穆晚年撰文高评章太炎，⑥ 此书从侧面回答了其评价的背景之一。该书并非无端介入晚清今古文之争，而是

---

① 康有为：《孔子改制考》，康有为撰，姜义华、张荣华编校：《康有为全集》第3集，第128页。

② 钱穆：《孔子与春秋》，《两汉经学今古文平议》，第299页。

③ 叶长青：《文史通义注》，第129页。

④ 康有为：《新学伪经考》，康有为撰，姜义华、张荣华编校：《康有为全集》第1集，第155页。孔教问题，参见干春松：《制度化儒家及其解体》，北京：中国人民大学出版社，2003年；《保教立国：康有为的现代方略》，北京：三联书店，2015年。康章对立，可参见汪荣祖：《康章合论》，北京：中华书局，2008年。

⑤ 钱穆：《刘向歆父子年谱》，《两汉经学今古文平议》，第1、7页。

⑥ 钱穆：《太炎论学述》，《中国学术思想史论丛》（八），第392—410页。

认为："盖今文古文之分，本出晚清今文学者门户之偏见。"收入上述长篇年谱在内的《两汉经学今古文平议》，为钱氏成名之作，该书宗旨"则端在撤藩篱而破壁垒，凡诸门户，通为一家。经学上之问题，同时即为史学上之问题……治经终不能不通史"。① 以史治经的学术态度，正是章太炎的态度，也是钱穆批判晚清今文经学的重要理由。

多年后，章太炎在《致柳翼谋书》（1922）中直接针对晚清今文派奉为祖师的董仲舒，言道：

> 以罢黜百家归咎仲舒，本不为过，唯梁启超以仲舒为儒家，因以是为儒家之过，则鄙意甚有异同。仲舒乃今文公羊之师，于儒林列传则是矣，于九流之儒则非也，其言凌集巫史，实兼习阴阳家说。……鄙人少年本治朴学，亦唯专信古文经典，与长素辈为道背驰，其后深恶长素孔教之说，遂至激而诋孔。②

章太炎借助汉代目录学诘难董仲舒，并坦承是朴学家之见。在他看来，董仲舒不应归于九流之首之儒家，而应归入儒林列传；驱董于六艺流裔、儒家之外，是因为其兼采阴阳。表面上看，这是章太炎立足于古文家立场的嫌恶之见，其实未必。董仲舒"推明孔氏，抑黜百家，立学校之官，州郡举茂才孝廉，皆自仲舒发之"，故后人易因此视董子纯然为儒，实则远为复杂。比如董仲舒与阴阳家的关系，一如《汉书》所谓："仲舒治国，以《春秋》灾异之变推阴阳所以错行，故求雨，闭诸阳，纵诸阴，其止雨反是。"③ 钱穆之两汉学术研究，似乎有助于说明章太炎何以如此持论。钱氏多纠正前汉尊儒的常见认识，并对经今古文对立颇有见地，其中与章太炎观点不无相通之处：

> 称《诗》《书》，道尧舜，法先王，此战国初期学派儒、墨皆然。不专于儒也。文帝时有《孟子》博士。至武帝时亦废。若谓尊儒，何以复废

---

① 钱穆：《两汉经学今古文平议》，"自序"，第 6 页。
② 汤志钧编：《章太炎政论选集》，第 764 页。
③ 《汉书》卷 56《董仲舒传》，第 2524 页。

《孟子》？其后刘向父子编造《七略》，六艺与儒家分流。儒为诸子之一，不得上侪于六艺。然则汉武立五经博士，若就当时语说之，谓其尊六艺则然，谓其尊儒则未尽然也……则仲舒之尊孔子，亦为其传六艺，不为其开儒术。①

钱穆并言"汉儒尊孔子为素王，亦以自附于六艺，而独出于百家"。② 钱穆视两汉学术以六艺为中心，而非以儒家为中心，此实本于《汉志》，与章学诚、章太炎见解有相通之处，并非出于门第之见。在章学诚看来，孔子原非儒家，之所以成为儒家宗师，乃是儒家尊孔所致："儒家者流，尊奉孔子，若将私为儒者之宗师，则亦不知孔子矣。孔子立人道之极，岂有意立儒道之极耶？"③ "五四"之非儒实可溯源于此，此又是胡适等未留意者。《汉书》为董仲舒盖棺论定时亦言其继承六艺之功，而未言及后世所认为的推动独尊儒术："仲舒遭汉承秦灭学之后，六经离析，下帷发愤，潜心大业，令后学有所统一，为群儒首。"④ 此"群儒"之"儒"不可解为儒家。章太炎明批董仲舒，而暗批康有为，意在鼓吹晚清革命。康有为认为，"惟《公羊》详素王改制之义，故《春秋》之传在《公羊》也"，"及读《繁露》，则孔子改制变周"。推崇《春秋繁露》为得素王改制真传之"微言奥义"。⑤

章太炎亦从目录学角度批判董仲舒（实为批判康有为）："今文家所贵者，家法也。博士固不知有经史之分，则分经史者，与家法不相应。夫《春秋》之为志也，董仲舒说之，以为上明三王之道，下辨人事之纪，万物之散聚，皆在《春秋》。"⑥ 章太炎驳斥董仲舒视《春秋》为制法而非史。钱穆指出，东汉经学仍无今古文之分，治经唯一争端，前汉在于《公羊传》《穀梁传》，后汉则为《左传》

① 钱穆：《两汉博士家法考》，《两汉经学今古文平议》，第 200 页。
② 钱穆：《两汉博士家法考》，《两汉经学今古文平议》，第 202 页。
③ 叶长青：《文史通义注》，第 136—137 页。
④ 《汉书》卷 56《董仲舒传》，第 2526 页。
⑤ 康有为：《春秋董氏学》，康有为撰，姜义华、张荣华编校：《康有为全集》第 2 集，第 307 页。
⑥ 《章太炎全集》第 5 册，第 233 页。

《公羊》，并不及诸经，今古文之二分乃后世之论。① 余嘉锡亦曰："汉儒治经，兼通数家之学者甚众，且有古今文并治者，前、后《汉书》中不乏其例。"② 尽管此时尚无经今古文之大别，钱穆却指出有"今学"、"古学"之辨。今学者，指治章句之学，博士立官各家师说之学。因光武帝好图谶，词章加图谶，构成此一派"家学"的特点，异之者则为"古义"，亦名"古学"。所谓今文派"家法"，即"今学"之"章句家法"，"则为师者易以教，为弟子者亦易以学"，同时"古学尚兼通"，"今学务趋时，古学贵守真"。③ 由是观之，虽然经今古文之别始于后世，似乎并非不可溯源于此。"趋时"亦未必全是坏事，也是学以致用精神之表现。董仲舒言灾异，甚至言天谴，亦可作如是观，故董仲舒告诫汉武帝："《春秋》之所讥，灾害之所加也；《春秋》之所恶，怪异之所施也。书邦家之过，兼灾异之变，以此见人之所为，其美恶之极，乃与天地流通而往来相应，此亦言天之一端也。"④ "趋时"乃是必要，然而趋时如董子者应如何令守真者觉得征而有信，或者说趋时与守真应如何平衡，则是另外的问题。钱穆所描述东汉"今学"、"古学"之别，多少又可见于晚清。显然晚清经今古文之对立，也非全然空穴来风，姑妄夸张地说，此一对立两汉之时早已埋下伏笔。"今学"此一特点为康有为等主张，并以董仲舒为其祖而述之。康有为遂认为《春秋》为"改制之义"，"《春秋》专为改制而作"，这一点"幸有董子之说，发明此义"，"《春秋》所重在义，不在文与事也"，⑤ 因而为后世制法。

对董仲舒的批判，亦涉及被斥为"暴秦"之祸首的法家及秦制的评价问题。章太炎《国故论衡·原经》云：

汉世五经家既不逆睹，欲以经术干禄，故言为汉制法。卒其官号、郡县、刑辟之制，本之秦氏。为汉制法者，李斯也，非孔子甚明。近世缀学之

---

① 钱穆：《两汉博士家法考》，《两汉经学今古文平议》，第 233—235 页。
② 余嘉锡：《四库提要辨证》，第 557 页。
③ 钱穆：《两汉博士家法考》，《两汉经学今古文平议》，第 236、238、247 页。
④ 《汉书》卷 56《董仲舒传》，第 2515 页。
⑤ 康有为：《春秋董氏学》，康有为撰，姜义华、张荣华编校：《康有为全集》第 2 集，第 365、309 页。

士，又推孔子制法讫于百世。法度者，与民变革，古今异宜，虽圣人安得豫制之？……《春秋》言治乱虽繁，识治之原，上不如老聃、韩非，下犹不逮仲长统。故曰"《春秋》经世，先王之志，圣人议而不辩"。……明其臧往，不巫为后王仪法，《左氏》有议，① 至于《公羊》而辩。持《繁露》之法以诘韩非、仲长统，必为二子笑矣。②

在章太炎看来，就政治学"识治之原"方面，《春秋》不及法家。章太炎的立场，也是以诸子学为中心的学术史立场，反对独尊儒家，又为法家鸣不平。汉承秦制也见于萧何《九章律》，《汉书·刑法志》："相国萧何攈摭秦法，取其宜于时者，作律九章。"汉代博士经学家标榜《春秋》为经，《春秋》乃为后世制法。章太炎在此斥之，谓晚清今文学家所追随的经学家所处之汉代，事实上却是继承秦制。秦制即法家之制。准章太炎之说，汉武帝之前，融黄老之术与法家于一体，之后儒法交融。《汉书·礼乐志》曰："至武帝即位……董仲舒对策言：王者欲有所为，宜求其端于天。天道大者，在于阴阳。阳为德，阴为刑。"③ 这是中国历史上儒法交融大原则确立之始。瞿同祖认为董仲舒德刑不偏废，《春秋》决狱，以儒为体，法为用，乃是以儒家经义用于法律的第一人，为融儒法两家思想者。④ 章太炎称"为汉制法者，李斯也"，同时强调法度是审时度势、与时并进，不可能预先由圣人制定。章太炎指出道家老子、法家韩非子、东汉尚书郎仲长统在制法方面远高于《春秋》，以论驳推崇董仲舒之《春秋》决狱的晚清今文学家。如庞俊所言，《春秋》"往事即先王之志（史志之志——引者注），明非为后世制法也"。⑤《后汉书·仲长统传》篇幅尤长，多节引仲长统《昌言》之有益政事者，并誉仲长统才章足继董仲舒、贾谊、刘向、扬雄。其中《损益篇》曰："作有利于时，制有便于物者，可为也。事有乖于数，法有玩于时者，可改也。

---

① 《国故论衡疏证》曰："议谓平订是非。"（章太炎撰，庞俊、郭诚永疏证：《国故论衡疏证》，第305页）
② 《章太炎全集》第5册，第234—235页。
③ 《汉书》卷23《刑法志》、卷22《礼乐志》，第1096、1031页。
④ 瞿同祖：《中国法律与中国社会》，北京：商务印书馆，2010年，第360页。
⑤ 章太炎撰，庞俊、郭诚永疏证：《国故论衡疏证》，第304页。

故行于古有其迹，用于今无其功者，不可不变。变而不如前者，易而多所败者，亦不可不复也。"① 仲长统此文原为东汉制法而发。但是，康有为言孔子为后世制法，即可理解为一成不变之法。此与康有为本人变革意识之凿枘，亦可由仲长统此言得以一窥。

《商鞅》一文收录于《訄书》初刻本、重订本与《检论》。该文为商鞅鸣不平："商鞅之中于谗诽也二千年，而今世为尤甚。其说以为自汉以降，抑夺民权，使人君纵恣者，皆商鞅法家之说为之倡。呜呼！是惑于淫说也甚矣。法者，制度之大名，周之六官，官别其守，而陈其典，以扰乂天下，是之谓法。故法家者流，则犹西方之政治家也，非胶于刑律而已。"② 章太炎认为汉朝恰恰败在未依仗法家。如是，章太炎的晚清今文派批判，又与其诸子学复兴，尤其法家重评，联系在一起。

如上所述，章太炎的晚清今文派批判，其方法之一是透过辨章学术、考镜源流进行。因此，章太炎批判四部分类法，是批判今文学派的必要手段。后者自然排斥《七略》，因《七略》彻底的历史框架本身，与今文派之微言大义多有不合。而且，按章太炎《原经》所说，《七略》之《六艺略》不仅含六经，尚有《论语》《孝经》和小学十家，以及《国语》《战国策》《史记》等历史书籍，此等史籍概入六经之《春秋》。然而依经史子集四部分类，则经、史必为异部。一如井上进所指出，章太炎对董仲舒以及"崇董"的晚清公羊学著作如此攻讦，是因其作为《春秋左氏传》学者的门户立场，更出于其作为清末革命派的政治立场：章太炎认为作为汉代官方儒学中心的公羊学，"是为专制主义服务的"。③ 此与章太炎之革命精神息息相关。

四、"二章"与以诸子学为中心的学术史重构运动

章学诚"学"或"效法"的实践性问题，与他强调周孔二分有关，也关乎其"六经皆史"主张。就后者而言，主张经史之不可二分，必然强调六经为周朝

① 《后汉书》卷 49《仲长统传》，第 1643—1663、1650 页。
② 《章太炎全集》第 3 册，第 262—263 页。
③ 井上进：『中国出版文化史——書物世界と知の風景』、第 24—25 页。

旧典，也必然彰显有德有位的周公，而非有德无位的孔子。就周孔二分问题，前面已经论及。章学诚除了在《文史通义·原道》中较为集中论及此问题外，也在《与陈鉴亭论学》（1789）言"集大成者实周公而非孔子"：

> 孔子不得位而行道，述六经以垂教于万世，孔子之不得已也。后儒非处衰周不可为之世，辄谓师法孔子必当著述以垂后，岂有不得已者乎？何其蔑视同时之人而惓惓于后世邪！故学孔子者，当学孔子之所学，不当学孔子之不得已。……故知道器合一，方可言学；道器合一之故，必求端于周、孔之分，此实古今学术之要旨。①

一如前述，他认为周公之时学在官守，道器不分，至孔子出而官学二分，孔子有德有学而无其位。撰写《春秋》、编辑五经，通常被认为是孔子对中国学术的伟大贡献。在章学诚看来，就孔子的政治思想而言，无位则无法实践；不能实践，只是不得已，但今人不知道习古只为今而已。章学诚主张与实践相结合的道器合一观，显而易见对顾炎武经世致用思想有所发挥，因此对学术迂腐倾向痛诋有加。但是，此处更强调其官师合一的基本观点。

另一方面，章学诚的道器观与其校雠心法息息相关，并且其观点与清代中期开始出现的"诸子热"遥相呼应。他在《校雠通义》中用"道"代表诸子等理论书籍，用"器"代表具体的"法术名数"书籍。如，"就诸子中掇取申韩议法家言，部于首条，所谓道也；其承用律令格式之属，附条别次，所谓器也……诸家之言，部于首条，所谓道也；其相沿典章故事之属，附条别次，所谓器也"，②显见其对诸子的重视。在此意义上可以说，诸子学复兴不仅早为王念孙、汪中、钱大昕等考据学家所准备，章学诚也多有贡献。

胡适指出，重视诸子学，至晚清民初始现。③假如以长时段观之，实是晚明以来学术史暗流涌动的结果。一如井上进所指出，自16世纪后半期以来，儒教

---

① 章学诚著，仓修良编注：《文史通义新编新注》，第717—718页。
② 章学诚著，王重民通解：《校雠通义通解》，第52—53页。
③ 胡适：《中国哲学史大纲（卷上）》，姜义华主编：《胡适学术文集·中国哲学史》，北京：中华书局，1998年，第13页。

独大局面面临诸子学挑战，明嘉靖以后出现重评诸子的倾向。《汉志》亦常常被用于肯定诸子，① 章学诚即其代表。此外，以荀学为例，荀子自汉代起便受官方冷遇，但迟至清代汪中撰《荀卿子通论》，考据学界出现了一股"荀学热"，代表人物有谢墉、卢文弨、刘台拱、王念孙、江有诰、洪颐煊、郝懿行、俞樾、王先谦等。"荀学热"延至晚清民初章太炎，而且与日本儒学界不约而同。自唐代杨倞注《荀子》之后，汉字圈第二个系统注《荀子》者，② 便是江户日本硕儒荻生徂徕（《读荀子》）。在方以智等明代考据学成果的影响下，荻生徂徕的《荀子》注虽然不似乾嘉考据学系统而有质量，但也有贡献，暗合后来乾嘉学者之处甚多，带动了江户日本的"荀学热"，与乾嘉学者东西辉映。江户日本"荀学热"因此早于汪中等清朝考据学之"荀学热"数十年出现。③ 乾嘉时代重评诸子的倾向以荀学为先锋，清代考据学以更为系统的考据学成果注荀。迨至清末，诸子学蔚然成风。清中期章学诚、清末章太炎等所代表的重评《汉志》，客观上也与其时出现的"诸子热"相呼应，因为《汉志》为晚清甚至民初"诸子热"提供了重要学术依据。《七略》之《诸子略》，乃诸子独立成略；四部之子部却是合《七略》之《诸子略》《兵书略》《术数略》《方技略》芜杂成之。此外，荀勖甲、乙、丙、丁四部之乙部即为隋唐后之子部，④ 其顺序为经、子、史、集，与《隋志》之后的经、史、子、集四部顺序相比，子部此时已以芜杂之身屈居史部之后。晚清民国的"诸子热"，尤其有着西学刺激、与西学嫁接等语境。此一胡适所代表之"国故"运动，可视为新学透过古典中国学术接轨西学之重要途径。

---

① 井上進：『中国出版文化史——書物世界と知の風景』、第 301、308—309 頁。井上此说亦合于陈致论文之见。陈文指出，明代隆庆、万历年间本以四书五经为考试内容的科举制义，却出现了多用释老之言的倾向，并认为王学乃是其因。陈文也例举反对王学与诸子之学入试者如王世贞等。参见陈致：《晚明子学与制义考》，《诗书礼乐中的传统——陈致自选集》，上海：上海人民出版社，2012 年，第 354—389 页。

② 荻生徂徕之前，明代孙鑛与钟惺合著有《荀子评点》，但还是比较零星的注释。参见严灵峰编辑：《六子全书》，《无求备斋诸子书目·荀子集成》，台北：成文出版社有限公司，1977 年影印本。

③ 林少阳：《"文"与日本思想学术史：汉字圈·1770—1990》，北京：中央编译出版社，2012 年，第 46—89 页。

④ 《隋书》卷 32《经籍一》，第 906 页。

章太炎从目录学角度论及学术史的另一个演讲，谈及《七略》之六部分类法与"诸子热"兴盛之间的关系："《汉书·艺文志》，从刘歆《七略》出来，把一切书分做六部。其中诸子、兵书、数术、方技四部，现在统统叫做子书。六部中间，子书倒占了四部，可见当时学问的发达了。"① 在此，章太炎认为六部分类法反映了诸子学发达的事实，而诸子学的发达正代表了学术本身的发达。四部中的"子"较狭义的诸子学（九流）更为繁杂，包含了兵书、术数、方技等军事、医学、自然科学内容，实则淡化了原本诸子学在《七略》中的存在感。按《七略》或《汉志》的六部法，诸子是自成一家的。如前所述，表面上看《七略》之《诸子略》在《隋志》之后的四部中保持不变，仍为子部，实则有异。因为《诸子略》之"子"为六经之支流，四部之"子"含兵书、术数、方技三略，然《七略》中此三略别立，《孙子兵法》入《兵书略》而不入《诸子略》。至四部法，子部只是经、史的附庸，诸子又只能屈居儒家之后，显然四部是诸子学被矮化的直接表现。从这一意义上说，诸子学的兴起，也是古文派在今文派刺激下，借诸子反对汉代以后的儒学中心传统，卷土重来的必然结果。晚清诸子学复兴之重镇在《国粹学报》并非偶然。② 《国粹学报》偏向古文派经学，主要作者有章太炎、刘师培等古文派代表人物。因为在古文派的解释中，诸子地位相对上升，与此相关，古文派认为六经出于史官，变"经"为"史"，令六经的地位相对降低。

四部轻视诸子的问题，其实早见于钱大昕的议论。就荀勖、李充促成四部分类法的作用，钱大昕云："四部之分，实始于此（荀勖——引者注）；而乙部为子，丙部为史，则子犹先于史也。及李充为著作郎……《五经》为甲部，史记为乙部，诸子为丙部，诗赋为丁部，而经史子集之次始定。"并云："隋唐以后，叙书目者，大率循经史子集之次，而子家寥寥，常并释、道、方技而一之。自道学

---

① 章太炎：《论诸子的大概(1907 年至 1910 年讲于日本)》，章念驰编订：《章太炎演讲集》，第 87 页。
② 以《国粹学报》为主要阵地的晚清学人与诸子学复兴的关联，参见宋洪兵编：《国学与近代诸子学的兴起》，桂林：广西师范大学出版社，2010 年。章太炎与《国粹学报》的密切关系，也是广为人知的事实。

兴于宋儒，人人各有语录，而儒家之目亦滋多矣。"① 钱大昕不满四部成立后诸子被轻视的倾向，与乾隆、嘉庆以来考据学家复兴诸子的取向有关。同时，他对诸子被矮化、宋儒语录被高扬、儒家书目过多也多存不满。章太炎与钱大昕观点可谓相去不远。

　　章学诚"复活"《汉志》之所以与诸子学复兴相关联，除了上述《七略》中《诸子略》在四部中地位、内涵的变化外，尚与其学术史的基本立场相关。《文史通义·书教》《诗教》诸篇的基本主题是："周衰文弊，六艺道息，而诸子争鸣。盖至战国而文章之变尽，至战国而著述之事专，至战国而后世之文体备。"章学诚认为诸子的源流在于六经，诸家执六经之"道体之一端，而后乃能恣肆其说，以成一家之言"。② 必须注意的是，这一说法与后世将六经归于儒家经典的说法大相径庭。章学诚的观点，正是本《七略·诸子略》之诸子出于王官说，如"儒家者流，盖出于司徒之官"，"道家者流，盖出于史官"，"阴阳家者流，盖出于羲和之官"，"法家者流，盖出于理官"，"名家者流，盖出于礼官"，"墨家者流，盖出于清庙之守"，"纵横家者流，盖出于行人之官"，"杂家者流，盖出于议官"，"农家者流，盖出于农稷之官"，"小说家者流，盖出于稗官"。③ 钱穆言："大抵先秦学官有二：一曰史官，一曰博士官。史官自商、周以来已有之……博士官则自战国始有，盖相应于平民社会学术自由之兴起。诸子百家既盛，乃始有博士官之创建。"④ 可见官守与私学并非泾渭分明。如章学诚言，《春秋》出于《尚书》因为"《周官》法废，而《书》亡见《春秋》之体也"，"《书》亡而入于《春秋》"。⑤ 《春秋》虽为孔子私作，却多依官史而成。同样，钱穆指出《诗》《书》虽出官学，却早流于民间。⑥ 尤其《诗》之广传，遂有《论语·季氏》之说："不学《诗》，无以言。"无论如何，章学诚言诸子

---

① 钱大昕：《潜研堂文集》卷 13《答问十》，《潜研堂集》上卷，吕友仁校点，上海：上海古籍出版社，2009 年，第 197、198 页。
② 叶长青：《文史通义注》，第 64、65 页。
③ 《汉书》卷 30《艺文志》，第 1728、1732、1734、1736、1737、1738、1740、1742、1743、1745 页。
④ 钱穆：《两汉博士家法考》，《两汉经学今古文平议》，第 186—187 页。
⑤ 叶长青：《文史通义注》，第 36、37 页。
⑥ 钱穆：《两汉博士家法考》，《两汉经学今古文平议》，第 187、270 页。

学为"六典之遗"，正合刘歆言诸子为"六经之支与流裔"。① 章学诚进一步将诸子源流对应六经，"老子说本阴阳，庄、列寓言假像，《易》教也"，"邹衍侈言天地，关尹推衍五行，《书》教也"，"管、商法制，义存政典，《礼》教也"，"申、韩刑名，旨归赏罚，《春秋》教也"，"其他杨、墨、尹文之言，苏、张、孙、吴之术（纵横家——引者注），辨其源委，挹其旨趣，九流之所部分……而不自知为六典之遗也"。尽管如此，章学诚仍将诸子视为"先王之典章法度也。流为某家之学"，为"官守失传"的结果。② 如上所述，二章共同推崇的《汉志》，可视为发端于明末、兴盛于乾嘉、臻至清末而蔚为大观的"诸子热"之学术史依据，尤为章太炎掀起"诸子热"时所重。章学诚亦不期然为清末"诸子热"留下一伏笔。"伏笔"之说，并非指章学诚直接参与推动了"诸子热"，而指其理论蕴含"诸子热"之必然契机。③ 此亦是回归《汉志》，辨章学术、考镜源流所决定的。

胡适推崇《国故论衡》的原因之一也在于诸子学问题。胡适主要关注《国故论衡》下卷，尤其《原名》篇。④《中国哲学史大纲》再版自序云："我做这部书，对于过去的学者我最感谢的是：王怀祖（王念孙——引者注）、王伯申（王引之——引者注）、俞荫甫（俞樾——引者注）、孙仲容（孙诒让——引者注）四个人。对于近人，我最感谢章太炎先生。"⑤ 这指的便是章太炎诸子学方面的论述。在该书导言中，胡适说："清初的诸子学，不过是经学的一种附属品，一种参考书。不料后来的学者，越研究子书，越觉得子书有价值。故孙星衍、王念孙、王引之、顾广圻、俞樾诸人，对于经书与子书，检直没有上下轻重和正道异

①　叶长青：《文史通义注》，第 68 页；《汉书》卷 30《艺文志》，第 1746 页。
②　叶长青：《文史通义注》，第 65—68、157 页。
③　这一点也为井上进所指出（「六経皆史説の系譜」、小野和子编：『明末清初の社会と文化』、京都：京都大学人文科学研究所、1996 年、第 541 頁）。
④　胡适《中国哲学史大纲（卷上）》之第三"论辩"即参考了章太炎《国故论衡·原名》，并对章太炎的读解提出了自己的看法，该书中还提及《国故论衡·明见》（姜义华主编：《胡适学术文集·中国哲学史》，第 145—146、168、220 页）。
⑤　《中国哲学史大纲》由商务印书馆初版，1931 年改题为《中国古代哲学史》。参见胡适：《中国哲学史大纲（卷上）》，姜义华主编：《胡适学术文集·中国哲学史》，第 3 页。

端的分别了。到了最近世，如孙诒让、章炳麟诸君，竟都用全副精力发明诸子学。"① 胡适力推诸子，除乾嘉学风影响外，乃因诸子学较易接轨西学，亦关乎"打倒孔家店"的时代氛围。胡适在民初相当长一段时间内以承接晚清诸子学为己任，力图理解《国故论衡》诸子部分。然而胡适的《诸子不出于王官论》，不仅与《汉志》相悖，更与二章南辕北辙。

在清末以"诸子热"为特征之一的学术史重构运动中，《国粹学报》不仅刊登了章太炎论文，亦频频刊发刘师培等人的学术史论文，以呼应刘向、刘歆、王俭、郑樵、章学诚以来反四部分类的学术史谱系。② 刘师培对二章学说之呼应，见于《国粹学报》第 1 期《论古学出于史官》（1905），第 14、15 期《古学出于官守论》（1906）等，③ 莫不表明其古文学派的立场。由是观之，清中期之辨章学术、考镜源流，与诸子学两大潮流相互呼应，或章学诚以目录学重振之，或孙星衍、王念孙、王引之等乾嘉考据学者以诸子学张大之，④ 中间经过龚自珍、孙诒让、章太炎等继承并光大之。《国粹学报》蔚为辨章学术、考镜源流运动之中心。当然这一说法是在暂时不论这些论述者间重大区别前提之下的。

章太炎的复古，首先见于古文派之"古"；其次见于其继承音学研究上古音训的清朝考据学方法论，以小学为基，注重故训；再次见于其学术史梳理中复先秦诸子学之古；更见于其辨章学术、考镜源流上复归《七略》，而不取经史子集之四部分类法。必须指出的是，章太炎的"复古"是批判性的复古，即批判性地梳理中国学术传统，并与西学对话，在新的时代重建中国文化、学术

---

① 胡适：《中国哲学史大纲（卷上）》，姜义华主编：《胡适学术文集·中国哲学史》，第 13 页。
② 章太炎并非《国粹学报》创办者。《国粹学报》问题，参见郑师渠：《晚清国粹派》，北京：北京师范大学出版社，1993 年；桑兵：《晚清民国的国学研究》，上海：上海古籍出版社，2001 年；罗志田：《国家与学术：清季民初关于"国学"的思想论争》，北京：三联书店，2003 年；Tze-ki Hon, *Revolution as Restoration: Guocui Xuebao and China's Path to Modernity, 1905-1911*, Leiden: Brill, 2013；等等。
③ 黄节、邓实主编：《国粹学报》卷 4—5，扬州：广陵书社，2006 年影印本。
④ 张寿安曾论及龚自珍在学术史上的重要地位，甚至认为龚氏当与章学诚齐名。参见《龚自珍论"六经"与"六艺"——传统学术知识分化的第一步》，《清史研究》2009 年第 3 期。

传统。在此意义上，章太炎是"复古"的新文化运动者，[①] 而有别于后来某些西化论者。

五、章太炎对章学诚"六经皆史"论的评价

（一）章学诚的文史通义论

宋代以后，在义理、考据、辞章三分的局面中，义理雄踞中心地位，被称为新儒学的儒学高峰，影响中国甚至整个汉字圈至深至远。朱子学性理学引发以顾炎武、戴震为代表的考据学派及章学诚等不同角度的批判。段玉裁述戴震思想曰："先生合义理、考核、文章为一事。"[②] 章学诚则说，"义理不可空言也，博学以实之，文章以达之，三者合于一"，[③] 在《文史通义》中力阐"合一"的必要。显然戴震和章学诚在"合"上相通。

戴震《孟子字义疏证》《原善》是循考据而求义理的典范，在理念上批判空求义理，影响深远。章太炎《征信论上》誉之曰："戴氏作《原善》及《孟子字义疏证》，遂人情而不制以理。两本孟子、孙卿。"[④] 除上述二书，戴震在义理、考核、文章三者中主要以考据为中心，亦致力于义理。就戴震与宋学的关系而言，章太炎认为汉学一系在江永、戴震时代乃汉宋兼采："江本兼谈宋学，戴氏《孟子字义疏证》力与宋学相攻，而说经实兼采宋学。惟小学、历算、地理，不涉宋学耳。至高邮（指王念孙——引者注）、曲阜（指孔广森——引者注）始醇粹无杂耳。"[⑤] 在演讲中又曰："（戴震——引者注）做几卷《孟子字义疏证》，自己以为比宋儒高，其实戴家的话，只好用在政事一边，

---

① 笔者曾以"'复古'的新文化运动"为方法论视点，尤其是"以'文'为手段的革命"为方法论视点，重构章太炎的思想，甚至借此重审晚清的文化、思想、政治，对传统的辛亥革命研究提出质疑。参见林少阳：《鼎革以文：清季革命与章太炎"复古"的新文化运动》。

② 段玉裁撰，杨应芹订补：《东原年谱订补》，张岱年主编：《戴震全书》（六），第709页。

③ 章学诚著，仓修良编注：《文史通义新编新注》，第105页。

④ 《章太炎全集》第8册，第47页。

⑤ 章太炎：《章太炎先生论订书》，支伟成：《清代朴学大师列传》，台北：明文书局，1985年，第5页。

别的道理，也并没得看见。宋儒在《孟子》里头翻来翻去，戴家也在《孟子》里头翻来翻去。"① 意思是戴震的《孟子字义疏证》有批判政权的意图，但在拘泥于《孟子》方面与宋儒相去不远。章太炎言戴学与宋学的关联，乃是指其扬宋学阐发义理之长，去其空疏之短，而以小学、历算、地理之实事求是为基。就后者而言，章太炎亦暗示自己作为王念孙谱系后人亦属"醇粹无杂"，与宋学了无渊源。

另一方面，章学诚亦频频批判朱子学、陆王之学，这一点可见于他道在事中、不器外求道等一系列命题。而其"六经皆史"说也可作如是观。比如《家书五》（1790）便可见其力诋宋儒之处：

> 宋儒之学，自是三代以后讲求诚正治平正路，第其流弊，则于学问、文章、经济、事功之外，别见有所谓"道"耳。以"道"名学，而外轻经济事功，内轻学问文章，则守陋自是，枵腹空谈性天，无怪通儒耻言宋学矣。②

按章学诚的意思，必于学问、文章、经济、事功之内求道。学问文章乃公器，与效法圣人前贤相连，文章则涉语言传递、意义衍生等"文"的问题。在他看来，宋学在这方面是有缺陷的，乃至清中期士林"耻言宋学"。"文"的问题不被宋学末流及阳明学徒重视。朱子本人虽为文学大家，但不重视文辞，此见于语录体之盛行。朱熹"文以载道"、"道者文之根本，文者道之枝叶"之类观点，③ 亦广为人知。正如周予同指出："朱熹之于文学，盖其素嗜，后以专究心性，因而菲薄辞章；然于穷理治经之余，仍撰著《楚辞集注》、《韩文考异》、《欧曾文粹》诸书，则其爱好文艺之情固终未能自掩也。"④ 在不立文字的禅宗影响下，阳明

---

① 章太炎：《论教育的根本要从自国自心发出来（1907 年至 1910 年讲于日本）》，章念驰编订：《章太炎演讲集》，第 78 页。

② 章学诚著，仓修良编注：《文史通义新编新注》，第 822 页。

③ 朱熹：《朱子语类》卷 139《论文上》，朱杰人等主编：《朱子全书》第 18 册，上海：上海古籍出版社，合肥：安徽教育出版社，2002 年，第 4314 页。

④ 周予同：《朱熹》，朱维铮编校：《周予同经学史论》，上海：上海人民出版社，2010 年，第 113 页。

心学专事讲学、不重著述，更不重视语言问题。

总之，章学诚强调"合"的理论。"合"者，可理解为综合、汇通、贯通、理论实践合一等。其理论置"史"（尤其学术流变史、方志等）于核心，并提出文史不可二分，透过"文"此一"史"之语言媒介，章学诚的"史"试图整合义理、考核、文章。章学诚意在采取"校雠心法"，在"文"之语言层面和"史"之"义例"方面，① 调和义理、考核、文辞三分的现状。

章学诚"六经皆史"正是出现在这样的思想史语境中。除了批判朱子学外，他也有意批评不思义理、汲汲于烦琐考证的考据学。章学诚在《与陈鉴亭论学》（1789）表明了《文史通义》与汉宋两派的区别：

> 《文史通义》，专为著作之林校雠得失；著作本乎学问，而近人所谓学问，则以《尔雅》名物，六书训故，谓足尽经世之大业，虽以周、程义理，韩、欧文辞，不难一唾置之。其稍通方者，则分考订、义理、文辞为三家，而谓各有其所长。不知此皆道中之一事耳，著述纷纷，出奴入主，正坐此也。鄙著《原道》之作，盖为三家之分畛域设也。②

"专为著作之林校雠得失"，正是"校雠"汉宋两派著作的得失，③ 但章学诚所要纠正的还有为"文辞"者，既有桐城文人之类的文人之文，又有失却"文辞"意识的清儒考据学者与宋儒语录。文、史及义理之重构不可分论，一如章学诚于《与林秀才》中所言，"宋人讥韩子为因文见道，然如宋人语录，又岂可为文乎？因文见道，又复何害！孔、孟言道，亦未尝离于文也"！④ 此可从《文史通义》的题目窥见。"分考订、义理、文辞为三家，不知此皆道中之一事"者，正是章学诚批判的对象。此通于戴震"义理即考核，合文章为一事"之说，亦合肇端于

---

① 王重民解"义例"为"从图书数据中抽离出来的规律"，此说明显带有"五四"新学的意味。见章学诚著，王重民通解：《校雠通义通解》，"序言"，第5页。
② 章学诚著，仓修良编注：《文史通义新编新注》，第717页。
③ 周予同：《章学诚"六经皆史说"初探》，朱维铮编校：《周予同经学史论》，第501页。
④ 章学诚著，仓修良编注：《文史通义新编新注》，第741页。

明末清初，兴盛于乾隆、嘉庆的反对理学的学风。① 郭绍虞指出，考据、义理、词章三位一体的观点，为清代文人学者的共同主张，但其意实发自明末清初顾炎武、黄宗羲，实际又是主张文与学、文与道、道与学合一而反对空文空道。② 章学诚所说的"以《尔雅》名物，六书训故，谓足尽经世大业"，显然是批判不问义理、拘于烦琐考证的考据学，以申明自己的方法论。其中"韩欧文辞"是指标榜义理、文追唐宋古文的桐城文人。因此，章学诚一再强调："义理不可空言也，博学以实之，文章以达之，三者合于一，庶几哉周、孔之道虽远，不啻累译而通矣。"③

章学诚在嘉庆五年的《浙东学术》中说：

> 天人性命之学，不可以空言讲也。故司马迁本董氏天人性命之说，而为经世之书。儒者欲尊德性，而空言义理以为功，此宋学之所以见讥于大雅也。夫子曰：我欲托之空言，不如见诸行事之深切著明也。……三代学术，知有史而不知有经，详人事也。后人贵经术，以其即三代之史耳。近儒谈经，似于人事之外别有所谓义理矣。浙东之学，言性命者必究于史，此其所以卓也。④

章学诚的思想，是借司马迁所引孔子名言而发。⑤ 类似的说法亦见于《汉志》：

---

① 参见余英时：《论戴震与章学诚：清代中期学术思想史研究》；《方以智晚节考（增订版）》，北京：三联书店，2004 年；张寿安：《以礼代理：凌廷堪与清中叶儒学思想之转变》，台北：台湾"中研院"近代史研究所，1994 年。这一反理学的倾向，也被同时代儒学共同体所共享。如江户日本儒学，亦不约而同呈现出这一倾向。就清儒与江户日儒这一共同的反理学倾向，笔者曾从清朝考据学角度作过考察。参见林少阳：《"文"与日本思想学术史：汉字圈·1770—1990》，第 43—100 页。

② 郭绍虞：《中国文学批评史》，天津：百花文艺出版社，1999 年，第 470—473 页。

③ 叶长青：《文史通义注》，第 150 页。

④ 叶长青：《文史通义注》，第 576—577 页。点校者张京华指出，粤雅堂、浙江书局本及嘉业堂本"详人事"皆作"切人事"。

⑤ 《史记》卷 130《太史公自序》，第 3297 页。岩本宪司认为司马迁假借孔子之口宣传《左传》的优越性，并认为"空言"非指经之表达方法，而是说经方法，亦即"传"的表达方法。参见岩本宪司：『「義」から「事」へ——春秋學小史』、東京：汲古書院、2017年、第 84 頁。

"丘明恐弟子各安其意，以失其真，故论本事而作传，明夫子不以空言说经也。"① 章学诚视司马迁为以史事阐发义理之楷模，一目了然，亦是崇尚刘向、刘歆的体现。

另一方面，章学诚批判宋学"尊德性，而空言义理以为功"，并不等于否定宋学的"尊德性"，而是"尊德性而道问学"。② 其"学"，立于校雠学之史学，亦即循史而求义。仓修良指出，章学诚该文被认为是最早将"浙东学术"作为分析对象的文章。③ 被认为以顾炎武为代表的"浙西学术"，应该也是章学诚该文的副产品了。但章学诚所说的"浙东之学，言性命必究于史"，其实亦见于非"浙东学术"之顾炎武等，尽管顾炎武在方法论上更强调训诂，以"古之所谓理学，经学也"，④ 建立起基于小学训诂的经学研究与朱子学的关联。因此，"浙东学术"名称多少有自我特权化之虞。"浙东学术"之后江藩有"吴派学术"、"皖派学术"之说。漆永祥指出，"如果把（江藩《汉学师承记》——引者注）卷一、卷八所记清初诸人除外，则卷二—卷七适为后来章炳麟划分吴、皖两派的直接依据。章氏之后，梁启超更是直接论'吴、皖派之说，出自江氏《汉学师承记》'……自章炳麟本江藩之书而划分吴、皖两派并得到梁启超等人的应和之后，学术界遂将乾嘉考据学分为吴、皖两派或吴、皖、扬州三派，几成定论"。⑤ 江藩之说与章学诚"浙东学术"之间有无关系，不得而知。江藩该书被认为是汉宋二元对立框架的推动者。但是，该书基本上是将考据学作为分析单位，然后设立一个宋学的对立面，再在考据学内部进行划分。章学诚则将"浙江"这一地理单位作为整体单位，再设东西之对照，多少令人费解。章学诚之"浙东学术"云云，不无借陆、王及黄宗羲、万斯大、万斯同等而夫子自道的色彩。余英时指出，此举以浙西顾炎武对浙东黄宗羲，有匹敌乾嘉考据学在清学中的强势存在的

---

① 《汉书》卷30《艺文志》，第1715页。
② 余英时认为清代考证学的出现意味着儒家智识主义的出现，由"尊德性"转入"道问学"，并以戴震、章学诚为代表（《论戴震与章学诚：清代中期学术思想史研究》，第20—30页）。
③ 章学诚撰，仓修良编注：《文史通义新编新注》，第122页。
④ 顾炎武：《与施愚山书》，《顾炎武全集》卷21《亭林诗文集》，第109页。
⑤ 漆永祥：《前言》，江藩纂，漆永祥笺释：《汉学师承记笺释》，上海：上海古籍出版社，2006年，第36—37页。

色彩，更具体即为衬托戴震与章学诚之对峙。① 此说不无道理。

　　无论如何，就学术史研究而言，浙东史学群体固然有其重要的研究意义，由此观察"浙东"、"浙西"提出者章学诚之内心也非常重要。但是，此一类集体性分析单位，往往容易以二元对立框架简化历史。② 原籍浙东、学无常师、长于会通的章太炎，断不会分浙西浙东学术。无论与吴学、皖学还是浙东学术，他都有很深的关系，无法在二元对立框架下被简单归类。

　　此外，章太炎在继承孔子"欲载之空言，不如见之于行事之深切著明"之旨的基础上，借助唯识论与庄子学说，融合德意志观念论等西学。这是他义理建构的一个特点。就后者，佛学如唯识论集中于"识"，认为阿赖耶识为不灭之真如与生灭之妄想的结合。同时，阿赖耶识也是一切认知、知识所依赖的源头和基盘（《摄大乘论》所说的"所知依"③）。尽管朱子将佛学融入其新儒学体系，但似乎很少谈佛教唯识论之"识"（佛教深层心理学）。与此相对照，章太炎倚重唯识论，并在此基础上糅合庄子哲学。章太炎视唯识论为实事求是的解释体系，与其考据学实事求是的态度更是某种互相强化和丰富。加之章太炎学术思想中"文"、"史"位置，此一阐发义理方式，与朱子庞大而严密的形而上学体系相比，实在迥然有异。朱子无疑是中国思想史乃至东亚思想史上的巨人。而从中国近现代思想史上看，章太炎理论阐发之独特，是颇值得关注的。

---

① 　类似的说法，参见余英时：《论戴震与章学诚：清代中期学术思想史研究》，第 71 页。

② 　何炳松之《浙东学派溯源》（1932）曾将"浙东学派"的源头追溯至程颐，无论对"浙东学术"还是宋学（尤其后者），皆发前人未发之见。如质疑"程朱理学"之称谓，指出程、朱之不同，即为一例。但是，何著意在建立"浙东学术"这一集体性概念。其实蒙文通便曾强调南宋浙东史学与清代浙东史学的差别（参见张凯：《浙东史学与民国经史转型——以刘咸炘、蒙文通为中心》，《浙江大学学报》2011 年第 6 期）。此外，何著的基本前提，是以朱熹为"'儒化'的道家领袖"、陆九渊为"'儒化'的佛家领袖"、程颐为"儒家的正宗领袖"（《浙东学派溯源》，桂林：广西师范大学出版社，2004 年，第 11、113、115 页等）。此一"正宗"与"不正宗"之别，将儒道释三家截然三分，即属二元对立的简单框架。二元对立本质上是一种还原主义（reductionism）的同一性思维。要而言之，集体性分析单位虽便于宏观概括，但不宜推之极致。

③ 　智敏集注：《摄大乘论世亲释集注》卷 1，上海：上海古籍出版社，2004 年，第 3 页 b。

（二）章太炎对章学诚"六经皆史"等观点的臧否

章太炎在 1909 年 1 月 20 日《与钟正楙》中云："若欲穷治史法，旁及九流，因以抗心皇古，则迁固二家之书当与六艺并立。唐刘知几之《史通》、近代章学诚之《文史通义》亦并可泛览者也。"① 此信写于《国故论衡》出版前一年，可以想象此一时期章太炎思想上频频与章学诚"对话"。在此，章太炎将《文史通义》与《史记》《汉书》《史通》等量齐观，其对章学诚的评价可见一斑。

章太炎《訄书·清儒》云："六艺，史也……人言六经皆史，未知古史皆经也。"② "六艺，史也"显然是章学诚"六经皆史"的引用。在同一《訄书》之《订孔》中，虽未直接提及章学诚，但其儒家古文经学立场无疑与章学诚的"六经皆史"说呼应："孔氏，古良史也。辅以丘明而次《春秋》，料比百家，若旋机玉斗矣。谈、迁嗣之，后有《七略》。孔子死，名实足以伉者，汉之刘歆。"③ 章太炎此话，不知是贬孔抑或扬孔，高扬刘歆却是事实。章太炎的孔子"良史"之论，显然是针对康有为代表的今文学派视孔子为六经作者的观点。

针对章学诚的"六经皆史"说，章太炎曾说："百年前有个章学诚，说'六经皆史'，意见就说六经都是历史，这句话，真是拨云雾见青天。"④ 并在《清儒》中溢美章学诚曰："会稽章学诚为《文史》《校雠》诸通义，以复歆、固之学，其卓约过《史通》。"⑤ 在此，章太炎质疑经史二元对立框架，主张古史即经、经即古史，消解二者对立关系。侯外庐指出："在'六经皆史'的命题下，实际潜藏着'史即是经'的推论，尽管章学诚并没有直接作出这样的表述。近代学者章太炎继承并发挥了这一观点。"⑥

---

① 马勇编：《章太炎书信集》，石家庄：河北人民出版社，2003 年，第 250—251 页。

② 《章太炎全集》第 3 册，第 152—153 页。

③ 《章太炎全集》第 3 册，第 133 页。"旋机玉斗"，徐复注引《史记·天官书》"北斗七星，所谓旋玑玉衡，以齐七政"，认为此处泛指北斗星。参见章炳麟著，徐复注：《訄书详注》，第 52 页。

④ 章太炎：《经的大意（1907 年至 1910 年讲于日本）》，章念驰编订：《章太炎演讲集》，第 71 页。

⑤ 《章太炎全集》第 3 册，第 155—156 页。

⑥ 侯外庐主编：《中国思想史纲》，上海：上海书店出版社，2008 年，第 435 页。

就经史二分的问题，章太炎晚年犹言：

> 向、歆校书之时，史部书少，故可归入《春秋》。其后史部渐多，非别立一类不可。亦犹《汉志》别立"诗赋"一类，不归入《诗经》类耳。后人侈言复古，如章实斋《校雠通义》，独断断于此，亦徒为高论而已。顾源流不得不明，纬与经本应分类，史与经本不应分，此乃治经之枢纽，不可不知者也。①

章太炎视章学诚为主张回归《七略》的同道。六经本应是史，四部另立史部，与魏晋南北朝时期私家修史之风盛、史书数量剧增有关。② 但此举忽视了《七略》辨章学术、考镜源流的动机。经史二分甚至对立，便由此起。忠实于学术源流，势必涉及如何评价经籍的问题。在同一篇演讲中，章太炎指出："史部本与六经同类。《艺文志》春秋家列《战国策》、《太史公书》。太史公亦自言继续《春秋》。"③ 这是章太炎对四部中史部独立成部的批判，也是他认同刘歆、章学诚之处。

另一方面，章太炎对章学诚也有批判。比如《国故论衡·原经》说："凡说古艺文者不观会通，不参始末，专以私意揣量，随情取舍，上者为章学诚，下者为姚际恒，疑误后生多矣。"④ 章太炎对章学诚较为具体的批判如：

> 实斋虽少谬语，然其用只在方志，内篇《易教》以佛书本于羲、文，诞妄实甚！至谓象通六艺，取证尤肤，无异决科之策，且于文人作传，则斥辨职之言。准是为例，范晔作《后汉书》、习凿齿作《汉晋春秋》，亦非身居左史，奉敕编定者也。史可私作。……实斋之论，徒教人以谄耳。其余陋

① 章太炎：《经学略说（上）（1935 年）》，章念驰编订：《章太炎演讲集》，第 488 页。
② 孙钦善指出魏晋南北朝私家修史之风盛 [《中国古文献学史》（修订本），北京：中华书局，2015 年，第 186 页]。
③ 章太炎：《经学略说（上）（1935 年）》，章念驰编订：《章太炎演讲集》，第 487 页。
④ 《章太炎全集》第 5 册，第 230 页。

者，自撰《文德》，以为新奇，不悟《论衡》已有斯语。①

此处章太炎批判章学诚解释佛典本于伏羲、周文王，认为章学诚不谙佛理，恣意妄解。同时就"象通六艺"之说，力诋章学诚本宋儒象数之学解《易》，再推诸其他五经抨击章学诚因反对私人作史而反对文人作传的立场。章太炎亦对章学诚攻讦戴震不以为然。然章太炎驳章学诚最力之一点，则在"史不可私作"。就上文言及的东晋史家习凿齿、刘宋范晔，章太炎《国故论衡·原经》亦曰：

> 学诚以为六经皆史，史者固不可私作。然陈寿、习凿齿、臧荣绪、范晔诸家，名不在史官，或已去职，皆为前修作年历纪传。……太史公虽废为扫除隶，《史记》未就，不以去官辍其述作。班固初草创《汉书》，未为兰台令史也。人告固私改作国史，有诏收固，弟超驰诣阙上书，乃召诣校书部，终成前所著书。……虽私作，何所訾也？②

史可私作之例，颇有说服力。陈寿作《三国志》，习凿齿作《汉晋春秋》，臧荣绪据王隐、刘宋何法盛等《晋书》另撰晋史，范晔作《后汉书》，此一等史家，莫不私作；甚至司马迁与班固作《史记》《汉书》之时，亦非全然官守。章太炎指出，孔子作《春秋》时亦然："准其条法，仲尼则国老耳，已去司寇，出奔被征，非有一命之位、儋石之禄，其作《春秋》，亦僭也。"③ 进而批判章学诚曰：

> 老聃、仲尼而上，学皆在官；老聃、仲尼而下，学皆在家人。正今之世，封建已绝矣，周秦之法已朽蠹矣，（章学诚——引者注）犹欲拘牵格令，以吏为师，以宦于大夫为学，一日欲修方志以接衣食，则言家传可作，援其律于《东方》《管辂》诸传，其书乃远在杨雄后。旧目《七略》，今目四部，自为《校雠通义》，又与四库官书龃龉。既薄宋儒，又言诵六艺为遵王制。时制五经在学官者，《易》《诗》《书》皆取宋儒传注，则宋儒亦不可非。诸

---

① 《章太炎全集》第 8 册，第 370 页。
② 《章太炎全集》第 5 册，第 227—228 页。
③ 《章太炎全集》第 5 册，第 229 页。标点略有调整。

此条例，所谓作法自弊者也。①

章太炎指出了章学诚的矛盾之处。一是章学诚内心反对四部分类法，却因四部成为朝廷方针而违心不敢坚持反对。"与四库官书龃龉"可能是指章学诚与四部分类法的分歧，也可能是指章学诚好攻讦时任《四库》编纂官的戴震。二是章学诚一方面强调学在官守，借此保证专门之学，故认为史不可私作，但是在强调方志之重要时又不得不强调家史之重要，因家史大体不可能官修（就家谱而言，在转往私谱之前固然有如魏晋南北朝之官修"公谱"的时代，然家谱亦非唯一一家史），两者相互矛盾。章学诚于《州县请立志科议》尝言："且有天下之史，有一国之史，有一家之史，有一人之史。传状志述，一人之史也；家乘谱牒，一家之史也；部府县志，一国之史也；综纪一朝，天下之史也。"② 但是，假如史不可私作，则"传状志述"、"家乘谱牒"皆不可私作。三是章学诚批判宋儒末流蹈空骛虚、空言义理，却在《易》《诗》《书》上囿于宋儒传注。

附带指出，章学诚与章太炎都肯定法家，但章学诚的出发点非为法家本身，而是因为秦朝是"官守学业合一"的典范，亦即恪守官守修史立场。其"治教不二、官师合一"的立场，应从此角度理解。章学诚《文史通义·原道中》曰："秦人禁偶语《诗》、《书》，而云'欲学法令，以吏为师'……至云学法令者以吏为师，则亦道器合一，而官师治教未尝分歧为二之至理也。"③《校雠通义·原道第一》亦云："秦人禁偶语《诗》、《书》，而云'欲学法令者，以吏为师。'其弃《诗》、《书》非也；其曰'以吏为师'，则犹官守学业合一之谓也。"④"欲学法令者，以吏为师"（《史记·秦始皇本纪》）为李斯语。⑤ 可以看出，章学诚对法家的态度，无非取其官师合一而已。

在此意义上，虽然二章皆为目录学之"复古者"，两者实迥异。其一，章学

---

① 《章太炎全集》第 5 册，第 231 页。《东方》《管辂》原无书名号，引用时矫此瑕疵。《东方》为《东方朔传》（《汉书》卷 65《东方朔传》，第 2841—2876 页），《管辂》见于陈寿《三国志》卷 29《方技传》（北京：中华书局，1959 年，第 811—830 页）。

② 章学诚撰，仓修良编注：《文史通义新编新注》，第 836 页。

③ 叶长青：《文史通义注》，第 139—140 页。

④ 章学诚著，王重民通解：《校雠通义通解》，第 2 页。

⑤ 叶长青：《文史通义注》，第 139 页。

诚官师合一、治道合一、史不可私作的立场与章太炎迥异。其二，二章皆是史家立场，然而章太炎出于学术上批判晚清今文派、政治上扬革命而驳改良的立场，对刘歆、章学诚多有利用。但是，章太炎无疑认同章学诚"六经皆史"、经史不可二分的大原则，因为这关乎二者共享的目录学辨章学术、考镜源流意识。二者皆对"六经皆史"如此介怀，也许正是因为经学已经成为压抑历史性的"装置"。

章学诚"六经皆史"的解释，就笔者愚见，可概括为如下三点。首先，钱穆谓章学诚"六经皆史"之"史"，非历史之谓，而是史官及其所掌典籍之谓，因为周代的历史掌于史官。① 钱氏所言，乃本章学诚官师合一的立场和史学考原的解释，言之有征。其次，"六经皆史"之"史"，又是指商周之古代有史而无经之谓。如章学诚《文史通义·解经上》："六经不言经。"叶长青注曰："孔子以前未有经名。"章学诚又曰："至于官师既分，处士横议，诸子纷纷，著书立说，而文字始有私家之言，不尽出于典章政教也。儒家者流，乃尊六艺而奉以为'经'……六经之名起于孔门弟子亦明矣。"② 则此一"六经皆史"之"史"，与"经"相对，为章学诚考镜源流的说法。最后，"六经皆史"之"史"，涉及章学诚之"空言"定义。章学诚之"空言"除了批判宋儒之"空言德性"外，亦包含其回归孔子"我欲载之空言，不如见之于行事之深切著明也"之意。③ 问题是此一场合的"空言"何谓？不仅仅指的是"历史"之反义，即"言性命者必究于史"之意，④ 更是指有德有位方可有"事"之意。就后者，一如章学诚所言："若夫六经，皆先王得位行道，经纬世宙之迹，而非托于空言。"⑤ 亦曰："《尚书》无一空言，有言必措诸事也。"⑥ 这一问题涉及章学诚对周公、孔子关系的看法。章学诚言若以一言"尽孔子之大"，"学周公而已矣"；并曰"周公集治统之成，而孔子明立教之极"。继而又言："非夫子推尊先王、意存谦牧而不自作

① 钱穆：《孔子与春秋》，《两汉经学今古文平议》，第 278 页。
② 叶长青：《文史通义注》，第 96、98—99 页。
③ 《史记》卷 130《太史公自序》，第 3297 页。
④ 叶长青：《文史通义注》，第 577 页。
⑤ 叶长青：《文史通义注》，第 10 页。
⑥ 叶长青：《文史通义注》，第 50 页。

也，夫子本无可作也。'有德无位'，即无制作之权。空言不可以教人，所谓'无征不信'也。……治教无二，官师合一，岂有空言以存其私说哉？……不得位而大行，于是'守先王之道以待后之学者'，出于势之无可如何尔。"①

在章学诚看来，《春秋》到底是有德无位的孔子所作，而孔子作为学《尚书》和先王之道者，未能完全做到治道合一、官师合一。但是，毫无疑问《春秋》是周公旧典。若谓"周礼在鲁"，② 《春秋》也并非"空言"。耐人寻味的是，在孔子是否为《春秋》作者问题上，章学诚一直闪烁其词、不欲明言。要而言之，从章学诚官守私作二分、官师合一、治道合一的基本观点，去理解其"六经皆史"命题，亦算是征而有信。后人借题发挥阐发己意，则另当别论。

六、"二章"的集部批判与文学观

（一）章学诚的"后世之文备于战国"说

"文"的问题在二章处皆占有重要位置。就章学诚而言，后世之文皆备于战国，战国之文源出六经，更多出于《诗》。③ "六经皆史"以《易》为"史"之首，但《文史通义》之"文"更多是以《诗》为"文"之源。置《易经》于六艺之首，《七略》以及《隋志》皆然。因此，在文章源流意义上，似可说《诗》方是一统全书之"文"。章学诚说："或问：若是乎，三代以后，六艺惟《诗》教为至广也。敢问文章之用，莫盛于《诗》乎？曰：岂特三代以后为然哉！三代以前，《诗》教未尝不广也。"④ 可以看出，章学诚强调《诗经》（以下简称《诗》）影响之广，力主《诗》为战国文章之主要源流，既涉及狭义的《诗》的文本影响流变层面，亦涉及更广义的诗性语言与语言信息传递关联的理论层面。

对战国之文何以多出自《诗》的问题，章学诚解释说，原因在于战国是"纵横之世"：

---

① 叶长青：《文史通义注》，第 130、132、135—137 页。
② 叶长青：《文史通义注》，第 6 页。
③ 叶长青：《文史通义注》，第 68 页。
④ 叶长青：《文史通义注》，第 81 页。

纵横之学本于古者行人之官。观《春秋》之辞命，列国大夫聘问诸侯，出使专对，盖欲文其言以达旨而已。至战国而抵掌揣摩，腾说以取富贵，其辞敷张而扬厉，变其本而加恢奇焉，不可谓非行人辞命之极也。孔子曰："诵《诗》三百，授之以政，不达；使于四方，不能专对，虽多，亦奚以为？"是则比兴之旨，讽谕之义，固行人之所肄也。纵横者流推而衍之，是以能委折而入情，微婉而善讽也。①

行人，《周礼》载其"时聘以结诸侯之好。殷覜以除邦国之慝"，②《七略》将纵横家起源归于行人之官。《七略》云："纵横家者流，盖出于行人之官……言其当权事制宜，受命而不受辞，此其所长也。"③ 焦循《正义》："辞，谓解说也。命，教令也。"④ 揣摩，裴骃《史记集解》："《鬼谷子》有《揣摩篇》。"司马贞《史记索隐》引王劭云："《揣情》、《摩意》，是《鬼谷》之二章名。"⑤《隋志》亦曰："纵横者，所以明辩说，善辞令，以通上下之志者也。"⑥ 章学诚应本于刘歆议论。程千帆按曰："夫其扬厉敷张，恢廓声势，必以比譬之方，偶俪之体出之，乃能动听。今传《国策》，则其佳例。是古人口说之辞，反多偶俪，非必如或说之以文始若此也。"⑦ 春秋时代的行人之官苦思如何"文其言以达旨"，理论上也是"文"与"达"的关系问题，即如何为文，以文晓之以情，动之以理，影响并说服对方的问题。因此，必须处理好"言—文—旨"三者关系，这在春秋时期甚具现实意味。迨至七雄争霸，行人的辞命更是登峰造极。章学诚引《论语·子路》，则在于强调《诗》与"政"、"比兴"与"讽谕"的关系，揭示"达"或"对"，亦即语言信息传递与理解的关系。因此，《诗》的比兴之旨尤为纵横家所推衍，以达致"委折而入情，微婉而善讽"的效果。章学诚所言之"委折"与"入情"、"微婉"与"善讽"的关系，可以看成文质不可二分或"修辞"与

---

① 叶长青：《文史通义注》，第68—69页。
② 《周礼注疏》卷37《大行人》，阮元校刻：《十三经注疏》，第890页。
③ 《汉书》卷30《艺文志》，第1740页。
④ 章学诚著，叶瑛校注：《文史通义校注》，第68页。
⑤ 叶长青：《文史通义注》，第68页。
⑥ 《隋书》卷34《经籍三》，第1005页。
⑦ 程千帆：《文论十笺》，武汉：武汉大学出版社，2008年，第26—27页。

"立诚"不可二分的另一种表达。

章学诚从文学史、学术史角度重新定义"诗"："学者惟拘声韵为之诗，而不知言情达志，敷陈讽喻，抑扬涵泳之文，皆本于《诗》教。是以后世文集繁，而纷纭承用之文相与沿其体，而莫由知其统要也。"① 他认为《诗》有"言情达志，敷陈讽喻，抑扬涵泳"三个特点，并将其推而广之，由《诗》而诗，再由诗而文，后世涉及此三种特点之文，皆可溯源于《诗》。因为理论上说，任何语言表现都涉及比喻性本身的运动，而如何设比赋喻、如何经营声响格式，无不涉及语言接受者之理解、意义衍生等问题，都是广义的诗学问题。若后世拘于声韵判断是否为"文"，也可理解为只以声韵之文为"文"，此乃得《诗》之貌，而失《诗》之神。因此，可以理解为章学诚是在考镜学术源流的更广义层面上看待《诗》影响。

首先，章学诚溯文章之源为《诗》，而广传《诗》教者又推纵横之士，以及纵横之士所由出之行人之官，与其以《七略·诸子略》批判四部之子部亦不无关系。章学诚引用《论语·子路》"诵《诗》三百，授之以政，不达；使于四方，不能专对，虽多，亦奚以为"，并指出：

> 九流之学承官曲于六典，虽或原于《书》、《易》、《春秋》，其质多本于礼教，为其体之有所该也。及其出而用世，必兼纵横，所以文其质也。古之文质合于一，至战国而各具之质。当其用也，必兼纵横之辞以文之，周衰文弊之效也。②

在此，章学诚认为诸子学为官师合一的六经之流变，官师、治道合一时文质亦合一，而六经正是文质相得益彰的典范。诸子之学虽然各备其质，然而在"文"的均衡上皆必须借助纵横家。也就是说，纵横家在令六艺之流裔"流传"（传递）上功不可没。战国之世，纵横家异常活跃，极倚文辞之力。因此，章学诚认为"战国者，纵横之世也"。章学诚视中国学术史为官守的专门之学走向民间、趋于

---

① 叶长青：《文史通义注》，第 83—84 页。
② 叶长青：《文史通义注》，第 69 页。

衰败的历史，尤其着眼于这一过程中《诗》在文章流变上的独特作用。在他看来，因为《诗》的特殊性质，三代之前《诗》教已经广布民间，[①] 迨至战国之世，此一现象更因专门之学逐渐衰败而趋明显。[②] 在此，章学诚强调了诸子学在后世的变化，尤其与《诗》的关系，借此强调《诸子略》之源流，以暗别于四部子部之芜杂。如前所述，《七略》中诸子（九流十家）、兵书、术数、方技就占四略，而在四部中此四略概被归入子部。[③] 此一归类法没有充分考虑诸子之文与六艺、官守之学的流裔关系。

其次，章学诚从学术史角度强调后世之文皆源于六经，尤源于《诗》，备于战国，更与其批判四部之集部有关。"是以后世文集繁，而纷纭承用之文相与沿其体，而莫知其统要也"之类说法，即是批判四部分类法之集部杂乱而缺乏梳理学术源流的考虑。《七略·诗赋略》一扩为《隋志》之四部分类法之集部，集部亦附带道经、佛经，其中分总集、别集等。《隋志》曰："总集者，以建安之后，辞赋转繁，众家之集，日以滋广，晋代挚虞，苦览者之劳倦，于是采摘孔翠，芟剪繁芜，自诗赋下，各为条贯，合而编之，谓为《流别》。"[④]《四库》的集部则有楚辞类、别集类、总集类、诗文评类、词曲类。

至于四部分类法之集部的确立与"专家之学"衰败之间的关系，章学诚如是说：

> 后世之文其体皆备于战国，何谓也？曰：子史衰而文集之体盛，著作衰而辞章之学兴。文集者，辞章不专家，而萃聚文墨以为蛇龙之菹也。后贤承而不废者，江河导而其势不容复遏也。经学不专家，而文集有经义；史学不专家，而文集有传记；立言不专家，而文集有论辨。后世之文集，舍经义与传记、论辨之三体，其余莫非辞章之属也。而辞章实备于战国，承其流而代

---

① 叶长青：《文史通义注》，第 69、81 页。

② "独谓《诗》教广于战国者，专门之业少，而纵横腾说之言多。"（叶长青：《文史通义注》，第 83 页）

③ 章太炎：《论诸子的大概（1907 年至 1910 年讲于日本）》，章念驰编订：《章太炎演讲集》，第 87 页。

④ 《隋书》卷 35《经籍四》，第 1089 页。

变其体制焉。学者不知，而溯挚虞所裒之《流别》，甚且以萧梁《文选》举为辞章之祖也，其亦不知古今流别之义矣。①

在章学诚看来，四部分类事实上贬低了《七略》中诸子与史学的位置，此亦为集部兴盛的要因，所谓此消彼长，导致后世以萧统《昭明文选》（以下简称《文选》）"序"所代表的"文学"标准，亦即与"史"绝然不"通义"之"文"。萧统明言选文标准为"综缉辞采"，"错比文华"，"事出于沈思，义归乎翰藻"，而不收"以立意为宗，不以能文为本"者，意即以有韵者为"文"，无韵者为"笔"，并推崇前者。这一看法在清中期为阮元所光大。阮元认为"必沈思翰藻，始名为文"，"昭明所选，名之曰'文'。盖必文而后选也，非文则不选也。经也，子也，史也，皆不可专名之为文也"。所谓"文"，必是"务协音以成韵"。② 这一类观点亦为章太炎所力诋，此乃后话。在章学诚看来，"校雠心法"③ 实蕴含评论、选别、取舍之意，是立足于专门之学的重要方法。也就是说，集部过于杂乱，有损于他心目中梳理"专家之学"的学术史流变思想。

西晋挚虞《文章流别集》承曹丕、陆机，一方面撰集古今文章，类聚区分以定体制；另一方面兼论得失。④ 同时，如上所述，章学诚视文集之体、辞章之学兴盛，与专门之学衰落，为此消彼长之因果关系，四部分类之集部之兴之广，为学术不振之结果。章学诚视经义、传记、论辨三者分别为经学、史学、诸子学不专家而演变的结果。大而言之，集部的出现，是专家之文走向非专家之文的结果。自然，代表所谓"专家之文"者，其至高者为六经，次之者为六经流裔之诸子之文。这一看法基于官守之学的流变观点，以史学标准为根本归依。

在此，章学诚批判集部将"文学"从历史（更具体说学术史）割裂开来考察、编目的倾向。这一割裂导致的结果是，视"流"之失者为"源"、目唯美者为"文"之主体。"流"之失者，指的是挚虞之《文章流别集》，甚至是萧统之

① 叶长青：《文史通义注》，第 69—70 页。
② 阮元：《书梁昭明太子文选序后》《文言说》，《揅经室集》，邓经元点校，北京：中华书局，2006 年，第 605、608 页。
③ 章学诚撰，仓修良编注：《文史通义新编新注》，第 817 页。
④ 郭绍虞：《中国文学批评史》，第 64 页。

《文选》。章学诚此处梳理文章源流，客观上也有不以清代桐城古文派及骈文派为文之正统之意。在章太炎看来，清代古文派目韩柳为祖，但在文字狱盛行的时代不可能有韩柳的现实性和批判性；骈文至上派目《文选》为祖，易求其文而失其质。① 这也是针砭后世之文失其学术性、批判力、现实性而趋于美学主义。虽然章学诚的政治性在文字狱盛行的清朝无法窥见，因此与章太炎没有可比性，但至少在文与学相辅相成、文与质应相得益彰、文应致用等问题上，两者相类。

（二）章太炎的集部批判及其"文"论

章太炎《国故论衡》也从探讨文章流变的目的出发，批判性探讨四部中"集部"与"文"的关系。《国故论衡·文学总略》云：

> 《文选》之兴，盖依乎挚虞《文章流别》，谓之总集。……《七略》惟有诗赋，及东汉铭诔、论辩始繁，荀勖以四部变古，李充、谢灵运继之，则集部自此著。总集者，本括囊别集为书，故不取六艺、史传、诸子，非曰别集为文，其他非文也。②

文与非文的问题，亦涉及文笔二分的问题，章太炎是在考察学术源流的语境中提出的。章太炎在1913年的演讲中，亦曰：

> 自魏、晋以来，始有集名……至梁太子统，又择其精者，别为一集，于是而有总集之目。总集者，所以去别集之繁冗，而便学者之诵习也。③

李充、谢灵运在目录学史上的贡献见于《隋志》："东晋之初，渐更鸠聚。著作郎李充，以勖旧簿校之，其见存者，但有三千一十四卷。充遂总没众篇之名，但以甲乙为次。自尔因循，无所变革。其后中朝遗书，稍流江左。宋元嘉八年，秘书

---

① 清代考据学内部的文选派有清儒阮元等，清末民初则有古文派的刘师培等。
② 《章太炎全集》第5册，第225—226页。标点略有调整。
③ 章太炎：《在被袁世凯幽禁期间的国学演说（1913年4月17日）》，章念驰编订：《章太炎演讲集》，第132页。

监谢灵运造《四部目录》。"① 章太炎关注的是如下三者之间的关系，"自魏晋以来始有集名"，"自晋以降，初有文笔二分"与自晋以降"集部自此著"。章太炎描述了"总集（《文章流别集》《文选》——引者注）而至四部之集部"的形成过程。除这一目的外，尚涉及何以为"文"问题。

首先，章太炎对集部及有韵方为"文"的批判，与章学诚有一定相通之处。其次，《七略》之《诗赋略》不等于集部，后者更广更杂。最后，亦是重要的一点，章太炎批判只把文辞、韵文视为"文"的韵文、骈文至上观点。如前述，章太炎所言之"文"与"非文"，源自萧统以来文笔二分公案。阮元也认为，有韵为"文"，无韵为"笔"，"必沈思翰藻，始名之为文"，"经也，子也，史也，皆不可专名之为文也"。② 清末民初，刘师培承接阮元，重申有韵方为文之说，章太炎《文学总略》等文章频论"文"之标准，明批阮元，暗批刘师培。③ 章太炎力批唯《文选序》为尊的观点，《国故论衡·论式》云："余以为持诵《文选》，不如取《三国志》《晋书》《宋书》《弘明集》《通典》观之，纵不能上窥九流，犹胜于滑泽者。"④ 所谓"滑泽"，即指文辞之华丽，在此指并非文质相得益彰之"文"。章太炎高度肯定文与学不分的史籍之文，认为学术之文乃文质相得益彰。因此，在章太炎看来，与《文选》相比，《三国志》《晋书》《宋书》等更是文质彬彬。就学术史角度看，章太炎觉得上述史籍更具备"文"的价值，而这些史籍被视为逊于《文选》之"文"，其原因正是集部被视为"文"的象征。因此，章太炎此说貌似对萧统不公，实为解构长久以来的"文"之排他性"标准"。显然，经史子集的四部分类法与文学史叙述、文学批评史叙述之间有着相当的关联。

顺便补充，《七略》之《诗赋略》与四部之集部尚有两点不同：一是两者目的不同，集部无章学诚所说的"论次专家之学"之考虑。二是《七略》中诗赋独立成"略"，至四部而并入集部，实际上也矮化了"诗赋"，使诗赋不纯，此

---

① 《隋书》卷 32《经籍一》，第 906 页。

② 阮元：《书梁昭明太子文选序后》，《揅经室集》，第 608 页。

③ 关于章太炎与刘师培之间围绕文笔二分的争论，可参见周勋初：《论黄侃〈文心雕龙札记〉的学术渊源》，《文学遗产》1987 年第 1 期。

④ 《章太炎全集》第 5 册，第 84 页。

与文集随时间消长而内容渐丰不无关系。与章学诚不同的是，章太炎批判集部繁杂并非如章学诚出于集部不专家的理由，而是何以为"文"的问题，这一问题有晚清的语境，包含西学东渐的现实。

四部分类对于学术史叙述影响甚巨。首先，四部客观上确立了以经学为首的分类法，这带来了经学中心的学术史、思想史叙述，同时也容易令经学脱离其先王制度典章之本来面目，减弱其历史性，而成为超越性的"经"。晚清经今文派借助汉代公羊学言"经"为后世制法，正是此一超越性之表现。其次，四部分类法的特点之一是史学的独立，表面上是史学获得更为独立位置，实则刘向、刘歆作为涵盖性范畴、涵盖性框架之"史"，在四部中黯然失色，经史两大部类遂成无涉。再次是"集"亦蕴含"文"、"史"分离，"经"、"文"分离的前提。也就是说，经史子集四部之分，予人的印象是集部总括"文"，而其他三部非"文"，因此客观上抹除了经、史、子三部共同的"文"的性质。最后，经史子集四分，强化了萧统以来有韵为文、无韵为笔的二分法。不仅是基本以诗赋为中心的集部，整个四部都涉及何为"文"的文学史标准与中国学术史的总体评价。

（三）二章文论之异同

章太炎云："我们普通讲文，大概指集部而言，那经、史、子，文非不佳，而不以文称。"① 这一引用必须在章太炎批判四部以及关于何以为"文"讨论的语境中来理解。章太炎从辨章学术、考镜源流的角度欲证明：四部之书，悉数皆文，而不独集部；非但如此，经、子之文，乃千古高文。

《国故论衡·文学总略》主要探讨中国传统"文学"概念，一是为厘清与西方 literature 之同异；二是为力诋萧统、阮元以"文辞"、"学说"并立的骈文至上观点。章太炎提出广义的"文"及"文学"概念："文学者，以有文字著于竹帛，故谓之文；论其法式，谓之文学。"② 此一定义拆解"文"之畛域，自刘勰《文心雕龙》"文"之定义后可谓至为彻底者。在《国故论衡·文学总略》和演讲

---

① 章太炎：《国学十讲（1922 年 4 月 1 日至 6 月 7 日在上海江苏教育会讲演）》，章念驰编订：《章太炎演讲集》，第 255 页。
② 《章太炎全集》第 5 册，第 218 页。

《讲文学》中，① 他提出了一个"文学"概念，以囊括整个学术史、史学叙述与文学史（严格意义上说，其"文学"、"史学"与"学术"不可三分）。并在此基础上，提出有两种文：无句读文与有句读文。前者为图画、表谱、簿录、算草；后者又分为无韵文与有韵文。其中无韵文包含学说、历史、公牍、典章、杂文、小说。郭绍虞指出，周秦的"文学"概念兼有文章、博学二义，文即是学，学不离文。② 准此，章太炎之"文学"乃是复古而求新的概念。如上所述，章太炎《文学总略》旨在批判萧统、阮元、刘师培以骈文、韵文为文，责其徒立"文辞之文"与"学术"之二元对立。章太炎的"文学"概念，亦与其辨章学术渊源、考镜文章流变的问题意识不可分割。其校雠学的讨论本身并非纯为目录学而发，同时既是为批判今文学派，也是为厘清中国学术传统与西方之同异，亦为批驳考据学内部阮元等人关于"文"的观点。更与此相关，明治日本汉字翻译词的"文学"流入汉字圈，③ 也是章太炎论辩"文学"概念的语境。

《国故论衡》中章太炎所论之"文"有如下特征。一是以学术史视点追踪文章流变，置"文"于中国学术史语境中。二是强调"流变"，亦是"史"之文、"文"之史，循文入史，史必由文。三是论争语境中之"文"。具体有三个语境：其一，六经是否为"史"之争论；其二，有韵之文与无韵之文、文辞之文与学术之文之二元对立的争论；其三，西学之"文学"概念骎骎东来，晚清改良派人士裘廷梁等参照日本经验、首倡文言合一（白话文运动），亡命巴黎的革命者吴稚晖等力主去除汉字、概用"世界语"。面对此局面，章太炎警惕削足适履的西化，强调中国传统文史之独特，旨在建构与变革中国有关联的学术传统。

二章的文学观表现出如下同异。就两者相通之处而言，第一，章太炎置《文学总略》于《汉志》以来的学术史语境中，表明章太炎之"文学"乃周秦

---

① 章太炎：《讲文学（1906 年 9 月讲于日本）》，章念驰编订：《章太炎演讲集》，第 23—35 页。

② 郭绍虞：《中国文学批评史》，第 5 页。

③ 鲁迅在《门外文谈》中写道："用那么艰难的文字写出来的古语摘要，我们先前也叫'文'，现在新派一点的叫'文学'，这不是从'文学子游子夏'上割下来的，是从日本输入，他们的对于英文 Literature 的译名。"（《鲁迅全集》卷 6，第 95—96 页）近代"文学"概念解释、变迁，可参见余来明：《"文学"概念史》，北京：人民文学出版社，2016 年。

之广义的"文学",① 因此,这一"文学"的探讨必然与学术流变密切相关、不可分割。姚明辉言刘《略》班《志》时称誉曰:"至东汉时,班固校书东观及仁寿阁,乃本《七略》作此志。夫为学首宜明源流本末,言中国文学源流者,《艺文志》为最古。""无此志,是中国无学术史矣!"② 值得注意的是,姚明辉在此将"中国文学"与"中国学术"等量齐观,几视为同义词。"文"与"学"不可分之"文学",正是广义的、史家的校雠学自然而然的归结。因此,章学诚、章太炎的"文学"之间有着相通之处。章学诚《和州志前志列传序例中》曰:

> 夫迁、固之书,不立《文苑》,非无文也。老庄、申韩、管晏、孟荀、相如、扬雄、枚乘、邹阳所为列传,皆于著述之业未尝不三致意焉。不标《文苑》,所以论次专家之学也。③

也就是说,专门之学也是"文",反对文笔二分。非但如此,在章学诚看来,上述先秦诸子、司马迁、班固之文,乃是千古高文。章学诚所言,可理解为其对文史二立思维的批判,与章太炎对有韵方为文的美学主义标准的批判有相通之处。章学诚对文史二立思维的批判,又常常被他表述为对文与学二立思维的批判,二者说的是类似的问题。这里同样可以看出二章之间的相通之处。

此"文学",亦可见于章学诚《〈文学〉叙例》(1782):

> 文之与学,非二事也……而保氏申之以六艺,由是学立而文以生焉。专门守器,物曲人官,苟有所业,必有所长,得心应手,不能已于辞说,而况先王之道之大,天地民物之备,礼乐典章之著,性情心术之微,名物象数之博,君子学焉而无文以著之,则师无以教,而弟子亦无以传习,以衍其学于

---

① 庞俊注曰:"律令、军法、章程、礼仪,皆为文学,盖即周秦文学之义。"(章太炎撰,庞俊、郭诚永疏证:《国故论衡疏证》,第 260 页)

② 姚明辉撰,马庆洲整理:《汉书艺文志注解》,王承略、刘心明主编:《二十五史艺文经籍志考补萃编》第 4 卷,北京:清华大学出版社,2011 年,第 195、198 页。

③ 叶长青:《文史通义注》,第 735 页。

无穷，是文者因学而不得已焉者也。①

在此，章学诚强调了"学"、制度典章不可或缺的语言属性，以及"文"在交互、传递（communication）上不可替代的作用。同时，他也反对"撷华弃实，使之即文为学"。章学诚并不是反对文辞之美，而是认为"志举业者，得其润色，已足异于众矣"，② 警惕丧失伦理、政治关怀，耽于美学主义之文。这又与义理重构的问题相关。

第二，在文章源流上，二章皆推本《汉志》，因而观点相类。章太炎《国故论衡·辨诗》云："古者诵《诗》三百，足以专对。"然七国之际，纵横家之说趋于恢张；"武帝以后，宗室削弱，藩臣无邦交之礼，纵横既黜，然后退为赋家，时有解散"。故云："纵横者，赋之本。"赋家稍颓则有诗盛，文辞之类亦是"赋之末流"，故诗本纵横。章太炎《国故论衡·论式》亦云："凡立论欲其本名家，不欲其本纵横。""大抵近论者，取于名；近诗者，取于纵横。"③ 如前所述，类似说法频见于章学诚。如章学诚云："后世之文，其体皆备于战国，人不知也；其源多出于《诗》教，人愈不知也。"④ 又曰，"古之赋家者流，原本《诗》、《骚》，出入战国诸子"，"赋者，古诗之流"。⑤ 显见二章之间，观点相去不远。

第三，章学诚强调纵横家源流，客观上有相对化骈文至上派以《文选》为祖的意义。这一点上，二章是一致的。章学诚曰："辞章实备于战国，承其流而代变其体制焉。学者不知，而溯挚虞所哀之《流别》，甚且以萧梁《文选》举为辞章之祖也，其亦不知古今流别之义矣。"⑥ 章学诚对《文选》的相对化，虽与章太炎之见内容、语境迥异，观点却相类。此一观点，客观上批判了阮元韵文骈文至上的观点。

章学诚对"诗"不作狭义理解，而是定义为"言情达志，敷陈讽谕，抑扬涵

---

① 章学诚撰，仓修良编注：《文史通义新编新注》，第 528 页。
② 章学诚撰，仓修良编注：《文史通义新编新注》，第 529 页。
③ 《章太炎全集》第 5 册，第 267、260、261 页。
④ 叶长青：《文史通义注》，第 64—65 页。
⑤ 章学诚著，王重民通解：《校雠通义通解》，第 117—118 页。
⑥ 叶长青：《文史通义注》，第 70 页。

泳"三要素，与其中任何一个要素有关的"文"，都可视为具有"诗"的特点，从而从文章源流角度有迹可循。这一观点同样可以视为对文笔二分、骈散对立观点的批判。类似观点在章太炎的文学观中不难觅见。比如章太炎在《国故论衡·文学总略》中，从文章源流角度批判文笔二分的观点："战国纵横之士，抵掌摇唇，亦多积句。是则耦丽之体，适可称职。乃如史官方策，有《春秋》《史记》《汉书》之属，适当称为文耳。由是言之，文辞之分，反复自陷，可谓大惑不解者矣。"①

但是，另一方面，章学诚、章太炎在文学问题上也存在不同之处。首先，在对魏晋之文的评价上，二人迥然有异。章学诚曰："魏晋之间，专门之学渐亡，文章之士以著作为荣华……文章无本，斯求助于词采。篡组经传，摘抉子史。"②显然他是出于专门之学的角度，对魏晋之文整体作出较为负面的评价。章太炎推崇秦汉之文，但更为推崇三国魏晋之文："初为文辞，刻意追蹑秦汉……知东京之文不可薄，然崔寔、仲长统尤善。既复综核名理，乃悟三国两晋间文诚有秦汉所未逮者。"③《国故论衡·论式》云："魏晋之文，大体皆埤于汉，独持论彷佛晚周，气体虽异，要其守己有度，伐人有序，和理在中，孚尹旁达，可以为百世师矣。"又曰，"近世或欲上法六代，然上不窥六代学术之本，惟欲厉其末流"，"或言今世慕古人文辞者，多论其世，唐宋不如六代，六代不如秦汉"。④ 在魏晋秦汉之文评价上，二章差别不难窥见。

其次，与章太炎不同的是，章学诚在"文"的论争中，不知不觉确立了"文人之文"与"著述之文"的二元对立。《答问》篇云：

> 文人之文与著述之文，不可同日语也。著述必有立于文辞之先者，假文辞以达之而已。譬如庙堂行礼，必用锦绅玉佩，彼行礼者不问绅佩之所成，著述之文是也。锦工玉工未尝习礼，惟藉制锦攻玉以称功，而冒他工所成为己制，则人皆以为窃矣，文人之文是也。故以文人之见解而议著述之文辞，

---

① 《章太炎全集》第 5 册，第 222 页。
② 叶长青：《文史通义注》，第 701—702 页。
③ 章太炎：《太炎先生自定年谱》，香港：龙门书店，1965 年，第 9 页。
④ 《章太炎全集》第 5 册，第 258—260 页。

如以锦工玉工议庙堂之礼典也。①

哲学上说，任何二元对立，必然包含如下前提：以切割方式区分（简化）二元，令二元截然对立，最终中心化其中一元。章学诚的二元对立框架亦无例外，其中心便是"著述之文"，贬低"文人之文"。类似说法如"文非学不立，学非文不行"，② 理论上看，"文"未必"非学不立"，"学"却是"非文不行"。这一"文"当然不必如阮元通过萧统所推崇的"沈思翰藻"方为"文"、有韵方为文之"文"，相反，应是如章太炎所说的"有文字著于竹帛，故谓之文"。③ 章太炎说："或言学说、文辞所以异者，学说在开人之思想，文辞在动人之感情。虽亦互有出入，而大致不能逾此。此亦一偏之见也。"④ 应该说，章太炎在"文"论上远比章学诚严密、高明，因为他避免了二元对立、"一偏之见"的理论预设。

最后，正如反复强调的，在章太炎主张革命之"文"上，章学诚之"文"又非可同论。章太炎"文"之主张，乃是其与国内层面之专制、国际层面之帝国主义殖民主义凛然对峙的产物。本文待后论及的"小说"，也是二章之"文"的另一区别。

七、章太炎的小说家论与章学诚的方志论

（一）章太炎之"小说"与章学诚之"方志"

就十家九流之一的小说流变问题，章太炎《原经》云：

> 言六经皆史者，贤于《春秋》制作之论，巧历所不能计也。虽然，史之所记，大者为《春秋》，细者为小说，故《青史子》五十七篇，本古史官记事。……是礼之别记也，而录在小说家，《周考》《周纪》《周说》亦次焉。《周说》者，武帝时方士虞初以侍郎为黄车使者，采闾里得之。今之方志，

---

① 叶长青：《文史通义注》，第 540 页。
② 章学诚撰，仓修良编注：《文史通义新编新注》，第 714 页。
③ 《章太炎全集》第 5 册，第 218 页。
④ 章太炎：《讲文学（1906 年 9 月讲于日本）》，章念驰编订：《章太炎演讲集》，第 25 页。

其族也。《周官》："诵训，掌道方志以诏观事，道方慝以诏辟忌，以知地俗。""训方氏，掌道四方之政事，与其上下之志，诵四方之传道而观新物。"唐世次《隋·经籍志》者，以是为小说根本。区以为事，《南州异物》《南方草木》，则辨其产；《荆楚岁时》《洛阳伽蓝》，则道其俗；《陈留耆旧》《汝南先贤》则表其人。合以为志，《周纪》之属以方名，故诸杂传、地理之记，宜在小说。仪注者，又《青史氏》之流，今世所录史部，宜出傅小说者众矣。《周纪》诸书，据偏国行事，不与《国语》同录于"春秋家"者，其事丛碎，非朝廷之务也。①

章太炎演讲中谈论过"小说"问题，可用作这段引文之解说："考《汉书·艺文志》已列小说于各家之一，但那只是县志之类，如所谓《周考》《周记》者。最早是见于《庄子》，有'饰小说以干县令'一语。这所谓小说，却又指那时的小政客不能游说六国侯王，只能在地方官前说几句本地方的话。这都和后世小说不同。"② 这里的"小说"，一是指庄子"饰小说以干县令"的"小说"，是以琐屑浅薄的言论（"小说"）以追求"县令"；③ 二是指《周考》《周记》等的"县志"之类。

章太炎对小说的定位，首先，倘若《春秋》乃"史"之"大者"，"小说"则可谓"史"之"细者"。何谓"细"？章太炎未有明言，暂可理解为地方性、具体性之类。但小说最初也作为古史，被视为礼之别记，有教化四方之民之用。其次，《周纪》乃是"今之方志之族"，"非朝廷之务"，显然不无批判章学诚"史不可私作"之意。再次，章太炎此处论及小说，也旨在回应章学诚的方志观。章学诚反对将方志归入地理类："方志如古国史，本非地理专门。"④ 他批评戴震将方志归入地理，而认为方志是古国史之重要构成："郡县异于封建，方志不复

---

① 《章太炎全集》第 5 册，第 238—239 页。"今世所录史部，宜出傅小说者众矣"，《国故论衡疏证》"傅"为"駙"（第 315 页）。《青史氏》即先秦小说集《青史子》，作者青史子，今失佚，原文无书名号。

② 章太炎：《国学十讲（1922 年 4 月 1 日至 6 月 7 日在上海江苏教育会讲演）》，章念驰编订：《章太炎演讲集》，第 219 页。

③ 县古悬字，高也，县令，美誉之谓。

④ 叶长青：《文史通义注》，第 933 页。

视古国史，而入于地理家言，则其事已偏而不全。且其书无官守制度，而听人之自为，故其例亦参差而不可为典要，势使然也。"叶瑛指出，自《隋志》以下，方志之书，均著录于史部地理类。① 方志未被视为古国史，所以才列入地理家。重申方志的地位被认为是章学诚校雠学的贡献。正如刘咸炘所言："前人皆以方志入于地理，不知其兼存文献，乃古国史、土训之遗，非地理书也。其义例自章实斋始明。"② 章学诚认为方志应该是国史的凭据，"今之所谓方志，非方志也"，"盖方志亡而国史之受病也久矣。方志既不为国史所凭，则虚设而不得其用，所谓'觚不觚'也，方志乎哉"！③ 章学诚认为没有方志支撑的国史容易变成"虚设"，不为国史所用，则不成方志。

章太炎并不同意章学诚关于方志的观点，认为《周考》《周纪》《周说》应归于小说家，亦相当于方志。虽然《周纪》也是采风的结果，但是"其事丛碎，非朝廷之务也"。假若按章学诚的说法，这些都是方志，而方志为古国史之重要部分，应该与《国语》等国别史同列于春秋家。这显然与认为方志应该列于小说家的章太炎差别较大。章太炎的观点，是以《七略》九流十家中的小说家囊括方志。或许可以理解为，章太炎的"小说家"更为广义，甚至完全可以包括"方志"，④ 他关注的是小说在四部分类之后被矮化的问题。

章太炎对章学诚过于高扬方志不以为然，因为这涉及春秋国别史之《国语》在目录学中的地位问题。《国故论衡·原经》云：

> 故国别以为史，异于猥蕞小侯。……其他方志、小说之伦，不得以《国语》比。宋世范成大志吴郡，犹知流别。挽世章学诚、洪亮吉之徒，欲以迁、固之书相拟，既为表、志、列传，又且作纪，以录王者诏书，盖不知类。⑤

---

① 章学诚著，叶瑛校注：《文史通义校注》，第587、593页。
② 刘咸炘：《学略》，上海：华东师范大学出版社，2009年，第48页。
③ 叶长青：《文史通义注》，第627、628页。
④ 章太炎：《论诸子的大概（1910年3月29日刊）》，章念驰编订：《章太炎演讲集》，第89页。
⑤ 《章太炎全集》第5册，第239页。

章太炎认为"猥蕞小侯"之方志与小说两者地位，与《国语》地位不可相提并论，因此在校雠目录上不可如《史记》《国语》般列于《七略》之《春秋》流别。这亦是章太炎不同意章学诚方志看法的重要背景。

总之，章学诚高扬方志，认为方志应该列在《六艺略》的《春秋》类，而章太炎则不认同，认为方志应该包括在"小说"中，因为两者的内容和性质相似。念及《七略》之《诸子略》为六经流裔，其地位之高已是一目了然。

（二）章太炎的"小说"定义与评价

小说家为九流十家之一，但《汉志》对小说描述甚为简单：

> 小说家者流，盖出于稗官。街谈巷语，道听涂说者之所造也。孔子曰："虽小道，必有可观者焉，致远恐泥，是以君子弗为也。"然亦弗灭也。闾里小知者之所及，亦使缀而不忘，如或一言可采，此亦刍荛狂夫之议也。①

按《汉志》主张，诸子九流十家皆各出自一官，但小说家所自出之"稗官"何指，有不同理解。三国如淳注《汉志》谓："《九章》'细米为稗'。街谈巷说，其细碎之言也。王者欲知闾巷风俗，故立稗官使称说之。"②《汉志》所载先秦小说有《周考》《青史子》《宋子》，除刘勰《文心雕龙》之时犹存一卷，其他皆不存。余嘉锡指出，诸子十家，九流自儒家以下，所出之官，皆有所考，独小说家出于稗官，其名不见于先秦古书。③因此，"稗官"何指，先秦"小说"何谓，遂成难题。与如淳上述解释不同，章太炎曰："稗官为小官近民者。"④一反如淳注"稗"为"细碎之言"。章太炎的训诂，应本颜师古。余嘉锡亦言："师古以稗官为小官，深合训诂。"⑤

小说家虽然屈居九流十家之第十家，但与其他九家一样，"今异家者各推所

---

① 《汉书》卷 30《艺文志》，第 1745 页。

② 《汉书》卷 30《艺文志》，第 1745 页。

③ 余嘉锡：《小说家出于稗官说》，《余嘉锡论学杂著》，第 265、272 页。

④ 章太炎：《国学略说》，台北：河洛图书出版社，1974 年，第 136 页。

⑤ 余嘉锡：《小说家出于稗官说》，《余嘉锡论学杂著》，第 268 页。

长，穷知究虑，以明其指，虽有蔽短，合其要归，亦六经之支与流裔"。① 正如余嘉锡所指出，小说家"欲因小喻大，以明人事之纪，与后世之搜神志怪，徒资谈助者殊科，此所以得与九流同列诸子也"。同时，余嘉锡指出，后世小说地位被矮化，与如淳的误读不无关系："自如淳误解稗官为细碎之言，而《汉志》著录之书又尽亡，后人目不睹古小说之体例，于是凡一切细碎之书，虽杂史笔记，皆目之曰稗官野史，或曰稗官小说，曰稗官家。不知小说自成流别，不可与他家相杂厕。"② 总之，《汉志》小说家列于诸子九流十家之一并非偶然。在考镜学术源流中强调小说家应有的定位上，余嘉锡同于章太炎而异于章学诚。

章太炎强调九流中"小说"与唐以后传奇乃至清代小说的概念区别，对唐代以后的"小说"，章氏评价不高。其原因在于章太炎论"小说"，以《汉志》之"小说家"为标准，两种"小说"在章太炎看来乃是同名异实：

> 又小说者，列在九流十家，不可妄作。上者宋钘著书，上说下教，其意犹与黄、老相似，晚世已失其守。其次曲道人物、风俗、学术、方技，史官所不能志，诸子所不能录者，比于拾遗，故可尚也。其下或及神怪，时有目睹，不乃得之风听，而不刻意构画其事。其辞坦迤，淡乎若无味，恬然若无事者，《搜神记》《幽明录》之伦，亦以可贵。唐人始造意为巫蛊媟嬻之言，晚世宗之，亦自以小说名，固非其实。③

章太炎因为强调九流十家之一的小说地位，出于目录学角度的学术史立场，自然认为后世小说"妄作"。此说当否，应在章太炎目录学角度的学术史脉络中看待。章太炎尤其强调小说在风俗、教化方面的意义。就章太炎目为小说家典范的宋钘而言，《汉志》有《宋子》18篇，班固注云："孙卿道宋子，其言黄老意。"④ 循

---

① 《汉书》卷30《艺文志》，第1746页。
② 余嘉锡：《小说家出于稗官说》，《余嘉锡论学杂著》，第278页。
③ 《章太炎全集》第8册，第172页。
④ 《汉书》卷30《艺文志》，第1744页。

班固注查《荀子·非十二子》，明宋钘与墨家代表墨翟同列。① 可见，小说家成为九流十家之一家，绝非偶然，也与后世小说予人的印象，大相径庭。

必须指出的是，章学诚本不重视小说家，《文史通义》论及小说仅寥寥三四处，评价亦不高。如章学诚曰："小说出于稗官，委巷传闻琐屑，虽古人亦所不废。然俚野多不足凭，大约事杂鬼神，报兼恩怨……盖自稗官见于《汉志》，历三变而尽失古人之源流矣。" 对小说的理解显然不本于如淳的解读。叶瑛注曰："三变"者，小说根据史事，杂采稗野，以敷演成文者曰演义；自小说而传奇而演义词曲，三变而失其原指。② 章太炎则频论小说，并旁及修正章学诚之方志定位。但是，章太炎并非贬低方志，而是反对章学诚归方志于《国语》之类。同时，章太炎"小说"，是否刻意区别于对应"the novel"之翻译概念的"小说"，尚未有证据，却是可以顺理推测的。《国故论衡》初刊于 1910 年。章太炎数次旅居日本，最长的一次，始自 1906 年 7 月，至 1911 年 11 月止。③ 彼邦自坪内逍遥 1885—1886 年发表批评文集《小说神髓》，否定传统小说，主张源自西方的写实主义小说后，小说勃兴，至章太炎旅日之时已蔚为大观。翻译概念之"文学"以小说为中心，亦已久矣。这一影响延至中国。《国故论衡》即写于汲汲于西化的明治日本，太炎不能不有所感。章太炎认为小说为史，方志也与小说有关，主张广义的原有"小说"概念，毕竟方志尽录古今之事。章太炎对方志的认可，也许与章学诚的影响相关，却是以小说纳方志。此亦与章太炎的孔子评价有相通之处。章太炎对孔子赞誉之一便是学在民间，反对官方控制学术。既然修史者不必名在史官，小说又属史，则民史成为可能。章太炎固然认同刘歆、章学诚所主张

---

① 再循班固注查考《荀子》，宋钘亦见于唐代杨倞注。杨言宋钘为宋国人，与孟子同时，并言："宋子以人之情为欲寡，而皆以己之情为欲多。"（王先谦：《荀子集解》卷 11《天论》，北京：中华书局，2010 年，第 93、319 页）考《荀子·正论》篇，其中曰："子宋子曰：明见侮之不辱，使人不斗。人皆以见侮为辱，故斗也；知见侮之为不辱，则不斗矣。"（王先谦：《荀子集解》卷 12《正论》，第 340 页）《庄子·天下》解释宋子为齐宣王时代人（前 319—前 301），与尹文同为稷下道家学派。余嘉锡考证《庄子》"（宋子——引者注）见侮不辱，救民之斗，禁攻寝兵，救世之战。以此周行天下"（郭庆藩：《庄子集释》卷 10《天下》，第 1082 页），认为《宋子》作者宋钘即《孟子》书之宋牼（《小说家出于稗官说》，《余嘉锡论学杂著》，第 274—275 页）。

② 章学诚著，叶瑛校注：《文史通义校注》，第 560—561、566 页。

③ 汤志钧编：《章太炎年谱长编》，第 210、361 页。

的六经、诸子在源流上出于官守（诸子出于王官说），却反对章学诚所持见之史不可私作，力诋历史记载官守化。从这个意义上说，章太炎对先秦小说的推崇固然旨在辨章学术、考镜源流，亦与其推崇"民"的政治思想不无关系。就后世"小说"与"史"的关系，乾嘉考据学家王鸣盛评宋代欧阳修史学曰："何义门谓欧公《五代史》亦多取小说。何说确甚……大约实录与小说，互有短长，去取之际，贵考核斟酌，不可偏执……然则采小说未必皆非，依实录未必皆是。"①章太炎因目录学中"小说"为九流十家之一，为六经流裔，固对后世小说刻意贬低，纯粹是以示两者"小说"不同而已。毫无疑问，按照章太炎的标准，史莫由文，文莫非史，则后世"小说"亦不可小觑。

八、章太炎目录学思想的影响与意义

（一）对清末民初学术史的影响

章太炎高评《七略》的学术史著述影响延及清末民初学术。王重民指出："章学诚'六经皆史'的学说，过去有不少的经学家、史学家都做过一些解释，但没有人从他的目录学思想方面着想过。"②王氏此言甚是，但是显然忽略了章太炎。念及目录学及刘向、刘歆在章太炎著述中的重要位置，亦念及章太炎对"五四"一代的巨大影响，王氏的忽略多少令人费解。王氏与胡适相交甚笃，晚近更有《胡适王重民先生往来书信集》为证。③胡适对《国故论衡》赞誉有加，与之相交甚笃、专治目录学的王重民却不提及，委实耐人寻味。

与王重民有别，与章太炎关系密切的《国粹学报》于光绪三十一年《发刊辞》曰："自汉氏后二千余年，儒林文苑相望而起，纵其间递兴递衰，莫不有一时好尚，以成其所学之盛。然学术流别，茫乎未闻。惟近儒章氏、龚氏崛起浙

---

① 王鸣盛：《十七史商榷》，第677页。但王鸣盛主张先攻正史为好："读史宜专心正史，世之学者于正史尚未究心，辄泛涉稗官杂说，徒见其愚妄。且稗史最难看，必学识精识卓，方能裁择参订，否则淆讹汩乱，虽多亦奚以为。"（第211页）

② 章学诚著，王重民通解：《校雠通义通解》，"序言"，第3页。

③ 北京大学信息管理系、台北胡适纪念馆编：《胡适王重民先生往来书信集》，北京：国家图书馆出版社、合肥：安徽教育出版社，2009年。

西，由《汉志》之微言，上窥官守师儒之成法。较之郑、焦，盖有进矣。"① 强调承接刘歆、郑樵、焦竑、章学诚、龚自珍以来辨章学术、考镜源流谱系。应该注意的是，《国粹学报》同人无疑是20世纪中国最大的辨章学术、考镜源流运动群体，也是近代中国重要的学术史中心之一。这一中心与运动的形成，多拜章太炎、刘师培等所赐。其影响自清末延及"五四"时代，诚不可忽视。就章学诚著作于民国的影响而言，王汎森认为，傅斯年早年疑古，后来由疑古转向重建，② 在此过程中章学诚的影响甚为重要；不仅如此，刘咸炘《推十书》、罗根泽《战国前无私家著作说》、孙德谦《古书读法略例》、余嘉锡《古书通例》，莫不与章学诚的影响有关。③

井上进梳理章学诚"六经皆史"说在道光中期至咸丰初年的影响谱系为：焦循—龚自珍—蒋湘南—张宗泰—沈复粲—谭献—朱一新。他注意到《文史通义》《校雠通义》刊行后，"六经皆史"说信奉者多为今文学派学者（如龚自珍、谭献等），因而强调章学诚学说对今文派的意味，亦即《文史通义》展示了以不同方式求义理的可能，以及试图超越汉代以来学术传统的尝试。④ 就此，钱穆甚至说，"定庵为文，固时袭实斋之绪余者"。⑤ 井上进整理的"六经皆史"接受系谱，一定程度上令人对清代道光后今文派的一般印象有所调整。比如龚自珍通常被认为是今文派，但是，其"六经皆史"看法显然与经古文派"六经皆史"不无相通之处。以"派"为分析单位固然便利，却常常无法说明细部。章太炎亦曰："龚自珍不可纯称'今文'，以其附经于史，与章学诚相类，亦由其外祖段氏'二十一经'之说，尊史为经，相与推移。"⑥ 但是，正如张荣华所指出的，谈论

---

① 黄节、邓实主编：《国粹学报》卷3，第1页。

② Wang Fan-sen, *Fu Ssu-nien: A Life in Chinese History and Politics*, Cambridge：Cambridge University Press, 2000, pp. 116 – 117.

③ 王汎森：《对〈文史通义·言公〉的一个新认识》，《权力的毛细管作用：清代的思想、学术与心态》，台北：联经出版有限公司，2013年，第528—530页。

④ 井上進：「六経皆史説の系譜」、小野和子編：『明末清初の社會と文化』、第536—557頁。

⑤ 钱穆：《中国近三百年学术史》，北京：商务印书馆，1997年，第433页。

⑥ 参见章太炎：《章太炎先生论订书》，支伟成：《清代朴学大师列传》，第5页。井上进亦提及这一点（「六経皆史説の系譜」、小野和子編：『明末清初の社會と文化』、第546頁）。

这一谱系不可不注意如下事实：不同时间中不同处境的学者对"六经皆史"说的议论见解存在歧异，包括"经"、"史"的内涵和外延变动不居，不可轻易等同视之。①

此处想阐明的是，民国这一谱系与清末学术史的连续和断裂。民国伊始，张尔田《史微》颇受《文史通义》影响。张尔田书中曰："试以六艺征之，《周易》为伏牺至文王之史，《尚书》为尧舜至秦穆之史，《诗》为汤武至陈灵之史，《春秋》为东周至鲁哀之史，《礼》《乐》为统贯二帝三王之史。"② 梁启超甚至誉章学诚《文史通义》"实为乾嘉后思想解放之源泉"。③ "六经皆史"说所带来的经学祛魅化，与梁启超的"思想解放"容易接合，也与科学、知识谱系的问题、西学的对话问题等中国现代性问题有着某种亲和关系。对梁氏而言，最具有直接意义的，是其"新史学"与经学权威崩溃之间的关联。曾任《国粹学报》编辑的胡朴安在 20 世纪 40 年代出版的《周易古史观》中说："六经皆史，章实斋尚是一句空言，必如是实实在在证佐出来。"④ 显见"六经皆史"讨论的持续。

进入 20 世纪，中国目录学传统所承载的文言文学术渐不敌学术西化，尤其步武西方的白话文学术的确立，令中国学术巨变。此时，章太炎与章学诚的《汉志》或《七略》复古主张，亦越发不可能。经学至现代一变为史学。周予同认为，接受今文经学启示而建构现代史学的，有梁启超、夏曾佑、崔适；而接受古文经学启示、建构现代史学的是胡适，但胡适先宗古文派，后转而取资汉学今文派。⑤ 一变经学为史学，固然符合发端于章学诚、阐发于章太炎的"六经皆史"观点，但是这一史学既非章学诚之"史学"，亦未必是章太炎心目中的"史学"。因为严格讲，史学至现代更趋于史料学。尤其地下考古史料之踊现，一如王国维所强调的"二重证据法"，既符合传统史学征而有信的原则，又切合章太炎所提

① 张荣华：《章太炎与章学诚》，《复旦学报》2005 年第 3 期。
② 张尔田：《史微》，上海：上海书店出版社，2006 年，第 5 页。
③ 梁启超：《清代学术概论》，朱维铮校订，北京：中华书局，2016 年，第 104 页。
④ 胡朴安著，吕绍刚导读：《周易古史观》，上海：上海古籍出版社，2005 年，"自序二"，第 12 页。
⑤ 周予同：《五十年来中国之新史学》，朱维铮编校：《周予同经学史论》，第 364、368—381 页。

倡的实事求是学风。但是，傅斯年"史学便是史料学"、蔡元培"史学本是史料学"等说法，① 实离二章之"史"越来越远。王汎森对这一说法予以理解之同情，他指出，理解新史料必须理解旧史料是什么；明儒在心学影响下认为"心"方为知识最终的源泉与根据，清儒则认为经书上的知识方为知识的根据，除此之外的文献及实物，包括子书、佛藏、道藏等，莫不是经书之附庸。② 也就是说，胡适、傅斯年、蔡元培等史学乃史料学的论断，是拆解清代经学的归结。若是如此，不得不说是矫枉过正了。无论如何，二章却为经学的史学转变甚至史料学转变，不期然做了理论准备。井上进指出章太炎、刘师培等以《国粹学报》为中心形成的章学诚"六经皆史"说阐释的影响，并称章太炎为经学变史学的准备者、经学的终结者。③ 因为共同的学术资源刘歆，章太炎对章学诚的关注变得必然。

史学至近现代变为以史料学为主流，④ 与胡适不无关系。胡适论及章学诚"六经皆史"时说："《周易》一书更不容易看作'史'，故先生的《易教》篇很露出勉强拉拢的痕迹。其实先生的本意只是说'一切著作，都是史料'。"⑤ 若此，则"六经皆史料"了。按章学诚的解释，《易》不仅是周公旧典之一，也是言通论变的理论著作，又岂止是史料？但胡适这一解读富于象征意义。虽然中国"史"学传统源远流长，但近代以来已被纳入西方影响之下的史料学之中。同时，胡适得章太炎之诸子学等"国故"研究的启示，试图确立其"中国哲学"叙述。但是，文、史、哲、语言学四分、互为藩篱的现代人文学术制度就此确立，而"史"与"哲"本应共有的"文"的语言性质，亦不复见。章学诚、章太炎的讨论对今日学术当有不期然而切中之效。

另一方面，章学诚在现代广受关注，与章太炎、胡适等的推广有一定关系。

---

① 傅斯年：《史学方法导论：傅斯年史学文辑》，雷颐点校，北京：中国人民大学出版社，2004 年，第 2 页；蔡元培：《序》，国立中央研究院历史语言研究所编：《明清史料·甲编》，上海：商务印书馆，1936 年，第 2 页。

② 王汎森：《近代中国的史家与史学》，香港：三联书店，2008 年，第 159—160 页。

③ 井上进：「六経皆史説の系譜」、小野和子編：『明末清初の社会と文化』、第 567 頁。

④ 据周予同说法，清末至民初的新史学一变为二，一派偏重史观及史法，一派偏重史料。参见《五十年来中国之新史学》，朱维铮编校：《周予同经学史论集》，第 360 页。

⑤ 胡适：《章实斋先生年谱》，欧阳哲生编：《胡适文集（7）》，第 114 页。

胡适的章学诚年谱，则与内藤湖南有关。① 内藤湖南是日本学界章学诚研究的有力推动者。胡适的"章学诚"，实际上不无胡适的"章太炎"影子。章太炎是乾嘉朴学的最后传人，而内藤、胡适都与乾嘉学风有关。② 但是，胡适与章太炎的章学诚解释显然南辕北辙，他有着与章太炎迥异的思想史、学术史使命。比如，前面提及的胡适《章实斋先生年谱》所解释的"六经皆史料"说，可谓"史学即史料学"的典型观点。张京华论及胡适与何炳松借章学诚等阐发"史学即史料学"的观点，认为胡、何假国故之名行新学之实，此处不赘。③ 总而言之，史学一变为史料学，应是章太炎不虞之变。

至于胡适的章太炎理解究竟如何，则又是另一问题。正如朱维铮指出，尽管胡适私淑汉学，对清学史尤其晚清学术史未必了解很深。朱维铮的理由是胡适封吴虞为"只手打孔家店的老英雄"，却不知章太炎发表《订孔》，且引起"群言相率诋孔子"的轰动效应。④ 稍作补充，胡适过于强调吴虞在"打孔家店"中的

---

① 胡适《〈章实斋年谱〉自序》（1922）："做《章实斋年谱》的动机，起于民国九年冬天读日本内藤虎次郎编的《章实斋先生年谱》。"（季羡林主编：《胡适全集》第 2 卷，第 181 页）倪德卫指出，章学诚真正被关注，是 20 世纪 20 年代以后拜内藤湖南（就日本汉学而言）以及新学旗手胡适所赐。此处聊备一说。参见 David S. Nivison, *The Life and Thought of Chang Hsüeh-ch'eng* (*1738 – 1801*), Stanford：Stanford University Press, 1966, p. 284. 有关内藤湖南就章学诚研究，而与胡适、张尔田、姚名达的交往，参见陶德民：『もう一つの内藤湖南像：関西大学内藤文庫探索二十年』、大阪：関西大学出版部、2021 年、第 15—32 頁。

② 内藤湖南在 1910 年 9 月 4 日《汉字杂话》中期待日本小学的发展，犹言"高邮王氏以清朝小学为家学。然其学以声韵训诂为主"。尽管他们的"乾嘉情结"与小学音学关系不大，却是发自内心向往这一学风的。参见「漢字雜話」、内藤虎次郎：『内藤湖南全集』第 6 卷、東京：筑摩書房、1997 年、第 272 頁。此文也显露出内藤湖南一方面服膺以顾炎武为源头的清朝考据学，另一方面也深明明治日本汉学小学音学方面的短板。此外，内藤巧妙地利用章太炎《与罗振玉书》中对日本汉学的批判，表达了自己对日本汉学的不满，并承认日本汉学严重落后于清朝学术，也批判了排斥汉学的保守日本文化民族主义的"国学"传统，参见「讀書に關する弊習附漢學の門徑」、内藤虎次郎：『内藤湖南全集』第 2 卷、第 166—168 頁；《章太炎全集》第 8 册，第 174—175 頁。所谓日本"国学"，以江户时代的本居宣长为代表，试图建构某种与汉学、佛学关系不大的"纯粹"的日本传统学术和文化。此一"国学"在明治日本的民族主义风潮中被再发现。参见子安宣邦：《江户思想史讲义》，丁国旗译，北京：三联书店，2017 年，第 216—219 页。

③ 张京华：《整理弁言》，叶长青：《文史通义注》，第 31 页。

④ 朱维铮：《〈清代学术概论〉导读》，梁启超：《清代学术概论》，第 40 页。

作用，表明他未必充分意识到乾嘉以后的清代学术史是一个慢慢解构孔子中心地位的过程。不仅章太炎，其论战对手康有为在解体孔子至尊地位方面的作用亦不容忽视。一如梁启超所言："有为、启超皆抱启蒙期'致用'的观念，借经术以文饰其政论，颇失'为经学而治经学'之本意，故其业不昌，而转成为欧西思想输入之导引。"① 此外，如果胡适对清学史了然在心、对章学诚的理解更准确的话，就不会反对章学诚的"诸子出于王官"说了。毕竟，"诸子出于王官"说乃《汉志》观点，为章太炎等拳拳服膺。由此似乎亦可窥见胡适的章太炎理解。

（二）"广义之史"与"广义之文"

钱穆尝言："今论太炎学之精神，其在史学乎！"② 与章太炎相类的是，钱穆为学精神也正在史学，无蹈空骛虚之观念论色彩，故有此惺惺相惜之言。而追求历史的可能，以史为法，可谓是钱穆与章学诚、章太炎相通之处。钱穆对学术最大的贡献，笔者以为正是学术史，此又通于章太炎。钱穆颇受章学诚影响，亦见于其1977年为《记〈钞本章氏遗书〉》所作"附记"。③

章太炎1902年8月8日《致吴君遂书》言及章学诚与戴震的关系：

> 麟家实斋，与东原最相恶，然实斋实未作史，徒为郡邑志乘，固无待高引古义。试作通史，然后知戴氏之学，弥仑万有，即小学一端，其用亦不专在六书七音……惟文字语言间留其痕迹，此与地中僵石为无形之二种大史。

这里耐人寻味的，是章太炎对小学的定位，以及与此相关的"史"的定义。章太炎在信中接着说：

> 下走之于实斋，亦犹康成之于仲师，同宗大儒，明理典籍，宗仰子骏，如晦见明，私心倾向久矣。独于是论，非所循逐，亦自谓推见至隐之道，较

---

① 梁启超：《清代学术概论》，第8页。
② 钱穆：《余杭章氏学别记》，《中国学术思想史论丛》（八），第386页。
③ 钱穆：《中国学术思想史论丛》（八），第316—317页。

　　诸吾宗差长一日也。①

此处表明章太炎对章学诚的关注。但是，章太炎无法认同章学诚对戴震的频繁驳难。② 章学诚《记与戴东原论修志》曰："戴君经术淹贯，名久著于公卿间，而不解史学。"③ 就戴震与狭义之"史"的关系，亦不可谓章学诚说法毫无是处。章太炎驳论章学诚攻讦戴震不谙"史"，遂有"文字语言"与"地中僵石"实为"无形之二种大史"的宏论。"文字语言"为其中一种"大史"，实是以小学为始基的考据学立场的史家宏论，按照章太炎的标准，戴震当为最大史家之一。而小学训诂，恰是章学诚的弱点。"推见至隐之道，较诸吾宗差长一日"显示出章太炎的自负：虽同宗刘歆，但在小学源流、哲学义理上，自己却超过章学诚。

　　然而，章学诚未尝没有类似章太炎广义之"史"的认识。章学诚致孙星衍《报孙渊如书》（1788）云：

　　　　愚之所见，以为盈天地间，凡涉著作之林，皆是史学，六经特圣人取此六种之史以垂训者耳。子集诸家，其源皆出于史，末流忘所自出，自生分别，故于天地之间，别为一种不可收拾、不可部次之物，不得不分四种门户矣。此种议论，知骇俗下耳目，故不敢多言。④

此自然是在重申"六经皆史"论断。《四库》的四部法不仅是四库馆开馆的方针，也是钦定分类，上承荀勖以来的分类主流。章学诚学术上无屈从"四种门户"之意，更彻底提出："凡涉著作之林，皆是史学。"其广义的"史"亦炳炳可见。四部中专立一"史部"，则其余三者非史。同理，以"集部"收文集，亦予人其余三部非文的印象。二章遵从《七略》不专门列"史"，正是天下之书，莫不是史，又莫不是文。也因为天下文章皆"文"，集部的设立，也就变成多余

① 汤志钧编：《章太炎政论选集》，第 172、173 页。
② 章学诚诋戴论文，如收于《文史通义》之《书〈朱陆〉篇后》《记与戴东原论修志》《答朱少白书》《又答朱少白书》《答沈枫墀论学》等。
③ 叶长青：《文史通义注》，第 932 页。
④ 章学诚著，仓修良编注：《文史通义新编新注》，第 721 页。

的"杂部"了，因为集部予人相当于今日"文学"概念所含内容的印象。因此，章学诚"盈天地间，凡涉著作之林皆是史学"的说法，与章太炎所谓"著于竹帛者皆为文"不谋而合。两者并而视之，则"文"即"史"、"史"亦"文"，两者所说似异而实同。

不难看出，章学诚的"史"有广义与狭义两种。就其狭义者说，首先，"史"并非私作，乃是周公旧典，或官师合一的三代之史。其次，相对于"文"的"史"，即战国及以后私作与官守兼备之"史"。"史"又含史料之义。就此，章学诚扩大史料来源，① 除承接郑樵强调州郡方志与金石图谱的重要性外，亦强调诗文歌谣作为史料来源的重要性，这一点在考察章学诚"文"与"史"相叠合上，亦值得注意。就广义的"史"而言，此一"史"，乃是作为方法的"史"，也正是章学诚所说的"史学"。

章学诚《亳州志掌故例议下》又云："今之方志猥琐庸陋，求于史家义例，似志非志，似掌故而又非掌故……夫治国史者，因推国史以及掌故，盖史法未亡，而掌故之义不明，故病史也……夫志者，志也。其事其文之外，盖有义焉。"② 需注意章学诚对史学的定义，"志者，志也"，第一个"志"为史志之意，第二个"志"与为史者的主体性有关。周予同指出，章学诚的史学，根本正在于"义"，此一"义"是《春秋》"笔削"之意，而章学诚"史学"的"义"或称"史意"，也就是章学诚的"道"。③ 倪德卫曾指出，章学诚在将历史视为道之显现这一点上，乍一看不免令人联想起黑格尔及其绝对精神，但更像欧洲人文主义传统中的维科（Giambattista Vico）。④ 维科于西方传统有如下论断：人创造历史，上帝创造自然，所以人了解历史甚于了解自然。维科此言在西方思想史中影响深远，常为思想史家所乐道。⑤ 假如我们姑妄视朱子为中国的黑格尔（即形而上学

---

① 张舜徽尤其强调章学诚扩大了史料来源，参见氏著：《中国古代史籍举要》，《中国古代史籍举要 中国古代史籍校读法》，武汉：华中师范大学出版社，2004 年，第 165—166 页。

② 叶长青：《文史通义注》，第 868—869 页。

③ 周予同：《章学诚"六经皆史说"初探》，朱维铮编校：《周予同经学史论》，第 495 页。

④ David S. Nivison, *The Life and Thought of Chang Hsüeh-ch'eng* (1738–1801), p. 291.

⑤ Martin Jay, *The Dialectical Imagination: A History of the Frankfurt School and the Institute of Social Research, 1923–1950*, London: Heinemann Educational Books Ltd., 1973, p. 49.

的高峰），那么将章学诚与维科相提并论，也可算是来自域外中国史研究者的不虞之誉了。

九、章太炎学术史著述的学术和思想意义

周作人曾作如是言：

> 按道理说，桐城派是应归属于文学中之古文方面的，而他们自己却不以为如此……他们不自认是文学家，而是集义理，考据，词章三方面之大成的。本来自唐宋八大家主张"文以载道"而后，古文和义理便渐渐离不开，而汉学在清代特占势力，所以他们也自以懂得汉学相标榜。实际上方姚对于考据之学却是所知有限得很。①

周作人所言表明，清代学人多赞同义理、考据、文章三者不可分割，否则就不会有桐城派这一附会了。梁启超言及桐城派方东树诋戴震甚力时曰："其时与惠、戴树敌者曰桐城派。方东树著《汉学商兑》，抨击不遗余力……汉学固可议，顾桐城一派非能议汉学之人。"② 其意与周作人相去不远。梁启超认为："'清代思潮'果何物耶？简单言之：则对于宋明理学之一大反动，而以'复古'为其职志也。"③ 本文以义理、考据、词章三者关系以及清代学术与宋学的关系，总结章太炎学术史研究的思想史及学术史意义，这一点也是为了避免汉宋二元对立或汉学内部今古文经学二元对立的叙述框架。

清儒对宋学的批判，与其说是在否定义理，莫若说是在否定宋儒的方法论。《文史通义》书名既可理解为"文"与"史"之"通义"，又可理解为以"文史"来"通义"，亦即建构义理。宋代张载"横渠四句"，"为天地立心，为生民立命，为往圣继绝学，为万世开太平"（《宋元学案·横渠学案上》），深入后世

---

① 周作人：《中国新文学的源流》，《儿童文学小论　中国新文学的源流》，止庵校订，石家庄：河北教育出版社，2002 年，第 41 页。
② 梁启超：《论中国学术思想变迁之大势（1902 年 3 月 10 日至 1904 年 12 月 7 日）》，汤志钧、汤仁泽编：《梁启超全集》第 3 集，北京：中国人民大学出版社，2018 年，第 97 页。
③ 梁启超：《清代学术概论》，第 5 页。

士人内心。宋学反映了有着道统意识的宋代知识阶级的意气风发和自信。但是，在政治上较之宋代远为专制的清代，朱子学哲学、思想体系过于空疏，无法如宋代士人般介入现实，只能作为了无建树的官方哲学而存在。此外，朱子学以及陆王心学（尤其后者）明显忽视了"文"之语言问题。正如顾炎武所慨叹："今之言学者必求诸语录，语录之书始于二程，前此未有也。今之语录几于充栋矣。"①须知，宋学先驱之一的胡瑗尚认为圣道有三方面：体、用、文。"体"、"用"概念源自佛学，②显示宋学与佛学的复杂关系，而"文"表明韩愈以来在文道关系上问题意识的延续。但宋代以后"文"的意识越来越弱，尤其在不立文字的禅学影响下，迎来语录体大行其道的时代。在此意义上，方苞、姚鼐等代表的桐城派延续朱子学影响，以明道为己任，多少也算是解决了"文"的问题。另一方面，考据学、目录学实事求是的方法论对宋学的挑战越演越烈。同时，汲汲于烦琐考据而无义理建树的考据学又成为新问题。

宋学建构义理的使命，为明代心学所承担，而心学又是儒学受佛学（禅学）进一步刺激的产物。晚清章太炎的义理构建以小学为始基，融佛教唯识学、史学、诸子学为一体，并将其发展为自成一体的独特思想体系，以此建立革命道德学说。另一方面，正如皮锡瑞所言："宋儒之经说虽不合于古义，而宋儒之学行实不愧于古人。且其析理之精，多有独得之处。"③偏于清学中汉学古文学派的章太炎，还是以崭新的方式延续了朱子学成德之学的使命。宋代所谓"新儒家"的崭新之处，亦在于综合佛教、道家哲学入儒学。虽然时代不同、框架迥异，此又是考据学传人章太炎与宋儒不虞之共通处。章太炎之复杂亦由此可窥。

梁启超有言："有清二百余年之学术，实取前此二千余年之学术，倒卷而缫演之，如剥春笋，愈剥而愈近里。"④中国两千多年学术传统，正是"倒卷而缫

---

① 顾炎武：《顾亭林诗文集》，华忱之点校，北京：中华书局，1959年，第131页。

② 有关体与用的关系，岛田虔次引用《大乘起信论》解释："如大海水，因风波动，水相风相不相舍离。而水非动性，若风止灭，动相则灭，湿性不坏故。"（真谛译，高振农校释：《大乘起信论校释》，北京：中华书局，1992年，第36页）岛田解释说，风与波为因果关系，水与波则为体用关系（岛田虔次：『朱子学と陽明学』、東京：岩波書店、2000年、第3页）。湿性与波，似也应视为体用关系。

③ 皮锡瑞：《经学历史》，周予同注释，北京：中华书局，2004年，第228页。

④ 梁启超：《清代学术概论》，"自序"，第2页。

演之"的传统，亦即一由复杂解释谱系所构成的层累解释传统。《七略》的目录学学术史传统在清中期被章学诚等重新光大，又在清末被章太炎继承，即属一例。辨章学术、考镜源流的学术史分析显示，不仅"儒学"需要通过"倒卷"来重新定义，儒道释三分也颇可商榷，至于强分畛域的现代学术制度，更难以全面把握中国学术史谱系。目录学辨章学术、考镜源流的传统至今业已弱化。若言今日学术为无源之水，当有失公允，因为犹可径取旧学，间法西学。但是，今日学人两头不到岸，尤其缺乏自有根基去取法西学，亦是不争的事实。中村正直 1875 年尝曰："余近聚徒教授，而深悟于洋学者之不可不修汉学也。无汉学而从事洋学者，勤苦五六年，尚不能敌修汉学者之一二年。洋学进步之迟疾，视汉学得力之浅深。盖汉学之有益于人如此。"① 传统学养根基乃是消化、吸收西学的必要条件，而这正是今日学人相对于清末民初学人较为缺乏的。重审章太炎以目录学为视角的学术史著述，也许正可于此提供历史借鉴。

〔作者林少阳，澳门大学人文学院历史系特聘教授。澳门　999078〕

（责任编辑：周　政　成　棣）

---

① 参见中村正直：「編年日本外史序」、頼山陽著、重野安繹等編：『編年日本外史』、大阪：光啓社、1876 年、第 3 頁 a。

龙云争取贵州辖制权的考察
（1934—1936年）[*]

段金生

摘　要：因地缘、行政区划、制度传统，以及政治心理因素的作用，龙云一直谋求黔省辖制权。龙云的实力及政治影响均弱，要实现"统制黔省"的政治目标，受到蒋介石与两广尤其是桂系等多方制约。在这一复杂过程中，龙云对国民党中央采取既配合、又"谈条件"的策略，使蒋介石在思考黔省辖制权归属时不得不重视其态度。龙云积极谋取黔省辖制权，但受制于实力不足，具体策略又呈现出被动色彩。龙云运用的策略及手段，是民国地方实力派在夹缝中求生存的真实写照，也是国民党政权统治脆弱的表现，呈现出民国政治的复杂面相。

关键词：龙云　蒋介石　桂系　贵州　军阀

1934年底，中央红军入黔，国民党中央军尾随而至，很快引起西南地区政治形势的变化。一方面，国民党中央力量正式进入西南地区，与西南各地方实力派关系更趋微妙；另一方面，两广尤其是桂系更加重视经营与滇黔实力派的关系。因地缘、政治、经济诸因素之影响，民国时期滇黔桂等派系之间的关系长期交织难解。龙云开始主政云南时，蒋介石正在为统一全国而与其他势力争斗不已，一时无力顾及云南，反而需要云南牵制川桂势力，以在国民党内部博弈中壮大自身。同时，龙云也需要获得蒋介石的支持来维持其在云南及西南地区的地位

---

*　本文系国家社科基金青年项目"南京国民政府与滇川黔地方关系研究"（14CZS055）阶段性成果。

与影响。① 双方之间大体维持着相安之局。② 中央红军进入贵州后，滇桂皆希望借此时机，取得对黔省的辖制权。③ 蒋介石利用滇桂双方的这一心理，将黔省辖制权作为制衡双方的重要筹码，根据形势变化反复调整贵州归属的思路与计划。蒋、桂都想借重于龙云，龙云亦在蒋、桂之间寻求平衡。在争取黔省辖制权过程中，龙云在蒋、桂各方势力之间周旋，既有主动出击，亦有被动因应。这一过程在一定程度上表现了地方实力派的现实生存逻辑，也呈现了民国时期中央与地方均以自身私利为取舍，缺乏共同政治追求与目标的复杂情境。

关于这一议题，海内外学术界对蒋、龙关系已有较多关涉。20 世纪八九十年代谢本书、牛鸿宾关于龙云的研究较为深入，但因时代及资料所限，偏重于对龙云的单向度分析。④ 杨维真对蒋、龙关系进行了较全面探讨，但对蒋、龙、桂三方围绕黔省辖制权的博弈论述较少。⑤ 汪朝光、易劳逸、罗敏等学者，均对蒋、龙关系展开过探讨，⑥ 但由于侧重不同，对龙云谋黔历程论述不多。范德伟、赵

---

① 1927 年云南"二六"政变后，胡若愚、张汝骥再次联合发动"六一四"政变，将龙云囚禁。后来，龙云在卢汉、胡瑛、朱旭、孟坤等人支持下，于 7 月中下旬将胡、张势力驱逐出昆明，在 8 月 13 日正式宣布就任云南省省务委员会主席。但在 1931 年，又发生两次政变：3 月 10 日由卢汉、朱旭、张冲、张凤春四师长联合发动的"倒龙"政变；5 月由龙雨苍、张继良等人筹划发动未遂的政变。1931 年的两次政变均以失败告终，在某种程度上表明龙云在云南的统治直到此时才稳固。在这一复杂演变过程中，龙云需要蒋介石的支持以获取合法性，唯有如此，才有利于其稳定内部形势。

② 汪朝光：《蒋介石与 1945 年昆明事变》，《近代史研究》2009 年第 3 期。

③ 本文所指的黔省辖制权，主要是指对贵州的军、政管辖权。1932 年 3 月，国民党在四届二中全会后，再度成立了国民政府军事委员会，并陆续在各地设置了一些绥靖公署。绥靖公署是直属于国民党军事委员会的地方军政统一领导机构。后面讨论的滇黔绥靖公署就是这样的机构，其不仅可以指挥滇黔绥靖区的军事事宜，还可对滇黔地方政治、行政、党务等进行干预。相关内容详见本文第四部分。

④ 谢本书：《龙云传》，成都：四川民族出版社，1988 年；谢本书、牛鸿宾：《蒋介石和西南地方实力派》，郑州：河南人民出版社，1990 年。

⑤ 杨维真：《从合作到决裂：论龙云与中央的关系（1927—1949）》，台北："国史馆"，2000 年。

⑥ 汪朝光：《蒋介石与 1945 年昆明事变》，《近代史研究》2009 年第 3 期；易劳逸：《毁灭的种子：战争与革命中的国民党中国（1937—1949）》，王建朗、王贤知、贾维译，南京：江苏人民出版社，2009 年；罗敏：《走向统一：西南与中央关系研究（1931—1936）》，北京：社会科学文献出版社，2014 年。

旭峰对龙云"兼领黔地"一事进行了较集中的讨论，但在资料运用、对龙云谋黔前后经过及影响因素的分析等方面仍有拓展空间。① 南京国民政府时期的中国政治，有着丰富而多元的历史面相，一方面，国民党实现了名义上的全国统一；另一方面，国民党并没有消弭内部各派势力的权力纠葛和"半独立"状态。本文在前贤研究基础上，进一步梳理龙云谋求"统制黔省"的历史背景，② 重点围绕1934—1936 年龙云谋黔的政治判断与政策调整展开探讨，力争透视黔政归属过程中龙云与蒋、桂各方的策略及意图，分析各派不同政治目标及其路径选择的内在逻辑。在谋黔过程中，龙、蒋、桂等各派力量的反复博弈，既呈现出西南地区政治格局演变基本脉络及地方实力派生存逻辑，也从另一维度揭示了国民党政权表面上统一的脆弱性以及无法从根本上解决中国统一问题的深层根源。文中不足之处，敬请方家指正。

一、龙云"谋黔"的历史背景

辛亥革命虽然推翻了清政府的腐朽统治，但并没有使中国摆脱半殖民地半封建社会的命运，军阀混战、时局动荡，形势愈演愈烈。1924 年，有论者对民国成立后的政局描述道："民国扰攘，历十三年矣。此十三年中之政府，执政者虽屡有更易，而政治未上轨道，政象每况愈下，殆为一致之现象。纵有时政府基础，略臻强固，国内曾隶一统，而执政者大抵徇私害公，虚诈相尚……政治乃成个人之政治。"③ 更有论者，将当时之中国，称为"战云弥漫之中国"。④ 北洋时代的

---

① 范德伟：《对龙云欲兼领黔地致陈布雷"哿""马"两电年月的订正——兼论龙云兼领黔地事》，《中国国家博物馆馆刊》2015 年第 4 期；赵旭峰：《20 世纪 30 年代滇桂"兼领黔地"之争》，《中国国家博物馆馆刊》2018 年第 11 期。

② 1935 年 11 月 21 日，龙云致电陈布雷，就蒋介石准备将黔省辖制权交与桂系的计划表达不满，电文中有言："只顾一时便利，遂予以名义，俾得统制黔省，此不啻奖励反叛，实亦磨灭正义。"[《龙云为桂系要求兼领黔地事再致陈布雷电》（1935 年 11 月 21 日），云南省档案馆编：《国民党军追堵红军长征档案史料选编（云南部分）》，北京：档案出版社，1987 年，第 604 页] 龙云所言的"统制黔省"，换言之，就是对贵州军政事宜的辖制权。

③ 诚夫：《战争之教训》，《国闻周报》第 1 卷第 8 期，1924 年，第 2 页。

④ 公展：《战云弥漫之全中国》，《国闻周报》第 1 卷第 9 期，1924 年，第 3 页。

西南诸省"久主自治"，并一度发展成为割据势力，但"内讧迭起，团体破裂"，[1] 关系复杂多变，滇黔尤显特殊。

（一）周西成"援滇"

龙云执掌云南政权后，与贵州当政者周西成的关系十分紧张。辛亥革命后，唐继尧曾任贵州都督。蔡锷调离云南后，唐继尧又继任滇督。唐氏离黔时宣称：滇黔"本属连垀，遇事仍可商办"，应化除界限、不分畛域，"不欲以黔事自限"。[2] 护国战争后，唐继尧试图将四川纳入云南势力范围，以成为称霸滇、川、黔的"西南王"；贵州则因"地瘠民贫"，刘显世亦想"宰割四川一隅之地以养兵"，在"政治上的一切行动，均系追随滇唐"。[3] 不过，周西成掌黔后，滇黔地方实力派之间的关系逐渐发生变化，很快就由唐继尧所言的"连垀"关系演变为对立，双方纷争不断。

周西成主政贵州后，[4] 黔籍地方名士周培艺（周素园）在1926年提出，贵州应主动交好国民政府，其原因在于：贵州局势"对外尤急于对内"，"国民政府统治下，为粤、桂、湘、鄂、赣、川、黔七省，而政治组织犹循旧式者，四川

---

① 政之：《战争与国民思想之趋势》，《国闻周报》第1卷第10期，1924年，第2页。

② 《会泽督黔文牍》卷2《文告》，云南省图书馆编：《护国运动文献史料汇编》第6卷，昆明：云南人民出版社，2015年，第382—384页。

③ 贺梓侨：《北洋政府时期的贵州政局》，中国人民政治协商会议贵州省委员会文史资料研究委员会编：《贵州文史资料选辑》第6辑，贵阳：贵州人民出版社，1980年，第126、129—130页。

④ 贵州"民九事变"后，刘显世被迫辞去一切职务，王文华被暗杀，贵州军政大权遂为依附于直系军阀吴佩孚的袁祖铭所掌握。唐继尧恢复在云南的统治后，于1923年初派唐继虞率滇军护送刘显世入黔，驱逐了袁祖铭，重新将刘显世扶上贵州省长职位。袁祖铭败退鄂西，但在吴佩孚的扶植下很快又恢复了元气，并迫使滇军在1925年12月退出贵州。周西成在博得袁祖铭的信任后，通过袁氏的举荐，于1926年6月就任贵州省长，开始了桐梓系统治贵州的历史。周西成就任贵州省长后，又通过各种方式将袁祖铭"礼送出黔"，袁祖铭则于1927年在湖南被杀。周西成为了使桐梓系能够长期统治贵州，大力扶植桐梓系势力，并且定下"群（毛光翔，字群麟）、绍（王家烈，字绍武）、佩（江国璠，字佩玙）、用（犹国才，字用依）"的继承次序。但此举反而种下周西成死后，毛光翔、王家烈、江国璠、犹国才相互争权、火拼厮杀的恶果。详见王家烈：《桐梓系统治贵州的回忆》，中国人民政治协商会议贵州省委员会文史资料研究委员会编：《贵州文史资料选辑》第2辑，贵阳：贵州人民出版社，1979年，第1—15页。

外，惟贵州耳"；并且，"一军之何（指王伯群妹夫何应钦——引者注），十军之王（指王伯群——引者注），对于贵州，果遂坦然忘情乎？政府纵不督过，何、王纵安淡泊，而攀龙附凤之徒，假危词以耸之，借现状以挑之，不敢保其不生波澜也"。他向周西成建议："凡革命诸省已有之机关，无妨设立，已行之事例，无妨仿效，乃至部队之编制，内政之措置，勤求训示，以博政府之信任。"周西成初始"颇纳其言"，且逐渐与国民政府联系。① 然而，周氏基于政治、经济及军事装备等方面的考量，很快选择"走两广路线"。政治上，周西成认为"不能不靠拢两广"。周氏曾拒绝拥王伯群主黔，故为"王、何所忌恨"。他担心何应钦、王伯群"跟蒋介石历史久，关系深"，若"走蒋的门路"，则"必为王、何所堵死"。经济上，周西成也认为"不能不依靠两广"。因为贵州地理上接近两广，出产的鸦片烟"不能不找销路出口"，而"由广西、广东出香港，比较方便"。此外，周西成认为军事上也"不能不依靠两广"。周氏想"开疆拓土"，需要"械弹补充"，这些可通过两广从英国购买，遂与桂系签订"黔、桂联盟协约"，与蒋介石日益对立。② 同时，与云南的关系日渐紧张。

龙云掌握滇政经历了一个复杂的过程。1927 年云南发生"二六"政变，唐继尧再次下台，形成龙云、胡若愚、张汝骥鼎立之势。但是，这一局势很快失衡，唐继尧去世后各方失去缓冲人物，随即爆发"六一四"政变。胡若愚、张汝骥战败后率余部逃往滇黔川交界处，分别求援于贵州周西成、四川刘文辉，成为滇黔关系逐步走向对立的一个重要转折点。

对于胡若愚的求援，周西成很快作出支援决定，主要基于如下因素：一是认为滇军历史上曾"征服"贵州，借胡若愚及旅黔滇人请求"援救滇省"为名，③ 可"雪

① 周素园：《贵州陆军史述要》，中国人民政治协商会议贵州省委员会文史资料研究委员会编：《贵州文史资料选辑》第 1 辑，内部发行，1962 年，第 40—41 页。
② 王家烈：《贵州桐梓系军阀与新桂系军阀的关系》，中国人民政治协商会议广西壮族自治区委员会文史资料研究委员会编：《广西文史资料选辑》第 9 辑，南宁：广西南宁地区印刷厂印，1981 年，第 92—94 页。
③ 《旅黔云南同乡代表白士艺声明请黔援滇是周西成压迫使然电》（1927 年 9 月 28 日），《云南档案史料》1987 年第 18 期。

奇耻而壮声威"；① 二是可扶植周西成妹夫毛光翔攫取云南政权，既拓展了贵州势力，又能满足周西成"黔滇联帅"的野心。② 随后，派遣黔军分路"侵入罗平、曲靖、宣威"。当然，周西成认识到黔军入滇表面虽师出有名，但必然招致云南内部的反对，故不断调整入滇理由：初以"奉命救援"为由，继曰"调停内乱"。对此，龙云反驳称黔军系"乘隙入滇"，名为"应胡军之请，而实则别具野心"。③ 1928 年 1 月中旬，占据曲靖的黔军 4 个团及胡若愚、张汝骥余部均被龙云击败，周、龙"结下了不解深仇"。④

胡若愚、张汝骥之所以能得到周西成、刘文辉的支持，有以下原因：一方面，胡、刘、周早有联系，此前曾"结盟"。张汝骥与周西成既是贵州讲武学校同学，又在唐继尧督黔时结为拜把兄弟。⑤ 另一方面，胡、张向周表示滇、黔"宜照中央规定"，组织一个"如政治分会之类"的统筹机关，愿意以周作此机关之主席。⑥ 另外，周西成、刘文辉也想借此时机向云南发展。⑦ 因此，三方一拍即合。其实，龙云又何尝不想控制贵州呢？

（二）龙云支持李燊返黔倒周

周西成"援滇"失败后，其内部很快面临危机。原黔军袁祖铭余部改编的四

---

① 吴道安：《解放前贵州政局演变概述》，中国人民政治协商会议贵州省委员会文史资料研究委员会编：《贵州文史资料选辑》第 13 辑，贵阳：贵州人民出版社，1983 年，第 88 页。
② 胡寿山：《王文华、袁祖铭、周西成以及李燊的兴起和覆亡》，中国人民政治协商会议贵州省委员会文史资料研究委员会编：《贵州文史资料选辑》第 12 辑，贵阳：贵州人民出版社，1982 年，第 118 页。
③ 《龙云请勿倚外兵，速息内争电》(1927 年 8 月 23 日)、《云南东南民众自卫军董鸿铨组建团队拒抵黔军入滇通电》(1927 年 × 月 28 日)、《龙云请息争善遣客军致胡、张的通电》(1927 年 8 月 23 日)，《云南档案史料》1987 年第 18 期。
④ 吴道安：《解放前贵州政局演变概述》，中国人民政治协商会议贵州省委员会文史资料研究委员会编：《贵州文史资料选辑》第 13 辑，第 88 页。
⑤ 荆德新：《周西成图滇与龙、李倒周》，西南军阀史研究会编：《西南军阀史研究丛刊》第 2 辑，贵阳：贵州人民出版社，1983 年，第 176 页。
⑥ 严平整理：《平刚日记选辑》(1927 年 9 月 11 日)，《贵州文史丛刊》1982 年第 3 期，第 142 页。
⑦ 赵振銮：《龙云与蒋介石的合与分之我见》，云南省历史研究所：《研究集刊》1983 年第 2 期，第 36 页。

十三军军长李燊对周西成早有不满，想取而代之。① 李燊向龙云请求"援兵夹击周西成"后，龙云积极响应，于 1929 年春派滇军入黔助李倒周，以示报复。客观上，此时龙云初掌云南政权，稳定省内政局是关键，但李燊返黔，为其控制贵州提供难得的借口。龙云这一决定，一举两得：既可报周西成"侵滇之仇"，又可向贵州"扩张势力"。②

此时，贵州为蒋介石及桂系所关注。1928 年 11 月，当李燊与周西成作战失利时，蒋介石、何应钦曾致电周氏，令周不得追击李燊。然而，桂系李宗仁则"电促此方（指周西成——引者注）努力夹击"李燊。③ 蒋、桂如此态度，是出于各自政治利益的不同考虑。自从桂系迫使蒋介石下野后，蒋、桂之间矛盾日深，而周西成与桂系交好，蒋介石对此早已不满。蒋介石支持李燊返黔，故在李燊失利后马上下令停战，其实是想保存李燊的实力来牵制周氏。桂系自然希望周西成击败李燊，以稳定贵州局势，稳固其战略缓冲空间。时任周西成顾问的平刚对蒋、桂关于黔政的打算认识深刻，认为蒋、桂"将来或将借吾黔为彼双方之导火线"。④

贵州之所以为各方所重，主要在于其地缘战略位置。若控制贵州，则北可窥视四川，西可威逼云南，还"可以改变鸦片输出的通道，从经济上扼杀桂系"。⑤因此蒋介石虽对周西成不满，但表面上一直笼络，力争周氏拥蒋反桂。

是时，蒋介石以中央名义"力求统一"，为"削藩"而召开编遣会议"缩编军队"。桂系势力在北伐胜利后发展迅速，控制范围"由两广、两湖直达平津"，遂为蒋所"嫉忌"，借桂系夏威、胡宗铎等由湖北起兵武力驱逐湖南省主席鲁涤

---

① 严平整理：《平刚日记选辑》（1928 年 3 月 15 日），《贵州文史丛刊》1982 年第 3 期，第 146 页。

② 龚自知：《龙云夺取云南政权的经过》，中国人民政治协商会议云南省委员会文史资料研究委员会编：《云南文史资料选辑》第 2 辑，内部发行，1963 年，第 122 页。

③ 严平整理：《平刚日记选辑》（1928 年 11 月 25 日），《贵州文史丛刊》1982 年第 3 期，第 148 页。

④ 严平整理：《平刚日记选辑》（1928 年 11 月 25 日），《贵州文史丛刊》1982 年第 3 期，第 148 页。

⑤ 陈集忍、乔云生：《军阀王家烈的垮台》，西南军阀史研究会编：《西南军阀史研究丛刊》第 3 辑，昆明：云南人民出版社，1985 年，第 321 页。

平案为由，发动蒋桂战争。① 然而，周西成私下批评蒋介石军阀作风，称"现在中央已不成体统，蒋介石欲联冯玉祥、唐生智，大用共产党攻击桂系"，② 反而与桂系联系密切。对蒋的命令，周"不是采取阳奉阴违的态度，就是软抵硬抗"。③ 蒋对此虽十分不满，但为了使周不公开支持桂系，取得对桂系的政治宣传优势，对周表示"贵州所处环境，彼（指蒋介石——引者注）能谅解"。④

蒋介石对滇黔因李燊返黔引起的紧张关系，采取两面手法，一方面劝和调停，一方面则暗中"挑唆"以收渔人之利。1928 年 8 月 25 日，蒋专门致电周西成，赞其"治理黔疆，军民各政，成绩斐然。……更闻顾全邻交，与滇复好，排斥众议，巩固西南，益征拥护中央之至意"，表示"所需兄之助力正多，苟不利于兄及黔者，中当力为制止，望兄安心努力，勿为浮言所动"。这是对周西成的一种安抚。8 月 26 日，蒋又致电龙云，称赞龙"整军治民，滇政刷新"的功绩，并言"凡有为兄及滇害者，中当制止，望兄放手做去。所商军事党务诸端，俟数日后回京决定"。蒋介石希望借龙云牵制桂系，支持龙云就是为了制衡倾向桂系的周西成。当然，蒋也不希望滇黔冲突引起西南地区局势动荡，故当滇黔冲突加剧时，又致电龙、周二人劝言，"滇黔唇齿相依，谊如兄弟。比年以来，微生嫌隙，旋复盟好"；希望双方"力尽守土之责，以副倚畀之重"，彼此罢兵修和。⑤

蒋桂战争正式爆发后，蒋介石认为周西成与桂系关系过深，对其"恐难置信"。⑥ 蒋表面要求滇黔停止纠纷并出兵讨桂，致电龙、周二人，称桂系"不得志于湘粤，将转而图滇黔，利用兄等（指龙云、周西成——引者注）过去微

① 黄旭初原著，蔡登山主编：《黄旭初回忆录——孙中山与陆荣廷的护法暗斗》，台北：独立作家，2016 年，第 206 页。

② 严平整理：《平刚日记选辑》（1928 年 10 月 4 日），《贵州文史丛刊》1982 年第 3 期，第 146 页。

③ 范同寿：《试论周西成及其对贵州的统治》，西南军阀史研究会编：《西南军阀史研究丛刊》第 1 辑，成都：四川人民出版社，1982 年，第 189 页。

④ 严平整理：《平刚日记选辑》（1929 年 4 月 18 日），《贵州文史丛刊》1982 年第 3 期，第 151 页。

⑤ 周美华编注：《蒋中正总统档案·事略稿本》第 4 册，1928 年 8 月 25—26 日、12 月 26 日，台北："国史馆"，2003 年，第 105—107、595—597 页。

⑥ 《电刘湘示以中央讨胡宗铎、陶钧、赖心辉等部策略》（1929 年 4 月 17 日），转引自杨维真：《从合作到决裂：论龙云与中央的关系（1927—1949）》，第 100 页。

嫌……遂其席卷西南，凭作根据之野心"。① 但同时，蒋任命龙云为讨逆军第十路总指挥，令其借道贵州入广西；并密令将李燊部划归龙云指挥，"以厚兵力，且以监视周部，俾滇军入桂容易通过黔境"。② 这一安排，既可借助滇军力量牵制周西成，又为滇军入黔提供了理由。于是，龙云遂以李燊为前敌总指挥，组成联军向贵州推进。③ 此举使贵州"几入危境"，后因滇军左路孟坤部联合胡若愚、张汝骥"起而图滇"，龙云"其势遂劣，一变而为守势"。周西成原计划"趁此图李（指李燊——引者注）"，但贵州内部长期对其统治"大不满意"，且周亦很快在督师作战中于关岭县鸡公背被龙、李联军流弹击中而死，贵州遂派绅耆与滇军在安顺议和。④ 龙、李联军进驻贵阳后，南京国民政府很快发布由龙云负责处理黔政的命令。同时，龙云也想借机将贵州"纳入滇系的控制之下"。⑤ 卢汉专门致电蒋介石，请蒋同意云南方面派遣李雁宾为慰劳使入黔。这一安排，是想利用李雁宾曾在贵州任职的经历来调和滇黔各方关系，以加快龙云控制贵州计划的实现。蒋内心虽然想直接控制贵州，但此时无此实力，又为了争取云南支持其对桂作战，于1929年7月3日同意了卢汉所请。⑥

是时，龙云在云南的统治还不稳固，贵州内部对滇军与李燊十分抵制，而四川刘文辉一面"补助胡、张、孟图滇"，一面又支持赖心辉部与毛光翔部向贵阳进取。受上述因素影响，滇军及李燊部被迫先后撤出贵阳。⑦ 龙云此次图黔，虽实现了对贵阳的短期控制，但在各方因素作用下很快失败。

① 吴淑凤编注：《蒋中正总统档案·事略稿本》第5册，1929年4月14日，台北："国史馆"，2003年，第376—377页。

② 《国民革命军战史初稿》第2辑第9篇，转引自贵州军阀史研究会、贵州省社会科学院历史研究所：《贵州军阀史》，贵阳：贵州人民出版社，1987年，第264页。

③ 孙代兴：《滇系军阀的发展变化与国民党新军阀混战的关系》，云南省历史研究所：《研究集刊》1984年第1期，第162—163页。

④ 严平整理：《平刚日记选辑》（1929年5月8、12、23日），《贵州文史丛刊》1982年第3期，第152页。

⑤ 孙代兴：《滇系军阀的发展变化与国民党新军阀混战的关系》，云南省历史研究所：《研究集刊》1984年第1期，第162—163页。

⑥ 吴淑凤编注：《蒋中正总统档案·事略稿本》第6册，1929年7月3日，台北："国史馆"，2003年，第138页。

⑦ 严平整理：《平刚日记选辑》（1929年6月29日），《贵州文史丛刊》1982年第3期，第155—156页。

龙云控制贵州的打算一直存在。在蒋桂战争及中原大战中，龙云对蒋均表示了支持，一方面是对国民党派系斗争进行判断后的策略选择，另一方面也有借机向贵州拓展的意图。不过，直到 1931 年 3 月 10 日发生的四师长政变被敉平后，龙云才完全控制云南政局。至于内争激烈的贵州，龙云虽通过支持犹国才争夺黔政，但一直没有找到辖制贵州的合适理由与时机。1934 年底中央红军入黔引起西南地区政治局势变化，加之蒋介石与两广斗争的发展，为龙云谋求对贵州的辖制提供了机会。

二、滇桂"谋黔"的策略与行动

龙云在稳固其统治的过程中，虽然掌握了"一支比较完整有力的滇军"，但这支军队发展至 1936 年，正规常备军"兵额约共三万余人"，并无过多干涉省外事务的实力。[①] 他虽一直谋求控制贵州，但因自身力量有限，只能采取支持犹国才与王家烈争权的方式来影响贵州。[②] 至 1934 年底，中央红军到达贵州附近，局势开始发生变化，龙云亦因势调整对黔策略。

（一）龙云"出兵防堵"的谋算

早在 1934 年 9 月，针对红三、红六军团及中央红军的活动，龙云分析认为，贵州内部"正滋纠纷，贺龙窜入，渐扰腹心，形成坐大"；萧克"率众数千，经过湘南，有窜入黔川模样"；而赣南"'共匪'实力尚在……内地既负隅不易，窜居黔川各境，亦势所必至"。[③] 他判断中央红军虽然可能会进入黔川，但"不会进入云南"。[④] 当然，他也认识到滇川黔三省"地形毗连，唇齿

[①] 昆明市志编纂委员会编：《昆明市志长编》第 10 卷，内部编印发行，1983 年，第 143—144 页。

[②] 霍尔：《云南的地方派别（1927—1937）》，谢本书、许洁明、宋光淑译，云南省历史研究所：《研究集刊》1984 年第 1 期，第 533 页。

[③] 昆明市志编纂委员会编：《昆明市志长编》第 10 卷，第 424—425 页。

[④] 安恩溥：《滇军第三纵队追堵红军的经过》，云南省政协文史委员会：《云南文史集粹》第 2 卷，昆明：云南人民出版社，2004 年，第 20 页。

相依"，云南方面还是要"有所防范"；其中，迤东因"边连川黔两省"，① 是重点防范区域，要"构筑碉堡，力图自卫"。②

龙云虽采取了防备措施，但无主动出兵"防堵"的打算。滇军名义上受蒋介石中央的认可，实际上是一支"纯地方性的"军队。龙云执政后虽然一直表态支持蒋氏，但实际上希望维持云南"半独立"的地位，对蒋亦怀戒心。③ 中央红军于湘江突围后，蒋介石急令各省"追堵"，也要求龙云出兵，并将云南出兵作为制定对桂政策的重要考量因素。1934 年 12 月 26 日，蒋介石致电钱大钧称"滇龙如愿派兵协剿，可允桂方之请。或自动派兵至普安或兴义，以防匪窜滇也"。④ 蒋介石将龙云出兵作为允许桂系派兵入黔的前提，是因为桂系与王家烈联系密切，桂军入黔将影响局势平衡，故希望借助龙云之力牵制桂系。

龙云对出兵防堵一事颇感踌躇，在 1934 年底召集了多次会议研讨对策。对于是否出兵，云南军政界主要有三种意见。其一，不出兵。认为中央红军不会进入云南，主张"一动不如一静，以保境安民为好"。其二，强调重视云南省内防备。认为中央红军"不易防堵"，应"令各县迅速构筑碉堡，早作坚壁清野之计"，则红军到后"必无所获，自易退散"。其三，应派兵防堵。认为"为策万全计，与其拒之于境内，不如拒之于境外"。⑤ 若不遵照蒋介石的命令，既无合适理由，也会引起蒋的不快；但若出兵防堵，则又有国民党中央军入滇的风险。如何应对，龙云难以决策。

时任云南省政府委员兼第十路军总指挥部参谋长的孙渡综合各方判断，向龙云献策：蒋介石追堵中央红军"实怀有一箭双雕的野心"，不仅"想消灭共军"，

① 《龙云着各县赶办防共事项条谕》（1934 年 10 月 29 日）、《龙云请省府核议实施清查红军条例办法咨》（1934 年 12 月 3 日）、《师宗县长建议各县联团防共呈》（1934 年 10 月 15 日），云南省档案馆编：《国民党军追堵红军长征档案史料选编（云南部分）》，第 3、2、5 页。

② 昆明市志编纂委员会编：《昆明市志长编》第 10 卷，第 425 页。

③ 昆明市志编纂委员会编：《昆明市志长编》第 10 卷，第 145 页。

④ 周美华编注：《蒋中正总统档案·事略稿本》第 28 册，1934 年 12 月 26 日，台北："国史馆"，2007 年，第 639 页。

⑤ 孙渡：《滇军防堵红军长征亲历记》，云南省政协文史委员会编：《云南文史集粹》第 2 卷，第 11 页。

而且"还想乘便消灭地方武装"。对于云南而言，只能"遵照蒋的命令出兵"，使其"以后无所借口"。如果中央红军进入云南，国民党中央军"必跟踪而来"，则"云南政局有发生变化的可能"。云南方面应采取以下策略。一是以"出兵贵州"为上策。即在中央红军未进入云南之前，应"尽最大努力去防堵"，使中央红军不能"进入云南为最好"。二是应"追而不堵"。云南兵力不敷分配，防堵任务"不易达成"，中央红军若进入云南，滇军宜"追"而不宜"堵"，让中央红军尽快"出境为好"。① 龙云赞成孙渡此议，决定出兵，委任孙为第十路军总指挥行营主任，并担负指挥全责。②

　　蒋介石并不确定龙云是否能遵令出兵，专门派遣黄格君等人入滇，观察动向。龙云在 1935 年 1 月 5 日向蒋表示"滇中已集中兵力，相机防剿"，并支持贵州军事装备"以尽邻省之谊"。③ 蒋介石在 1 月 8 日致电龙云，询问"入黔兵力可出几何"，若到毕节"最快约须几日"等细节，要求"派最精锐者当之"。④ 但龙云称，"滇省因未悉入黔追击之整个计划，且滇军任务如何分配，又未奉钧座令，为避免黔王（指王家烈——引者注）误会起见，故只将部队集中于滇东北宣威、平彝、曲靖、陆良等县，以为自卫之计"。⑤ 龙云此电，有多层含义：一是表示服从蒋介石的命令；二是部队集中于滇东北"自卫"，可防止中央红军入滇；三是所谓避免王家烈误会，既是不仓促入黔的借口，也从另一维度表明其有借机谋黔的考量。在毛光翔主黔时期，龙云因滇省内部未靖，毛氏又主动"言和"，双方"复归于好"。⑥ 王家烈主黔后，桐梓系内部分裂，龙云遂支持犹国才与王

① 孙渡：《滇军防堵红军长征亲历记》，云南省政协文史委员会编：《云南文史集粹》第 2 卷，第 11 页。

② 蒲元华：《红军长征过云南两次巧渡金沙江》，云南省政协文史委员会编：《云南文史集粹》第 2 卷，第 65 页。

③ 《龙云为滇已集中兵力防堵红军致蒋介石函》（1935 年 1 月 5 日），云南省档案馆编：《国民党军追堵红军长征档案史料选编（云南部分）》，第 34 页。

④ 高明芳编注：《蒋中正总统档案·事略稿本》第 29 册，1935 年 1 月 8 日，台北："国史馆"，2007 年，第 52 页。

⑤ 《龙云复蒋介石齐电》（1935 年 1 月 8 日），云南省档案馆编：《国民党军追堵红军长征档案史料选编（云南部分）》，第 35 页。

⑥ 周素园：《贵州陆军史述要》，中国人民政治协商会议贵州省委员会文史资料研究委员会编：《贵州文史资料选辑》第 1 辑，第 45 页。

对立，以此影响贵州。1933 年 2 月，犹国才因与王家烈内争失利而退守罗平时，龙云就在滇黔边境以"剿匪"名义派兵一团作"佯攻之势"，以牵制王家烈在盘县一带的部队，为犹部缓解压力。①

龙云"素有吞并贵州之心"，现在"既奉有蒋介石之命，正好顺水推舟，控制贵州"。在滇军入黔之前，龙云专门召集入黔部队指挥官孙渡、刘正富、安恩溥、鲁道源、龚顺璧 5 人于家中，密嘱"到贵州后须乘便解决王家烈部"，各部入黔后"可按情况相机办理"。② 其时，不仅龙云谋求对贵州的控制，桂系亦有此意。

（二）桂系觊觎贵州与王家烈的复杂心态

桂系一直关注滇黔政治走向，其重要原因之一在于滇黔烟土销售对其经济、政治影响甚大。黄绍竑就言，滇黔"烟土每年输桂转粤销售，数量甚巨"，而鸦片烟款的收入"几占广西全省收入的半数"，不但成为广西社会经济活动的"主导力量"，也是桂系"政治上影响最大的力量"。③ 毛光翔鉴于周西成"联桂反蒋"失败的教训，加之蒋介石不断施加压力，虽然桂系不断派员入黔与其联络，但毛与桂系"不敢往来"，并将鸦片改道四川、湖南输出，使桂系每年的鸦片特税收入锐减。王家烈主黔后，则在蒋与两广之间采取平衡之策。1931 年底，桂系派人与王联络，表示"彼此唇齿相依，希望继续周西成时期的交情"。王家烈虽然在蒋介石的支持下于 1932 年得以主政贵州，但其在省内的重要反对势力犹国才、蒋在珍分别得到龙云及刘湘的支持。王家烈认为蒋介石不会将犹国才、蒋在珍调离贵州，为取得两广在军事装备上的支持，表面上对蒋尊重，暗中则向"两广靠拢"。另外，王家烈一直担心犹国才"勾结龙云再入黔"，与桂系联络也有应

---

① 吴剑平：《王（家烈）犹（国才）之战始末》，中国人民政治协商会议贵州省委员会文史资料研究委员会编：《贵州文史资料选辑》第 2 辑，第 179 页。
② 孙渡：《滇军防堵红军长征亲历记》，云南省政协文史委员会编：《云南文史集粹》第 2 卷，第 12 页。
③ 黄绍竑：《新桂系与鸦片烟》，中国人民政治协商会议广西壮族自治区委员会文史资料研究委员会编：《广西文史资料选辑》第 4 辑，南宁：广西日报印刷厂，1963 年，第 18—22 页。

对云南压力的考量。①

对于两广尤其是桂系而言，贵州是与蒋介石对峙的重要缓冲地，他们一直重视经营与贵州的关系。1934 年 1 月，陈济棠建议桂系应对"滇、黔方面赶紧想办法"。此时，南京方面也有意以黔省归属为条件，分化两广。1 月 24 日，行政院院长汪精卫与在南京出席国民党四届四中全会的广西代表黄旭初会谈，表示可将"滇、桂、黔划为一区，交广西负责"，并称"桂何必做粤的附庸"，桂系"可否不签名于粤方通电"。1 月 29 日，已脱离桂系的内政部长黄绍竑在与黄旭初商谈广西问题时提出，可在经济上"设立滇、黔、桂三省经济建设委员会，中央及滇、黔、桂各派委员二人，以李宗仁为委员长，以谋三省交通、经济之发展，款项由中央酌予拨助"。② 汪、黄之建议为蒋介石所认可。此时，福建事变刚刚平息，蒋亦想趁机解决两广问题，推进统一化进程，但对两广策略变化不定，或"联桂制粤"，或"联湘制粤"，试图离间各方关系，以期造成有利形势。③ 蒋既想借桂系之力牵制粤方，又试图用滇黔制衡桂系。前述黄绍竑向桂系表示可设立由桂系主导的滇黔桂经济委员会，但在 2 月 28 日，黄称，"对滇、黔、桂经济委员会事，最好由桂先向两省接洽"。王家烈虽然与桂系交好，但自然不愿意成为桂系之附属，龙云更是如此。若桂系真按此议接洽，必将对其与滇黔关系产生不利影响。李宗仁深谙个中之利害，洞悉此举之用意，当即复电称"三省经济委员会，对滇黔恐反为所累，中央能助桂便好，他不敢望"。④ 粤桂之间虽然也有分歧，但都将滇黔川视为抗衡蒋介石的重要战略空间，陈济棠就向李宗仁提出，应"用某种方式使滇、黔、川一致团结，以巩固根本，放政治异彩"。⑤

贵州在毛光翔主政时，"内部已不能统一，迨家烈而分化益显著"。⑥ 两广重

① 王家烈：《贵州桐梓系军阀与新桂系军阀的关系》，中国人民政治协商会议广西壮族自治区委员会文史资料研究委员会编：《广西文史资料选辑》第 9 辑，第 94—101 页。

② 黄旭初：《黄旭初回忆录：李宗仁、白崇禧与蒋介石的离合》，南京：译林出版社，2019 年，第 194—197 页。

③ 参见罗敏：《走向统一：西南与中央关系研究（1931—1936）》，第 99、101 页。

④ 黄旭初：《黄旭初回忆录：李宗仁、白崇禧与蒋介石的离合》，第 201 页。

⑤ 黄旭初：《黄旭初回忆录：李宗仁、白崇禧与蒋介石的离合》，第 200 页。

⑥ 周素园：《贵州陆军史述要》，中国人民政治协商会议贵州省委员会文史资料研究委员会编：《贵州文史资料选辑》第 1 辑，第 48 页。

心在于防蒋，受制于自身力量，桂系主要通过与王家烈的合作来影响贵州，以使贵州成为两广的战略缓冲地带。1934 年 1 月，王家烈因担忧龙云派兵入黔支持犹国才，希望李宗仁"想法帮助"。李则表示："龙云不至于入黔，他如果那样做，我们要说话。你现在整顿内部，搞好团结，对收拾民心方面，多做工作。以后要械弹，由你备价（烟土），我向广东方面磋商。"① 不过，中国工农红军第三军于 1934 年 5 月中旬进入黔东后，各方很快调整策略以应对时局变化。

1934 年下半年，陈济棠、李宗仁专门派遣张蕴良为代表入黔，与王家烈签订粤桂黔"三省军事协定"，主旨是"如果蒋介石对三省任何一方用兵，必须互相支援；贵州需要械弹，备价由粤、桂磋商接济"。② 这一军事协定，拓展了两广的政治空间，实现了两广一直以来的重要战略目标。而王家烈同意签订这一军事协定，受到多方微妙因素的交织影响，主要有以下几种。

一是蒋介石对黔政的干预，使王对蒋怀有戒心。长期以来，蒋虽然无力直接控制贵州，但一直扶持一派以牵制另一派。因王家烈"助桂反蒋"，蒋策划"以犹（指犹国才——引者注）倒王"。其间虽然犹部在与王的争斗中失利，但王对"蒋、犹的戒心并未稍减"。红三军入黔后，王认为若"全力向黔东红军用兵"，则犹国才"可能从西路乘虚进袭"，担忧蒋介石借机将其搞下台。③

二是向蒋介石求助经费未果，急需两广助力。王虽以"特货（指鸦片——引者注）贸易，与桂为亲交"，但其上台系"借中央卵翼"，④ 面对红三军入黔带来的压力，他迅速向南京寻求经费支援。1934 年 6 月 4 日，王致电汪精卫，称：贵州"内部渐次就绪，方期一致"，但红三军"由川窜黔"，将"影响西南全局及国军剿匪之大计"。特派贵州教育厅长谭星阁到南京面呈情况，务恳"予以充分

① 王家烈：《贵州桐梓系军阀与新桂系军阀的关系》，中国人民政治协商会议广西壮族自治区委员会文史资料研究委员会编：《广西文史资料选辑》第 9 辑，第 100 页。

② 王家烈：《贵州桐梓系军阀与新桂系军阀的关系》，中国人民政治协商会议广西壮族自治区委员会文史资料研究委员会编：《广西文史资料选辑》第 9 辑，第 100—101 页。

③ 万式炯：《我在贵州参加阻击红军的亲历和见闻》，中国人民政治协商会议贵州省委员会文史资料研究委员会编：《贵州文史资料选辑》第 8 辑，贵阳：贵州人民出版社，1981 年，第 87 页。

④ 周素园：《贵州陆军史述要》，中国人民政治协商会议贵州省委员会文史资料研究委员会编：《贵州文史资料选辑》第 1 辑，第 49 页。

补充接济"。① 谭星阁到宁后，向蒋提出支持黔军经费及武器装备的请求，但又担忧蒋借机派兵入黔，强调"黔省兵力，防堵贺匪，尚能应付。惟省库奇窘"；同时，"黔省军队战斗力尚强，惟器械不甚精良，子弹亦不充裕"。对于贵州希望的经费，蒋介石拒绝接济，称"中央财政困难，暂难接济，还请勉力自筹"；对于军事装备，则"准发步弹十万颗"。② 蒋介石的这一安排，显然与王家烈的愿望相去甚远。

三是王家烈虽试图修复与蒋介石的关系，但既难取得蒋之信任，又受到桂系施加的压力。红三军在黔东的活动，使贵州军政人员均"诚惶诚恐"，王欲"挽此危局"，须先协调好内部关系。他与犹国才于 7 月下旬在关岭会晤并达成和解，向南京方面表示二人对"所有剿匪计划及黔局善后事宜"，均"商洽完毕"。蒋介石以"剿共"为第一要务，王、犹此时和解有利于其"剿共"的总体部署，故对二人"合作开诚，共维黔局"，表示"至可嘉慰"。③ 然而，王、犹矛盾并未真正消除，犹国才不愿意就任贵州民政厅长一职，使蒋认为"黔局尚有问题"。④ 蒋早在 1934 年 1 月就言："惟桂挟黔王，其态度骄横如旧。"⑤ 蒋对黔桂关系密切十分不满，为增强对贵州的政治影响力，在 1934 年一度还计划派遣宋思一到贵州办中央陆军军官学校贵州分校。对此，王也想同意，以借此"和蒋搞好关系"。然而，桂系强烈反对，甚至威胁王家烈："倘若同意蒋介石在贵州办军分校，广西就禁止贵州购运的武器过境。"王家烈被迫拒绝蒋介石，蒋、王关系陷入困顿。⑥ 蒋一直存有"非平粤桂无以安内攘外"的认识，⑦ 而运用黔政是其达成目标的重要手段。

---

① 《王家烈函请行政院长接济"防剿"贺龙经费》（1934 年 6 月 4 日），贵州省档案馆编：《红军转战贵州：旧政权档案史料选编》，贵阳：贵州人民出版社，1984 年，第 46 页。

② 高素兰编注：《蒋中正总统档案·事略稿本》第 27 册，1934 年 7 月 29 日，台北："国史馆"，2007 年，第 175—176 页。

③ 高素兰编注：《蒋中正总统档案·事略稿本》第 27 册，1934 年 8 月 3 日，第 211 页。

④ 高素兰编注：《蒋中正总统档案·事略稿本》第 27 册，1934 年 8 月 7 日，第 275—276 页。

⑤ 《蒋介石日记》，1934 年 1 月 13 日，中国社会科学院近代史研究所档案馆藏手抄件，原件藏于美国斯坦福大学胡佛研究所，后同。

⑥ 王家烈：《桐梓系统治贵州的回忆》，中国人民政治协商会议贵州省委员会文史资料研究委员会编：《贵州文史资料选辑》第 2 辑，第 32 页。

⑦ 《蒋介石日记》，1934 年 9 月 20 日。

1934 年 9 月，红六军团进入贵州，王家烈面临的压力更甚，而蒋介石对其作战不力的督责也日严。9 月 22 日，蒋致电王家烈，称红三军团在黔北发展迅速，红六军团也进入贵州，如"黔军再不努力痛剿，唯有坐待宰割"，责问王氏"平日悉索黔民之力以养兵"，今若不"举其全力"，则"养兵究何所用"？9 月 25 日，蒋再次督促王家烈"亲往督励"。① 在各实力派中，王家烈力量最弱，其决策主要是依据政治利益而定。因蒋对其存有心结，故在受到各方挤压时，王家烈对桂系更为倚重。10 月下旬，王家烈因感力量单薄无法独自应对中央红军入黔之势，主动联系两广寻求支持。桂系表示愿派桂军于"贵州都匀、榕江策应"，陈济棠则答应派粤军"推进到广西浔州（桂平），必要时进到柳州策应"。②

（三）龙云拒绝桂系"联合出兵"计划

以红三、红六军团在黔活动为理由，桂系曾计划借此造成滇黔桂三省联合出兵的形势，以抵消蒋介石"谋黔"的军事政治压力。为此，桂系派张蕴良入黔与王家烈商谈，称中央红军可能将"通过西南各省，北上抗日"，蒋必然"藉追击红军为名"，"派'中央军'进入西南各省，夺取政权"，建议"滇黔桂三省出兵"防堵，以压迫红军向四川巴东方面渡江北上，以免"蒋介石'一箭双雕'的阴谋得逞"。这一计划，得到王家烈赞同，但为龙云拒绝，最终未能实现。③

龙云拒绝桂系的提议，有以下四方面考虑。其一，前曾述及，在中央红军长征前，他对此"是不甚关心的"，直到中央红军到达湘桂后才"开始注意起来"，还认为中央红军不会入滇。④ 其二，龙云在蒋介石与两广之间，一直挺蒋，从而获得了经费、合法性名位等各方面支持，还在蒋桂战争中派滇军入桂作战。若同意桂系提议，则会形成有利于桂系的政治舆论，反而有损云南利益。萧佛成在分

---

① 周美华编注：《蒋中正总统档案·事略稿本》第 28 册，1934 年 9 月 22、25 日，第 67—68、119 页。

② 王家烈：《贵州桐梓系军阀与新桂系军阀的关系》，中国人民政治协商会议广西壮族自治区委员会文史资料研究委员会编：《广西文史资料选辑》第 9 辑，第 102 页。

③ 王家烈：《贵州桐梓系军阀与新桂系军阀的关系》，中国人民政治协商会议广西壮族自治区委员会文史资料研究委员会编：《广西文史资料选辑》第 9 辑，第 101 页。

④ 安恩溥：《滇军第三纵队追堵红军的经过》，云南省政协文史委员会编：《云南文史集粹》第 2 卷，第 20 页。

析龙云与两广的关系时言道："滇龙决不愿意与西南立于同一战线。"① 其三，龙云对桂系一直存有戒心。早在 1933 年，桂系为扩充军备，聘请了一批日本顾问并进口日本飞机组建空军，其时四川刘文辉也组织航空队。对此，龙云认为"受了两面（指桂、川——引者注）威胁"，遂计划成立航空队，以应付"川、桂两方面来的压力"。② 其四，龙云一直认为应将贵州置于云南统辖之下，并不愿意王家烈与桂系走近，支持犹国才就是为了保持云南对贵州的影响。各方势力对此熟知，蒋介石在 1934 年 9 月为让王家烈集中力量对付红六军团，还专门致电龙云，要其"切嘱犹国才务与绍武（指王家烈——引者注）开诚合作"。③

龙云支持犹国才反对王家烈，而桂系又支持王家烈统治贵州，双方存有心结，故桂系虽然一直向龙云示好，但从未得到积极回应。中央红军入黔后，形势发生变化。之前，滇、桂实力派主要是通过扶持他人来影响贵州，此时双方皆有借机直接获得黔省辖制权的图谋。蒋介石则利用双方这种心理，将贵州归属作为制衡滇桂的筹码，彼此都有着各自的盘算与布局。

三、蒋介石"一石二鸟"策略与龙云获得黔军指挥权

20 世纪 30 年代，龙云并非主要政治实力派，且在全面抗战爆发之前，其军事力量并不强大，在"军阀当道的暗礁浅滩中"相当"谨小慎微"，除了对贵州有觊觎之心外，并无心卷入外界事务。④ 中央红军入黔，使西南地区政治格局发生变化。蒋介石言，"川、黔、滇三省各自为政，共军入黔我们就可以跟进去，比我们专为图黔而用兵还好。川、滇为自救也不能不欢迎我们去，更无从借口阻止我们去，此乃政治上最好的机会。今后只要我们军事、政治、

---

① 《萧佛成致胡汉民函》（1934 年 8 月 3 日），陈红民辑注：《胡汉民未刊往来函电稿》第 11 册第 34 卷，桂林：广西师范大学出版社，2005 年，第 228 页。

② 昆明市志编纂委员会编：《昆明市志长编》第 10 卷，第 147 页。

③ 周美华编注：《蒋中正总统档案·事略稿本》第 28 册，1934 年 9 月 23 日，第 71 页。另，蒋介石在 9 月 27 日又再次致电龙云，称："王家烈将亲出督剿萧匪，昨亦据王电陈，如犹国才能表示合作，以免其多所顾忌，则更善矣。"（周美华编注：《蒋中正总统档案·事略稿本》第 28 册，1934 年 9 月 27 日，第 179 页）

④ 易劳逸：《毁灭的种子：战争与革命中的国民党中国（1937—1949）》，第 4 页。

人事、经济调配适宜，必可造成统一局面"。① 龙云判断，若中央红军进入云南，蒋介石必定派军跟进，更会"抓走了云南半独立的大权"，将对自己在云南的统治有很大威胁。② 形势的变化使黔省走向与各方政治利益的关联更大，蒋及滇桂均调整了对黔政策，而黔省辖制权的归属，又以蒋介石的态度最为关键。

（一）蒋介石对贵州的考量

因桂系对贵州烟土税收的依赖，蒋介石将贵州视为解决两广问题的一个突破口。1934 年 11 月 12 日，蒋就思考"规划川湘黔乎"；17 日，称"经营西南，再定川湘乎"；18 日，则考虑"湘川黔统辖于总部问题"，计划"电商龙云"；到 21 日，又思索"川湘黔问题同时解决乎？抑分别先后乎？应注意滇龙"；22 日，蒋在日记中写"粤桂湘黔川问题"；25 日，则思考"对川黔方针与名义"。③ 蒋介石从其全局利益考量，将贵州视为牵制两广的重要筹码。12 月 1 日，蒋介石对两广问题有如下考虑："如收桂则粤必中立不助桂，如收粤则桂必助粤，故不如先定桂。"对如何"收桂"，蒋认为："对桂以置部于湘黔为备，一面授其指挥黔湘以慰之，是将欲取之必先与之之道乎。"④ 蒋计划以黔湘归桂，以示好李宗仁、白崇禧，但又担忧龙云态度。

蒋介石常根据形势变化和政治利益得失，不断调整其对黔省归属的安排计划，希望收到"一石二鸟"的功效：既可拉拢龙云，也能向桂系示好。蒋的这一策略，加大了龙云谋黔的难度。蒋介石虽在思索"对桂系与黔湘步骤"，但对黔省的归属一直举棋不定。其在 12 月 20 日有"收黔平桂"之考虑，但 21 日产生"对黔辅助之，而使之制桂"的计划；26 日，有了"以湘黔为交换条件"而使桂系"不勾结湘川"的打算；到 29 日，又产生"助滇黔以制桂"及"和桂以黔易

① 晏道刚：《追堵长征红军的部署及其失败》，中国人民政治协商会议全国委员会文史资料委员会《围追堵截红军长征亲历记》编审组：《围追堵截红军长征亲历记（原国民党将领的回忆）》上册，北京：中国文史出版社，1991 年，第 11 页。

② 安恩溥：《滇军第三纵队追堵红军的经过》，云南省政协文史委员会编：《云南文史集粹》第 2 卷，第 20 页。

③ 《蒋介石日记》，1934 年 11 月 12、17—18、21—22、25 日。

④ 《蒋介石日记》，1934 年 12 月 1 日。

湘"的思考。① 蒋的这种态度，是各方关系影响的结果，也影响各方关系的发展，彼此相互交织。

龙云对蒋、桂、黔各方动态十分关注，尤其是桂系派兵入黔一事。12 月 11 日，粤桂实力派联合发出"真电"，以追击"共匪"为由主动表示要派兵入黔。② 对于"真电"内容，香港报纸作了报道。龙云得悉后，马上就报道内容致电蒋介石，探询蒋的态度。12 月 20 日，蒋复电龙云："共匪入黔，决定跟踪穷追。剑及履及，务期歼灭乃已。粤桂方面亦请缨加入序列，事诚有之。港电所传，略与事实不符。"③ 蒋介石的回电虽轻描淡写，但表明其对滇桂谋黔心态的把握相当准确。蒋对是否允许粤桂派兵入黔未置一词，是留下将来在滇桂之间周旋的空间，也说明蒋在黔省辖制权归属问题上具有主动权。蒋就认为，"我军既入黔，不患不能制桂"。④ 国民党中央军入黔，蒋介石有了更多牵制滇桂实力派的资本。薛岳明言："本路军今次入黔，责在剿匪，间接亦为中央对西南政治设施之监视者。"⑤

滇黔对桂系具有重要战略意义，桂系一直采取主动姿态发展与滇黔的关系。黄绍竑就说，"尽管滇军两次进兵广西"，但因云南烟土经桂输粤的过路税收对桂系财政影响至大，事后总是桂系"主动地向云南修好"。⑥ 早在 1934 年 7、8 月，两广在获得蒋介石有意"谋川"、"谋黔"的信息之后，就试图拉拢龙云，希望其能够维持"中立"。⑦ 中央红军进入贵州后，两广担忧贵州为蒋所控制，想通过直接派兵入黔的方式，使之不为蒋介石完全掌控，同时打算以这一方法实现前述陈济棠提出的"用某种方式使滇、黔、川一致团结"的目标，故十分关注龙云态度。然而，龙云虽然维持着与两广之间的联系，但一直保持距离。

由于国民党中央军、桂系等对贵州辖制权归属有重要影响的力量突然交汇，

---

① 《蒋介石日记》，1934 年 12 月 17、20—21、26、29 日。

② 参见罗敏：《走向统一：西南与中央关系研究（1931—1936）》，第 156 页。

③ 周美华编注：《蒋中正总统档案·事略稿本》第 28 册，1934 年 12 月 20 日，第 598 页。

④ 《蒋介石日记》，1934 年 12 月 29 日。

⑤ 周美华编注：《蒋中正总统档案·事略稿本》第 28 册，1934 年 12 月 31 日，第 684 页。

⑥ 黄绍竑：《新桂系与鸦片烟》，中国人民政治协商会议广西壮族自治区委员会文史资料研究委员会编：《广西文史资料选辑》第 4 辑，第 22—23 页。

⑦ 参见罗敏：《走向统一：西南与中央关系研究（1931—1936）》，第 161 页。

局势的复杂性加剧，龙云的对黔策略也更加审慎。蒋介石对粤桂派军入黔的态度，一直在摇摆之中。中央红军于1934年底突破乌江，蒋介石急需各方力量入黔积极"追剿"。1935年1月2日，他思考"对桂设法缓和"；① 4日，蒋在部署各方追击中央红军的安排中，产生"粤桂军到达遵义后，黔军归李总司令宗仁之指挥"的计划。② 蒋计划将黔军指挥权划归桂系，有三方面考虑：一是将黔军指挥权与桂，可调动桂系军队助其追击中央红军；二是可借此缓和与桂系的关系；三是此举又能不让桂系完全控制贵州军政事宜，为下一步布局留下空间。然而，若黔军真的划由桂系指挥，必然会对龙云的态度产生影响，甚至会使其调整对蒋、桂的政策，进而影响到蒋的对桂部署。蒋也意识到此点，故一直犹豫不决。同日，蒋致电刘湘，对滇军派遣一旅先进驻毕节的建议表示"极同意"，但请他"与志舟（指龙云——引者注）洽商再行下令"。③ 蒋计划在川黔交接地带围攻中央红军，但对龙是否愿意配合其部署并无信心，指派刘湘沟通，也是希望利用四川的地缘政治条件说服龙云。果然，蒋的担忧并非多余。虽然刘湘出面相劝，蒋也亲自致电龙云催促滇军进驻毕节，但龙云在1月8日的复电中，以各种理由拒绝派遣滇军向毕节前进。④ 龙云此举，主要是为观望形势。蒋介石对此亦无可奈何，只能反复以军情相催，称"俟滇军到毕节，即约期会剿。请令滇军早日出动"。龙云在1月14日的复电中却言：滇军可向毕节前进，但"滇军遵令到毕节后，始能决定第二步办法。如深入川境，则问题尚多，须有详细计划，否则，困难实多也"。⑤ 所谓"详细计划"，包括蒋对各方军队指挥权的安排。龙云声称在这个前提下才能决定滇军下一步行动，实际是探询蒋对滇的态度及安排。蒋、龙前期的密切关系是一种利益关系，并非具有共同的理念。龙云此时虽留出了回旋空间，但蒋若对滇军安排不妥，他就会有多种借口不配

---

① 《蒋介石日记》，1935年1月2日。

② 高明芳编注：《蒋中正总统档案·事略稿本》第29册，1935年1月4日，第28—29页。

③ 高明芳编注：《蒋中正总统档案·事略稿本》第29册，1935年1月5日，第32—33页。

④ 《龙云复蒋介石齐电》（1935年1月8日），云南省档案馆编：《国民党军追堵红军长征档案史料选编（云南部分）》，第35页。

⑤ 《蒋介石命滇军早日开拔速进电》（1935年1月12日）、《龙云复蒋介石文电》（1935年1月14日），云南省档案馆编：《国民党军追堵红军长征档案史料选编（云南部分）》，第35—36页。

合蒋对中央红军的追堵安排。对于龙云的这种心理，蒋介石自然能够感受出来。

龙云对桂系的态度十分复杂：一方面，与桂系维持联系，是地方实力派为应付国民党中央对地方"统一"而采取的一种策略；另一方面，滇桂关系十分复杂，彼此怀有戒心。在此变局中，桂系也在积极探询各方动态。1 月中旬，李宗仁专门派遣第四集团军参谋长叶琪入滇，称中央红军"大部已渡过乌江"进入遵义、桐梓，"企图入川，形势显著"。桂军已由"榕江经八寨、都匀推进"，粤军"亦派兵三师协同剿办"。此举实则有打探龙云计划与部署之意。1 月 18 日，龙云致电李宗仁称"此次共匪深入黔境，关系西南大局"，滇军已"遵照中央电令，简派重兵轻装出发，布防毕节"，但"唯欲图根本歼灭，则似非有统筹计划不能奏效耳"。① 桂系派叶琪入滇，除了打探滇军动态之外，也有拉拢之意。表面上看，龙云说明了滇军的行止，在某种程度上满足了桂系了解滇军动态的愿望。然而，滇军半遮半掩下一步行动计划，仍与桂系保持着距离。

龙云虽派滇军入黔，但指示滇军主要在滇黔边界可渡河一带布防，"主要在于防堵而不在截击"，而"追击任务由蒋嫡系中央军负责，本省军队总以巩固根本要紧"。② 蒋介石不断致电龙云，"希志舟兄即饬所部兼程开赴毕节堵剿"。③ 刘湘、贺国光也催促滇军"进驻叙永或古蔺，联合川军，防匪西窜"。在各方压力下，龙云虽然让滇军向毕节进发，但不愿深入川境。为此，他于 18 日向蒋辩解，称刘、贺之计划，"似觉不甚明了滇省情形"；滇军此次系仓促行军，"只能为对匪作战之一单位，如深入，则一切均成问题。即兵之自身与给养皆感困难；且滇边亦空虚，转多顾此失彼之虑"。因此，从"兵力地形敌情种种关系"考虑，滇军到毕节后"只宜掩护滇东，再相机联合防剿"。龙云更表示，"若遽深入，则事实有所不能。谨先声明"。④ 龙云的态度颇为坚决，蒋自知其中之奥妙，对黔军

---

① 《龙云认为围堵红军非有统一计划不能奏效函》（1935 年 1 月 18 日），云南省档案馆编：《国民党军追堵红军长征档案史料选编（云南部分）》，第 577 页。

② 高蕴华：《第二路军对红一方面军追堵的回忆》，云南省政协文史委员会编：《云南文史集粹》第 2 卷，第 34 页。

③ 《蒋介石催滇军兼程赶赴毕节电》（1935 年 1 月 15 日），云南省档案馆编：《国民党军追堵红军长征档案史料选编（云南部分）》，第 37 页。

④ 《龙云申明滇军无力深入电》（1935 年 1 月 18 日），云南省档案馆编：《国民党军追堵红军长征档案史料选编（云南部分）》，第 37 页。

指挥权归属问题的考虑更加审慎。1 月 19 日，蒋介石认为"桂粤未有进步"；①
20 日，蒋又思索薛岳"名义"及"黔军归薛指挥"。② 蒋的这些思考，说明其对
黔军指挥权的归属难下最后决心。

　　龙云的政治影响力虽较王家烈更大，但对全国政局影响有限。他一方面要小
心观察形势以保存实力，另一方面也在思考如何跟各方周旋以获得黔省辖制权，
这些又主要取决于蒋的态度。因此，龙云虽拒绝让滇军入川，但也多次向蒋阐明
其客观原因。21 日，龙致电蒋介石，就蒋拟订的"剿匪"部署给出建议，"由毕
节至老鸦滩一线，中间有镇雄、彝良、威信等处，均感空虚，似宜有所兼顾"；
而由"泸州、纳溪一带，亦宜有重兵控制，以免突围西窜时无兵防堵"。30 日，
又电蒋氏，称"雷、马、屏地带，前有大渡河、右界岷江"，应调重兵在这一带
严密布置"或有效可收"。③ 这些建议事实上为其行为作了间接辩解。

（二）龙云获得黔军指挥权后的"患得患失"

　　蒋介石一直在思考各部队围堵中央红军的名义。1 月 23 日，蒋思考的是"薛
之名义"；25 日，则思索"薛、龙名义"；28 日，蒋在日记中记载："委龙、薛
名义"。④ 此时，中央红军调整方针不断突围，让敌人难以捉摸，而且国内外局
势也有变化。31 日，蒋在日记中总结了国内各方复杂变化及其思索的内容：两广
方面，"粤方态度较前改善"，"桂、胡（指胡汉民——引者注）顽梗如前"，计
划"对桂只有待机，对胡慰藉，对粤怀柔"；对于湘川，则考虑"只统制其经济
而已"。蒋对桂湘形势变化的思考，影响其对龙云的认识，认为"滇龙效忠中央，
当信任之"。⑤ 于此，黔军指挥权的天平偏向了龙云。

　　1 月 19 日，蒋介石下达"川江南岸围剿计划"。在该计划中，国民党"追剿
军"负责压迫中央红军于川江南岸地区，"堵剿部队"则由川滇地方军充任。其

---

① 《蒋介石日记》，1935 年 1 月 19 日，"本周反省录"。
② 《蒋介石日记》，1935 年 1 月 20 日。
③ 《龙云建议兼顾毕节至老鸦滩一线电》（1935 年 1 月 21 日）、《龙云建议于雷波马边屏山
　　间聚击红军电》（1935 年 1 月 30 日），云南省档案馆编：《国民党军追堵红军长征档案史
　　料选编（云南部分）》，第 38—39 页。
④ 《蒋介石日记》，1935 年 1 月 23、25、28 日。
⑤ 《蒋介石日记》，1935 年 1 月 31 日，"本月反省录"。

中，滇军"以十团以上之兵力，扼守叙永、毕、泸之线，并限于二月十五日部署完妥"，若中央红军突过该线，还要联合薛岳的第二兵团及川军"堵追围剿"。① 在蒋的部署中，滇军承担的任务不轻。中央红军在贵州不断转战，使蒋误判形势，对粤桂派军入黔的态度也发生了改变。1 月 31 日，蒋介石致电薛岳，称"黔北之匪，不日既可肃清"，在此形势下"粤桂军不必入黔"；指示薛岳"婉劝"桂系，让其"在都匀等部队，不必再行北进"；"对于黔省清乡善后，由兄负责。待征滇黔意见，再行发表名义"。蒋向薛岳透露了他的计划，"先发表龙云为西南剿匪军第一路总司令"，薛则为第一路前敌总指挥，并要求薛氏"速与滇龙主席切实联系，事事表示敬意，受其指导为要"。② 这些往来电文表明，此时蒋介石更重视滇军在"围堵"中央红军中的作用。

2 月 1 日，蒋介石在日记中写道："委定龙、薛名义。"③ 次日，蒋正式任命龙云为"剿匪军"第二路总司令、薛岳为"剿匪军"第二路前敌总指挥、王家烈为第四纵队司令官。④ 与 1 月 31 日蒋致薛岳电文中的安排稍有差异，原定的"西南剿匪军第一路总司令"改为"剿匪军第二路总司令"，第一路总司令由何键担任，这是为了笼络湘军。这一安排的用意，蒋在任命当天发给薛岳的电文中说得十分明确，"中央以第二路总司令之任付托龙志洲（指龙云——引者注）"，是为了方便其"指挥在黔各军，以一事权"。⑤ 蒋希望通过这一安排，使龙云配合其追堵计划。当日，蒋发出"冬电"，告知龙云："中央以第二路总司令之任付托。吾兄贞干廉明，素所倚重，盼即指挥薛总指挥及各军努力进剿。际兹艰难之会，同建绥缉之勋。"⑥ 蒋根据形势变化，调整此前将黔军指挥权授与桂系的计

① 《蒋中正电令下达"川江南岸围剿计划"》（1935 年 1 月 19 日），贵州省档案馆编：《红军转战贵州：旧政权档案史料选编》，第 96—97 页。
② 高明芳编注：《蒋中正总统档案·事略稿本》第 29 册，1935 年 1 月 31 日，第 190—191 页。
③ 《蒋介石日记》，1935 年 2 月 1 日，"本周反省录"。
④ 《蒋中正电令龙云为第二路总司令》（1935 年 2 月 2 日），贵州省档案馆编：《红军转战贵州：旧政权档案史料选编》，第 100 页。
⑤ 《蒋中正电令薛岳努力"进剿"》（1935 年 2 月 2 日），贵州省档案馆编：《红军转战贵州：旧政权档案史料选编》，第 101 页。
⑥ 《蒋介石致龙云冬电》（1935 年 2 月 2 日），云南省档案馆编：《国民党军追堵红军长征档案史料选编（云南部分）》，第 44 页。

划，但也担忧桂系的态度。2 月 1 日，蒋在日记中写道："对桂仇怨未消，如何使其畏威怀德，当慎思之。"① 而他思考的平衡策略是："对李、白以桂黔边区名义付之，何如？"②

龙云对于这一任命，则有"患得患失"之感。2 月 2 日，蒋介石曾两次致电龙云，而龙云对两电的态度区别明显。第一次致电，蒋并未言及龙云任职一事，主要谈对中央红军的军事部署，"毕节既非扼要，兄部驻毕节主力可速移驻昭通、大关方面，以作向绥江方面出击之准备"。龙当天即回复，"似此共匪未进叙永以前，则滇军仍不暂移昭为宜"。③ 对蒋的要求，龙并不准备遵照执行。第二次致电，即前述"冬电"，龙云当天并未予以回复。直至 2 月 3 日，龙云才回电，称"忝膺重命，只悉之余，感悚交并"。龙云对中央红军入黔后贵州军政格局的走向十分在意，尤其对桂军入黔相当敏感，突然获得黔军指挥权，在某种程度上取得了与桂争黔的有利条件，颇为意外。他对之前不积极派兵前往毕节、移防昭通等行为作了巧妙辩解："职久托岵嵝，无论公私，只须钧座有所驱策，均当竭诚自效。况职部即无名义，早经遵令出征。"不过，龙云虽然表示"既重膺新命，更当勉效绵薄，藉图报称"，但并未立即宣布接受任职，其理由是"唯赤匪实力及我军情况此间尚未深悉"，"薛、王两部久在前方，熟习匪情"，将"去电征询，一俟得复，谨即拜命就职"；又言："唯是材轻任重，加以时间仓猝，感奋之余，弥殷惶悚"，"又一路军负责何人？一、二两路任务有无明白规定？万一赤匪窜过大江，职军应否跟踪追击？"④ 龙云担忧虽获名义，但无法指挥薛岳及王家烈，并且这与其想获得的对黔省军政两务的控制权还有差距，询问一路军负责人等情况，实则是探询蒋的整体军事部署。各方关系错综复杂，龙云对获得这一任命的得失考量颇多。

龙云对是否就任"剿匪军"第二路总司令的犹豫态度，引起了蒋介石的不安。2 月 5 日，蒋致电朱培德，称："闻龙志舟有辞新命息，如其辞电已到，请勿

① 《蒋介石日记》，1935 年 2 月 1 日，"本周反省录"。
② 《蒋介石日记》，1935 年 2 月 4 日。
③ 《蒋介石饬滇军移驻昭通等地作出击准备电》（1935 年 2 月 2 日）、《龙云复蒋介石东戌电》（1935 年 2 月 2 日），云南省档案馆编：《国民党军追堵红军长征档案史料选编（云南部分）》，第 42 页。
④ 《龙云致蒋介石江秘电》（1935 年 2 月 3 日），云南省档案馆编：《国民党军追堵红军长征档案史料选编（云南部分)》，第 44 页。

必公布，以免外间猜测。一面切属其从速就职，以免外人乘机造谣也。"① 此刻，龙云是否就职，对蒋的政治声望及相关部署影响甚大。好在 5 日当天，龙云复电表示就任，暂时解除了蒋的忧虑。龙云复电要点有：其一，表示就职，但言其复杂的心路历程，"欲就则恐无补时艰，遗钧座知人之明；欲辞，则又恐人议其虚伪矫情。再三思索，唯有本其愚忠，竭尽驽骀，懔然就职，并略分钧座之劳于万一"。龙对"欲就"、"欲辞"的思索过程作了解释，但所言仅为表象，事实上是掩饰其"谋黔"之意未得完全满足及观察形势再定行止的一种策略。其二，表示"尽其力而为之"，此后"当与各友军开诚相见，互为勉励"，这是一种态度。其三，称"现在匪势已成流动，恳请钧座再电薛部，克日推进，衔尾进剿"，表明他担心无法指挥薛岳。② 当天，龙云任命孙渡为第二路军代理第三纵队司令。2 月 6 日，正式发布就任通电："兹遵于鱼日敬谨就职。"③

总括而论，蒋介石最初关于黔军指挥权的考虑对象，并非着眼于龙，而是桂系。蒋在滇桂之间反复权衡，其意图主要是"借力打力"。将黔军指挥权授予桂系的考虑，是为解决两广问题寻求突破口。最终，将黔军指挥权授予龙云，则有"一石二鸟"的思考：其一，因桂系态度"顽梗如前"，将黔军指挥权与滇，则可借龙云牵制李、白；其二，可使龙云转变其消极应付的态度，派遣滇军配合其"围堵"中央红军的部署。对于龙云而言，谋求的是对贵州军政事务的辖制权，现所获仅为黔军指挥权，虽可提高其政治及军事影响力，但离目标尚有差距，内心颇有"患得患失"之感。龙云之忧虑并非无因，蒋介石虽将黔军指挥权与滇，但又有以桂黔边区司令之职"诱桂"之计划。对桂系留下妥协空间，则黔省之归属尚在两可之间。由于蒋、滇、桂、黔各方的利益出发点不同，尽管黔军指挥权的博弈暂时告一段落，龙云对蒋的态度也有所改变，但并未形成彼此互信的状态，各方皆有自身的盘算。

---

① 高明芳编注：《蒋中正总统档案·事略稿本》第 29 册，1935 年 2 月 5 日，第 267 页。

② 《龙云复蒋介石冬电》（1935 年 2 月 5 日），云南省档案馆编：《国民党军追堵红军长征档案史料选编（云南部分）》，第 45 页。

③ 《龙云任命孙渡为代理第三纵队司令电》（1935 年 2 月 5 日）、《龙云就任第二路军总司令电》（1935 年 2 月 6 日），云南省档案馆编：《国民党军追堵红军长征档案史料选编（云南部分）》，第 45—46 页。

四、黔省改组与龙云争取辖制权

龙云就任"剿匪军"第二路总司令后，其"围堵"态度较之前转趋积极。在1935年2月6日通电任职当天，龙云致电滇军将领，要求积极"主攻"，阐述了三项原因。其一，中央红军"弹药缺乏，疲惫不堪"。其二，可重振滇军声威，提高云南政治声望。"我滇军护、靖两役，中外驰名。乃民十九入桂，军威一落千丈，致启人轻视。近年以来，虽力求振作，但于国家无有表见。此次出征，全局所关……为国家利害，诸弟前途，本省以后地位计，均在此一举。兹正所谓不鸣则已，一鸣惊人之时。"其三，龙已就任新职，形势发生变化。"现已就任总司令职，滇军已成主攻，原来计划，只在守边，现则为唯一追击之主要部队。况在此中外注目，各省大军会剿之际，一举一动，均观瞻所系，迥然不同。"① 此电从另一维度表现出龙云提升政治声望的迫切意愿，重要目的则是实现获得黔省辖制权的夙愿。另外，在一定程度上说明蒋介石将黔军指挥权赋予龙云的决定，的确收到功效。2月中旬，孙渡因不明中央红军主力所在而不敢贸然追进。龙云多次致电催促其前进，在2月13日的电文中言："唯我军剿共，近在咫尺，仍未进剿，实难为情。仰即遵照真、文、元各电，速即开始。"② 与此前的态度截然不同。

同时，龙云也调整其对桂态度。对龙云而言，与桂系维持联系是一种政治上的平衡策略，但他内心对桂系则"爱恨交加"。一方面，与桂系保持联络，在某种程度上体现地方实力派联合对抗蒋介石"统一"全国的共同心态；另一方面，不乏借此增强政治资本，以向蒋谋取更多资源的政治考量。在就任"剿匪军"第二路总司令后，龙的态度发生明显变化，他在2月9日致电蒋介石称："不肖者，口言剿共，而唯恐匪果歼灭；口言统一，而唯恐国家不多事。人心如此，真堪浩叹。"③ 所谓"不肖者"，显然指两广。龙云谋黔多年，此时仅获得黔军指挥权，

① 《龙云就任二路军总司令告诫滇军将领电》（1935年2月6日），云南省档案馆编：《国民党军追堵红军长征档案史料选编（云南部分）》，第48页。

② 《龙云再命滇军各旅进击电》（1935年2月13日），云南省档案馆编：《国民党军追堵红军长征档案史料选编（云南部分）》，第60页。

③ 高明芳编注：《蒋中正总统档案·事略稿本》第29册，1935年2月9日，第298页。

离其目标仍有相当距离。他一直担忧蒋介石把黔省划归桂系，也明白蒋在滇桂之间施用的平衡权术。此时明确对桂系进行政治评价，既表示了对蒋的支持，也借此增强其在蒋心目中的政治信誉，为争取黔省辖制权制造有利条件。

（一）滇、桂关注黔省动向及其改组

滇黔在政治、经济及财政方面对两广具有关键作用。国民党中央军入黔引起两广极大不安，出于与蒋介石博弈的政治需求，粤桂不断派人入滇联络龙云。2月中旬，胡汉民在给陈济棠、李宗仁的函文中强调：两广军队若不借"围剿"中央红军之机入黔，则"誉望俱失，且示人以弱，适增其觊觎窥伺之心。而好我如滇、黔，从此必误其倾向，并使他方得制我经济财政之命脉"。[1] 至 3 月初，为加强与龙云的联系，胡汉民向陈、李提出派张震欧、王若周为代表入滇的建议。[2] 然而，这些并未改变龙云对桂系谋黔的戒心。

两广不断要求派军入黔。2 月 13 日，陈济棠致电蒋介石，称粤桂军本应"遵令停止入黔"，但仍请缨入黔，原因是粤桂军入黔"目的固不在入黔"，主要是担忧中央红军与四川、新疆的各路红军连成一片"打通国际路线"，故有"乘时协力剿灭之必要"。陈称蒋若同意粤桂军入黔，则"请委德邻兄以名义"。[3] 陈的行动使蒋介石陷于两难困境：若同意入黔请求，将会增强两广对贵州的影响力；若不同意，又将给粤桂留有口实。2 月 24 日，蒋致电薛岳称："现在二广正借口中央军在黔逗留不进，以罪中央；如果匪东窜，而我军不克积极追堵，则彼等更可加罪中央，而且使川军对中央亦受不良影响，则事更难为。"[4]

中央红军于 2 月下旬再次攻占遵义，贵阳方面顿感压力，桂系又有派兵到贵阳之意，不仅使蒋介石警惕，也引起了龙云的担忧。3 月 1 日，云南驻贵阳办事处主任黄毅夫向龙云报告，称"自各军失利后，此间拥桂人员，拟电请都匀之桂军入贵

<hr />

[1] 《胡汉民致陈济棠、李宗仁函》（1935 年 2 月 15 日），陈红民辑注：《胡汉民未刊往来函电稿》第 6 册第 19 卷，桂林：广西师范大学出版社，2005 年，第 247 页。

[2] 《龙云为粤桂代表来滇唐继镣晋见致蒋介石电》（1935 年 3 月 3 日），云南省档案馆编：《国民党军追堵红军长征档案史料选编（云南部分）》，第 593 页。

[3] 高明芳编注：《蒋中正总统档案·事略稿本》第 29 册，1935 年 2 月 13 日，第 352—353 页。

[4] 《蒋中正敬酉机汉手令电》（1935 年 2 月 24 日），贵州省档案馆编：《红军转战贵州：旧政权档案史料选编》，第 106 页。

阳，以谋撑持西南之最后挣扎"，担忧桂军若进入贵阳后，可能借机掌控贵州，他建议龙云"迅令第三纵队速进至黔、大、毕之线或以安旅（指安恩溥部——引者注）入贵阳"。3 月 2 日，黄毅夫再次向龙云报告各方动向。首先，桂系加快进入贵阳的布局，采取了两种手段：一是"电示省中（指贵州省——引者注）拥桂分子发电请求"桂系派军到贵阳；二是加强军事准备，即"整顿军旅，蠢蠢欲动，并密在贵阳组织暗杀团，以图对国军将领暗施毒手"。其次，桂系行动引起国民党中央军的警惕，薛岳专门调遣"两连驻贵定、龙里预为防范"，还邀请滇军进驻黔西、大定、毕节一线。对此情势，黄氏认为：云南"此时宜尽量扩充，应付时机，不则安旅可抽调来贵阳"。① 3 月 3 日，黄毅夫又向龙云报告："现贵阳人心惶惶。（黔）省党部拟电请桂军晋省事，为职知，即托人晓以大义，已修改词意，并谨呈委座不发南宁。"贵州省党部所拟电文为："黔省不幸，赤祸频仍。此次朱毛回窜，遵、桐相继失陷。警报传来，贵阳震动。……敬请轸念黔难，速令各省剿匪部队克日推进，合力围剿，以解黔民倒悬之危。"② 黄毅夫采用各种方式，将贵州省党部准备电请桂系派军入黔的电文改为请"各省"推进，是为了削弱桂系对贵州的影响。

龙云知道贵阳若为桂系控制，则黔省辖制权的归属将更加复杂，显然非其所愿。因此 3 月 2 日，他致电蒋介石："此次共匪回窜，直取遵义，颇有疑虑。是否因发表绥靖主任（指薛岳，时任贵州绥靖主任——引者注）后，反动者（指两广——引者注）给以消息，不得而知。顷接薛总指挥冬已电称，桂有联匪并迳取贵阳之说。此种消息，固早有所闻，但迳取贵阳，助纣为虐，恐尚不敢。不过，日来彼辈甚形惶恐，能否冒此大不韪，则不可必。可否由中央或行政院予以警告。一面全局军事予以暗中准备之处。"③ 龙云虽未直接明言桂系与中央红军联系，但欲言又止的表述方式更让人对桂系的行为产生疑虑。蒋在 5 日回复龙云表示："桂方自动请出兵北上，是否别有用意，不得而知。万一不幸有轨外行动，

① 《黄毅夫建议滇军速进黔西大定电》（1935 年 3 月 1 日）、《黄毅夫建议扩充滇军或抽调安旅进驻贵阳电》（1935 年 3 月 2 日），云南省档案馆编：《国民党军追堵红军长征档案史料选编（云南部分）》，第 112—113 页。
② 《黄毅夫报告驻黔各部移防情况及黔省动态电》（1935 年 3 月 3 日），云南省档案馆编：《国民党军追堵红军长征档案史料选编（云南部分）》，第 115 页。
③ 《龙云建议外锁内攻对付红军电》（1935 年 3 月 2 日），云南省档案馆编：《国民党军追堵红军长征档案史料选编（云南部分）》，第 114 页。

此间自有相当处置。"① 蒋一直都在关注桂系动向。

2 月 7 日，蒋介石致电薛岳，谈及两广动向及其考虑，要点如下。其一，"最近西南（指两广——引者注）情形，军人毫无觉悟，政客则尽情挑拨，依然故态，绝未改善"。其二，两广因"自中央军到黔，令王家烈追剿，使桂军不能联络，桂李名义不发表，粤飞机护照不发给"，故"认定中央有先解决黔事，再追粤桂之势，将成为唇齿相依关系。除切实合作外，并派叶琪赴滇联龙"。其三，"粤军赴桂仍未中止，胡（指胡汉民——引者注）遂乘机大肆活动，嘱粤桂必须合作，在黔桂边境抵御中央军"。两广这一动向，反促使蒋介石更加重视龙云的态度。蒋一面计划派黄衡秋"赴云南一行，与志舟切实联络"，一面让朱培德笼络龙云。朱氏称赞龙云"慨然就任新职，足纾中央西顾之忧。良用嘉慰，切盼奋其全力……奠定西陲"。② 不过，蒋在决定对龙云"扶助之"的同时，③ 对他也并非完全信任。

此时，蒋认为"粤桂逆谋暂露"，应对思路是"应预为防范，勿使其爆发"。基于缓和与两广关系的考量，蒋在 2 月 17 日产生这样的打算："桂逆行动，当开诚布公以说之，先令其服从中央，照感电实施则可以贵州归彼也。"④ 蒋仍将黔省辖制权作为对桂策略的重要筹码，龙云虽在特殊形势下取得黔军指挥权，但想获得黔省辖制权并非易事。

蒋在 2 月 12 日思考"龙、薛名义"时，计划"薛为黔省绥靖主任，归龙总司令节制指挥"。⑤ 2 月 15 日，蒋介石正式委任薛岳为贵州绥靖公署主任。⑥ 这一安排，有以下考虑：其一，薛岳为其亲信，任命薛可使黔省归属的主动权掌握于己手；其二，龙以"剿匪军第二路总司令"之职节制贵州绥靖主任，可暂安龙云之心；其三，黔省之归属并未最终确定，又可让桂系对黔省辖制权仍抱有希望。

---

① 《蒋介石饬滇军到大定堵截红军电》（1935 年 3 月 5 日），云南省档案馆编：《国民党军追堵红军长征档案史料选编（云南部分）》，第 116 页。

② 高明芳编注：《蒋中正总统档案·事略稿本》第 29 册，1935 年 2 月 7、9 日，第 278—280、297—298 页。

③ 《蒋介石日记》，1935 年 2 月 7 日。

④ 《蒋介石日记》，1935 年 2 月 15、17 日。

⑤ 《蒋介石日记》，1935 年 2 月 12 日。

⑥ 高明芳编注：《蒋中正总统档案·事略稿本》第 29 册，1935 年 2 月 15 日，第 393 页。

蒋对滇桂实施的平衡策略，可使双方彼此牵制。

3 月 24 日，蒋介石由重庆飞抵贵阳亲自督战，而后中央红军前锋逼近贵阳。中央红军向贵阳进逼仅是佯攻，但使蒋介石惊惶失措，急忙调动各处部队到贵阳增援。借云南境内空虚之机，中央红军主力于 4 月上旬很快向云南转移。[①] 中央红军离开贵州，客观上加快了蒋对贵州策略的调整。王家烈在滇川黔各实力派中力量相对较弱，搞垮王家烈是蒋介石"收拾川、滇、黔的计谋之一"。中央红军尚在贵州时，出于各种因素考虑，蒋"对王还有所利用"，但中央红军主力入滇后，蒋加快了"去王"的部署。王家烈先后被迫辞去省主席、第二十五军军长职务，于 5 月 3 日被蒋以军事参议院中将参议名义强制离黔。[②] 局势变动，给龙云带来极大压力。

3 月 20 日，龙云接到黄毅夫的报告，称湖北绥靖公署主任何成濬入黔，对外宣称是代表蒋介石与薛岳、王家烈商谈机要。黄氏分析，何、蒋关系密切，王家烈能够掌握黔政，则系何向蒋居间说项之功，即谓"皆何氏之力"；故何氏此次入黔，"外间多所揣测"。3 月 22 日，黄氏向龙云报告：所谓外间之揣测，指蒋"授意王家烈交出军权，专主黔政"，而"外传消息，似有可靠"。[③] 黔政的变化，使本就有所猜疑的龙云对国民党中央军更加警惕。

（二）龙云对蒋的戒备与主动争取辖制权

龙云既要防备国民党中央军"夺他的地盘"，又担心中央红军占据云南。[④] 中央红军进入滇境后，他一方面将部队集中在昆明及昆明附近布防，另一方面急

---

① 中共中央党史研究室第一研究部编著：《红军长征史》（修订本），北京：中共党史出版社，2017 年，第 113、115—116 页。

② 晏道刚：《追堵长征红军的部署及其失败》，中国人民政治协商会议全国委员会文史资料委员会《围追堵截红军长征亲历记》编审组编：《围追堵截红军长征亲历记（原国民党将领的回忆）》上册，第 15—19 页。

③ 《黄毅夫报告蒋介石攫取黔省军政实权经过》（1935 年 3 月 20 日、3 月 22 日），《云南档案史料》1986 年第 12 期。

④ 李以劻：《薛岳率军追堵红军的经过》，中国人民政治协商会议全国委员会文史资料委员会《围追堵截红军长征亲历记》编审组编：《围追堵截红军长征亲历记（原国民党将领的回忆）》上册，第 75—76 页。

电薛岳驰援昆明，但又不允许薛岳主力部队进入昆明城。① 薛岳对此虽然不满，但为避免发生冲突，不得不按照龙云的要求进行，并与龙多次商谈"如何治理黔滇问题"，表示"滇黔应结成联盟"。出于各自利益考虑，龙、薛二人还"结成兄弟"以"在政治上互相支持"。②

黔省改组后龙云对蒋更加戒备，而国民党中央军又无力控制云南。广西则直接受到国民党中央军威慑，与蒋介石的关系更趋复杂。蒋为稳定形势，对龙云采取了以下政策。其一，在经费上给予云南支持。不但派晏道刚送"特支费"入滇，而且"凡龙云求蒋补助的各项费用，蒋都从宽批发，以示关怀信任"。其二，通过各种方式"肯定龙云统治云南的政绩"，以安龙云之心。③ 对桂系，蒋则计划采取两手政策：一是"对桂以礼卿（指吴忠信——引者注）负责运用和缓，黔省不驻重兵以安桂心"；二是有"以黔归龙节制"的打算。④ 前一计划是因为革除王家烈职务"引起桂系反感"，而吴忠信与李、白皆有交情，以吴氏到黔任职，可"缓和与桂系的矛盾"。后一计划的目的，还是借云南来牵制桂系。为此，蒋决定亲自入滇：一是部署围堵中央红军，二是"拉拢龙云"。⑤ 蒋明白云南地方实力派"从唐继尧起都有谋黔野心"，龙云扶持犹国才就是这种心理，是故一直利用黔省归属在滇桂之间进行政治布局。

5月10日，蒋介石抵达昆明，直至21日离滇，其间正式向龙云表达了设立滇黔绥靖公署的计划。在10日的日记中，蒋记载其准备与龙云商谈的内容，包

① 魏鉴贤：《薛岳部追堵红军入云南和川康》，中国人民政治协商会议云南省委员会文史资料研究委员会编：《云南文史资料选辑》第28辑，昆明：云南人民出版社，1986年，第99—100页。

② 李以劻：《薛岳率军追堵红军的经过》，中国人民政治协商会议全国委员会文史资料委员会《围追堵截红军长征亲历记》编审组编：《围追堵截红军长征亲历记（原国民党将领的回忆）》上册，第76页。

③ 晏道刚：《追堵长征红军的部署及其失败》，中国人民政治协商会议全国委员会文史资料委员会《围追堵截红军长征亲历记》编审组编：《围追堵截红军长征亲历记（原国民党将领的回忆）》上册，第22页。

④ 《蒋介石日记》，1935年5月4日，"本周反省录"。

⑤ 晏道刚：《追堵长征红军的部署及其失败》，中国人民政治协商会议全国委员会文史资料委员会《围追堵截红军长征亲历记》编审组编：《围追堵截红军长征亲历记（原国民党将领的回忆）》上册，第19、21—22页。

括"西南及贵州大局"，以及"云南交通与军事，改中央番号"等。15 日，蒋记载称："粤桂倒（行）逆施极点。"① 贵州关联滇桂，为拉滇制桂，蒋在昆明期间对龙云极力笼络。据晏道刚所记，蒋多次和龙云密谈，表示会"提高龙云在滇、黔方面的权力"，但要求龙云"在滇、黔方面作为中央的支柱"，即利用龙"反桂"。蒋还口头表示："将来成立'滇黔绥靖公署'统率两省军政，由龙云主持。"②

龙云就任的"剿匪军"第二路总司令系军事职务，职权上仅能指挥贵州军队。然而，绥靖公署不一样，其职责、权限，乃至军事和政治地位均大有不同。1930 年 12 月，国民党为"围剿"各省"边区及苏省"的中国共产党，特设"绥靖督办"。"绥靖督办"由国民政府特任，隶属于"陆海空军总司令部"。当时，主要成立了豫鄂皖、豫陕晋、江苏三个绥靖督办公署。各绥靖督办"对于所辖区域内之地方县政府及水陆公安、警察、保安队、民团等，于绥靖实施时，得随时指挥之"，"对所辖区内绥靖事宜，应负全责，且须不分畛域，彻底清剿"。同时，各绥靖督办"对于所辖区域内之地方行政、党务、司法、财政，不得迳行干涉"。《绥靖督办公署暂行组织条例》还规定"未尽事宜，得随时呈请修正"。③ 初始，绥靖督办公署的职权主要限于军事事务。而后，国民政府"陆海空军总司令部"又先后在河南等省设立"绥署"。1932 年，国民政府撤销"陆海空军总司令部"，重新成立军事委员会，又在山西等省设立"绥署"。在这一过程中，绥靖督办公署改名为"绥靖主任公署"。理论上，绥靖公署是为了统率该地军队绥靖地方而设，但在实际操作中，出于政治因素的考量，各地绥靖公署主任实际上均委任当地的实力派充之。④

---

① 《蒋介石日记》，1935 年 5 月 10、15 日。

② 晏道刚：《追堵长征红军的部署及其失败》，中国人民政治协商会议全国委员会文史资料委员会《围追堵截红军长征亲历记》编审组编：《围追堵截红军长征亲历记（原国民党将领的回忆）》上册，第 22 页。

③ 《绥靖督办公署暂行组织条例》（1930 年 12 月 11 日），中国第二历史档案馆编：《中华民国史档案资料汇编·第五辑第一编·军事》（一），南京：江苏古籍出版社，1994 年，第 19—20 页。

④ 参见陈默、王奇生等：《中国抗日战争史》第 4 卷《战时军队》，北京：社会科学文献出版社，2019 年，第 24 页。

地方实力派充任绥靖公署主任，不仅能指挥军队，还会对当地政治形势产生影响。绥靖公署的职权随之发生变化，即其不仅是军事上的领导，在某种程度上也是这一区域的行政领导。1935 年，蒋介石在贵州设立驻黔绥靖主任公署，根据《驻黔绥靖主任公署组织条例》规定，驻黔绥靖公署主任"由国民政府特派之，隶属军事委员会委员长，并受参谋总长、军政部长及训练总监之指导"。驻黔绥靖公署主任的职权不仅包括军事，还包括行政、党务等，具体如下：指挥区内军队及地方团队，监督指导区内军队及地方团队之教育与民众组织及训练，完成本区与军事有关之交通；对于所辖各绥靖分区及县政府等军政机关，"得随时指挥之"；对于绥靖区内"有关绥靖事宜之党政事务，应分别商同省党部、省政府办理"。① 1932 年后设立的各绥靖公署，"更多的不是缘于军事上的需要，而是受到当时政治因素的影响"，地方实力派或军政强人获得绥靖公署主任名义后，不仅可以"顺势利用中央权威节制自己的军队"，而且还可以获取更多的政治资源。② 从驻黔绥靖公署主任的职权可以观察出，这一时期的绥靖公署主任职权关涉军事、行政、党务等事宜。龙云若能获得滇黔绥靖公署主任职位，其军事、政治地位将大为提升。

蒋介石此时作这一表示，有三方面原因。一是拉拢龙云对付中央红军。二是华北局势危急，且两广与日本联系实行"借日自重"方针，③ 需要拉滇制桂。蒋在 5 月 13 日记载"桂白勾倭卖国之劣迹，更明矣"；15 日则记"倭寇对华北蛮横，更无忌惮"。三是入滇后对龙云观感甚好。13 日日记中称："志舟明达精干，深沉识时之人，而非骄矜放肆之流，桂白荒谬跋扈，适示其多行不义耳。"④

如前所述，绥靖公署的职权已经有了较大转变。成立滇黔绥靖公署并由龙云负责，则其长期追求的目标即可实现。蒋此时仅是口头表示，为尽早达成目标，龙云采取了主动争取的举措，即在蒋与两广之间进行斡旋。贵州一

---

① 《驻黔绥靖主任公署组织条例》（1935 年 4 月 17 日），贵州省档案馆编：《红军转战贵州：旧政权档案史料选编》，第 178—179 页。
② 参见陈默、王奇生等：《中国抗日战争史》第 4 卷《战时军队》，第 27 页。
③ 参见罗敏：《走向"团结"——国民党五全大会前后的蒋介石与西南》，《近代史研究》2009 年第 3 期。
④ 《蒋介石日记》，1935 年 5 月 13、15 日。

直为滇桂所看重，也是蒋介石在滇桂之间维持平衡的一个筹码。贵州已然为蒋直接控制，想要获得黔省辖制权，直接取决于蒋之态度。蒋、桂关系复杂，但桂系在政治声望上较滇为大，龙云想要获得黔省辖制权，既需要实力，也要借助时势。

黔省改组之后，龙云鉴于王家烈下台的教训和对蒋介石直接指挥滇军的防备，一度要求前线滇军"集团驻行"以避免被蒋分化瓦解，迭电孙渡部不得深入黔境贵阳以东。龙云既担忧滇军追击不力引起蒋介石不满，又害怕滇军深入险境而被削弱实力。① 然而，蒋介石入滇后，双方不断交流，龙虽然对蒋仍有戒备，但猜忌心逐渐减弱。据陈布雷记载：龙云见蒋后，"观蒋公在机中指点山川、剖示方略，益叹服总戎之伟大"；而蒋入滇后，称赞龙云"坦一易而明大义"，唯与之讨论"如何振兴文化产业以建设西南国防根据"，对其他政事"仅示大概"而嘱龙云"全权负责"。② 蒋在离昆当日如此记载："以时间过早候机不到，致送行者劳等三点余钟，志舟主席几病，心甚抱歉。"③ 可以窥见，双方此次见面较为融洽。

龙云明白，蒋介石对其拉拢，主要是为了制衡桂系。蒋与两广皆希望借重于云南，若能取得在双方之间居中调停的身份，既可提高在全国的政治声望和分量，又能稳定西南地区政治格局，将有可能更早获得黔省辖制权。在滇期间，蒋介石与龙云不断商讨"两广问题"，④ 龙云顺势提出在蒋与两广之间进行斡旋，蒋也表同意。对此过程，龙云在致陈济棠的电文中言，"蒋公莅滇，弟初次一见，窥其对于时局和平统一，有十分诚意"，于是"不惴（揣）人微言轻，冒然以调处自任"。⑤

在斡旋过程中，两广提出"就地域之便利与国防之需要得设军分会或划分国防区"及"凡属地方应有之政权、财权、绥靖权，中央须给予不加妨害之确实保

① 李明、何玉菲：《龙云指挥滇军参加追堵红军的经过》，中国人民政治协商会议云南省委员会文史资料研究委员会编：《云南文史资料选辑》第 28 辑，第 114—115 页。
② 陈布雷：《陈布雷回忆录》，北京：东方出版社，2009 年，第 145 页。
③ 《蒋介石日记》，1935 年 5 月 21 日；高素兰编注：《蒋中正总统档案·事略稿本》第 31 册，1935 年 5 月 21 日，台北："国史馆"，2008 年，第 131 页。
④ 《蒋介石日记》，1935 年 5 月 11、13、18、19 日。
⑤ 《龙云致陈济棠电》（1935 年 7 月 8 日），《历史档案》1987 年第 1 期。

障"。7 月 1 日，受龙云委托与两广联络的中间人刘震寰向龙云言：对于两广要求设立军分会、政治分会之议，若"蒋接受此项建议，将来滇、黔可划为一区，军分会与政治分会设昆明"。① 刘震寰所述，道出了龙云积极斡旋的意图所在。龙云的意图虽好，但斡旋过程并不顺利，甚至一波三折。②

国民党五全大会即将举行时，形势发生变化。③ 8 月 21 日，蒋介石在日记中写道："两广形势，应速进行妥协。"24 日则记："两广渐有和平统一之势"。④此前，在 8 月 15 日，蒋就派黄绍竑到达南宁，于 22 日与李、白等人商谈并达成以下共识：其一，"将全国划为若干区，区设政治分会或政务委员会"；其二，"粤、桂、黔为一区，将西南政务委员会改组"；其三，"粤设一绥靖主任，桂、黔设一绥靖主任"。⑤ 黄绍竑、蒋伯诚又先后入粤，表示"西南两机关可以保存"，又以"桂、滇、黔划为一军区饵桂"，桂则"派人分赴滇、黔，暗中进行"。⑥ 上述打算，与龙云之意完全相反，他想获得黔省辖制权并非易事。龙云一直谋求控制贵州，向蒋介石提出斡旋请求，在一定程度上也有抵制桂系谋黔的意图，此刻虽然暂时受挫，但他并未停止谋划。

五、滇黔绥靖公署设立与龙云取得黔省辖制权

（一）龙云获任"滇黔剿匪总司令"的复杂经纬

龙云与桂系都想取得对贵州的辖制权，亦都得到过蒋介石的暗示，但都不具有主动权。而桂系即使控制了贵州，也须妥善处理与云南的关系。龙云想要实现辖制贵州的计划，需要在蒋、桂之间的斡旋中寻找机会。

---

① 《刘震寰致龙云电》（1935 年 6 月 21 日）、《刘震寰致龙云电》（1935 年 7 月 1 日），《历史档案》1987 年第 1 期。

② 龙云在蒋介石与两广之间的斡旋过程十分复杂，限于篇幅，此处不再一一展开，拟另撰专文讨论。

③ 关于此时国内外形势变化及蒋介石对两广政策的调整，参见罗敏：《走向"团结"——国民党五全大会前后的蒋介石与西南》，《近代史研究》2009 年第 3 期。

④ 《蒋介石日记》，1935 年 8 月 21、24 日，"本周反省录"。

⑤ 黄旭初：《黄旭初回忆录：李宗仁、白崇禧与蒋介石的离合》，第 207 页。

⑥ 《刘震寰致龙云电》（1935 年 8 月 31 日），《历史档案》1987 年第 1 期。

9月，蒋介石决定对桂系仍采取缓和态度。9月20日，黄绍竑致电桂系，称"蒋允将滇、黔、桂划为一区，以德邻为正，龙云为副，因蒋曾将黔许龙之故。此案将在五全代会提出。并望德邻能出席五全代会，于蒋面子较为好看"。为尽快解决两广问题，蒋介石曾专门召集黄绍竑、陈诚、吴忠信、熊式辉等人讨论。蒋言："今非昔比，旧账已算不清，桂若能和，不啻增兵百万。"不过，蒋也不愿意将被桂系视为威胁的驻黔中央军撤离黔境，谓"此非对桂，实在控川"。① 10月，华北形势更加严峻，蒋在10月4日的日记中写道："华北政局将急变乎？"而对"两广形势如何安置"？② 由于五全大会即将召开，蒋决定"对两广应先用政治方法求其统一"。③ 贵州归属转而不利于龙云。

11月1日、12日，国民党四届六中全会及五全大会先后召开。蒋介石与两广代表进行了接触。蒋为争取李宗仁出席五全大会，在11月14日对黄旭初等言："滇、黔、桂分区事不成问题，虽曾以黔许龙，但总有方法可改。"其实，前曾述及，在8月底，李宗仁、白崇禧、黄绍竑、黄旭初等人曾商议了一个方案，即"将全国划为若干区，区设政治分会或政务委员会；粤、桂、黔为一区，将西南政务委员会改组。粤设一绥靖主任，桂、黔设一绥靖主任"。但黄绍竑向蒋介石报告后，蒋表示将滇黔桂划为一区。④ 蒋介石此议，将桂系主张的粤桂黔划为一区，改成加滇而分设两区，即粤桂分开设区，有分解粤桂之意。同时，桂黔滇三省另设一区，无形中又可让滇桂彼此牵制。

蒋介石为在党内实现团结，急需笼络桂系。11月29日，蒋在单独与吴忠信商谈时表示："德邻来京与否，均将以滇、黔、桂名义发表，只须想几句话对付龙志舟。"⑤ 蒋认为此时"对广西假以名利，与以黔省以妥反侧"，二者"为救国之张本"。⑥ 在蒋以利益为先的政治设计中，此前对龙云之暗许实无足轻重，黔省辖制权明显向桂系倾斜。

---

① 黄旭初：《黄旭初回忆录：李宗仁、白崇禧与蒋介石的离合》，第207—208页。
② 《蒋介石日记》，1935年10月4、8日。
③ 《蒋介石日记》，1935年10月23日。
④ 黄旭初：《黄旭初回忆录：李宗仁、白崇禧与蒋介石的离合》，第207、209页。
⑤ 黄旭初：《黄旭初回忆录：李宗仁、白崇禧与蒋介石的离合》，第213页。
⑥ 《蒋介石日记》，1935年11月30日，"下周预定表"。

　　龙云对蒋、桂接触十分关注，一直通过各种方式打探消息，很快就得到蒋介石将黔许桂的信息。11 月 20 日，龙云急电陈布雷，探询蒋的态度："近闻桂方要求兼领黔地，委座将有允意，未知确否？若只前此发表之三省边区司令，尚未大碍。如果作进一步之请求，另给其他名义，则关系实重，似宜多加考虑。"① 龙云此言，其实就是反对将黔划桂。

　　1935 年 11 月 21 日，龙云再次致电陈布雷，明确提出黔省辖制权的归属问题。首先，称"近年以来，故值政局摇动，人事变迁，而黔终未为反动所归并者，因滇本此意旨，从旁维持耳"；更以"道义"相责称，"追随委座，虽只八年，而时局如何动荡，人心如何反侧，皆始终不渝者，一则为正义，一则为委座"；如果国民党中央对以上因素不加以考虑，"只顾一时便利，遂予以名义，俾得统制黔省，此不啻奖励反叛，实亦磨灭正义。且使滇不但受制于人，并受无穷之讪笑也"。他还强调，"滇、黔名虽两省，实如一体，如此措施（指将黔省辖制权授予桂系——引者注），虽只对黔，而滇亦不啻在内也"；更称，"当此人心浮动之际，应请委座衡量利害，多加考虑"。② 龙云软硬兼施的表述，意图十分明显，就是希望实现"统制黔省"的意愿。这从另一维度表现了民国以来中央与地方关系异化的景象，反映了龙云和蒋介石完全以利益为取舍的关系。

　　龙云对黔省辖制权视若禁脔，试图通过不同渠道的运作以增强实现的可能性。为此，他让云南省政府秘书长袁丕佑致电贵州派驻广州的代表甘凤章、杨星涛，请他们向胡汉民、萧佛成等西南执行部元老说项，表达重视贵州归属之意。1936 年 1 月 26 日，甘凤章等人复电袁丕佑，言"俟胡先生（指胡汉民——引者注）莅省"，就转呈胡汉民、萧佛成、邹鲁、陈济棠诸人，按照龙云"意示诸旨"进行筹商，"旅粤黔人，已请西南扩委会，主张以志公绥靖黔省，盼即出师贵阳。当此千载一时之机，望请志公一面固我边围，一面进师筑垣"。③ 甘凤章

----

① 《龙云探询桂系要求兼领黔地一事致陈布雷电》（1935 年 11 月 20 日），云南省档案馆编：《国民党军追堵红军长征档案史料选编（云南部分）》，第 604 页。

② 《龙云为桂系要求兼领黔地事再致陈布雷电》（1935 年 11 月 21 日），云南省档案馆编：《国民党军追堵红军长征档案史料选编（云南部分）》，第 604 页。

③ 《甘凤章、杨星涛复袁丕佑养电的密电》（1936 年 1 月 26 日），《云南档案史料》1984 年第 6 期。

所言由龙云任滇黔绥靖公署主任职务以统筹滇黔，正是龙云所盼。

正当龙云对黔省归属心急不安之时，因"倭亦柔化"，华北形势有所缓解，蒋介石又调整其计划："对西南非法两机关劝其设法改制，以免倭寇在华北制造伪机关，以西南为藉口也。"① 同时，红二、红六军团向湘黔边转移。于是，蒋介石决定改变此前设置绥靖区的表示，改而任命李宗仁、白崇禧为湘桂黔边区"剿匪"副总司令。对于这一任命，李、白事前曾托吴忠信向蒋介石转达"此举须要助饷"的要求，但后来蒋未拨付经费，二人遂以此为借口未就职。② 对前述龙云致陈布雷的第一次电文，因陈氏请假，仅侍从室第二处主任室职员回复表示将代为转达；第二次电文，陈布雷亲自回电，称"他方（指桂系——引者注）虽有此要求（，）但委座对公相知日深，信任甚笃。传闻之言，请勿过虑"。③ 陈布雷作为蒋介石亲信，其态度实为蒋之态度，虽表达了对龙云的安抚，但亦未明言黔省归属，说明蒋介石仍在犹豫。

红二、红六军团在滇黔活动及各方形势的变化，使蒋介石又调整策略，转而重视龙云。一方面，蒋认为"两广未统一，何以对外"；另一方面，又需要滇军配合其"剿匪"部署。如何运用黔省辖制权以平衡滇桂关系，蒋也难下决心，一直在反复思考"滇黔问题解决方略"与"如何统制两广"。④ 为破解这一难题，蒋在 2 月初曾有设立滇黔绥靖公署，以龙云、李品仙为公署正、副主任的打算。⑤ 这一安排，既可满足龙云辖制黔省的意愿，而李品仙为桂系骨干，其任职也能安抚桂系。然而，蒋既反复琢磨"对滇方针"，又在意"滇、桂态度"，⑥ 对此计也一直犹豫未决。

龙云对蒋介石部署追击红二、红六军团的"追剿"军进入云南十分担忧。3

---

① 《蒋介石日记》，1935 年 12 月 1、3 日。

② 黄旭初：《黄旭初回忆录：李宗仁、白崇禧与蒋介石的离合》，第 215 页。

③ 《侍从室第二处主任室复龙云电》（1936 年 1 月 22 日）、《陈布雷复龙云哿、马电》（1936 年 2 月 12 日），云南省档案馆编：《国民党军追堵红军长征档案史料选编（云南部分)》，第 604—605 页。

④ 《蒋介石日记》，1936 年 2 月 12—18、19—20 日，连续可见蒋介石思考滇黔与两广问题的记载。

⑤ 《蒋介石日记》，1936 年 2 月 8 日，"下周预定表"。

⑥ 《蒋介石日记》，1936 年 3 月 7、11 日。

月 22 日，龙云派到贵阳了解各方情况的代表陈养初就致电龙云，称："此间盛传赤匪主力有窜昭通模样，若果属实，于云南前途关系至大。川黔往事，（鉴）为前车，乞饬各将领将赤匪迅逐出滇，免中央军有所借口。"① 次日，龙云复电称陈氏"所见甚是"，言"肖、贺……不难驱逐出境"。② 因龙云"有拒绝'追剿军'入滇的表示"，③ 为打消龙云疑虑，蒋于 4 月 5 日要求"凡入滇各军，均归龙总司令统一指挥"。④ 顾祝同又于 4 月 7 日亲自到昆明，与龙云晤商"追剿有关各事项"，⑤ 表示"嗣后关于樊、郭、李各纵队之行动，请兄迳令为祷"。⑥ 尔后，"追剿"军樊嵩甫、李觉、郭汝栋三个纵队才得以进入云南。

龙云的态度，使蒋颇为担忧。滇黔绥靖公署主任一职，既关系"围剿"红二、红六军团的军事部署，也关涉滇桂实力派的平衡问题。经过反复权衡，蒋介石又改变以龙云、李品仙为滇黔绥靖公署正、副主任的计划，4 月 17 日，考虑委任龙云为"滇黔剿匪总司令"。4 月 27 日，蒋介石已在思考龙云履职"滇黔剿匪总司令"后应注意的各项事宜。4 月 28 日，国民政府行政院决议正式任命龙云为"滇黔剿匪总司令"。⑦ 委任龙云为"滇黔剿匪总司令"，暂时回避了滇黔绥靖公署主任一职的最后归属问题，既可为龙云"绥靖"滇黔留有遐想，也可借此与桂系周旋。

---

① 《陈养初望以川黔往事为鉴驱红军出滇电》（1936 年 3 月 22 日），云南省档案馆编：《国民党军追堵红军长征档案史料选编（云南部分）》，第 397 页。

② 《龙云复陈养初祃电》（1936 年 3 月 23 日），云南省档案馆编：《国民党军追堵红军长征档案史料选编（云南部分）》，第 398 页。

③ 彭松龄：《昆明谒龙（云）与蒋（介石）在贵阳的垂询》，中国人民政治协商会议全国委员会文史资料委员会《围追堵截红军长征亲历记》编审组编：《围追堵截红军长征亲历记（原国民党将领的回忆）》下册，第 126 页。

④ 《蒋介石令黔中各纵队跟踪入滇归龙云指挥电》（1936 年 4 月 5 日），云南省档案馆编：《国民党军追堵红军长征档案史料选编（云南部分）》，第 421 页。

⑤ 《顾祝同将于阳日飞抵昆明电》（1936 年 4 月 6 日），云南省档案馆编：《国民党军追堵红军长征档案史料选编（云南部分）》，第 424 页。

⑥ 《顾祝同请龙云直接指挥樊、郭、李各纵电》（1936 年 4 月 7 日），云南省档案馆编：《国民党军追堵红军长征档案史料选编（云南部分）》，第 426 页。

⑦ 周琇环编注：《蒋中正总统档案·事略稿本》第 36 册，1936 年 4 月 17、27、5 月 5 日，台北："国史馆"，2008 年，第 366、463、517 页。

（二）变局中获任滇黔绥靖公署主任

蒋对黔省归属问题反复调整，龙云为之焦虑不已。不过，形势很快转而对龙云谋黔十分有利。面对蒋介石稳步推进的统一步伐，两广战略空间不断被压缩，尤其是 5 月 12 日胡汉民突然去世，"西南骤然失去这中心人物，局面遂因此而发生变动"。① 粤桂危机甚切，终于先"动"起来。6 月 1 日，国民党西南执行部、西南政务委员会具呈南京国民党中央、国民政府，呼吁领导全国抗日，很快将两广军队改称"中华民国国民革命抗日救国军"，并令其北上；5 日，两广军队以抗日为名向湖南永州、郴州进发。此后三个多月，两广与国民政府中央函电交驰，几至兵戎相见，史称两广六一事变。②

两广六一事变发生后，蒋介石与粤桂皆密集调整军事部署，形势骤紧，滇川诸省的动向对双方皆较为重要。6 月 3 日，蒋介石计划"电滇龙、晋阎"，③ 探询他们对两广问题的态度。蒋介石对两广问题虽然准备运用政治方式解决，④ 但"不能不调重兵于粤边镇摄之"，不断进行军事部署，"决定战斗序列"。⑤ 6 月 6 日，蒋介石密电龙云，称"两广逆迹显著，其军队行动密而且速，可否将入滇各军全部调回，并速定行军序列"。⑥ 龙云接电后次日，即要求所属各部速定行军序列，并将行军顺序详细报告。⑦

龙云一方面执行蒋介石"速定行军序列"的命令，一方面也在探询"围剿"前线各方将领态度。滇黔"剿匪"军第一纵队指挥官樊嵩甫 6 月 6 日复电龙云，称两广"不应有阋墙举动"，如其"必欲自残其类，以求一逞，恐其部属亦不无

---

① 黄旭初：《黄旭初回忆录：李宗仁、白崇禧与蒋介石的离合》，第 216 页。
② 参见罗敏：《蒋介石与两广六一事变》，《历史研究》2011 年第 1 期。
③ 《蒋介石日记》，1936 年 6 月 3 日。
④ 参见罗敏：《蒋介石与两广六一事变》，《历史研究》2011 年第 1 期。
⑤ 《蒋介石日记》，1936 年 6 月 2、7 日。
⑥ 叶健青编注：《蒋中正总统档案·事略稿本》第 37 册，1936 年 6 月 6 日，台北："国史馆"，2009 年，第 183 页；《蒋介石为两广逆迹显著，可否将入滇各军全部调回致龙云密电》（1936 年 6 月 6 日），《云南档案史料》1984 年第 7 期。
⑦ 《龙云转蒋介石鱼午机京电希将行军序列详拟电复致大理刘建绪密电》（1936 年 6 月 7 日），《云南档案史料》1984 年第 7 期（原史料时间标为 1935 年 6 月 7 日，系误，应为 1936 年 6 月 7 日）。

明达之士，取而代之也。如入寇必由赣、湘，中央早已计及"，建议"滇黔方面，暂事缄默，一面严其边防，或不致酿成大患也"。① 当天，龙云致电滇黔"剿匪"军第二纵队独立第三十四旅旅长罗启疆，称："两粤将有异动，如果成为事实，影响国家实非浅鲜，不识吾兄以为如何？"罗氏在 7 日回电称，"某方（指两广——引者注）果有异动，实属影响国家前途至深。职军人也，除积极澈训所部，敬听驱策外，他无所知"。② 樊、罗二人均对两广持反对态度。

龙云虽然对外宣称支持国民党中央，但并不愿意过多卷入蒋与两广的军事斗争。为应付可能的危机，龙云决定以时局变化、滇省东防空虚为由，要求第三纵队指挥官孙渡将其下属第二旅安恩溥部调回昭通。孙渡向龙云建言："就目前环境言，本省应付可分两方面：即对时局与对匪患而已。" 对时局"苟我专以防匪为词，不欲积极有所行动，彼殊无向我轻易启衅之理"，关键在于龙云"对大局应付决策如何"。对与黔桂接近的东防，"为镇摄及备应付时局起见，诚有驻兵之必要，安旅（指滇军安恩溥旅——引者注）回昭（指云南昭通——引者注）尤善"。对于孙渡之议，龙云表示安恩溥旅立即调回昭通，"至本省对大局之主张，为注重国家前途及本省安定起见，仍本向来一贯主旨，不稍变更"。③

蒋介石对各地方实力派的态度相当关注。6 月 13 日，在日记中写道："一、鲁韩态度不明如昔。二、湘何心犹未定。三、冀宋之心不安。四、川刘与滇龙相同。全局安危在于本身运用之何如耳。五、粤陈如先来接洽，则先对粤安置亦可。六、对桂运用之门。"④ 刘湘与龙云的态度相同，指的是二人将根据形势变化来确定政策，若蒋方占据优势，则刘、龙自然会支持蒋方。蒋对龙云的心态把

① 《樊嵩甫建议滇、黔应暂缄默电》（1936 年 6 月 6 日），云南省档案馆编：《国民党军追堵红军长征档案史料选编（云南部分）》，第 606 页。

② 《龙云为两粤将有异动致罗启疆电》（1936 年 6 月 6 日）、《罗启疆复龙云鱼电》（1936 年 6 月 7 日），云南省档案馆编：《国民党军追堵红军长征档案史料选编（云南部分）》，第 606、607 页。

③ 《龙云调安恩溥旅回防昭通电》（1936 年 6 月 22 日）、《孙渡建议订应付大局决策电》（1936 年 6 月 23 日）、《龙云请查报安旅回防昭通出发日期电》（1936 年 6 月 24 日），云南省档案馆编：《国民党军追堵红军长征档案史料选编（云南部分）》，第 609 页。

④ 《蒋介石日记》，1936 年 6 月 13 日。

握十分准确。

两广内部很快被分化。蒋介石通过实施分化之策，广东空军有飞行员投蒋，粤军第一军军长余汉谋、广东东区绥靖委员李汉魂也先后表示"拥护中央"。[①] 形势于蒋有利，他决定尽快解决两广问题，同时确定对滇黔方针。他在7月9日的日记中写道："一、决委李、白、黄以原职，而独调陈来京。二、电陈济棠劝其辞职，保全公私。三、调陈令以布置妥后再下为宜。四、滇黔与粤桂同时下令解决。"[②] 其中第四点，指的是决定任命龙云为滇黔绥靖公署主任。

黔省辖制权一直是蒋介石平衡滇桂的重要筹码，此时决定将滇黔绥靖公署主任一职畀以龙云，是为了尽快解决事变。两广问题由来已久，并且瞬息万变。六一事变的发生，既是严重的政治危机，也是彻底解决的契机，蒋介石需要各方势力的支持。龙云长期在粤桂之间奔走联络，在此特殊形势下，更要加以笼络；并且，蒋也需滇军在西南牵制桂系力量。因此，蒋介石才有正式任命龙云为滇黔绥靖公署主任的打算。

因云南之地缘环境，蒋介石需要龙云公开支持国民党中央，以对两广形成政治压力，进而促成问题的解决。对于龙云而言，他想借事变之机，在蒋与两广之间进行斡旋，增强其政治话语权，但引起蒋介石的猜疑。6月28日，蒋介石认为龙云之态度"应加以注意而劝勉之"；[③] 29日，直接称"滇龙似有挟两广以自重之心，乃欲以调人自居"。[④] 限于特殊形势，蒋需要得到龙的支持，上引"劝勉"一词，说明他对龙云仍是以怀柔为主。

龙云能够在云南动荡的政局中成为滇省最高执政者，既在于其较胡若愚等人实力为强，也在于其对政治形势的准确判断与把握。龙云一直打探两广形势走向，根据形势变化，在7月下旬决定与刘湘联合发表支持中央的通电。7月11日，刘建绪向龙云报告，称"中央机四架南飞，亦尚未归来。又接湘讯节称，粤

---

① 黄旭初：《黄旭初回忆录：李宗仁、白崇禧与蒋介石的离合》，第218页。
② 《蒋介石日记》，1936年7月9日。
③ 叶健青编注：《蒋中正总统档案·事略稿本》第37册，1936年6月28日，第305页。
④ 《蒋介石日记》，1936年6月29日；叶健青编注：《蒋中正总统档案·事略稿本》第37册，1936年6月29日，第308页。

陈利用蔡廷锴，蔡要求巨额军费未遂，现留港拟组华侨救国军"。① 7 月 15 日，龙云转告刘建绪，称中央已宣布余汉谋升任第四路军总司令兼广州绥靖主任，调陈济棠为国防会议委员，李、白为广西绥靖公署主任及副主任。龙云认为，"京中处理此事，以表面视之，似觉和平。然内部仍按定以军事善其后之意"。② 龙云在 7 月 17 日致鲁道源的电文中又言，粤桂"内部先生变化"，余汉谋、李汉魂均通电离职，空军黄志刚等 40 余人也"通电指谪伯南（指陈济棠——引者注）"，并"率机九架飞京"；国民党五届二中全会决议设国防委员会，明令免除陈济棠本兼各职，调任国防委员，但陈济棠仍准备抵抗，"粤桂从此破碎矣"。他判断桂系内部经济困难，且"屡以征兵激起民变，亦甚不安"。③ 7 月 22 日，龙云致电刘湘，表示"川滇唇齿相依，关系至为密切，自非掬诚互助，不足以应付非常。求所以巩固中枢，而策地方进行者，此后自当随时团结，以期实效也。承示拥护中央各原则，均甚赞同"。④ 龙云这一表示，可形成对蒋有利的政治舆论。

粤方内部被分解后，蒋介石自认为其"对于两广处置之方针与政治运用之步骤，幸无失算"。陈济棠离粤后，西南两机关"亦因之取消，此实消除统一最大之障碍也"。⑤ 尔后，对桂工作成为蒋介石考虑的重要内容。蒋可能"因为广东解决太易，想乘势根本改造广西"，突然于 7 月 25 日改变此前任命李宗仁、白崇禧为广西绥靖公署主任及副主任的决定，改任李为军事委员会常务委员，白为浙江省政府主席，调黄绍竑、李品仙为广西绥靖公署主任及副主任，并在政治、军事及经济上采取进逼之势，蒋、桂气氛再度骤紧。⑥ 在此形势下，蒋更需要拉拢龙云。

① 《刘建绪报告两粤情况电》（1936 年 7 月 11 日），云南省档案馆编：《国民党军追堵红军长征档案史料选编（云南部分）》，第 610 页。

② 《龙云转告粤桂问题解决后之人事调动情况电》（1936 年 7 月 15 日），云南省档案馆编：《国民党军追堵红军长征档案史料选编（云南部分）》，第 610 页。

③ 《龙云为粤桂不听调停陈济棠下野、桂系亦甚不安致鲁道源电》（1936 年 7 月 17 日），《云南档案史料》1984 年第 7 期。

④ 《龙云赞同刘湘拥护中央电》（1936 年 7 月 22 日），云南省档案馆编：《国民党军追堵红军长征档案史料选编（云南部分）》，第 612 页。

⑤ 《蒋介石日记》，1936 年 7 月 31 日，"本月反省录"。

⑥ 黄旭初：《黄旭初回忆录：李宗仁、白崇禧与蒋介石的离合》，第 219 页。

因担心桂系采取军事行动，蒋介石进行了周密部署，决定正式将黔省辖制权授予龙云，以安其心。8月2日，国民政府撤销滇黔"剿匪"总司令部，改任龙云为滇黔绥靖公署主任，薛岳为副主任；贵州省政府主席吴忠信辞去本兼各职，由顾祝同继任。蒋介石任命四川行营主任顾祝同兼任贵州省主席，是为了增强贵州的军事应变能力。在正式任命顾氏之前，蒋介石于8月1日专门致电龙云，称贵州省政府主席"现因军事重要，不能不更调"，拟以顾祝同兼任主席，"兄意如何"？此举有两层含义：一是即将任命龙云为滇黔绥靖公署主任，对贵州人事安排需要告之于龙；二是顾祝同为军事将领，将其调任贵州主要是为了应对桂局，避免龙云猜疑。为笼络龙云，蒋介石还要求何应钦发足"云南每月补助费"。①

就龙云本意而言，他既不希望蒋介石收服两广，也不愿两广发生战事而波及云南。蒋、龙的政治意图不同，彼此虽然各表尊重，内心又互相猜疑。蒋介石为形成对桂系的政治舆论与心理优势，希望龙云公开反桂。8月19日，蒋致电龙云，言"御侮必先统一，决不以华北严重而姑息听其（指桂系——引者注）割据"，云南"据上游，势如建瓴"，希望龙"于此时严张声势，加以警告，收效必大"。② 然而，长期在蒋、桂之间周旋的龙云，虽然不看好桂系，但亦不愿公开得罪桂系。黄旭初称，两广六一事变后，"凡对中央不满的，多和广西向有往还"，龙云亦在其中。③

在波诡云谲的复杂形势中，龙云最终获得了滇黔绥靖公署主任一职，实现了其长期追求的政治目标。他内心十分高兴，为此把昆明市东大街改名"绥靖路"，并建立"绥靖门"以示纪念。然而，蒋给龙"加官晋爵只是虚荣，并无实权"。④龙云虽获得滇黔绥靖公署主任一职，表面有统率贵州的权力，但实际上对贵州事务难以置喙。不过，这提高了他的政治地位，有利于其在复杂的政治、军事博弈中求得生存。

---

① 高素兰编注：《蒋中正总统档案·事略稿本》第38册，1936年8月1、2日，台北："国史馆"，2010年，第15、24、59页。

② 高素兰编注：《蒋中正总统档案·事略稿本》第38册，1936年8月19日，第136—137页。

③ 黄旭初：《黄旭初回忆录：李宗仁、白崇禧与蒋介石的离合》，第220页。

④ 龚自知：《抗日战争前龙云在云南的统治概述》，中国人民政治协商会议云南省委员会文史资料研究委员会编：《云南文史资料选辑》第3辑，内部发行，1963年，第38页。

结　　语

龙云谋取黔省辖制权，并非一时想法，而是受多种复杂因素的影响。从地缘因素观察，滇黔接壤且渊源深厚，故清代就有"滇黔古无分野之说"。[①] 从行政区划及制度传统观察，贵州至明朝才设置贵州承宣布政使司，正式确立作为一个省的独立地位；直到雍正时期贵州行政区划范围才基本确定，而清朝时"贵州全省自始至终与云南合为一个大区，共同隶属于云贵总督统一管辖"，滇黔两省在行政上形成一定的"统一体"，具有历史渊源。这"经常成为以云南为代表的邻省军阀插足贵州的借口"。[②] 从民国政治发展脉络观察，唐继尧督滇之时能够长期左右贵州，不可避免地使后继者有了某种心理暗示。加之，贵州长期存在经济落后、财政不能自给自足的状况，地理条件使其对外联系受限，民国时期贵州地方军阀势力相对较弱，形成了很强的"依附性"。[③] 这些都是龙云主滇后一直想控制贵州的重要因素。虽然南京国民政府成立后全国政治形势发生了变化，加之自身实力受限，龙云不可能再如同唐继尧时代那样干预黔政，但一直对贵州有觊觎之心。

龙云谋取黔省辖制权的想法经历了一个复杂的过程。二六政变后，云南政局不稳，龙云、胡若愚、张汝骥忙于云南内部事务，并无觊觎贵州之心，当然亦无此实力。六一四事变后，周西成派遣黔军入滇，在某种程度上刺激了龙云控制贵州的意识，支持李燊返黔即是这种意识影响做出的行为。由于实力有限，第一次谋黔过程中，滇军虽然进驻贵阳，但最终以失败退出。此后，龙云调整策略并改变方式，通过支持犹国才与王家烈内争的方式来影响贵州。由于所处的地缘政治环境，贵州一直为滇桂等军阀势力所关注，但其均无独占之实力。中央红军进入贵州，使西南地区政治形势发生变化，各反动势力借此时机各施所谋，围绕黔省辖制权展开复杂博弈。

---

① 谢圣纶辑：《滇黔志略》，古永继点校，贵阳：贵州人民出版社，2008 年，"凡例"，第 1 页。
② 刘毅翔：《试论黔系军阀的依附性和掠夺性》，西南军阀史研究会编：《西南军阀史研究丛刊》第 3 辑，第 331—335 页。
③ 刘毅翔：《试论黔系军阀的依附性和掠夺性》，西南军阀史研究会编：《西南军阀史研究丛刊》第 3 辑，第 333—334 页。

龙云与蒋、桂、黔各军阀之间既有利益勾连，又尔虞我诈。中央红军进入后，贵州成为各方关注重心，其显著变化表现在：一是原来对贵州鞭长莫及、也无适当理由入黔的国民党中央军，以"反共"为借口，尾随中央红军入黔，打破了贵州原来的微妙平衡状态；二是在中央红军的直接打击及蒋介石的有意"收拾"下，王家烈势力逐渐瓦解，被迫下台，贵州为蒋直接控制，成为蒋用来平衡与滇、桂军阀关系的重要筹码；三是原来虽"图黔"但无力直接控制贵州的滇、桂军阀，均想借中央红军入黔之机，取得对贵州的辖制权，拓展自身政治空间。龙、蒋、桂均有自身打算，围绕黔省辖制权的博弈，更显复杂与多变。

在 1934 年底及 1935 年初，龙云对是否派遣滇军出兵贵州以配合蒋介石的"围剿"部署，一直犹豫不决。通过内部反复商讨，采取了两手政策。一是表面上遵照蒋介石之命令，派遣滇军入黔，既想拒中央红军于云南境外，又想让国民党中央军无入滇理由。二是滇军以在滇黔接壤地带布防为主，不主动与中央红军作战。在对桂策略上，虽然对桂系一直怀有戒心，但维持着与桂系的联络，以备"不时之需"。龙的消极态度，给蒋介石带来困扰：若不笼络，则对付中央红军的部署难以实施，龙云也可能在政治态度上偏向桂系；若要拉拢，必须给予诱饵。最后，蒋任命龙云为"剿匪军"第二路总司令，可指挥黔军，暂时调动了龙云的积极性。然而，蒋介石改组黔省，龙云很快就从"重振滇军声威"的心理转为"唇亡齿寒"之忧。蒋亲自入昆，口头许诺成立滇黔绥靖公署并由龙云担任主任一职，改善了与龙云的关系。龙云采取主动姿态，提出在蒋与两广之间进行斡旋，得到蒋的许可。

龙云试图早日获得黔省辖制权，但蒋介石并不遵守承诺，又调整其将黔许滇的打算，试图通过以黔归桂来缓和与两广关系。红三军、红六军团在云南活动，龙云对蒋的部署与安排并不积极执行，反而有拒绝国民党中央军入滇的表示。这种态度，既是一种不安的心理，也是向蒋提出条件的手段。蒋介石不得不再次重视龙云的态度，采取折中方案，任命龙云为"滇黔剿匪军总司令"。龙的策略，在一定程度上有利于其争取黔省辖制权。正当蒋介石在反复思量滇桂如何平衡之时，两广六一事变发生。龙云根据局势变化，既避免过多卷入争端，又公开发表支持蒋的言论。在急需各方势力支持以形成有利政治舆论并及早解决两广问题的现实需求下，蒋介石虽然对龙云有所不满，但最后还是正式任命其为滇黔绥靖公署主任以示笼络。

龙、蒋、桂及黔系各军阀"围堵"中央红军的部署，是反共反人民的行为。并且，各军阀之间利用这一反共部署，根据自身私利，围绕黔省辖制权相互算计，进行政治、军事博弈，不仅没有使他们形成共同的政治基础，反而在某种程度上加剧了彼此的裂痕。各方博弈中，蒋介石逐渐掌握了主动权，取得了向"统一"政治体迈进的优势，但滇、桂、蒋各怀心思的行为，注定了各方形成的利益关系仅是暂时的，并不稳固。龙云在争取黔省辖制权这一过程中，以配合"围堵"中央红军这一反共部署为手段，不断运用各种策略，虽然名义上取得了黔省辖制权，但并不能真正控制贵州。

综上而言，各方围绕黔省辖制权展开的错综复杂的博弈，远不止影响西南地区政治的历史演进过程，隐含着多维复杂的深刻内涵。1924 年，孙中山称："'统一'是中国全体国民的希望。"孙中山将统一的希望寄托于国民党，言"盖将来中国之命运，系于三民主义之能否实行"；同时，表示"欲以一党谋中国之幸福，先须各党员日淬励其互助之精神，而导之向于同一之目标，可无疑也"。①然而，国民党后来的发展与他的希望背道而驰，不仅背叛了中国革命，还使自身陷入反动军阀的内耗之中。围绕黔省辖制权的博弈，表明国民党政权根本无法实现中国的真正统一，更无力带领中国人民实现中国革命的胜利，这也是国民党统治政权最终崩溃的根本原因所在。

〔作者段金生，云南民族大学科技处教授。昆明　650504〕

（责任编辑：窦兆锐　赵　懿）

---

① 《在神户与日本新闻记者的谈话》（1924 年 11 月 24 日）、《澳洲国民党恳亲大会纪念词》，广东省社会科学院历史研究所等合编：《孙中山全集》第 11 卷，北京：中华书局，1986 年，第 373、644、645 页。

从宝萨尼亚斯垮台
看希波战争后斯巴达战略调整[*]

晏绍祥

摘　要： 公元前479年，斯巴达摄政王宝萨尼亚斯率希腊联军击败波斯，基本解除波斯对希腊大陆的威胁。但次年他即被控告"亲波斯"，数年后再遭控告并被定罪。修昔底德认为，对宝萨尼亚斯的指控证据确凿。然而，修昔底德提供的主要证据，尤其是宝萨尼亚斯与波斯国王的通信，无论从时间还是环境上看，可能都属于事后伪造。宝萨尼亚斯垮台的真实原因，不在于他是否"亲波斯"，而是其主张与斯巴达的政策相左。同时，他本人张扬的行为，加剧了他与斯巴达城邦制度的冲突，故终致被定罪乃至身死。

关键词： 宝萨尼亚斯　希波战争　斯巴达　修昔底德

公元前479年，斯巴达摄政王宝萨尼亚斯率希腊联军在普拉提亚打败波斯军队，消灭波斯王薛西斯留在希腊大陆的陆军主力，基本将希腊从波斯入侵的梦魇中解放出来。战役能取得胜利，主要依靠宝萨尼亚斯的指挥以及斯巴达和泰盖亚重装步兵的奋战，即悲剧作家埃斯库罗斯所说的"多利安人的长矛"。① 然而，这位坚决抵抗波斯且立下大功的摄政王，却在次年以"亲波斯"罪名遭

---

* 本研究得到北京市人文社会科学研究中心2022年中外文明传承与交流项目资助。

① Aeschylus, *Persians*, 816. 本文所引古典文献，除特别注明外，一般依据洛布古典丛书英译文，数字为相关作品的卷、节或行号。

受控告，① 被从战场上召回审判并免去统帅之职，后因证据不足而被释放。公元
前 477 年，宝萨尼亚斯前往拜占庭，长期逗留不归。修昔底德说，他此行的主要
目的是继续勾结波斯。在此情况下，斯巴达再次召回宝萨尼亚斯调查并审判。之
后针对宝萨尼亚斯的行动可能延续数年，据称斯巴达在获得确凿证据后，意图将
其抓捕。宝萨尼亚斯随即逃入神庙，斯巴达人封锁神庙，将其活活饿死。② 抗击
波斯的一代名将，最后竟因"亲波斯"罪名丧命，令人唏嘘。

修昔底德认为，宝萨尼亚斯勾结波斯出卖希腊"似乎极其明显"。③ 他通过
宫古鲁斯给波斯国王送信。即使第二次被召回斯巴达后，他也没有停止勾结波斯
国王，通过其奴隶继续联络国王，并在与信使的交谈中亲口承认叛卖行为。④ 狄
奥多鲁斯大体重复了修昔底德的论断；奈波斯则补充了一个细节：宝萨尼亚斯逃
入雅典娜神庙避难时，他母亲第一个搬起石头封堵庙门。⑤

对于宝萨尼亚斯的罪名，古代就有学者表示怀疑。希罗多德指出，所谓宝萨
尼亚斯勾结波斯，是雅典人为争夺对波斯战争的领导权而炮制的借口。修昔底德

---

① "亲波斯"一词来自希腊语名词"mēdismos"和动词"mēdizō"，《希英词典》对前者的
解释是"倾向于米底人"，后者是"站在米底人一边"。《剑桥希腊语词典》的解释更直
白，两个词的意思都是"与波斯人合作"，政治含义明显。何元国将之译为"通波斯"，
意思大致相同，但含义似乎不如"亲波斯"强烈，毕竟它主要表达的是一种立场和态度，
而不一定有实际行动。相关讨论参见修昔底德：《伯罗奔尼撒战争史》，何元国译，北京：
中国社会科学出版社，2017 年，第 58 页；Henry George Liddell, Robert Scott and Henry
Stuart Jones, eds., *A Greek-English Lexicon*, Oxford：The Clarendon Press, 1940, p. 1125；
J. Diggle, ed., *The Cambridge Greek Lexicon*, Cambridge：Cambridge University Press, 2021,
p. 932；Franco Montanari, ed., *The Brill Dictionary of Ancient Greek*, Leiden and Boston：
E. J. Brill, 2015, p. 1339；David F. Graf, "Medism：The Origin and Significance of the Term,"
The Journal of Hellenic Studies, Vol. 104, 1984, pp. 15 – 30；Christopher Tuplin, *Achaemenid
Studies*, Stuttgart：Franz Steiner, 1997, pp. 156 – 157.
② Thucydides, *History of Peloponnesian War*, Ⅰ.95.
③ 何元国译为"似乎确凿无疑"。虽然修昔底德此处用了最高级形式表示确定，但他使用的
"似乎"一词暗示，他并不是特别确定，因此用"确凿无疑"，或许超出了修昔底德希望
表达的程度。参见 Thucydides, *History of Peloponnesian War*, Ⅰ.95.5；修昔底德：《伯罗奔
尼撒战争史》，第 58 页。
④ Thucydides, *History of Peloponnesian War*, Ⅰ.95.4, Ⅰ.128 – 134.
⑤ Diodorus Siculus, *Library of History*, Ⅺ.44 – 46；奈波斯：《外族名将传》，刘君玲等译，上
海：上海人民出版社，2005 年，第 57—63 页。

也承认，即使在宝萨尼亚斯第二次被召回斯巴达，并被投入监狱后，斯巴达人仍缺少指控他的确凿证据，故不得不释放他。① 奈波斯说，当斯巴达人准备控告宝萨尼亚斯煽动黑劳士起义并与波斯勾结时，却发现"就所有这些事而言，并无一项确切的罪名可指控他"。②

格罗特基本赞同修昔底德的意见，③ 但对此表示怀疑的学者代不乏人。20 世纪初，贝洛赫在《希腊史》中专门用一节质疑修昔底德的记载，认为所谓波斯国王的书信，以及宝萨尼亚斯勾结波斯的罪名等都属虚构。④ 20 世纪后期，罗兹、丰纳拉和威斯特莱克等，虽承认修昔底德作为史学家的严谨，但认为其有关宝萨尼亚斯的记载非常可疑，很可能直接沿袭自某种史料。⑤ 鲍威尔认为，修昔底德可能接受了斯巴达的宣传，而宣传的目的是掩盖斯巴达对立下大功的两位将军的处置，借此转移对斯巴达制度的批评。⑥ 鲁皮在最近出版的《斯巴达指南》中认为，对宝萨尼亚斯亲波斯的审判，反映的是斯巴达内部的政策冲突与宣传需要。⑦

① Thucydides, *History of Peloponnesian War*, Ⅰ. 131. 2.
② 希罗多德：《历史》，王以铸译，北京：商务印书馆，2017 年，第 562—563 页；Thucydides, *History of Peloponnesian War*, Ⅰ. 132. 1；奈波斯：《外族名将传》，第 61 页。
③ 乔治·格罗特：《希腊史》上册，晏绍祥、陈思伟译，北京：北京理工大学出版社，2019 年，第 561—574 页。
④ Karl Julius Beloch, *Griechische Geschichte*, Berlin and Leipzig: Walter De Gruyter & Co. , 1914, pp. 154 – 158.
⑤ 罗兹在分析了修昔底德记录的有关宝萨尼亚斯和地米斯托克利的故事后，提醒我们要适当警惕古代作家的记录，参见 P. J. Rhodes, "Thucydides on Pausanias and Themistocles," *Historia*, Vol. 19, No. 4 (November 1970), pp. 387 – 400；丰纳拉更多地从修昔底德记载的内在矛盾入手，分析其不合理成分，Charles W. Fornara, "Some Aspects of the Career of Pausanias of Sparta," *Historia*, Vol. 15, No. 3 (August 1966), pp. 257 – 271；威斯特莱克认为，修昔底德的这段记载可能直接来自某个伊奥尼亚史话家，在用词和内容上都有许多可诟病之处，H. D. Westlake, "Thucydides on Pausanias and Themistocles—A Written Source?" *The Classical Quarterly*, Vol. 27, No. 1, 1977, pp. 95 – 110；霍恩布洛尔大体赞同威斯特莱克的意见，认为这个片段很可能来自某种书面材料，Simon Hornblower, *A Commentary on Thucydides*, Vol. 1, Oxford: The Clarendon Press, 1991, p. 211.
⑥ Anton Powell, *Athens and Sparta: Constructing Greek Politician and Social History from 478 B. C.*, London and New York: Routledge, 1988, pp. 104 – 105.
⑦ Marcello Lupi, "Sparta and the Persian Wars," in Anton Powell, ed., *A Companion to Sparta*, Vol. 1, Chichester: John Wiley and Sons, 2018, pp. 282 – 285.

与此同时，坚持认为宝萨尼亚斯有亲波斯嫌疑的学者并不少。弗热斯特表示，斯巴达人的确认为宝萨尼亚斯亲波斯。肯内尔基本认同修昔底德的意见，但提出了不同解释：宝萨尼亚斯遭遇盟友攻击和本国背叛，"当他的领导权遭遇质疑时，斯巴达并未支持他"，因而他试图离开拉科尼亚，在东方另立国家。①

由上可见，关于宝萨尼亚斯是否亲波斯的问题仍存在争论，需根据古典文献再探讨。② 本文首先梳理古代作家的相关记载，讨论宝萨尼亚斯所谓亲波斯的主要证据，进而评估其亲波斯的罪名问题，将宝萨尼亚斯的垮台，与希波战争后斯巴达的政策转向及社会制度结合起来，综合考察宝萨尼亚斯所谓亲波斯问题。

一、古代作家的记载

关于宝萨尼亚斯的亲波斯问题，希罗多德仅简单提及，最全面的记载出自修昔底德《伯罗奔尼撒战争史》。狄奥多鲁斯和奈波斯的记载，本质上是对修昔底德说法的沿袭，但提供了不同细节。

修昔底德对宝萨尼亚斯亲波斯的叙述，见于《伯罗奔尼撒战争史》第 1 卷第 94—96、128—134 章。宝萨尼亚斯的亲波斯行动，最初发生于公元前 478 年希腊人攻占拜占庭之后：

> 当希腊舰队自塞浦路斯归来，并且从波斯人手中夺取拜占庭时，曾有波斯国王的友人和亲属被俘。在其他盟友不知情的情况下，宝萨尼亚斯把这些俘虏送到国王那里，假称他们逃跑了。他做这件事情得到埃莱特利亚人宫古鲁斯的帮助，他曾把拜占庭和俘虏交给此人负责。他还让宫古鲁斯给国王捎信，如后来所知，其内容如下："斯巴达人统帅宝萨尼亚斯渴望给您做件善事，把这些战俘送到您处。我还提议——这对您似乎也有好处——成为您的女婿，以使斯巴达和希腊其余部分臣服于您。我想，在您帮助下，我可以做到这一点。如果您满意的话，派一个可靠的人到海边，将来我们可以通过他

---

① Nigel M. Kennell, *Spartans: A New History*, Malden: Blackwell Publishing, 2010, p. 75.
② 国内学者尚未充分关注这个问题，只有晏绍祥《古代希腊》简略提到了宝萨尼亚斯被召回的问题（北京：北京师范大学出版社，2018 年，第 217 页），但未具体讨论他是否有亲波斯的罪名。

联系。"①

此事的背景是，公元前 479 年希腊人在普拉提亚击败波斯陆军，在米卡莱消灭波斯海军，但当时爱琴海北岸、小亚细亚部分地区和塞浦路斯仍处在波斯控制下。次年，希腊同盟以宝萨尼亚斯为统帅，以 50 条战船出征塞浦路斯，"征服了该岛大部分地区。后来还是在宝萨尼亚斯领导下，围困当时仍被波斯掌控的拜占庭，占领了它"。讲完这些后，修昔底德笔锋一转，突然说道，"宝萨尼亚斯变得暴虐起来，其余希腊人，尤其是伊奥尼亚人和新近从波斯统治下获得解放的人脱离了他"。之后，宝萨尼亚斯被斯巴达召回。关于被召回的原因，修昔底德说道：

> 因为许多希腊人来到斯巴达对他提出大量指控，他的行为更像一个专制独裁者而非将军。而且碰巧正在那时，人们在法庭中指控他说，那些对他感到不快的盟友，除伯罗奔尼撒的士兵之外，都投奔了雅典人。虽然他回到拉凯戴蒙后，被认为在个别方面犯了错误，但在主要的罪名上，他被开释了，因为对他最重要的指控，是他与波斯人背叛性的关系，而那似乎是非常明显的。②

作为补充证据，修昔底德还提到宝萨尼亚斯不愿过普通人的生活，每次从拜占庭外出，都穿波斯服装，吃波斯膳食；在色雷斯旅行时，总以波斯人和埃及人为护卫，像僭主一样侍从环绕，难以接近。斯巴达的盟友们主要指控宝萨尼亚斯傲慢，斯巴达人调查和审判的结果是，宝萨尼亚斯有个人过失，但在亲波斯这个主要问题上是清白的。③ 审判之后，斯巴达人虽不再任命他为统帅，但未限制其自由。

约公元前 477 年，宝萨尼亚斯第二次出航到赫勒斯滂。根据修昔底德的看法，宝萨尼亚斯系以私人身份出航。他到拜占庭后，被雅典人驱逐，随后前往特

① Thucydides, *History of Peloponnesian War*, Ⅰ.128.5 – 7.
② Thucydides, *History of Peloponnesian War*, Ⅰ.94 – 95.5.
③ Thucydides, *History of Peloponnesian War*, Ⅰ.95.5, Ⅰ.130.1 – 2.

罗德的科罗奈，逗留不归。修昔底德记载，"有人报告监察官说，他逗留该地与蛮族密谋，居心不良。他们终于感到不能容忍，派遣传令官持节杖，要求他随传令官回归，不得迟延，否则斯巴达将向他宣战"。像前一次那样，宝萨尼亚斯听从斯巴达命令返回国内。修昔底德推测，宝萨尼亚斯之所以愿意回国，是因为他"希望消除斯巴达人的怀疑，并相信可以用金钱解决人们的指控"。宝萨尼亚斯回国后马上被投入监狱，但修昔底德指出，"事实上，在斯巴达，不管是他的私敌还是城邦，都不掌握明确证据，使他们有充分把握制裁一个王室成员和正担任高级职务的人"，① 所以不久就被放出来了。

修昔底德的记载表明，斯巴达人非常希望将宝萨尼亚斯治罪，开始彻查他的活动。但调查结果与第一次审判类似，宝萨尼亚斯个人行为不当，偏好蛮族风俗，"使他们很有理由怀疑，他不愿意在斯巴达当时的制度中被作为一个平等者对待"。唯一不同的是，斯巴达人发现，宝萨尼亚斯在献给德尔菲的三足鼎上刻写的铭文过于自负，铭文宣称是他自己而非斯巴达委托他率希腊人消灭了波斯军队，并把该器物献给了德尔菲。于是，斯巴达人磨去旧铭文，代之以参战城邦的名单。宝萨尼亚斯出狱后，据称又与黑劳士联络，企图通过解放黑劳士实现自己的目标。但对于这个在斯巴达可谓大逆不道的罪名，修昔底德说只是据黑劳士报告，换言之，斯巴达人仍缺乏直接证据。

修昔底德强调，在此期间，宝萨尼亚斯仍通过信使与波斯达斯库利翁总督阿塔巴祖斯保持联系。似为了保密，宝萨尼亚斯的所有信使都应其要求被波斯人处死，直到一个阿尔吉鲁斯人打开信封发现真相，并向监察官举报才发现这一情况。监察官设计让阿尔吉鲁斯人在泰纳隆修建木屋寻求庇护，诱使宝萨尼亚斯现身与阿尔吉鲁斯人对话，说出自己在与波斯国王联系。躲在木屋隔壁的监察官终于掌握了证据，然而奇怪的是，监察官仍未采取行动，决定回到斯巴达城里再逮捕他。宝萨尼亚斯似乎变得不可理喻，在阿尔吉鲁斯人已知晓自己到达波斯会被处决时，仍要求他完成送信使命。打发走阿尔吉鲁斯人后，宝萨尼亚斯果然如监察官所期待的那样返回斯巴达城。就在监察官打算抓捕时，他立刻逃入附近雅典娜神庙，旋即该神庙被斯巴达人围困。直到他快饿死，斯巴达人为避免渎神才把

---

① Thucydides, *History of Peloponnesian War*, Ⅰ.131.1, Ⅰ.132.1.

他抬出来，他随即咽下最后一口气。①

古代其他作家对宝萨尼亚斯事件的记录大同小异，大体上照搬修昔底德的叙述。奈波斯的《宝萨尼亚斯传》即是如此，但简明扼要地归纳了宝萨尼亚斯的罪行：他抛弃斯巴达人的生活方式，使用埃及人和波斯人充任卫队，以波斯方式设宴，傲慢地行使权力，与波斯勾结。普鲁塔克在《地米斯托克利传》和《阿利斯泰戴斯传》中分别提到宝萨尼亚斯的情况，主要情节与修昔底德所述并无出入，但补充了颇有意思的细节——宝萨尼亚斯曾把波斯国王的信件透露给地米斯托克利，邀请其加入背叛希腊的活动，但被严词拒绝。

在普鲁塔克笔下，宝萨尼亚斯之所以不受欢迎，是因为他对盟邦的人过于暴戾，"处罚一般人是用鞭子抽打，或强制他们整天扛着铁锚罚站。他不准他们在斯巴达人之前上床睡觉、喂牲口或汲取泉水，其仆人用棍棒将走近的人赶走"。普鲁塔克还谈道，阿利斯泰戴斯唆使萨摩斯人和开俄斯人在拜占庭撞坏宝萨尼亚斯的战舰，迫使宝萨尼亚斯前往小亚细亚的特罗德。② 我们并不清楚普鲁塔克的信息来源，但这些有关宝萨尼亚斯暴虐及其被赶出拜占庭的情况，显然丰富了修昔底德的记载。

狄奥多鲁斯把宝萨尼亚斯所有活动，包括他率军进攻塞浦路斯和拜占庭、与波斯国王勾结以及最终被处死，都压缩在公元前 477 年的叙述中。从年代学看，无疑是荒谬的，有些细节也令人难以置信。他的总体框架源自修昔底德的记载，即宝萨尼亚斯首先率军进攻塞浦路斯和拜占庭，之后投靠波斯，且持续从事叛卖活动，直到被斯巴达人逮捕和饿死。③ 但他提供了不同于修昔底德叙述的内容，如宝萨尼亚斯开始与波斯勾结的时间。狄奥多鲁斯暗示，宝萨尼亚斯进攻拜占庭之前可能已与波斯建立联系：

> （进攻塞浦路斯）之后，他航向赫勒斯滂，夺取由波斯人驻守的拜占庭。他杀死部分蛮族人，驱逐剩余蛮族人，解放了这座城市。但他把在城中俘虏

① Thucydides, *History of Peloponnesian War*, Ⅰ.132 –134.
② 普鲁塔克：《希腊罗马名人传》上册，陆永庭等译，北京：商务印书馆，1999 年，第 259、338 页。
③ Diodorus Siculus, *Library of History*, Ⅺ.44 –45.

的众多重要波斯人移交给埃莱特利亚的宫古鲁斯看守。表面上，宫古鲁斯要看管这些人以供惩治，但实际上要把他们平安送到薛西斯那里，因为宝萨尼亚斯已与这位国王秘密签订友谊条约，并且即将与薛西斯的女儿结婚，他的意图是叛卖希腊人。与他谈判的是将军阿塔巴祖斯，将军悄悄给宝萨尼亚斯大笔金钱，用于腐蚀那些可以服务于他们意图的希腊人。①

不过，宝萨尼亚斯由于模仿波斯人奢侈的生活方式并以僭主态度对待希腊人，意图早就暴露了。许多希腊人反抗宝萨尼亚斯的严厉政策，"一些伯罗奔尼撒人抛弃了他，回航伯罗奔尼撒并派使节到斯巴达控告他。雅典人阿利斯泰戴斯聪明地利用这个机会，在公开会议中争取那些反对宝萨尼亚斯的希腊人并建立亲密关系，把他们变成了雅典人的追随者"。② 狄奥多鲁斯随后所述宝萨尼亚斯被揭发和逃亡神庙被饿死的经过，大致与修昔底德无异，只是补充了宝萨尼亚斯的母亲第一个搬起砖头封门这一细节。

如果我们相信狄奥多鲁斯的叙述，则宝萨尼亚斯背叛希腊人的活动，可能在攻占拜占庭之前就已开始，所以占领该城后，他将被俘的波斯人委托给宫古鲁斯看管。后者很可能是公元前 490 年向波斯出卖埃莱特利亚的希腊人的后代。宝萨尼亚斯将从波斯人手中夺来的战略要地拜占庭，交给波斯国王的臣民，等于抵消了希腊人攻占拜占庭的所有努力。在修昔底德笔下，宝萨尼亚斯只是提议自己成为波斯国王的女婿；到狄奥多鲁斯这里，变成宝萨尼亚斯即将与国王的女儿结婚，强化了宝萨尼亚斯背叛希腊的印象。狄奥多鲁斯突出了雅典人和伯罗奔尼撒人在驱逐宝萨尼亚斯过程中的作用，即伯罗奔尼撒人在斯巴达控告宝萨尼亚斯，雅典人借机取得希腊同盟领导权。修昔底德提到了雅典人夺取领导权，但强调控告宝萨尼亚斯的主要是新近从波斯统治下获得解放的人；狄奥多鲁斯则谈道，控告者是伯罗奔尼撒人，说明宝萨尼亚斯对盟友可能态度恶劣，以致盟友和新近获得解放的希腊人一起指控他。

狄奥多鲁斯还透露，宝萨尼亚斯与波斯国王的谈判通过阿塔巴祖斯进行，后

---

① Diodorus Siculus, *Library of History*, XI. 44. 3 – 4.
② Diodorus Siculus, *Library of History*, XI. 44. 6.

者给了宝萨尼亚斯一笔钱，用于收买希腊人。显然，这只有在宝萨尼亚斯第二次出航亚洲被召回斯巴达后才可能发生。据修昔底德记载，薛西斯任命阿塔巴祖斯担任达斯库利翁总督，应当在宝萨尼亚斯与国王通信后，因宝萨尼亚斯公元前478 年冬天已被召回，不太可能继续与阿塔巴祖斯谈判，并从波斯总督那里取得金钱贿赂希腊人。但狄奥多鲁斯完全略过宝萨尼亚斯第一次被审判及第二次前往亚洲的活动，在叙述过他勾结波斯的行动后，直接转向其阴谋被奴隶识破的故事。而在修昔底德的叙述中，这是宝萨尼亚斯第二次被从亚洲召回后的事情。可以相信，狄奥多鲁斯把宝萨尼亚斯公元前478—前470 年左右的活动简写了，把它们都压缩在公元前477 年。这种错误很可能源自狄奥多鲁斯本人，而非其资料来源。虽然狄奥多鲁斯提供了有关宝萨尼亚斯事件的不同版本，且多了一些细节，如波斯资助宝萨尼亚斯的叛卖活动等，[①] 但其记录显然不比其他作家更可靠。

古代其他作家的记载基本源自修昔底德，因而，下文对相关事件的讨论，也以修昔底德的记载为主。

二、第一次审判中的不合理之处

修昔底德显然认为宝萨尼亚斯投靠了波斯。在叙述宝萨尼亚斯第一次受审时，他不仅使用了"似乎非常明显"的强调语气，还详细记载宝萨尼亚斯穿波斯服装、用波斯膳食、以波斯人和埃及人为护卫等情况。此外，他尤其提到两件非常重要的事情，即私放被俘的波斯显贵及与波斯国王通信向其女儿求婚。宫古鲁斯的参与，让此事看起来具有真实性。此人的父亲可能在公元前490 年与波斯人合作，叛卖了埃莱特里亚，并被波斯国王赐予埃奥利亚地区的一块土地。[②] 作为希腊联军统帅，如果宝萨尼亚斯真把波斯战俘交给此人且随后私下放走，就涉嫌

---

① 甚至这一点都令人生疑。波斯用金钱贿赂希腊城邦以达成政治或外交目的，主要是伯罗奔尼撒战争末期到公元前4 世纪的现象，很可能是误把公元前4 世纪的历史窜入之前时期的结果。参见 D. M. Lewis, *Selected Papers in Greek and Near Eastern History*, Cambridge: Cambridge University Press, 1997, pp. 369 – 379.

② 希罗多德指出是欧弗尔波斯和菲拉格鲁斯打开了城门，但我们对这两人一无所知。色诺芬提到一个叫宫古鲁斯的人，此人据称因祖上勾结波斯而获得封赏，所以他很可能就是两人之一的后代。参见希罗多德：《历史》，第444 页；Xenophon, *Hellenica*, Ⅲ.1.6; *Anabasis*, Ⅷ.8.8.

叛卖。

　　然而，首要的一点是，修昔底德的说法忽视了希腊联军的构成与决策机制。普拉提亚战役时，斯巴达出动 10000 名重装步兵（包括 5000 名庇里阿西人），比雅典多 2000 人，是麦加拉、科林斯等大邦的两到三倍，是联军绝对主力，列阵时占据了希腊人方阵整个右翼。① 即便如此，在战场上处置重大问题，包括布阵策略、相互援助、撤退等重大事项，都是希腊各邦统帅共同决定，且每邦一票。②公元前 478 年的不同之处是，宝萨尼亚斯作为海军统帅，只带了 50 条船，其中20 条来自伯罗奔尼撒、30 条来自雅典，③ 他到达小亚细亚后，可能还有反抗波斯的小亚希腊人船只加入，如在拜占庭冲撞宝萨尼亚斯战船的开俄斯人和萨摩斯人的战船。④ 因此，斯巴达人在海军中肯定不是主力，或许除统帅的船只外，根本没有其他斯巴达战船。作为联军统帅，即使有普拉提亚战役的余威，宝萨尼亚斯也必须与其他将领合作决定驻防拜占庭，以及处置波斯战俘等事务。尤其考虑到拜占庭的重要战略地位——它处在黑海出口、扼守粮道，⑤ 作出决策更需慎之又慎。因此，宝萨尼亚斯不可能冒天下之大不韪，在不与其他将领商量的情况下，把如此重要的城市交给波斯国王的臣民，更不用提私放波斯俘虏了。

　　修昔底德的记载显示，盟邦控告的重点是宝萨尼亚斯更像僭主而非将军，他过于傲慢、难以接近。只是后来审判时，才提到他最主要的罪名是亲波斯。易言

---

① 当时雅典出动了 8000 人，科林斯 5000 人，麦加拉和西库翁各 3000 人，其他城邦基本在 2000 人以下。参见希罗多德：《历史》，第 635—636 页。
② N. G. L. Hammond, "The Origins and Nature of the Athenian Alliance of 478/477 B. C. ," *The Journal of Hellenic Studies*, Vol. 87, 1967, p. 51；P. A. Brunt, *Studies in Greek History and Thought*, Oxford：The Clarendon Press, 1993, pp. 58 – 72.
③ Thucydides, *History of Peloponnesian War*, Ⅰ. 95.1；Diodorus Siculus, *Library of History*, Ⅺ. 44. 1. 狄奥多鲁斯宣称有 80 条战船，其中伯罗奔尼撒人 50 条，雅典人 30 条，但很可能是抄录修昔底德错误的结果。多出来的 30 条也许是亚洲希腊人的船只，即修昔底德所说的其他希腊人。
④ Plutarch, *Aristeides*, ⅩⅩⅩⅢ. 2 – 5.
⑤ 希腊同盟的议事方式是，重大问题由同盟将领的会议决定。斯巴达人统帅在战场上，特别是在水师为主的联军中，不可能拥有特别大的权力。或许正是基于这种考虑，斯巴达人虽确认宝萨尼亚斯并未勾结波斯，但仍剥夺了他的统帅权。后来斯巴达人派多尔奇斯为统帅，但盟邦根本不接受他。事实说明，在希腊联军中，统帅地位的获得基于实力。参见 Thucydides, *History of Peloponnesian War*, Ⅰ. 95. 3 – 7.

之，宝萨尼亚斯委托宫古鲁斯控制拜占庭和私放波斯俘虏并非控告重点，他的傲慢态度才是关键。同样，让我们质疑的是，至少第一次审判时，斯巴达人仍认为宝萨尼亚斯亲波斯查无实据。也就是说，私放波斯俘虏、与波斯国王通信等行为，在斯巴达人看来不可信。

普鲁塔克的记载与修昔底德的叙述大体类似。他谈道，宝萨尼亚斯体罚盟军士兵，让斯巴达人事事优先，还不让别人轻易见到他，根本没提这位统帅私放波斯俘虏的事情。斯巴达第一次审判宝萨尼亚斯时，认为他作风霸道和不检点，并未确认"亲波斯"的主要罪名。斯巴达作为希腊同盟盟主，在波斯势力仍存在于爱琴海北岸，需依靠雅典和科林斯等继续作战的情况下，不大可能为宝萨尼亚斯得罪盟邦，尤其是无视其私放波斯俘虏、与波斯王通信的罪行。或许考虑到他的霸道作风，即修昔底德所说的个人行为和统帅的变质，斯巴达人剥夺了宝萨尼亚斯的统帅权。① 基于此，我们大致可以认为，有关宝萨尼亚斯亲波斯最主要的指控，即将拜占庭交给宫古鲁斯看管和私放俘虏不大可能是事实。

其次，从修昔底德的记载看，斯巴达人对宝萨尼亚斯叛卖动机的指控难以令人信服。作为希腊人抵抗波斯的统帅，宝萨尼亚斯曾率军消灭波斯留在希腊的陆军主力，次年仍以统帅身份进攻塞浦路斯，攻占战略要地拜占庭。但在拜占庭，他的立场为何大转弯，勾结波斯出卖希腊利益？② 对此，修昔底德解释说，他希望"成为全希腊的主人"。③ 狄奥多鲁斯和奈波斯的解释更加具体：宝萨尼亚斯憎恶斯巴达的生活方式，喜好波斯的奢侈和放纵。④ 狄奥多鲁斯和奈波斯的说法不值一驳。喜好波斯的生活方式，与出卖希腊和成为波斯国王臣民并无必然联系。虽然修昔底德以可靠和严谨著称，其生活年代也与所记载事件年代接近，但他并未交代宝萨尼亚斯为何突然产生这种想法。修昔底德暗示，宝萨尼亚斯应是攻占拜占庭后有此念头的。可是在不到两年的时间，宝萨尼亚斯三次击败波斯，给其造成巨大损失，他在拜占庭的后续行动完全符合希腊人继续对波斯战争的常

① Thucydides, *History of Peloponnesian War*, Ⅰ.95.1–7; Plutarch, *Aristeides*, XXXIII.2–3.
② 按照狄奥多鲁斯的说法，甚至在攻占拜占庭之前，宝萨尼亚斯就已经与波斯国王密谋了。参见 Diodorus Siculus, *Library of History*, XI.44.3–4.
③ Thucydides, *History of Peloponnesian War*, Ⅰ.128.3.
④ Diodorus Siculus, *Library of History*, XI.46.2–3; 奈波斯：《外族名将传》，第59页。

规考虑。从实际地位看，宝萨尼亚斯作为斯巴达摄政王，已是全希腊人的统帅，受到广泛尊敬，何种动机促使他突然希望成为波斯国王的臣民，借助波斯力量成为全希腊统治者？

抛开希罗多德所说斯巴达人热爱自由的意识形态说教不论，从个人实际能获得的利益看，在普拉提亚战役那样危急的时刻能够为希腊而战的统帅，却在战争取得全面胜利、可以安享战果，特别是自己贵为希腊联军统帅时，向对手邀功请赏，期待从近乎虚幻的波斯征服希腊远景中捞到好处，[①] 怎么看都太不真实。毕竟公元前 480 年和次年波斯连续三次失败，加上公元前 478 年希腊人在塞浦路斯和拜占庭的胜利，使波斯重返希腊的希望基本成为泡影。任何思维正常的希腊人，都不会如此糊涂，如拉壬比指出的，"除非我们相信宝萨尼亚斯已经完全不了解现实，否则几乎不可能相信他会有背叛行为。所有人中，他是最不可能与波斯密谋去反对希腊人的，他刚率领希腊人取得对马尔多尼乌斯军队的胜利。斯巴达人在政治上或许天真，但军事上绝不白痴，如果需要警告的话，则戴马拉图斯的凄惨形象对所有斯巴达人都意味着，根本不能指望依靠波斯的帮助在希腊获得权力"。[②]

最后，从空间距离和时间上看，斯巴达摄政王和波斯国王不可能有书信往返。当修昔底德宣布宝萨尼亚斯背叛希腊事实确凿时，他的主要文字证据是宝萨尼亚斯与波斯国王的书信。[③] 据修昔底德记载，公元前 478 年夏，宝萨尼亚斯率领希腊军队出击，先进攻塞浦路斯，后夺取拜占庭，攻下拜占庭可能已是夏末甚至秋季。[④] 修昔底德暗示，宝萨尼亚斯的叛变发生在攻下拜占庭后，具体表现是把该城以及抓获的波斯战俘（其中有些是波斯国王的亲属）交给宫古鲁斯看管，并故意让他们逃掉，他与波斯国王的通信也通过宫古鲁斯转达。

---

① Anton Powell, ed., *A Companion to Sparta*, pp. 282 – 283, 293.

② J. F. Lazenby, "Pausanias: Son of Kleombrotos," *Hermes*, Vol. 103, No. 2, 1975, p. 235.

③ 考克维尔注意到，修昔底德征引的书信令人生疑。宝萨尼亚斯的书信应当留在波斯宫廷，修昔底德是从哪里得到的？正常情况下那封信应留在苏撒，难道说宝萨尼亚斯还会保留一个副本？何况通信似乎也不是斯巴达人的特点。参见 George Cawkwell, *From Cyrene to Chaeronea: Selected Essays on Ancient Greek History*, Oxford: Oxford University Press, 2011, pp. 108 – 109.

④ A. W. Gomme, *A Commentary on Thucydides*, Vol. 1, Oxford: The Clarendon Press, 1945, p. 271.

前文已论证，宝萨尼亚斯没有可能私自处置拜占庭和波斯俘虏，至于他与波斯国王通信则有可能。但宫古鲁斯居住在小亚细亚的帕加马附近，即使宝萨尼亚斯真让他送过信，波斯国王屈尊回函，还得考虑往返两地所需的时间。从萨狄斯步行到苏撒需3个月左右，从以弗所到萨狄斯需3天。① 当时宝萨尼亚斯的联系对象可能是达斯库利翁地区的总督，因该地在小亚细亚西北部，宫古鲁斯与总督联络需要时间，从宫古鲁斯驻地到波斯总督处也需一定时间，意味着大大超过90天。即使宝萨尼亚斯通过宫古鲁斯送出的信件到达薛西斯手中，薛西斯一点不怀疑宝萨尼亚斯的诚意，立刻回信，并迅速任命阿塔巴祖斯为总督，阿塔巴祖斯一刻不停地赶到达斯库利翁总督区，则书信的往返前后也需半年以上。② 而到公元前478年冬天，宝萨尼亚斯已因盟国控告被召回斯巴达。从宝萨尼亚斯攻克拜占庭到被召回斯巴达，最多3个月左右，即使他此前确实给波斯国王写了信，至少不可能收到回信。所以，修昔底德记录的所谓两封通信，很可能是后来伪造的。

作为前一年刚击败波斯军队、当年又给波斯造成巨大损失的希腊人统帅，宝萨尼亚斯如果有意叛卖希腊，势必要经过试探和谈判，取得基本共识后才会正式给波斯国王写信。③ 波斯主要通过驻萨狄斯和达斯库利翁总督处理希腊事务，宫古鲁斯作为普通流亡者，应无法直接面见国王。大部分在波斯求庇护的希腊流亡

① 希罗多德提到，有可能通过快马送信，那样时间会短得多。但宫古鲁斯并无特殊职权，不太可能有权力动用驿站快马。参见希罗多德：《历史》，第368页。

② 波斯在小亚细亚有两个总督区，一个以萨狄斯为首府，管理小亚细亚偏南的地区，一个以达斯库利翁为首府，管理偏北的地区。赫勒斯滂沿岸就属于达斯库利翁总督区，也是后来宫古鲁斯和亲波斯的希腊人获得封地的地方，地理上与拜占庭接近。所以宝萨尼亚斯通过宫古鲁斯与达斯库利翁总督并进而与波斯宫廷联系，较之萨狄斯更方便。参见刘易斯等编：《剑桥古代史》第6卷，晏绍祥、李永斌、崔丽娜译，北京：中国社会科学出版社，2020年，第244—245页。

③ 宝萨尼亚斯前一年在战场上消灭了波斯入侵希腊军队的主力，不可能完全不经试探直接给波斯国王上书，而且即使上书，也不会马上被接受，需要通过宫古鲁斯或达斯库利翁总督。伯罗奔尼撒战争后期，斯巴达与波斯的谈判和条约签订都是先在小亚细亚进行，之后将条约面呈波斯国王，最后才由其以诏书形式发布给希腊人。虽然如此，中间仍经历多次反复。参见 Thucydides, *History of Peloponnesian War*, Ⅰ.137.4, Ⅰ.138.2, Ⅷ.6; Plutarch, *Themistocles*, 27–29.

者住在小亚细亚，必要时才会觐见国王，且需通过千夫长之类安排。① 如果宝萨尼亚斯有意与国王联络，或许需要通过宫古鲁斯与总督联系，再通过总督与宫廷接洽，最后才能把书信呈送国王。②

修昔底德等古代作家提到，宝萨尼亚斯在书信中提议成为波斯国王女婿；但希罗多德注意到，与宝萨尼亚斯订婚的是达斯库利翁总督麦加巴泰斯的女儿。希罗多德是小亚细亚的希腊人，距离事件发生的时间更近，如果他记载正确，则宝萨尼亚斯应当通过自己的准岳丈呈递书信给国王。③ 然而这样一来，我们还要算上宝萨尼亚斯和麦加巴泰斯女儿订婚所需时间，而这只能在希腊人攻占拜占庭之后，且需要经过长时间的讨价还价。敌对双方的统帅居然成了翁婿，斯巴达摄政王居然娶异族女性为妻，在当时两者都是难以被接受的。④ 在古代的通信和交通条件下，从订婚到送信给国王，国王再更换总督，给宝萨尼亚斯回信，时间肯定远超半年。⑤ 但修昔底德暗示，宝萨尼亚斯巡回色雷斯时（估计那时是秋天），已确信波斯国王会答应他的要求，并公开表露这一点。此时，宝萨尼亚斯到达

---

① 地米斯托克利首次到波斯宫廷觐见波斯国王时，是通过千夫长阿塔巴祖斯安排的。他能见到千夫长，是通过千夫长的埃莱特利亚人妻子安排的。在正式觐见国王之前，双方还讨论了觐见礼仪。宫古鲁斯或许之前已见过国王，面见波斯国王或许不需要讨论礼仪问题，但至少需要通过千夫长安排，而那是需要时间的。参见 Plutarch, *Themistocles*, 27.2 - 5.
② 关于伯罗奔尼撒战争后期和公元前 4 世纪前期希腊人与波斯人的使节往还，参见 David M. Lewis, *Sparta and Persia*, Leiden: E. J. Brill, 1977, pp. 4 - 26.
③ 希罗多德:《历史》, 第 357—358 页。
④ 在来库古制度下，斯巴达妇女很早就接受严格训练以生育合格公民。斯巴达人几乎不可能与其他城邦女性通婚，国王则大多在王室内部或从其他斯巴达贵族处娶妻。国王如果从异族娶妻，则意味着血统不够纯正，其后代将来继承王位会受诸多限制。阿盖西劳斯能击败对手取得王位，很重要的因素是对手可能血统不纯。参见 Plutarch, *Lysander*, XXII. 3 - 6; Paul Cartledge, *Agesilaos and the Crisis of Sparta*, London: Duckworth, 1987, pp. 112 - 114.
⑤ 我们不清楚阿塔巴祖斯具体何时被任命为达斯库利翁总督。布利昂和刘易斯似乎都接受修昔底德的说法，认为公元前 479 年阿塔巴祖斯已经担任这一职位。但修昔底德明确提到，薛西斯是在收到宝萨尼亚斯的信件后，才撤换麦加巴泰斯并任命阿塔巴祖斯为总督，并负责与宝萨尼亚斯联络随后的行动。从时间上推算，这一任命根本不可能在公元前 479 年完成。参见希罗多德:《历史》, 第 652—653、662—664 页; Thucydides, *History of Peloponnesian War*, I.129.1 - 2; David M. Lewis, *Sparta and Persia*, p. 52; Pierre Briant, *From Cyrus to Alexander: A History of the Persian Empire*, trans. Peter T. Daniels, Winona Lake: Eisenbrauns, 2002, p. 339.

拜占庭最多不过月余，书信甚至都没有送到国王那里，更不可能收到国王的回信。

除波斯方面外，我们应考虑斯巴达人召回宝萨尼亚斯所需时间。在收到盟国指控后，斯巴达派出使节召回宝萨尼亚斯。从斯巴达人得到控告、监察官和长老会讨论，到使节在斯巴达和赫勒斯滂之间往返，甚至斯巴达国内不同派别就此展开博弈，需要一定时间。在斯巴达，对国王的审判一般由监察官提起，他们与另一国王及长老会共同行动，势必需要协调时间。同时，国内支持宝萨尼亚斯政策的势力应不小，他们会反对召回摄政王。宝萨尼亚斯第一次被无罪开释，一方面是证据不足，另一方面说明他在国内有一批支持者。如此考虑，从斯巴达人动议召回国王到采取实际行动，也需一两个月。①

宝萨尼亚斯攻占拜占庭和私放波斯俘虏，与波斯总督的女儿订婚，通过宫古鲁斯与波斯国王联络，国王回信并更换达斯库利翁总督，宝萨尼亚斯因得到国王支持变得傲慢，盟国在斯巴达控告宝萨尼亚斯，斯巴达派出使节召回摄政王，如此众多且密切关联的大事件，都密集地发生在夏末到冬初短短 3 个多月中，且分别发生在相距数千公里的波斯帝国和希腊世界，在古代的交通和通信条件下绝无可能。所以丰纳拉认为，即使宝萨尼亚斯的其他行动属实，至少要把修昔底德记录的两封书信中的情况排除在外。② 问题是如果剔除这两封信，在前文已经否定他私放波斯俘虏的情况下，对宝萨尼亚斯亲波斯的所有指控都将缺少直接证据。斯巴达人的第一次审判应当是实事求是的判决。③

除时间外，我们还要考察宝萨尼亚斯和波斯方面的行动。如果修昔底德的记载为真，双方的行动似乎都难有合理解释。对宝萨尼亚斯来说，叛卖希腊这样的大事，在未得波斯承诺且取得相当进展前，他必须保密。但在修昔底德笔下，这位斯巴达摄政王唯恐天下不知他正与波斯国王联络，他公开以波斯人和埃及人为护卫，在色雷斯招摇过市。任何有心叛卖抵抗波斯事业的希腊人，大约都不会如此行事。

---

① 修昔底德说，斯巴达人次年即公元前 477 年以多尔奇斯为统帅，表明宝萨尼亚斯在公元前 478 年冬季之前已被召回。参见 Thucydides, *History of Peloponnesian War*, Ⅰ.95.6.

② Charles W. Fornara, "Some Aspects of the Career of Pausanias of Sparta," pp. 264 – 266.

③ Thucydides, *History of Peloponnesian War*, Ⅰ.95.5.

波斯的举动同样令人生疑。从修昔底德的记载看，宝萨尼亚斯在希腊军队占领拜占庭并释放波斯部分战俘后，才尝试与薛西斯联系（狄奥多鲁斯暗示联系此前已经开始，但这一看法过于荒谬，不采信）。在接到斯巴达统帅的书信后，波斯国王没有作进一步调查，马上相信了这个一年前把波斯打得惨败且继续给波斯制造巨大麻烦的敌人，还派专人给他送信，商量双方合作的事情。如果希罗多德的记载可信，则说明薛西斯并未答应把公主下嫁宝萨尼亚斯，后者订婚的对象是达斯库利翁总督麦加巴泰斯的女儿。然而，薛西斯出人意料地立刻撤换了麦加巴泰斯，派阿塔巴祖斯为总督。① 如果波斯国王真有意与宝萨尼亚斯联合谋取希腊，他更应该留下麦加巴泰斯，毕竟宝萨尼亚斯与这位波斯显贵是准翁婿关系，且其地位同样显赫（他是国王的堂叔），② 而不是任命宝萨尼亚斯战场上的对手阿塔巴祖斯为总督。③

到目前为止，我们的分析否定了宝萨尼亚斯公元前 478 年私放波斯俘虏、与波斯国王通信两个主要的亲波斯证据。那么剩下的证据就只有他穿波斯服装、以波斯人和埃及人为护卫、用波斯饭食，以及他对盟邦傲慢无礼。即使指控是真的，此类行动最多与斯巴达人的生活方式不合，并不能证明宝萨尼亚斯亲波斯，特别是叛卖希腊的事业，或企图成为希腊的统治者。

必须指出的是，希罗多德的记载不仅最早，而且迥然不同于修昔底德。希罗多德对宝萨尼亚斯的所谓傲慢、与麦加巴泰斯的女儿订婚以及期望成为波斯僭主等，表示明确怀疑，"如果这个故事是真的，则宝萨尼亚斯是与这个人的女儿订婚，并且希望成为希腊的僭主"；对作为希腊统帅的宝萨尼亚斯描写非常正面，将普拉提亚战役颂扬为"我们所知道的最光辉的一次胜利，就是阿纳克桑德利达斯的儿子克莱奥布鲁图斯的儿子宝萨尼亚斯赢得的"，并公开指出所谓宝萨尼亚

① Thucydides, *History of Peloponnesian War*, Ⅰ.129.1－2.
② 希罗多德说他是阿凯麦奈斯氏族的人，即国王的亲属。参见希罗多德：《历史》，第357—358 页。
③ 按狄奥多鲁斯的说法，宝萨尼亚斯的合作对象一直是达斯库利翁总督阿塔巴祖斯。这意味着宝萨尼亚斯所有活动都是在阿塔巴祖斯到达后即公元前 478 年，更可能是公元前 477 年才开始，那时宝萨尼亚斯已被剥夺了统帅权。但这显然是狄奥多鲁斯将宝萨尼亚斯前后两个阶段的活动，压缩到一个年份造成的年代混乱。参见 Diodorus Siculus, *Library of History*, Ⅺ.44.4.

斯的暴虐，是雅典为争夺对波斯战争领导权而创造的借口。① 安德鲁斯认为，希罗多德并未完全否认宝萨尼亚斯的傲慢，但认为并不严重，或许还被雅典人夸大了，是雅典人为争夺领导权寻找的借口。② 上述事实证明，斯巴达人第一次审判时确认摄政王有傲慢行为，但否定亲波斯罪名的判决大体符合实际。③

三、第二次审判与宝萨尼亚斯死亡疑云

对于宝萨尼亚斯第二次出行，修昔底德暗示他未得斯巴达许可，只能乘坐赫尔米奥奈的船只私下出行，目的是实施与波斯国王的阴谋。在被雅典人等从拜占庭驱逐后，宝萨尼亚斯去了小亚细亚的科罗奈，并长期不归，停留了多长时间并不清楚。修昔底德谈道，宝萨尼亚斯与波斯人密谋，意图对希腊不利。于是，斯巴达人派遣使者持节杖严令他回国。在这种情况下，他回到斯巴达，一方面希望消除人们的怀疑，另一方面认为可以用贿赂无罪开释。

宝萨尼亚斯第二次出行和被召回以及随后的受审与死亡，疑点比第一次更多。首先，修昔底德所说的宝萨尼亚斯的身份和出行方式存在疑点。宝萨尼亚斯并非普通斯巴达人，而是摄政王，代行国王职权，如果未得官方许可，他不能擅自离开斯巴达，更不用说长期在外不归。斯巴达人为召回他派出的使者规格（手持斯巴达特有的节杖并且有专门指令），表明他仍是摄政王。从这个角度看，他的出行以及在小亚细亚的逗留，或许得到了斯巴达的许可。有学者猜测，他的外

---

① 希罗多德：《历史》，第 357—358、562—563、652 页。

② A. Andrewes, "Spartan Imperialism?" in P. D. A. Garnsey and C. R. Whittaker, eds., *Imperialism in the Ancient World*, Cambridge: Cambridge University Press, 1978, p. 92. 与安德鲁斯观点较一致的还有 Charles W. Fornara, "Some Aspects of the Career of Pausanias of Sparta," pp. 257 – 271; E. Badian, *From Plataea to Potidaea: Studies in the History and Historiography of the Pentecontaetia*, Baltimore: The Johns Hopkins University Press, 1993, pp. 130 – 132.

③ 值得注意的是，与第二次审判不同，作出这次判决的是 "Spartiates"，当修昔底德使用这个术语时，他大多是为了强调这些人是公民，其复数形式应指斯巴达公民群体。虽然在法律层面实际进行审判的可能仍是长老会、监察官和另外一名国王等斯巴达的决策者，但修昔底德在叙述第一次审判时使用 "斯巴达人"，而对最后那次抓捕行动，明确表示主要是监察官的行动，暗示最后那次判决并不完全是全体斯巴达人作出的。参见 Simon Hornblower, *A Commentary on Thucydides*, Vol. 1, p. 213; A. W. Gomme, A. Andrewes and K. J. Dover, *A Historical Commentary on Thucydides*, Vol. 5, Oxford: The Clarendon Press, 1981, pp. 50 – 51.

出很可能负有斯巴达的秘密使命。只是迫于压力，或者后来形势变化，所负使命不再必要，斯巴达人才把他召回。①

其次，宝萨尼亚斯被召回后受审以及他亲波斯罪名被坐实的过程，充满矛盾。根据修昔底德的说法，宝萨尼亚斯回国后立刻被投入监狱，但不久后又因证据不足被释放。出狱后，宝萨尼亚斯宣布愿接受任何人控告，然而控告并未发生，这至少说明他在国内尚有足够的支持者。而且，修昔底德随后承认，关于宝萨尼亚斯的所有罪名，"斯巴达人并无明确证据"。② 监察官转而调查宝萨尼亚斯是否有违法行为，但除发现他在献给德尔菲的一只三足器上刻写宣扬自己功绩的铭文外，并无其他出格之处。

不过在此过程中，监察官获得另一重要情报：宝萨尼亚斯"正与黑劳士密谋，甚至更过分，因为他承诺，如果他们帮助他完成全部计划，会给予他们自由和公民权"。③ 在斯巴达，解放黑劳士比亲波斯罪名严重得多，因为斯巴达的社会基础依赖黑劳士制度。解放黑劳士等于颠覆斯巴达政治和社会制度根基，防范黑劳士暴动是斯巴达几乎所有政策的出发点，用弗热斯特的话说，"公元前 371 年纽克特拉战役以前，斯巴达的政策很大程度上被它征服美塞尼亚后产生的利益与危险控制"。随着时间推移，"斯巴达人的精力越来越多地转向那桩丑陋且困难的任务：维持自己作为南伯罗奔尼撒霸主的地位。斯巴达可能会冒险，但即使在最冒险的时候，它也不能不先回头看看国内的麻烦；一旦遭遇失败，就会出现这样的声音：对斯巴达的利益来说，伯罗奔尼撒的安全远比可能在国外获得的任何好处重要"。④

然而，这项指控和宝萨尼亚斯亲波斯一样，缺乏有力证据。对于消息来源，修昔底德使用了"punthánomai"一词。该词的基本含义，是从他人那里了解或听说某人或某事。⑤ 也就是说，煽动黑劳士暴动的大罪名，监察官只是听闻而已，

---

① Mabel L. Lang, "Pausanias Scapegoat," *The Classical Journal*, Vol. 63, No. 2 (November 1967), pp. 79 – 85.

② Thucydides, *History of Peloponnesian War*, Ⅰ. 131. 2, Ⅰ. 132. 1.

③ Thucydides, *History of Peloponnesian War*, Ⅰ. 132. 4.

④ W. G. Forrest, *A History of Sparta 950 – 192 B. C.*, New York and London: W. W. Norton and Company, 1968, p. 39.

⑤ Henry George Liddell, Robert Scott and Henry Stuart Jones, eds., *A Greek-English Lexicon*, p. 1554.

并无直接证据，甚至斯巴达人自己都不相信宝萨尼亚斯会这样做。这与斯巴达人随后的行动吻合，"甚至到那时，他们仍不愿相信某些黑劳士的告密，认为对他采用严厉措施并不合适。他们遵循惯常方法处置自己那个层次的人——不慌不忙，除非有无可辩驳的证据，否则不会对一个斯巴达人采用难以挽回的措施"。① 易言之，在所谓宝萨尼亚斯煽动黑劳士反叛问题上，监察官的证据并不可靠。

从逻辑上看，要在宝萨尼亚斯亲波斯与解放黑劳士之间建立联系，难度太大。宝萨尼亚斯本是抗击波斯的英雄，斯巴达坚决抵抗波斯的原因之一，无疑是维护自身社会和政治制度。抵抗波斯的英雄突然变成意欲颠覆斯巴达根本制度的叛徒，而且还是为了实现自己勾结波斯奴役希腊的野心。不合理之处在于，一个向往波斯生活方式的摄政王，出狱后不是前往小亚细亚与波斯人密谋，而是在国内煽动黑劳士造反。问题是即使黑劳士真被煽动起来，对于确立波斯在希腊的统治，或者实现宝萨尼亚斯的意图，有什么实际意义？"难道我们要认为，在他统治希腊的阴谋中，黑劳士是会比波斯人更有用的盟友吗？或者说因为坐牢，他已经从东方专制主义转向了激进民主？"② 尽管修昔底德相当肯定，但煽动黑劳士暴动的罪名，无论怎么分析，都像斯巴达人事后杜撰出来证明自己行动合法性的宣传。③

或许指控摄政王通过解放黑劳士成为波斯支持下的希腊僭主过于匪夷所思，斯巴达人最终还是回到宝萨尼亚斯亲波斯的罪名上来。但随后发生的事情严重不合逻辑。如果宝萨尼亚斯的确不断与波斯通信，为什么要求波斯人把所有信使处死？如果他真的希望给自己的行动保密，完全可以要求波斯人先把自己的奴隶扣押，等事情成功后再释放。阿尔吉鲁斯人猜破这件事情后，竟私自打开书信并向

---

① Thucydides, *History of Peloponnesian War*, Ⅰ.132.5.

② Mabel L. Lang, "Pausanias Scapegoat," p. 80.

③ 考克维尔和卡特利奇倾向于认为，宝萨尼亚斯有可能煽动黑劳士暴动。理由是斯巴达后来发生大地震后，斯巴达人认为，这场灾难是因为他们把在泰纳隆寻求庇护的黑劳士处死，而宝萨尼亚斯曾前往泰纳隆。斯巴达的确担心黑劳士暴动，但要在宝萨尼亚斯勾结波斯与泰纳隆的黑劳士暴动之间建立联系，甚至宣称宝萨尼亚斯有意解放拉科尼亚的黑劳士，证据过于薄弱。参见 Paul Cartledge, *Agesilaos and the Crisis of Sparta*, p. 175; *Sparta and Lakonia*, 2nd ed., London and New York: Routledge, 2002, pp. 213 – 214; George Cawkwell, *From Cyrene to Chaeronea*, pp. 109 – 112.

监察官举报。凭借白纸黑字，监察官马上可以抓捕宝萨尼亚斯，何必大费周章，让送信的奴隶到泰纳隆的神庙祈求庇护，还要费很大精力散布消息，让宝萨尼亚斯知道这件事，并把后者引到特意为此搭建的木屋而非神庙。宝萨尼亚斯也足够天真，不但特意来到奴隶选定的地点，而且在亲口承认联络波斯国王的事实后，要求奴隶继续帮助他完成送信任务。须知泰纳隆位于伯罗奔尼撒最南端，距斯巴达城约 40 千米。此地是为黑劳士提供庇护的地方，其他人几乎无法靠近。[1]

从斯巴达方面看，他们如何确定宝萨尼亚斯一定会去泰纳隆？从宝萨尼亚斯的角度看，任何一个头脑正常的人，一旦得知自己的密谋泄露，肯定会如斯巴达前国王戴马拉图斯那样先逃亡，而不是跋涉 40 千米去见可能已出卖自己的人，更不会再委托偷看自己书信的人继续执行如此重要的使命。从告密者一方看，阿尔吉鲁斯人除非获得新的书信和指令，否则不大可能根据宝萨尼亚斯的口头允诺继续前往波斯送信，因为收信的波斯人并不了解宝萨尼亚斯的新承诺，还是会如过去那样处死送信者。尤其不能理解的是监察官的行动，他们在泰纳隆亲耳听取宝萨尼亚斯和奴隶的对话后，仍拒绝立即采取行动，反而多此一举地决定在 40 千米外的斯巴达城内逮捕他，好像料定宝萨尼亚斯会回到斯巴达，并相信他不会随时逃亡波斯！而宝萨尼亚斯在得知自己阴谋泄露后，居然真如监察官期待的那样回到斯巴达。当后者终于实行逮捕时，其中一名监察官居然给嫌犯发暗号，使他顺利逃入神庙。[2]

上述矛盾使现代学者怀疑，所谓宝萨尼亚斯勾结波斯以及煽动黑劳士反叛的记载，可能是斯巴达人事后发明的"故事"，以证明他们处置宝萨尼亚斯的合理性。[3] 与阿尔吉鲁斯人相关的故事，较之宝萨尼亚斯与薛西斯的通信更不合逻辑。罗兹指出，在听过摄政王和信使的对话后，监察官仍不采取行动，"甚至对谨慎的斯巴达人来说，监察官不愿采取行动也似乎过分了"。[4] 在斯巴达政治具有秘

---

[1] 正因为该地难以靠近，斯巴达人不用太担心黑劳士会随时逃到那里寻求庇护，从而威胁斯巴达的奴隶制度。参见 Simon Hornblower, *A Commentary on Thucydides*, Vol. 1, p. 212.

[2] Thucydides, *History of Peloponnesian War*, Ⅰ. 132. 1, Ⅰ. 134. 5.

[3] 考克维尔认为，这个罪名是为了构陷地米斯托克利而刻意栽到宝萨尼亚斯头上的。参见 George Cawkwell, *From Cyrene to Chaeronea*, p. 111.

[4] P. J. Rhodes, "Thucydides on Pausanias and Themistocles," p. 392.

密性的情况下，① 关于宝萨尼亚斯与阿尔吉鲁斯人对话等整个故事的生动细节，修昔底德又是从哪里获得相关信息的？虽然修昔底德素以严谨著称，宣布写下来的所有事情都经过自己的考察。但这个故事，怎么看都像他从某个已流传的版本摘抄过来的。② 向来具有批判精神的修昔底德在这个问题上的轻信，或许与他出生后有关宝萨尼亚斯事件的官方说法就已广泛流传有关，而希罗多德则可能是在雅典之外听闻了不同版本，因此不完全赞同斯巴达和雅典所创造的"故事"。③

宝萨尼亚斯死后不久，据称根据德尔菲的谕令，他的墓地被斯巴达人迁移到他被饿死的圣所附近，与阵亡于温泉关的莱奥尼达斯为邻，并树立雕像纪念，成为斯巴达第一个获此荣誉的摄政王。让一个因勾结波斯被处死的摄政王，与一个为抵抗波斯阵亡的国王死后为邻，而且立像纪念，斯巴达人的做法似乎太有讽刺意味。④

四、希波战争后斯巴达的政策选择

然而，宝萨尼亚斯的确因亲波斯的罪名丧命。排除勾结波斯、叛卖希腊以及煽动黑劳士暴动的罪名后，宝萨尼亚斯唯一可被控诉的理由，就是他心仪波斯的生活方式及对待盟友的傲慢行为。心仪波斯生活方式或许有之，毕竟修昔底德明确提到，斯巴达人发现，当他们的公民被派到国外时，容易受外界"腐蚀"。所以，斯巴达人放弃战争领导权的重要原因，就是不愿公民与外界接触。⑤ 不过心仪波斯生活方式终归是个人习惯，不足以使宝萨尼亚斯被剥夺王位，更不用说被处死。第一次审判时，斯巴达人发现宝萨尼亚斯行为傲慢，只是不再派他为统帅，没

---

① Thucydides, *History of Peloponnesian War*，Ⅴ.68.2.

② H. D. Westlake, "Thucydides on Pausanias and Themistocles—A Written Source?" pp. 95 –110.

③ 康纳认为，修昔底德叙述宝萨尼亚斯和地米斯托克利叛卖希腊的故事，意在说明两人尽管优秀，但都因背叛希腊被本国控告，也是为了说明后文提到的斯巴达人一旦离开国境，便不再遵守斯巴达的法律。但对此我们缺乏证据。修昔底德的叙述实际有个明显作用，即说明斯巴达人借渎神罪名要求雅典放逐伯里克利，以及雅典人反击斯巴达的理由（放逐亵渎雅典娜黄铜宫的人）之来源。参见 A. Andrewes, "Spartan Imperialism?" p. 93；W. Robert Connor, *Thucydides*, Princeton：Princeton University Press, 1987, pp. 48, 52.

④ Thucydides, *History of Peloponnesian War*，Ⅰ.134.2 – 4；A. W. Gomme, *A Commentary on Thucydides*, Vol. 1, pp. 436 –437；Paul Cartledge, *Agesilaos and the Crisis of Sparta*, p. 342.

⑤ Thucydides, *History of Peloponnesian War*，Ⅰ.95.7.

有剥夺其摄政王的权力。所谓宝萨尼亚斯的傲慢，很可能被雅典人夸大了。① 从后来的情况看，斯巴达人并不总是在意他们的统帅对盟友是否傲慢，他们不友好地对待盟友、制裁不太"听话"盟友的例子，并不少见。② 那么，是什么理由使斯巴达人下决心整垮宝萨尼亚斯？

首要的原因是，宝萨尼亚斯与战后斯巴达政策选择之间存在冲突。早在公元前 6 世纪中后期，斯巴达已是希腊大陆公认的强国。③ 在希腊世界，斯巴达的领袖地位得到包括雅典在内大多数城邦的承认，而且斯巴达也意识到自己的地位并按领袖身份行事，其陆军实力也足以匹配其地位。④ 因此，公元前 480 年希腊遭遇薛西斯入侵，组建反波斯同盟时，斯巴达理所当然地成为盟主。斯巴达士兵的优良战斗素质及纪律，在温泉关战役和普拉提亚战役中得以充分表现。希波战争中希腊的胜利，本是斯巴达乘机扩大势力，成为希腊霸主的绝佳机会。但就在这时，斯巴达内部有了分歧，导致对外政策出现摇摆。

公元前 479 年，波斯势力基本被逐出希腊大陆，斯巴达大体有 3 个方案可供选择。第一，积极参与对波斯的战争，保持海陆领导权，并借机扩大影响，形成对全希腊和爱琴海的霸权；第二，基本放弃海权，但利用亲波斯的希腊人城邦的软弱，乘机扩大在陆上尤其是中、北希腊的影响，建立较为强大的陆上霸权；第三，退回伯罗奔尼撒，继续昔日的生活。第三个选项通常被视为小斯

---

① 普鲁塔克暗示那是雅典政治家阿利斯泰戴斯和奇蒙的杰作。参见 Plutarch, *Aristides*, 22.1 – 5; *Cimon*, 6.1 – 3; Russell Meiggs, *The Athenian Empire*, Oxford: The Clarendon Press, 1972, pp. 42 – 43.

② 如公元前 421 年签订尼奇亚斯和约、公元前 418 年阿吉斯退兵、伯罗奔尼撒战争末期斯巴达与波斯谈判结盟，以及公元前 403 年与雅典签订和约时，斯巴达都没有顾及自己最重要的盟友科林斯和底比斯等的反对。参见 Thucydides, *History of Peloponnesian War*, V. 21.1 – 63.4; P. R. McKechine and S. J. Kern, eds., *Hellenica Oxxyrhynchia and Commentary*, Oxford: Aris & Philips, 1998, pp. vii, 2; Robin Seager, "After the Peace of Nicias: Diplomacy and Policy, 421 – 416 B. C.," *The Classical Quarterly*, Vol. 26, No. 2, 1976, pp. 249 – 269.

③ 最早的证据是公元前 546 年吕底亚准备挑战波斯时，斯巴达成为克罗伊索斯求援的唯一希腊国家；公元前 524 年后某时，当萨摩斯流亡者企图返回自己的国家并推翻僭主波吕克拉泰斯的统治时，他们也向斯巴达求援；公元前 500 年，小亚细亚的希腊人准备暴动时，他们的使者阿利斯塔戈拉斯求援的第一个对象仍是斯巴达。参见希罗多德：《历史》，第 34—35、215 页。

④ 乔治·格罗特：《希腊史》上册，第 164、168—169 页。

巴达政策。①

第一个选项会对斯巴达的基本制度构成巨大挑战。虽然斯巴达陆军通过温泉关和普拉提亚证明了自己，但如果它希望在海陆同时保持领导权，就必须大规模建设海军，以适应长期在爱琴海上对波斯作战的需要。但采取这条路线意味着斯巴达必须建造更多战船，抽调更多人力，争取在希腊同盟的海军中与雅典等海上强国势均力敌。②但无论斯巴达的财力还是人力，抑或社会与政治制度，都不允许长期维持一支强大舰队。波利比乌斯关于斯巴达不适合执掌希腊霸权的评论，深刻反映了问题实质：

> 只要他们仅仅意在统治邻邦和伯罗奔尼撒，他们发现拉科尼亚的供应和资源就足够了，因为他们需要的所有东西都近在咫尺，而且不管是通过陆地还是海洋，可以马上返回国内。但是，一旦他们开始从事海上远征，并且在伯罗奔尼撒之外作战，由于莱库古立法只许用铁币和农产品交换缺乏的商品，则两者显然都不敷需要了，因为他们的野心需要一种普遍流通的货币，且需从国外获得供应。因此，他们被迫向波斯人乞讨，向岛民勒索贡金，从所有希腊人那里索取捐赠。他们意识到，在莱库古制度下，不用说我说的希腊霸权了，就是想有任何影响都不可能。③

波利比乌斯在此更多地从交换手段着眼，没有谈到斯巴达制度内部的矛盾，并很可能受到伯罗奔尼撒战争后期到公元前4世纪初，也即斯巴达执掌霸权时期形势的影响。但如果希波战争后斯巴达人选择充当希腊人领袖，应当会出现类似情况。用刘易斯的话说，"对充当一个领袖国家的角色来说，斯巴达远不合格；对作为一个帝国统治者的角色来说，它更不合格"。有限的人力，加之斯巴达人

---

① Paul Cartledge, *Sparta and Lakonia*, p. 182; W. G. Forrest, *A History of Sparta 950 – 192 B. C.*, p. 99.

② 关于希腊人反波斯同盟的组织和议事程序，以及斯巴达人可能扮演的角色，参见 P. A. Brunt, "Hellenic League against Persia," *Historia*, Vol. 2, No. 2, 1953, pp. 135 – 163; Adrian Tronson, "The Hellenic League of 480 B. C.: Fact or Ideological Fiction," *Acta Classica*, Vol. 34, 1991, pp. 93 – 110; David Yates, "The Tradition of Hellenic League against Xerxes," *Historia*, Vol. 64, No. 1, 2015, pp. 1 – 25.

③ Polybius, *Histories*, VI. 49. 7 – 10.

缺乏政治训练，"既无法遵循别人的习惯，也无力创立自己的新规范"。同时，斯巴达经济上存在弱点，内部不同机构的掣肘与统治集团的分歧，注定无力执掌整个爱琴海地区的霸权。①

第二个选项是斯巴达乘势扩大领导权，把在伯罗奔尼撒的霸权变成在希腊的霸权。这一点看起来较易做到，因为希波战争时它已是中南希腊公认领袖，依靠原伯罗奔尼撒同盟的支持，进一步向北扩展势力，并非完全不可能。当时中北希腊有 3 支主要势力：底比斯、色萨利和雅典。底比斯选择投靠敌人，战后受到制裁，比奥提亚同盟可能被解散，已无力对抗斯巴达。② 公元前 6 世纪后期，色萨利人一度相当强大，但他们组织涣散，且同样因亲波斯声名狼藉，不足以对斯巴达构成威胁。只有雅典是个难缠的对手，战争期间已有意挑战斯巴达的领导地位，战后不久组建了提洛同盟，俨然成为对波斯战争的领袖。斯巴达要想成为中北希腊霸主，关键在于如何处理与雅典的关系。斯巴达扩大霸权较有利的条件在于，战争期间的同盟仍存在，当时雅典知名的政治家中，除地米斯托克利坚定反斯巴达外，大多数人仍视斯巴达为盟友，至少不希望马上与其翻脸。公元前 479 年，地米斯托克利落选当年的雅典将军，此后似未再担任重要职务，后来雅典甚至和斯巴达联合追索他，迫使其逃亡波斯，足以说明雅典的态度。

斯巴达最初似乎有意扩大在科林斯地峡以北的势力。与宝萨尼亚斯出兵塞浦路斯同时或稍晚，斯巴达另一国王莱奥提奇达斯率军进攻色萨利。据希罗多德记载，"当行将征服色萨利全境时，他接受了一大笔贿赂。这件事由于他有一次在营帐中，坐在一个满装着银子的波斯提袋上而被发现，随后他便受到审判，被从斯巴达放逐。他的家宅被毁，本人亡命泰盖亚并且死在那里了"。③ 审判及定罪的发生，很可能是国内政敌出于嫉妒或争权煽动的。④ 如果说宝萨尼亚斯被定罪，表示斯巴达人抛弃了继续领导希腊人对波斯作战并建立海上霸权的政策，而莱奥提奇达斯被定罪，则暗示他们基本放弃建立希腊大陆霸权这一选择。

至少到公元前 5 世纪 70 年代后期，斯巴达人已缩回伯罗奔尼撒半岛，事实

---

① 刘易斯等编：《剑桥古代史》第 6 卷，第 29—34 页。
② Diodorus Siculus, *Library of History*, XI. 81. 2 – 3.
③ 希罗多德：《历史》，第 431 页（译文有改动）。
④ Anton Powell, *Athens and Sparta*, p. 103.

上执行着小斯巴达政策，这也正是宝萨尼亚斯失势和最终垮台的时间。希波战争后斯巴达对外政策收缩的重要标志，是发生于公元前478年或稍晚的一次会议。这次会议被修昔底德忽视，但在狄奥多鲁斯的著作中保存了下来：

> 因缺乏令人信服的理由失去了海上霸权，拉凯戴蒙人极其不快。他们对那些脱离了其控制的希腊人极其恼恨，威胁要适当加以制裁。事实上，在一次长老会上，他们考虑以（失去）海上霸权为由向雅典宣战。同样，当公民大会召开时，所有较年轻的和其余大部分人都渴望重夺霸权。他们认为，如果成功，可以享有大量财富，斯巴达总体上也会更强大和更有势力，普通公民的家庭环境也会大为改善。他们还不断回想起古代的一个神谕，神警告他们，提防他们成为"跛足的领袖"。他们说，这个神谕说的不是别的时候，正是当前，因为如果失去了两个霸权中的一个，统治无疑会跛足。①

狄奥多鲁斯认为会议于公元前475年或前474年召开，修昔底德没提到这次会议，反而不断强调斯巴达人对雅典人的友好。② 但德圣克鲁瓦和梅格斯都认为，这段记载具有真实性，不过此事不应发生在公元前475年或前474年，而是公元前478年。③

我们不清楚宝萨尼亚斯当时是否在场，更不了解他在这个问题上的态度。但如果他在场，或许会公开支持年轻人的主张，即夺取希腊世界的领导权。然而，由于赫托马利达斯的发言，所谓的宣战实际并未发生，其核心意见是，斯巴达人不应追求海上霸权，而应注意伯罗奔尼撒的事务。据说他"建议应当把领导权留给雅典人，宣称要求海上领导权对斯巴达没有好处。他用了相关论证来支持自己令人吃惊的建议，结果，与所有人的期待相反，他争取到了长老会和人民的支

---

① Diodorus Siculus, *Library of History*, XI. 50. 1 – 4.

② Thucydides, *History of Peloponnesian War*, I. 95. 7.

③ P. J. Rhodes, *A History of the Classical Greek World: 478 – 323 BC*, 2nd ed., Chichester: Wiley-Blackwell, 2010, pp. 26 – 27; Russell Meiggs, *The Athenian Empire*, p. 40; G. E. M. de Ste. Croix, *The Origins of the Peloponnesian War*, 3rd Impression, London: Duckworth, 1989, pp. 170 – 171.

持。最后，拉凯戴蒙人确信，赫托马利达斯的意见对他们有利，放弃了反对雅典人的战争"。① 我们不清楚所谓"相关论证"到底是什么，但显然与当时大多数斯巴达人的意见不同。公元前 5 世纪 70 年代后期到 60 年代前期，阿卡狄亚、阿尔戈斯和埃利斯的行动及其对斯巴达霸权的威胁，还有斯巴达与它们的冲突，②说明赫托马利达斯的意见具有预见性，斯巴达需要稳固其在伯罗奔尼撒的统治。

这个主张与前文提及的小斯巴达政策相当吻合。如果他的演说还包括其他内容，则可能就是斯巴达人不适合长期海上远征，让雅典人代替斯巴达人与波斯人作战并无不妥。③ 斯巴达人召回宝萨尼亚斯，在多尔奇斯之后也不再派人领导战争，对另一主张扩大斯巴达势力的莱奥提奇达斯，以贿赂的罪名加以审判，而且可能作出了非常严厉的判决（迫使他逃亡泰盖亚）。所有这些，应当都是小斯巴达政策实施的结果。雅典亲斯巴达派政治家奇蒙的崛起及其维持与斯巴达和平的政策，阿卡狄亚等地在公元前 5 世纪 70 年代后期的动荡及其对斯巴达霸权的威胁，都明显让部分斯巴达人相信小斯巴达政策符合本国利益。

五、宝萨尼亚斯的性格及其与斯巴达政策的冲突

斯巴达政策的转向，并不意味着一定要以亲波斯的罪名指控两位国王并先后将其赶下台甚至处死。④ 对莱奥提奇达斯的情况，我们了解太少，不足以对他被定罪的原因作出分析。但对宝萨尼亚斯，借助希罗多德和修昔底德提供的资料，我们可以较有把握地说，宝萨尼亚斯的个人行动与斯巴达的政策选择出现严重冲突，是他垮台最重要的原因。

对公元前 479 年之前宝萨尼亚斯的活动，我们所知不多。他是阿吉亚德王室

---

① Diodorus Siculus, *Library of History*, XI. 50. 6 – 8.

② W. G. Forrest, "Themistokles and Argos," *The Classical Quarterly*, Vol. 10, No. 2 (November 1960), pp. 221 – 241.

③ A. Andrewes, "Spartan Imperialism?" p. 95.

④ 伯罗奔尼撒战争期间的国王阿奇达穆斯，与其情况类似但结局不同。他曾在斯巴达人讨论是否应对雅典宣战的大会上公开发言，反对马上向雅典宣战。战争开始后，至少在斯巴达第一次入侵阿提卡过程中，他进军并不积极，以致遭到盟友和斯巴达人的批评，但他本人的地位似乎并未受影响。参见 Thucydides, *History of Peloponnesian War*, I. 79. 1 – 85. 2, II. 10. 3 – 12. 4, II. 18. 1 – 5.

国王阿纳克桑德利达斯第四个儿子克莱奥布鲁图斯之子，不到 30 岁就成为摄政王。① 公元前 479 年普拉提亚战役的胜利，给他带来巨大声望和权威，"由于在普拉提亚战役中担任联军统帅，他在希腊人中间享有崇高威望"。但他的成功并未到此为止。公元前 478 年，尽管伯罗奔尼撒的盟友和雅典一共只提供了 50 艘舰船，宝萨尼亚斯仍取得耀眼成绩，"他们远征塞浦路斯，征服了大部分地区。后来，还是在他的统率下，包围并攻下了波斯人占领的拜占庭"。② 两次成功，显示了宝萨尼亚斯的战略眼光。③

然而，如前文指出的，宝萨尼亚斯的成功并不完全是斯巴达需要的。一些斯巴达人认为，进一步扩大霸权并非斯巴达之福，他们更愿意把斯巴达的势力局限在伯罗奔尼撒，最多只是偶尔进入中北希腊。宝萨尼亚斯的实际行动，势必使斯巴达的霸权扩大到伯罗奔尼撒之外，甚至爱琴海上。这种扩大斯巴达影响的做法，会严重冲击该国的政治和社会制度，也与所谓小斯巴达政策明显相左。本来在斯巴达中，国王非常重要，享有诸多特权，而且终身任职，可以持续施加影响。④ 宝萨尼亚斯少年得志，普拉提亚战役的胜利，使他成为希腊最有权势的人物。在塞浦路斯和拜占庭的成功，进一步提高了他的地位。正常情况下，宝萨尼亚斯理应在与持小斯巴达政策的人的冲突中占有一定优势。导致他失败的主要原因之一，可能是他本人性格上的缺陷和生活方式的变化。据称，宝萨尼亚斯在与波斯国王建立联系后，变得更加傲慢，而且公开表露出对波斯生活方式的喜爱：

> 他穿上波斯服装离开拜占庭，以米底人和埃及人为护卫穿过色雷斯；他

① 希罗多德并未明确说克莱奥布鲁图斯为摄政王，但莱奥尼达斯在温泉关阵亡，其子普雷斯塔科斯继位后，克莱奥布鲁图斯很可能就是监护人和摄政王，且以摄政王身份在科林斯地峡统领希腊联军。希罗多德提到宝萨尼亚斯能够成为监护人和摄政王的理由时说，"原来，宝萨尼亚斯的父亲，阿纳克桑德利达斯的儿子克莱奥布鲁图斯已经不在人世了"。暗指宝萨尼亚斯继承了父亲的地位。参见希罗多德：《历史》，第 625—626 页；Paul Cartledge, *Agesilaos and the Crisis of Sparta*, pp. 105 – 115.
② Thucydides, *History of Peloponnesian War*, Ⅰ. 130. 1, Ⅰ. 94. 2.
③ A. W. Gomme, A. Andrews and K. J. Dover, *A Historical Commentary on Thucydides*, Vol. 1, p. 271.
④ Paul Cartledge, *Agesilaos and the Crisis of Sparta*, pp. 105 – 115.

使用波斯餐桌，公开暴露自己的意图；他在小事上的行为，表明他的野心有朝一日会变得更大；他让自己难以接近，毫无例外地对所有人都性格暴躁，以至于谁都无法接近他。①

抛开宝萨尼亚斯是否亲波斯不论，他的行为确实有违斯巴达常规。事实上，他专擅的行为在普拉提亚战役中已有表现。他不加审判地处死底比斯人交出的嫌犯，虽然意在打击亲波斯的势力，但有过度用权之嫌。希罗多德明确提到，这些人之所以愿意放弃抵抗，一个很重要的理由是"他们都以为他们会得到抗辩的机会，还相信他们可以用金钱来买脱自己；可是宝萨尼亚斯也正是担心他们会做出这样的事情来，因此把这些人弄到手以后，便遣散全部同盟军，又把他们带到科林斯并处死"。②

似乎如此行事尚不足以显示权威，宝萨尼亚斯竟然在希腊人献给德尔菲的三足器上刻下"统率希腊人消灭了波斯军队之后，宝萨尼亚斯将此献给弗波斯作为纪念"，③ 直接漠视其他斯巴达人和盟友的贡献。在城邦制度下，公民集体的利益和贡献是第一位的。过分突出个人，明显超出宝萨尼亚斯作为统帅的权力范围，暴露了他妄自尊大的一面。斯巴达人磨去宝萨尼亚斯的铭文，代之以参战城邦的名单，既符合斯巴达的制度，也符合希腊同盟城邦的期待。

在次年的行动中，宝萨尼亚斯的行为更过分。修昔底德说他像僭主而不是将军；④ 普鲁塔克的意见大体相近，只是更加具体。⑤ 在所谓来库古制度下，斯巴达人，包括国王在内，在国内追求良好生活的愿望受到遏制。⑥ 普拉提亚战役后，宝萨尼亚斯特意让随从给自己准备一份斯巴达式饭食。在把希腊人将领全召集起来并对比了波斯统帅的豪华餐食后，宝萨尼亚斯笑道，"希腊人啊，我把你们召集到这里来，为的是想要你们看一看米底人的领袖的愚蠢：一个每天吃着你们看

---

① Thucydides, *History of Peloponnesian War*, Ⅰ.130.

② 希罗多德：《历史》，第 662 页。

③ Thucydides, *History of Peloponnesian War*, Ⅰ.132.2.

④ Thucydides, *History of Peloponnesian War*, Ⅰ.95.1 – 3, Ⅰ.130.2.

⑤ Plutarch, *Aristeides*, XXⅢ.2 – 3.

⑥ 普鲁塔克和色诺芬对斯巴达制度的描绘，明显夸大其词。总体上看，斯巴达那种把人类培养得如同蜜蜂一般的制度设计，对人性的压抑非常严重。参见 Plutarch, *Lycurgus*, Ⅸ, Ⅹ, Ⅻ, ⅩⅤ.3, ⅩⅥ.5; Xenophon, *Constitution of the Lacedaemonians*, Ⅰ.3, Ⅺ.8.

到的这样的饭食的人，却跑到我们这里来想夺取我们这样可怜的饭食"。①

年轻的宝萨尼亚斯在脱离国内监控后，欲望爆发出来，不仅一般希腊人无法承受，就是斯巴达人也难以接受。因为斯巴达体制以全体公民一致为基本前提，公民名义上都是平等者，富人与穷人过一样的生活，即使贵为国王，也须遵守法律。② 修昔底德特意提到，"由于宝萨尼亚斯的行为有违习俗，模仿蛮族，斯巴达人普遍怀疑他不满足于做一个平等的人"。③

宝萨尼亚斯的傲慢，影响了斯巴达与盟友的关系。普鲁塔克提到，"阿利斯泰戴斯一度想责备和劝告宝萨尼亚斯，但是他沉着脸说他很忙，不愿听他讲"。④这句话到底有多少真实成分，令人怀疑，但宝萨尼亚斯不善于与他人打交道却是实情。雅典正是利用此点煽风点火，恶化了斯巴达与盟友的关系。修昔底德说：

> 由于宝萨尼亚斯行事暴虐，别的希腊人都憎恶他，伊奥尼亚人和所有刚刚从波斯国王统治下解放出来的人尤其如此。他们三番五次找雅典人，恳求他们看在血缘关系的份上领导他们，并且如果宝萨尼亚斯胁迫他们，不要任其所为。雅典人接受了他们的请求，开始关注此事，不再对宝萨尼亚斯的所作所为坐视不管，且在处置其他事务时，尽可能按照自己的想法来。⑤

狄奥多鲁斯所记载的，与修昔底德大同小异：

> 所有人都恨他，尤其是那些受命担任低级指挥职务的人。军中有许多谣言，在不同的部族和不同的公民群体中都有，一些伯罗奔尼撒人实际上抛弃了他，航行回家了。他们从家乡正式向斯巴达指控他。⑥

---

① 希罗多德：《历史》，第 660 页。
② 约公元前 404 年，国王阿吉斯打败雅典后归来，请求在家与妻子进餐，但遭到军官拒绝。次日，阿吉斯因为前一天的事情生气，忽视了献祭，又被军官罚款。参见 Plutarch, *Lycurgus*, XII. 2 – 3.
③ Thucydides, *History of Peloponnesian War*, I. 132. 2.
④ Plutarch, *Aristeides*, XXIII. 3.
⑤ Thucydides, *History of Peloponnesian War*, I. 95. 1 – 2.
⑥ Diodorus Siculus, *Library of History*, XI. 44. 6.

狄奥多鲁斯在这里透露，指控宝萨尼亚斯的人包括斯巴达核心盟友伯罗奔尼撒的城邦。斯巴达或许对小亚细亚并不关心，对伯罗奔尼撒同盟的盟邦也漠不关心，但当盟邦的指控与斯巴达政策选择一致时，情况就不同了。斯巴达马上作出反应，派人召回宝萨尼亚斯并加以审判。斯巴达人虽然没有证实宝萨尼亚斯亲波斯的指控，但认为他有过失，不再派他为统帅。当雅典人领导一批新盟友组建提洛同盟时，斯巴达人听之任之，在随后派出的多尔奇斯不被盟友接受时，采取旁观态度，不再派出统帅。对此，修昔底德的解释是，"他们担心派出的人可能被腐蚀，如同他们看到的发生在宝萨尼亚斯身上的情况一样"。① 易言之，斯巴达人不是不想保留统帅权，而是考虑到自己的需要，更乐意看到与其政策取向不同的国王被控告，加上看到自己的公民受外界引诱而变质，觉得保持公民的纯洁更重要。因而，斯巴达人利用宝萨尼亚斯生活作风问题将他召回，同时放弃了对希腊领导权的争夺。

不过，宝萨尼亚斯显然希望继续推进自己的政策，赢得更大声望。公元前477 年，他乘坐赫尔米奥奈的船只前往赫勒斯滂，并在小亚细亚积极活动。这显然不是斯巴达需要的，因而以亲波斯的罪名第二次将其召回。但如修昔底德承认的，斯巴达人先监禁了宝萨尼亚斯，由于仍旧缺乏证据，又被迫释放了他。宝萨尼亚斯声称，愿接受任何指控和审判，而且再没有离开斯巴达，似乎也没有对政策施加太大影响。然而出人意料的是，数年后他仍因亲波斯罪名被逮捕。对此，我们还需到斯巴达的基本制度与个人关系中寻找线索。

六、宝萨尼亚斯与斯巴达制度的冲突

在柏拉图和亚里士多德看来，斯巴达的制度是包含君主制、贵族制和民主制三种因素的混合政制。三者的平衡与互相制约，是斯巴达城邦稳定的重要前提。总体上看，君主制和贵族制因素虽然更活跃，但民主制并非可有可无。② 或许同样重要的是，

---

① Thucydides, *History of Peloponnesian War*, Ⅰ.95.7.
② 祝宏俊从公民人数和出席公民大会人数等方面，论证斯巴达属于有限民主政体，提出一些很值得注意的问题。但从总体上看，斯巴达政体固然不是纯粹的寡头制，但更难称民主政治，应是一种包含了多种政制因素而民主受到抑制的政体。参见祝宏俊：《古代斯巴达政制研究》，北京：中央编译出版社，2013 年，第 272—294 页；晏绍祥：《古代希腊民主政治》，北京：商务印书馆，2019 年，第 232—280 页。

斯巴达存在明显的贫富分化，至少部分人较其他人更加富有，但斯巴达政制和社会制度的理想，是所有人大致过着一样的生活，[1] 任何人都不得过于突出。易言之，斯巴达制度没有给有杰出能力的个人提供持续发挥作用的空间。表现之一是，自公元前6世纪后期起，王权不断受到限制。[2] 不过，国王世袭承继且是军队最高统帅，在政治、经济、社会和宗教等方面享有特权。但总有国王不满足于仅做亚里士多德所说的世袭军事统帅，只享有某些固定特权，[3] 他们不断尝试突破制度限制，[4] 由此造成国王与斯巴达城邦复杂和紧张的关系，进而引发一个特殊现象：古典时代那些有一定能力且为斯巴达立下功勋的国王或统帅，如果不能保持谦抑，多不得善终。

第一位是克莱奥麦奈斯国王。他在位期间，伯罗奔尼撒同盟的制度最终定型，同盟大会基本议事规则确立；同盟协助推翻了雅典的僭主制，组织过对雅典的三路进攻；公元前494年，克莱奥麦奈斯击败阿尔戈斯，迫使后者在希波战争期间只能选择中立。但是，他收买德尔菲祭司赶走同僚戴马拉图斯，拒绝援助小亚细亚希腊人暴动，以及他在阿尔戈斯屠杀俘虏的做法，都显示他行事不太在乎规则。一个有相当能力又不太在乎规则的人，显然不是斯巴达制度可以接受的。因此，他先是因未能攻占阿尔戈斯城被控告，又因贿赂德尔菲祭司被剥夺王位，后逃亡阿卡狄亚。斯巴达人勉强召回他并恢复其王位后，据说克莱奥麦奈斯就疯癫了，斯巴达人被迫监禁了他，他最后死于自杀。[5] 但无论是他的疯癫还是自杀，都更像是斯巴达官方的宣传话语。

---

[1] 希罗多德暗示，斯巴达的某些人较其他人更高贵和富有。修昔底德实际上也承认，部分斯巴达人较其他人更富有，只是努力显得和普通人一样。参见希罗多德：《历史》，第515页；Thucydides, *History of Peloponnesian War*，Ⅰ.6.4；A. J. Halladay, "Spartan Austerity," *The Classical Quarterly*, Vol. 27, No. 1, 1977, pp. 118–119.

[2] 晏绍祥：《古代希腊民主政治》，第250—254页。

[3] Georg Busolt and Heinrich Swoboda, *Griechische Staatskunde*, Munich: C. H. Beck'sche Verlagsbuchhandlung, 1926, pp. 677–678.

[4] Paul Cartledge, *Agesilaos and the Crisis of Sparta*, pp. 105–115.

[5] 格利菲斯把克莱奥麦奈斯的疯癫与波斯国王冈比西斯的疯癫作了对比，发现存在诸多对应之处，不能不令人怀疑，它们都是民间报应故事的不同版本。参见 Lionel Scott, *A Historical Commentary on Herodotus' Book 6*, Leiden and Boston: E. J. Brill, 2005, pp. 566–568；G. T. Griffith, "Was Kleomenes Mad?" in Anton Powell, ed., *Classical Sparta: Techniques Behind Her Success*, London: Routledge, 1989, pp. 70–72.

第二位是前文提及的莱奥提奇达斯。据希罗多德记载，他登基是与克莱奥麦奈斯合作赶走戴马拉图斯的结果。公元前 479 年，他指挥希腊联军取得米卡莱战役的胜利。稍晚或次年，他出征色萨利取得成功。后他因受贿并未完全征服色萨利，随之被斯巴达定罪，逃亡泰盖亚，7 年后死在那里。希罗多德说他垮台是因戴马拉图斯问题上的罪行所遭到的报应。① 但现代学者认为，这不过是斯巴达的宣传伎俩，② 对立下如此大功的国王很快被赶下台寻找借口。如果莱奥提奇达斯真的在色萨利废黜了两个僭主，对拉利萨也即将取得成功，③ 斯巴达人有理由担心他与宝萨尼亚斯合作。

第三位是伯罗奔尼撒战争后期斯巴达的英雄吕桑德。作为斯巴达最有能力的海军统帅，他在军事上消灭了雅典海军，终结了雅典霸权；在政治上也长袖善舞，与波斯王子小居鲁士打得火热；同时玩弄手腕，使斯巴达不得不打破制度惯例，再度指定自己出任水师统帅。他在小亚细亚和爱琴海地区广泛培植势力，主导雅典与斯巴达之间的和约，甚至干预斯巴达的王位继承，成为最有权势的人物。但他既非国王，出身也不高贵。斯巴达制度明显没有给如此特殊的人物提供发挥作用的空间。④ 与雅典的战争结束，吕桑德就逐渐失势，他于希腊各邦建立的十人团、在雅典建立的三十僭主制度，在两位国王的反对下先后被取消，其朋友也遭到他一手扶植起来的国王排挤。公元前 395 年，吕桑德战死在比奥提亚，此时距离他击败雅典海军不过 10 年。⑤

除上述三人外，还有一些国王如普莱斯托亚纳克斯、伯罗奔尼撒战争后期的阿吉斯和普莱斯托亚纳克斯的儿子宝萨尼亚斯等，都不同程度遭到斯巴达制裁，主要理由是在战场上出现某种失误或擅自作决定。普莱斯托亚纳克斯因公元前 446 年主持与雅

---

① 希罗多德：《历史》，第 431 页。

② Anton Powell, *Athens and Sparta*, pp. 104 – 105.

③ D. M. Lewis et al, eds., *The Cambridge Ancient History*, Vol. 5, 2nd ed., Cambridge：Cambridge University Press, 1992, p. 99.

④ 按照亚里士多德的说法，强势的水师统帅，相当于使斯巴达有了第三位国王。参见 Aristotle, *Politics*, 1271a37 – 42.

⑤ 关于吕桑德的政治生涯和结局，参见 Xenophon, *Hellenica*, Ⅰ. 5. 1, Ⅲ. 5. 19；Plutarch, *Lysander*, XIX. 1 – XXX. 5. 卡根指出，对吕桑德的嫉妒，早在伯罗奔尼撒战争末期斯巴达处置雅典的问题上已表现了出来，阿吉斯和宝萨尼亚斯两位国王，显然有意排挤他。参见 Paul Cartledge, *Agesilaos and the Crisis of Sparta*, pp. 80 – 82, 95, 275；唐纳德·卡根：《雅典帝国的覆亡》，李隽旸译，上海：华东师范大学出版社，2017 年，第 454—455 页。

典签订30年和约，被控告受贿；① 其子宝萨尼亚斯则因公元前395年配合吕桑德进攻哈利亚图斯失误，到达战场后不是以战斗而是以协议方式收回尸体，因此被判处死刑。而关于哈利亚图斯战役的责任，色诺芬明确指出，当时斯巴达人及其盟友都不愿再战，而且尸体留在城墙边，即使战斗取胜，也无法安全收回。因此，经斯巴达人与盟友会商后，宝萨尼亚斯才作出以签订停战协定的方式收回尸体的决定。②

这些案例表明，在斯巴达的制度设计中，任何突出的个人都可能遭遇制度的压制。③ 宝萨尼亚斯的情况，与上述被制裁的几位不无相似之处。他以摄政王身份，不足30岁即取得普拉提亚战役、征服塞浦路斯和拜占庭的胜利，在希腊世界赢得巨大声望，但他的成功明显引起国内某些人嫉妒，随后遭遇控告。他本人的不检点，包括喜好波斯生活方式，以及长期逗留海外不归，给政敌提供了口实。在被召回斯巴达后，他可能仍希望利用影响力和摄政王地位，继续推行反对波斯、扩大斯巴达霸权的政策。但小斯巴达政策的胜利，以及阿卡狄亚同盟的异动，使他的主张不再符合斯巴达需要。而在斯巴达制度安排中，又没有为政策上有影响的反对派提供继续活动的空间，支持小斯巴达政策的当权者只能想办法除掉他。④ 所以，宝萨尼亚斯垮台的真正原因，是他的主张与斯巴达对外政策形成冲突，同时其强大地位和傲慢行为直接挑战了斯巴达的制度。⑤

---

① Thucydides, *History of Peloponnesian War*, Ⅰ. 115. 1; Plutarch, *Pericles*, XXⅡ. 3, XXⅢ. 1. 按照普鲁塔克的说法，是10塔兰特。

② Xenophon, *Hellenica*, Ⅱ. 4. 28 – 38, Ⅲ. 5. 17 – 25. 色诺芬明确提到，在对宝萨尼亚斯作出判决时，考虑到了公元前403年他让雅典民主派逃过劫难的因素。

③ 例外的是公元前4世纪前期的阿盖西劳斯，他长期在位，多次操纵斯巴达政事，但表面上非常尊重斯巴达的各项制度，"虽然他是国中最有权势的人，但他显然是法律忠诚的仆人"。他对长老会和监察官，都极其尊重。参见 Xenophon, *Agesilaus*, Ⅶ. 2; Plutarch, *Agesilaus*, 2 – 4.

④ 斯巴达国王享有的特权地位，使他们有可能在下台后继续保持影响，个别国王还可以复位，如克莱奥麦奈斯和普莱斯托亚纳克斯。参见希罗多德：《历史》，第432—433页；Thucydides, *History of Peloponnesian War*, Ⅴ. 15 – 17; Paul Cartledge, *Agesilaos and the Crisis of Sparta*, pp. 17 – 18, 111.

⑤ 卡根将之视为斯巴达制度的"惰性"，并且认为只有克莱奥麦奈斯、宝萨尼亚斯和吕桑德等强势人物，才能冲破这种惰性的限制，这从侧面反映了强力人物与斯巴达之间的冲突。卡根认为，公元前475年，各种有利因素都站在了惰性一面，因而导致宝萨尼亚斯和莱奥提奇达斯垮台。参见唐纳德·卡根：《伯罗奔尼撒战争的爆发》，曾德华译，上海：华东师范大学出版社，2014年，第55页。

结　　语

　　基于上文论述，我们大体可以判断，修昔底德笔下宝萨尼亚斯私放波斯俘虏、与波斯国王通信、公元前 477 年之后继续与波斯国王密谋夺取对希腊的统治权，以及煽动黑劳士暴动等，基本属于莫须有的罪名。所谓他与波斯国王或波斯总督的女儿订婚之事，也很可能是杜撰的。唯一无法证伪的是他喜欢波斯服装和饭食。[①] 如果我们接受格拉夫的定义，抛弃希腊生活方式而喜爱波斯的风俗意味着亲波斯，则宝萨尼亚斯在某种程度上应得到这样的罪名。但塔普林指出，希波战争期间出现的亲波斯罪名，有强烈政治含义。格拉夫也承认，亲波斯主要指与波斯人合作以背叛希腊人的事业。[②] 单纯穿波斯服装、享用波斯餐食，不足以成为亲波斯的证据，更不足以使斯巴达剥夺宝萨尼亚斯摄政王的职权。斯巴达人第一次审判宝萨尼亚斯，主要针对他对盟邦的态度，并未宣布他亲波斯。[③] 他第二次受审以及最后的死亡，更像是一场精心策划的阴谋。因此，他的垮台不在于是否亲波斯，更不在于是否出卖希腊，而是因为他的行动与斯巴达的政策发生冲突。他以摄政王身份取得巨大成功，但他张扬的作风，威胁到斯巴达制度的平衡，以致遭遇反击。几方面合力的作用，导致宝萨尼亚斯最终垮台。

　　从表面看，公元前 5 世纪 70 年代斯巴达执行的小斯巴达政策，使它痛失掌控希腊世界霸权的机会。然而正如有学者指出的，斯巴达有它需要面对的问题。从内部制度结构来说，单靠自身力量，其不可能维持庞大舰队，并长期承担对波斯战争的领导责任。同时，公元前 7 世纪以来形成的生活方式，把斯巴达人变成了必须遵守特殊戒律的公民，其公民一旦脱离斯巴达政府的控制，就可能被外界诱惑和"腐蚀"，变成斯巴达人眼中的"叛徒"。[④] 宝萨尼亚斯和莱奥提奇达斯两

---

① 希罗多德：《历史》，第 660 页；Thucydides, *History of Peloponnesian War*，Ⅰ. 130. 1.

② David M. Graf, "Medism: The Origin and Significance of the Term," p. 15; Christopher Tuplin, *Achaemenid Studies*, pp. 162 – 163.

③ 修昔底德提到，斯巴达人经过审判，裁决盟邦指控的宝萨尼亚斯主要罪名不成立。参见 Thucydides, *History of Peloponnesian War*，Ⅰ. 95. 5.

④ 用修昔底德的话说，斯巴达风俗与其他希腊人城邦格格不入，斯巴达人一旦到了国外，就既不能继续遵守斯巴达的习惯，也无法遵从当地人的习惯和传统。参见 Thucydides, *History of Peloponnesian War*，Ⅰ. 77. 6.

位希波战争的英雄，先后栽倒在外界的诱惑上，偏离了斯巴达的生活方式，终致垮台，这的确是他们个人的悲剧。但由于斯巴达人主动放弃对希腊的领导权，其制度得以维持到公元前5世纪末。

伯罗奔尼撒战争结束后，随着大量财富涌入和斯巴达深度卷入希腊世界事务，所谓来库古制度分崩离析，斯巴达也因为连续争霸战争迅速衰落。从这个意义上说，正是斯巴达在希波战争后果断放弃对希腊的领导权，使它有可能在卡特利奇所说的"拉科尼亚危机"① 年代，巩固在伯罗奔尼撒的霸权，维护斯巴达制度的根基。考虑到公元前5世纪中期斯巴达遭遇的一系列严重问题——大地震使公民人口锐减、第三次美塞尼亚战争迁延10年以及雅典在中南希腊扩张对斯巴达的严重挑战，② 不能不惊叹斯巴达的恢复能力。第一次伯罗奔尼撒战争的结果，使雅典的伯里克利认识到斯巴达的强大，进而确定放弃陆上扩张，专心保持海上霸权的基本战略。③ 准此而论，希波战争后斯巴达战略上的收缩，使它更长久地维持了在希腊世界的影响力，④ 有足够实力在伯罗奔尼撒战争中与雅典周旋，暂时避免了自身的衰落。斯巴达人抛弃宝萨尼亚斯，具有历史合理性。

〔作者晏绍祥，首都师范大学历史学院教授。北京　100089〕

（责任编辑：焦　兵　郑　鹏）

---

① Paul Cartledge, *Sparta and Lakonia*, p. 171.

② 唐纳德·卡根：《伯罗奔尼撒战争的爆发》，第58—59页；Paul Cartledge, *Sparta and Lakonia*, pp. 185 – 191, 193 – 198.

③ 伯罗奔尼撒战争爆发前夕，伯里克利向雅典人说明战争策略时，特意提及应谨守海上帝国，不要再有新冒险行动。汉森认为，"早在公元前446年，雅典就已放弃第一次伯罗奔尼撒战争中无所不包的要求，并且小心翼翼，不给斯巴达人提供任何具体的开战理由"。参见 Thucydides, *History of Peloponnesian War*, Ⅰ.144.1, Ⅱ.65.7；维克托·汉森：《独一无二的战争》，时殷弘译，上海：上海人民出版社，2013年，第14页（译文有改动）。

④ 考克维尔证明，斯巴达在公元前4世纪的衰落，或许更多源自其内部社会结构和政治制度，阿盖西劳斯个人的作用有限。参见 G. L. Cawkwell, "The Decline of Sparta," in Michael Whitby, ed., *Sparta*, Edinburgh: Edinburgh University Press, 2007, pp. 236 – 257.

图书在版编目（CIP）数据

中国历史研究院集刊. 2022 年. 第 1 辑：总第 5 辑 /
高翔主编. -- 北京：社会科学文献出版社，2022.12
ISBN 978 - 7 - 5228 - 1306 - 6

Ⅰ.①中…　Ⅱ.①高…　Ⅲ.①史学 -丛刊　Ⅳ.
①K0 - 55

中国版本图书馆 CIP 数据核字（2022）第 251384 号

中国历史研究院集刊 2022 年第 1 辑（总第 5 辑）

主　　编／高　翔
副 主 编／李国强　路育松（常务）

出 版 人／王利民
组稿编辑／郑庆寰
责任编辑／赵　晨
责任印制／王京美

出　　版／社会科学文献出版社·历史学分社（010）59367256
　　　　　地址：北京市北三环中路甲 29 号院华龙大厦　邮编：100029
　　　　　网址：www. ssap. com. cn
发　　行／社会科学文献出版社（010）59367028
印　　装／北京盛通印刷股份有限公司

规　　格／开 本：889mm × 1194mm　1/16
　　　　　印 张：18.5　字 数：309 千字
版　　次／2022 年 12 月第 1 版　2022 年 12 月第 1 次印刷
书　　号／ISBN 978 - 7 - 5228 - 1306 - 6
定　　价／300.00 元

读者服务电话：4008918866